La mujer ciega que podía ver con la lengua

DIEGO REDOLAR

La mujer ciega que podía ver con la lengua

Y otras historias contadas desde la neurociencia

Grijalbo

Papel certificado por el Forest Stewardship Council®

MIXTO
Papel | Apoyando la silvicultura responsable
FSC® C117695

Penguin Random House Grupo Editorial

Primera edición: octubre de 2024

Printed in Spain – Impreso en España

ISBN: 978-84-253-6668-0
Depósito legal: B-11.411-2024

Compuesto en Promograff - Promo 2016 Distribucions

Impreso en Black Print CPI Ibérica, S. L.
Sant Andreu de la Barca (Barcelona)

GR 6 6 6 8 0

Para Martina.
Desde el momento en que naciste
supe que ibas a tener siempre mi amor

Para Selva.
A tu lado he aprendido el verdadero
alcance de la generosidad;
te elijo cada día de forma libre e incondicional

Índice

Introducción

> Todo se inicia y finaliza con un ruido infinito. Ruido que deja paso a la vida, ruido que precede el final de esta.

Cuando Pedro salió de casa veía todo lo que acontecía fuera, pero tenía la mente perdida en su reciente ruptura amorosa; veía sin ver. En las últimas semanas había dormido unas dos horas diarias y, por ende, le costaba pensar con claridad por la falta de sueño. Apenas había probado bocado y sentía un profundo vacío en el estómago. Había sufrido en el cuerpo los efectos deletéreos del estrés al no poder bregar con esa ruptura. Estaba muy triste, con todos sus recursos cognitivos menoscabados, atrapados en un espeso letargo del que no podían deshacerse.

Lento de párpados, contemplaba la escena como a través de un celofán de cansancio y amargura. Anduvo sin dirección. Mentalmente, repasaba todo lo que había acontecido meses atrás, intentando atisbar algún indicio que pudiera explicar por qué todo había acabado de forma tan repentina con Amaya. Dejándose llevar por esas ideas que de forma reiterada poblaban su pensamiento, se metió en un callejón que parecía sin salida. En ese momento, la lluvia empezó a empaparle con suavidad. Las gotas frías que le caían sobre la cabeza las interpretaba su cerebro como una salva de caricias que parecía aliviar parte de la carga mental que portaba. Los charcos reflejaban con movimiento la luz anaranjada de una farola que pretendía arrojar algo de claridad a un callejón sumido en la penumbra. Era el preludio de algo que iba a acontecer.

De repente, notó una intensa quemazón en el vientre, como si el aguijón de un gran insecto lo hubiera lacerado con fuerza. De forma instintiva, se puso la mano en el abdomen y se encogió sin saber qué estaba sucediendo. La segunda bala le impactó en el hombro, resquebrajándole los huesos. Esa sí dolió. La tercera y la cuarta fueron a parar al pecho, ahogando cualquier atisbo de vida que pudiera esperar. Durante unos segundos, antes de morir, su cerebro evocó la canción «Grândola, vila morena», acompañándola de algunas imágenes y recuerdos que lo habían marcado durante la vida. A renglón seguido, cayó de rodillas y se desplomó de golpe sobre el pavimento mojado. De pronto, un ruido blanco reemplazó a la canción, sumiéndolo todo en una profunda oscuridad, un ruido infinito que absorbió lo último que quedaba de Pedro.

La sangre que emanaba de sus heridas se iba diluyendo en el agua, dibujando unos círculos ocres que poco a poco desaparecían por una alcantarilla. Cuando lo encontraron, su cuerpo yacía frío bajo la lluvia. Su mano izquierda, ya sin vida, se aferraba con fuerza a una pequeña piedra labrada en forma de prisma rectangular que se había desprendido del empedrado de la acera. Fue como si quisiera aferrarse a la vida, como si no quisiera marcharse.

El fragmento anterior parece extraído de una novela negra, pero en el fondo trata del cerebro humano.[1] ¿Qué sucede cuando deja de funcionar? ¿Qué pasa con nuestra individualidad y con el yo que nos define cuando las neuronas dejan de comunicarse entre ellas de forma efectiva? ¿Qué ocurre en el cerebro cuando nos enamoramos? ¿Por qué dormimos o nos sentimos aletargados a nivel cognitivo cuando las horas de sueño son insuficientes? ¿Qué implicaciones tiene el estrés en el organismo y cómo podemos combatir sus efectos deletéreos? ¿Cómo se almacenan los recuerdos? ¿Cómo se evocan? ¿Cómo construye el cerebro la percepción del mundo que nos rodea? ¿Qué nos emociona y cómo tomamos decisiones a diario?

Este libro versa acerca del cerebro e intenta proporcionar información que nos permita entender cómo se producen todas estas situaciones, qué sucede cuando deja de funcionar, pero también esboza las herramientas que podemos esgrimir para vivir mejor si velamos por una buena salud cerebral.

La relación entre cerebro y conducta es una de las cuestiones de gran calado filosófico que se han planteado a lo largo de la adquisición del conocimiento humano, y se ha constituido como uno de los retos de mayor envergadura y trascendencia. ¿Cómo es posible que de un conjunto ordenado de células con determinadas propiedades electrofisiológicas e inmersas en complejos procesos de comunicación química pueda emerger una conducta, un proceso cognitivo o un estado mental? Intentaré responder a esta cuestión apuntando los aspectos vertebrales del funcionamiento del sistema nervioso, prestando especial atención a las «mariposas del alma». Así es como se refirió Santiago Ramón y Cajal a un tipo concreto de neuronas. En sus propias palabras: «Son células de formas delicadas y elegantes, las misteriosas mariposas del alma, cuyo batir de alas quién sabe si esclarecerá algún día el secreto de la vida mental».

A continuación, nos embarcaremos en la aventura de averiguar cómo percibimos el mundo que nos rodea. ¿La realidad que captamos por los sentidos es tal y como se nos presenta o se trata de una construcción que realiza el cerebro y que compartimos los seres humanos como especie? ¿Qué sucede cuando perdemos un sentido o cuando estos nos engañan?

También analizaré de qué modo las experiencias pasadas en periodos críticos del desarrollo configuran la organización del sistema nervioso y aumentan la probabilidad de que, en la edad adulta, seamos más vulnerables a sufrir enfermedades como ansiedad o depresión. Asimismo, explicaré cómo el cerebro puede cambiar a lo largo de la vida, no solo durante el desarrollo. A esta capacidad de cambio la llamamos «neuroplasticidad»: «neuro» porque estamos tratando con el sistema nervioso y «plasticidad» en tanto que resulta maleable. Gracias a ella, un cerebro adulto es capaz de aprender algo nuevo todos los días. Por otra parte, cuando experimenta una lesión, también puede reorganizarse para minimizar sus efectos.

Hablaré sobre emociones y razonamiento, y ofreceré algunas pistas para encontrar el equilibrio entre ambas funciones, atendiendo al papel que desempeña el sistema nervioso. Las emociones, por sí mismas, pueden resolver distintos problemas de nuestro mundo cambiante y complejo. No obstante, a veces aportan soluciones desventajosas. Las emociones pueden ayudar en el proceso de razonamiento. Sabemos que cuando se prescinde por completo de las emociones del ámbito del razonamiento, tal como sucede en algunos estados neurológicos, la razón podría resultar todavía más defectiva que cuando las emociones monopolizan el funcionamiento cognitivo. Intentaré dar algunas pistas para equilibrar el peso de las emociones y el razonamiento a la hora de procesar la información que percibimos del entorno.

Por otro lado, pasaré revista a los mecanismos que nos ayudan a entender cómo y por qué tomamos decisiones cada día. Algunas veces, las decisiones o los resultados que se derivan de ellas pueden parecer poco racionales en el contexto del mundo en que vivimos; no obstante, las consideraríamos más racionales si las examináramos desde la perspectiva de cómo ha evolucionado el sistema nervioso. ¿Podemos hacer algo para encauzar las decisiones teniendo en cuenta cómo funciona el sistema nervioso?

Otro de los temas que tocaré es el del amor y el placer. Cuando sentimos placer, se activan diferentes redes neuronales y nos producen percepciones muy intensas de agrado, pero sobre todo anticipan su funcionamiento para promover las conductas que nos permiten conseguir estímulos relacionados con el placer. Asimismo, cuando nos enamoramos, elegimos pareja o somos madres y padres, el sistema nervioso experimenta una serie de cambios. Los describiré y apuntaré algunas pautas que podrán ser de utilidad en estas ocasiones.

Por otra parte, me adentraré en la respuesta de estrés, que puede activarse no solo ante una lesión física o una amenaza psicológica o social, sino también ante su expectativa. La respuesta de estrés tiene un alto valor adaptativo, puesto que genera cambios en el organismo para facilitarnos que afrontemos una situación de amenaza, pero también puede repercutir sobre nuestro rendimiento y estado general de salud. Hoy sabemos que es posible que la modulen distintos factores: la percepción de control, la capacidad de predicción, los recursos para enfrentarnos a la frustración, el apoyo social, la percepción del desarrollo de la situación, la novedad de esta y la voluntad o determinación de hacer algo. Analizaré todos estos factores y aportaré algunas pautas que podemos implementar a diario con el objetivo de mejorar la salud, el rendimiento y la calidad de vida, además de minimizar los efectos nocivos del estrés.

¿Por qué dormimos? Intentaré contestar a esta pregunta y arrojaré algunas conclusiones acerca de sus principales funciones. Dormir no es el resultado de una simple disminución de la actividad del cerebro y del resto del cuerpo, sino que se trata, al contrario, de un estado fisiológico que se encuentra bajo un control muy preciso de diferentes mecanismos y sistemas. ¿Tienen alguna función las pesadillas? ¿Cómo afecta el sueño a las funciones cognitivas? ¿Existe una relación entre sueño y memoria? ¿Dormir menos hace que ayudemos peor al prójimo? ¿Podemos hacer algo para dormir mejor y tener un sueño de mayor calidad?

Para acabar, señalaré las claves para promover un funcionamiento y estado cerebral saludable. El último capítulo intenta recoger muchas de las ideas analizadas en los anteriores, integrándolas y convirtiéndolas en pautas que podamos aplicar a diario para anticiparnos y velar por un funcionamiento cerebral óptimo y el buen envejecimiento de este maravilloso órgano. Los capítulos precedentes se centran en las funciones que perdemos cuando sobreviene una lesión cerebral o una situación deletérea, mientras que el último trata de qué podemos tener en cuenta o hacer en nuestra vida diaria para mantener una buena salud cerebral.

Pretendo presentarte casos de pacientes reales (algunos novelados) para que entiendas qué capacidades puedes perder cuando sobreviene una enfermedad o un accidente que provoca una lesión cerebral. A partir de aquí, mi objetivo es pasar revista a lo que puedes hacer en tu vida para mantener la buena salud del cerebro y si se produce alguna condición que afecte a su estructura o funcionamiento, que su impacto sea menor.

Intentaré centrarme en aquellos elementos del sistema nervioso que son imprescindibles para entender todo lo que quiero explicar, dejando los aspectos más técnicos en notas que encontrarás al final del libro. Con ello pretendo, por un lado, que la lectura sea ágil y, por otro, no renunciar a las piezas constitutivas que te permitan profundizar en los temas a los que pasaré revista en los distintos capítulos.

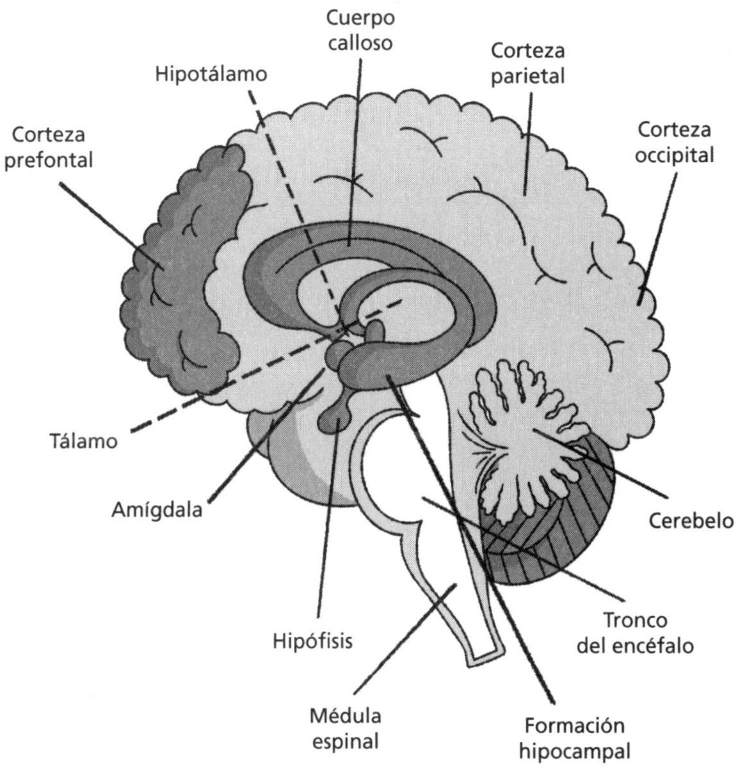
Cuerpo calloso
Hipotálamo
Corteza parietal
Corteza prefontal
Corteza occipital
Tálamo
Amígdala
Cerebelo
Hipófisis
Tronco del encéfalo
Médula espinal
Formación hipocampal

1

Las mariposas del alma: pinceladas sobre el funcionamiento del sistema nervioso

> Los hombres deben saber que el cerebro es el responsable exclusivo de las alegrías, los placeres, la risa y la diversión, y de la pena, la aflicción, el desaliento y las lamentaciones. Y gracias al cerebro, de manera especial, adquirimos sabiduría y conocimientos, y vemos, oímos y sabemos lo que es repugnante y lo que es bello, lo que es malo y lo que es bueno, lo que es dulce y lo que es insípido [...]. Y gracias a este órgano nos volvemos locos y deliramos, y los miedos y terrores nos asaltan [...]. Debemos soportar todo esto cuando el cerebro no está sano [...]. Y en este sentido soy de la opinión de que esta víscera ejerce en el ser humano el mayor poder.
>
> HIPÓCRATES,
> *Sobre la enfermedad sagrada*

Un oxidado reloj de pared acababa de dar la una del mediodía con un sonido metálico acompañado por una serenata de chirridos que emergían de la maquinaria desgastada por los años. El armazón de madera que lo sustentaba presentaba numerosos agujeros fruto de la carcoma, y su color se había ido apagando paulatinamente, como si estuviera perdiendo su más profunda esencia. Se trataba de un artilugio discordante en relación con el resto de los objetos que se agolpaban en la habitación y que tenían un cariz más apropiado para un laboratorio de histología. A pesar de ello, don Santiago no podía desprenderse de su viejo reloj. Para él tenía un profundo significado. Con solo mirarlo, podía rememorar aquellos dulces años que había pasado en compañía de su abuela Isabel. Recordaba, de forma vívida, el olor de los panecillos de mantequilla y leche recién horneados y mojados en chocolate caliente que ella le preparaba cada mañana como si fuera un ritual, antes de que Santiago hubiera despegado los ojos.

Como su padre, Justo Ramón, era un médico militar que solía trasladarse de un lugar a otro, la familia de Santiago tuvo que mudarse con frecuencia, y su abuela Isabel se encargó de cuidar de él y sus hermanos mientras sus padres estaban ausentes. Para Santiago, su abuela tuvo una marcada importancia. Isabel Cajal fue una influencia fundamental en la vida de Santiago Ramón y Cajal, y le transmitió su amor por la naturaleza y el conocimiento. También le enseñó a leer y escribir, y le inculcó valores como la disciplina y la perseverancia, que fueron fundamentales para su éxito posterior como científico.

Esa mañana, de la calle provenía el atenuado rumor del bullicio urbano y, traspasando la cortina, se colaban tímidos destellos de luz que iban dibujando extrañas formas en la penumbra de la habitación. Santiago se hallaba recostado en un ajado sillón tipo Chesterfield de color oscuro. En los brazos, la piel desgastada dejaba entrever un fieltro blanco ennegrecido por el roce. Las puntas triangulares de la piel rota provocaban una sensación desagradable cuando las acariciaba la parte posterior de la muñeca. A pesar de ello, Santiago mostraba una manifiesta predilección por esa butaca.

En una mesa de madera de pino rojo se acomodaban, en concierto y buena disposición, un variado elenco de instrumentos a los que unía un mismo propósito: posibilitar la inmersión en las entrañas del tejido nervioso. Destacaban los cuchillos de Böhm que Cajal utilizaba para cortar las muestras de tejido con precisión. En fila, estaba dispuesta una gran colección de pipetas de vidrio de diferentes tamaños que servían para transferir pequeñas cantidades de líquidos y reactivos químicos (como el cromato de plata o el rojo carmín). También había placas de Petri para cultivar y observar células vivas.

En las estanterías había un buen número de microscopios, como si estuviera cada uno en el lugar que le correspondía. Parecían seguir alguna regla dictada de forma implícita pero no revelada a un observador ajeno a las costumbres y prácticas habituales de los estudiosos de los tejidos orgánicos. Predominaban, en la colección, los microscopios de luz polarizada.

Contemplando el reloj, del que no quería deshacerse, Cajal despertaba las remembranzas de su infancia. Ora tranquilos y plácidos acontecían sus recuerdos, ora turbulentos y convulsos, sonando como frases engoladas y pesarosas en una tarde de lluvia en la que jarrea con profusión y el gris de la atmósfera se mete por todo desgastando los colores, espesando las sombras y dejando unos murmullos en el aire de tamaña frialdad.

En el presente capítulo me centraré en las neuronas, esas células que posibilitaron, entre otras muchas cosas, que Cajal reviviera reminiscencias lejanas en el tiempo. Santiago se refirió a un tipo concreto de neuronas como las «mariposas del alma». Pienso que se trata de una hermosa traslación en virtud de una comparación tácita que nos evoca una belleza manifiesta.

La pretensión de este primer capítulo es adentrarme con serenidad y ligereza en el funcionamiento del sistema nervioso, tocando lo imprescindible para que en nuestra mente resuenen aquellos conceptos relevantes pero de fácil comprensión. No pretende ahondar en nociones enrevesadas ni confusas, todo lo contrario: procuraré, con atisbo de entereza, presentar lo que conocemos del cerebro de forma amena y agradable. No obstante, dado que en ninguno de los capítulos posteriores daré nada por conocido, si lo prefieres puedes saltártelo y adentrarte en el segundo. Mi consejo es que no lo hagas: te perderás algunas historias de conveniencia y atractivo que no te defraudarán.

Células, tejidos, órganos y sistemas

Cuando estudié biología, me percaté de un aspecto que podía generar una profunda confusión: la distinción entre células, tejidos, órganos y sistemas. Voy a intentar esclarecer qué constituye y diferencia cada uno de los elementos citados. Para ello, antes de nada, vamos a hablar de células. Ya en el siglo XIX se llegó a la conclusión de que todos los organismos estaban formados por células. En este sentido, por ejemplo, la *Carnegiea gigantea*, más conocida como saguaro, es un cactus característico del desierto de Sonora que puede llegar a medir más de veinte metros de altura. Esta planta está compuesta por muchas células, es decir, se trata de un organismo multicelular. Por su parte, las bacterias son los organismos más pequeños conocidos: apenas alcanzan los doscientos nanómetros de diámetro, un tamaño harto pequeño si lo comparamos con el del saguaro. La mayor parte de las bacterias son organismos unicelulares, lo cual quiere decir que están compuestos por una única célula. Lo que tienen en común las bacterias con los cactus es que ambos están constituidos por células.

En los organismos multicelulares, es decir, aquellos compuestos por más de una célula, como el saguaro, estas se estructuran en tejidos.[1] Dentro de los diferentes tipos, está el tejido nervioso, en el que podemos encontrar distintas clases de células. Los tejidos se integran para formar estructuras funcionalmente especializadas denominadas «órganos». Un órgano contiene diferentes tipos de tejidos.[2] Los sistemas, por su parte, están conformados por grupos de órganos y tejidos que trabajan juntos para llevar a cabo una o varias funciones (como el sistema nervioso).

Si estuviéramos construyendo una casa, las células serían los ladrillos necesarios para hacerlo. Hay distintas clases de ladrillos, cada uno con sus características específicas: los de arcilla proporcionan aislamiento térmico y resisten la compresión, los refractarios aguantan las altas temperaturas, los de hormigón son muy resistentes a las fuerzas de carga pesada… Lo mismo ocurre con las células: hay de diferentes tipos con propiedades muy diversas.

Estos ladrillos se agrupan en distintos patrones y formas para crear partes propias de la casa, como las paredes, el techo o el suelo. Volviendo al cuerpo, esas partes serían los tejidos. Igual que estos están formados por grupos de diferentes células que se unen para realizar una función específica, en cada parte de la casa utilizaremos un tipo concreto de ladrillo: los de arcilla para construir las paredes, los refractarios para levantar la chimenea, los de hormigón para hacer los muros de contención, los de piedra para los muros exteriores, mientras que los de vidrio se usarán para dividir espacios en los que se busca que llegue la iluminación natural.

En la construcción de la casa, los órganos serían las habitaciones individuales, como el dormitorio, la cocina o el baño. Cada estancia (órgano) tiene un propósito concreto y se compone de diferentes tejidos que trabajan juntos (con paredes, suelo, techo y otros elementos, cada uno conformado por distintos tipos de ladrillos). Al igual que la cocina se utiliza para preparar y almacenar alimentos y, en muchos casos, como lugar de reunión social, la función del corazón es bombear sangre a través del cuerpo, suministrar oxígeno y nutrientes a los tejidos y eliminar los desechos metabólicos.

Ahora presta atención a la casa en su conjunto, con todas las habitaciones. Para un correcto funcionamiento global, se necesitan diferentes sistemas: uno eléctrico que proporcione energía a los diferentes dispositivos y aparatos dentro de la casa; uno de tuberías para el suministro de agua potable, la eliminación de aguas residuales y la distribución de gas; otro de comunicación inalámbrica que permita que los dispositivos electrónicos se conecten a una red local de alta velocidad... Los sistemas en el cuerpo humano serían como los de la casa, como el sistema eléctrico o la fontanería. Son conjuntos de órganos y tejidos que trabajan mano a mano para realizar funciones corporales complejas y específicas.

Como ya tenemos construida la casa, nos quedaremos en una de sus habitaciones (el cerebro); me adentraré a explicar lo que bien podría ser un sistema que conecte en red los dispositivos digitales y domóticos de las diferentes estancias, a saber, el sistema nervioso, pasando revista, a renglón seguido, a las características más importantes de las neuronas y células de la glía (los principales tipos de células presentes en ese sistema), para finalizar el capítulo detallando algunas de las funciones de la habitación en la que nos encontramos.

A pesar de que el cerebro humano es bastante liviano, está conformado por alrededor de unos cien mil millones de neuronas y un número parecido de células no neuronales (gliales y endoteliales que recubren los vasos sanguíneos).

Las neuronas son células especializadas que reciben, procesan y transmiten la información con gran especificidad y exactitud, comunicándose entre ellas y enviando señales a otras células del organismo. Hay neuronas de diferentes formas y tamaños, pero todas comparten unas características estructurales comunes. En la mayoría de ellas podemos distinguir tres partes claramente diferenciadas: soma, axón y dendritas (véase la figura 1).

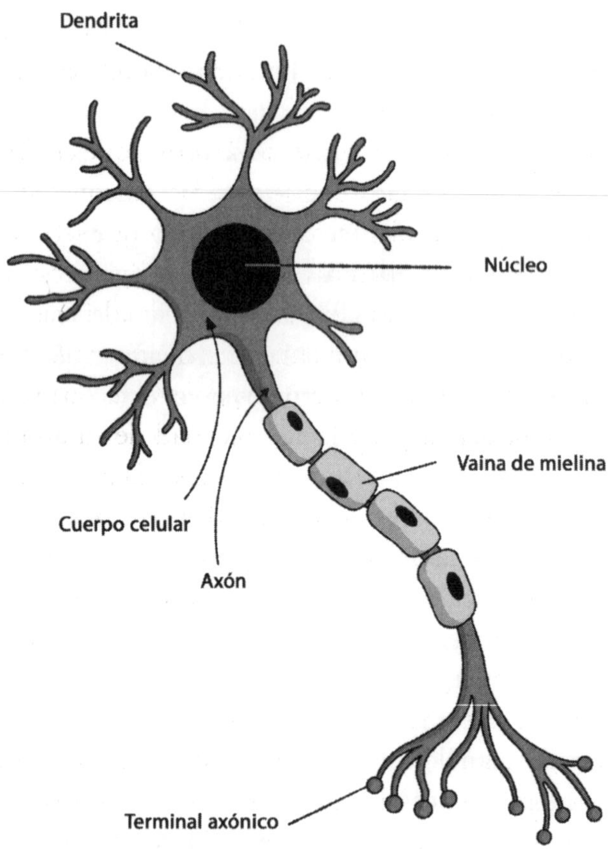

Figura 1. Representación de las diferentes partes de una neurona.

El soma o cuerpo celular es el centro de operaciones (metabólico) en el que se fabrican las moléculas de gran tamaño y se realizan las actividades fundamentales para mantener la vida y las funciones de la neurona. El axón es una única prolongación larga que sale del cuerpo celular. El diámetro de los axones varía entre 0,2 y 25 micras (μm). El axón sería como un cable, dado que su principal función es conducir información codificada de forma eléctrica, permitiendo así que esta pueda viajar desde el soma hasta el final del axón. En su parte más distal se divide y ramifica, y en el extremo de las ramificaciones se encuentran unos pequeños engrosamientos conocidos como «botones terminales», que tienen la función de secretar determinadas sustancias, denominadas «neurotransmisores». Una neurona se conecta con otras a través de su axón. El número de conexiones que establece el axón de una neurona refleja el grado de divergencia de la información.

El término «dendrita» proviene de *dendron*, que en griego significa «árbol»; de hecho, las dendritas de las neuronas se dividen como las ramas de un árbol. Son ramificaciones que salen del cuerpo celular o soma cuya principal función es la de recibir información de otras neuronas; contienen las espinas dendríticas, unas pequeñas protuberancias que aumentan el tamaño de la superficie receptora de la neurona. El número de conexiones que recibe una neurona concreta depende de la complejidad de su arborización dendrítica y refleja el grado de convergencia de la información.

Las neuronas son las células más variadas dentro del cuerpo humano. Las podemos clasificar según diferentes criterios: la forma que presentan, su localización dentro del sistema nervioso, la sustancia transmisora que utilizan para comunicarse o la función que desempeñan, entre otros.

Se estima que existen unas cien clases de neuronas. Dicha diversidad citológica está relacionada con los genes que se expresan en cada tipo. De forma genérica, según su función, es posible distinguir entre tres clases de neuronas claramente diferenciadas: sensoriales primarias, motoras e interneuronas. Las sensoriales conducen la información desde la periferia (órganos de los sentidos) hasta el sistema nervioso central (SNC). Es necesario tener en cuenta que el sistema que conecta en red los dispositivos digitales y domóticos de las diferentes habitaciones de la casa que acabamos de levantar (sistema nervioso) tiene distintos componentes, y uno de ellos es el SNC.

Volvamos a las neuronas. Las motoras conducen información desde el SNC hasta la periferia (músculos y glándulas). Por último, las interneuronas están constituidas por todas aquellas neuronas que no pertenecen al grupo de las sensoriales ni al de las motoras. Es el tipo más numeroso (se estima que abarca a más del 99 por ciento de todas las neuronas), y se puede dividir en dos clases: interneuronas de proyección y locales. Estas últimas presentan axones cortos y se encargan de conectar neuronas entre sí en circuitos locales, mientras que las de proyección cuentan con axones más largos para transmitir las señales de una región a otra del encéfalo, recorriendo distancias considerables.

El bosque está formado por árboles

Llegados a este punto, me gustaría explicar cómo se comunican las neuronas. Estas forman parte de circuitos neurales que procesan diferentes tipos de información. La capacidad comunicativa entre ellas se da gracias a la generación y transmisión de señales eléctricas (que transfieren la información de una parte a otra dentro de una neurona) y a la posterior liberación de sustancias químicas (utilizada para transmitir la información entre células diferentes). Por lo tanto, en una misma neurona, las señales eléctricas son las responsables de la comunicación, mientras que entre las neuronas lo son las señales químicas.

Vamos a profundizar en ello. Supongamos que hemos tenido la suerte de visitar el Parque Geológico de Aliaga, en Teruel. En este espacio natural hemos podido adentrarnos en los últimos doscientos millones de años de la historia de la Tierra y contemplar espectaculares formaciones geológicas de talla única, además de características que no pueden encontrarse en otras partes del mundo. Vamos en el coche con la ventanilla abierta, dejando que el cálido aire del verano nos proporcione una falsa percepción de frescor. Llegamos a un punto elevado desde el que puede observarse una gran extensión de terreno. A continuación, detenemos el vehículo y salimos a contemplar la maravilla dispuesta ante nuestros ojos. Una mezcla de aromas baila de forma armoniosa delante de nuestra nariz: madera de pino cubierta con resina y adornada con alguna telaraña que se extiende a su capricho; flores que despuntaron tras el deshielo que todavía aguantan las embestidas de un sol ajeno a la clemencia y siguen atrayendo a una peregrinación de insectos danzantes entre sus colores; algas y cianobacterias que tapizan la superficie de las rocas en la zona de la cuenca del río Guadalope...

Asimismo, el ulular del viento y el sonido que produce con el movimiento de las hojas de los árboles nos genera sensaciones contradictorias: por un lado, nos produce quietud y sosiego, pero por otro nos crea un estremecimiento y una idea de pequeñez e indefensión, algo que en el fondo también nos agrada. Estamos disfrutando sobremanera; cerramos los ojos en la cima de un collado y dejamos que el silencio, solo quebrado por el viento, lo invada todo. Saboreamos cada instante de quietud cuando la brisa nos lame la piel desnuda de la cara, los brazos y las piernas, y nos regocijamos en la solitud que nos puede proporcionar esa naturaleza que ya no permanece ajena al impacto y a las alteraciones que el ser humano ejerce en todo lo que lo rodea. Como setas en un otoño lluvioso, emergen generadores eólicos, dispuestos a transformar en electricidad la energía que proporciona ese viento. Se podría decir que la estampa resulta casi hermosa pese a la invasión que los generadores han ocasionado en la zona. Mueven sus aspas con cadencia, ajenos a la vida que brota en derredor. Cuando el viento las hace girar, se produce energía cinética que después se transforma en energía eléctrica. Con las neuronas sucede algo parecido: las señales eléctricas se convierten en señales químicas.

En una neurona, la potencialidad para originar señales eléctricas se debe a las propiedades particulares que presenta su membrana. Esta es capaz de transformar las señales eléctricas (al igual que un generador eólico convierte en energía eléctrica la energía cinética que produce el movimiento de las aspas), de forma que puedan transmitirse a otras neuronas mediante sustancias químicas en los contactos funcionales que denominamos «sinapsis» o «conexiones sinápticas». Es importante tener en cuenta que existe un minúsculo espacio (de veinte nanómetros) que separa físicamente dos neuronas que establecen contacto. Este espacio se llama «hendidura sináptica». Por tanto, las neuronas se comunican entre sí por contacto o contigüidad, no por continuidad.

Recordemos a ese Cajal que contemplaba el reloj del que no quería deshacerse y recordaba el olor de los panecillos de mantequilla y leche recién horneados y mojados en chocolate caliente. Ese mismo Cajal pudo demostrar, a principios del siglo XX, que el tejido nervioso estaba conformado por neuronas, y que estas se encontraban separadas (más tarde se podría corroborar que lo que las distanciaba era un minúsculo espacio de veinte nanómetros). Para él, las neuronas eran como árboles en un bosque que se percibe ramificado y denso en el que a duras penas se arrojan atisbos de luz sobre el sotobosque. A pesar de que la extensa ramificación de los árboles de nuestro bosque proporcione la falsa apariencia de que se encuentran unidos, cada árbol forma una unidad separada del resto. Lo mismo ocurre con las neuronas: cuando se analizaban las preparaciones de tejido nervioso al microscopio, se asemejaban a una masa ininterrumpida compuesta por cuerpos celulares con densas proyecciones que parecían formar un retículo continuo. Cajal demostró que no era así: las células del tejido nervioso se encuentran separadas; son como árboles en un tupido y frondoso bosque, pero, al fin y al cabo, separados unos de otros. Mediante una técnica que permitía visualizar un número exiguo de neuronas —aquellas que, por razones que el navarro desconocía, destacaban en el «bosque neuronal»—, Cajal pudo revelar que el bosque estaba formado por árboles.

Gracias a las sinapsis, las neuronas se activan, se inhiben o sufren modificaciones en su actividad. La mayoría de los contactos sinápticos en el sistema nervioso de los mamíferos son de naturaleza química: se libera una sustancia denominada «neurotransmisor» desde el botón axónico de una neurona para que se una a lugares concretos de otra neurona llamados «receptores». Las neuronas que liberan el neurotransmisor se denominan «presinápticas», mientras que las que reciben la información (es decir, el neurotransmisor se une a ellas en los receptores) se conocen como «postsinápticas». Por supuesto, estas neuronas pueden convertir-se en presinápticas si, a su vez, transmiten información a otras (es decir, si liberan la sustancia transmisora desde sus terminales axónicos).

No sabemos a ciencia cierta cuántas sinapsis puede albergar el cerebro. Algunos estudios estiman que podría alcanzar los miles de billones de conexiones sinápticas. Por ejemplo, en tan solo un milímetro cúbico de corteza cerebral (una parte del cerebro de la que luego te hablaré) podríamos encontrar mil millones de sinapsis. Por ello, no sería aventurado decir que el cerebro humano es más complejo que una galaxia repleta de estrellas. En 1998, el astrónomo Paul S. Butterworth estimó en cien mil millones las estrellas de nuestra galaxia. Las últimas estimaciones sobre el número de estrellas en la Vía Láctea sugieren que podrían existir entre doscientos y cuatrocientos mil millones. Con miles de billones de sinapsis, las posibilidades que se derivan son ingentes.

El lenguaje de las neuronas

A grandes rasgos, puede afirmarse que, cuando una neurona presináptica se activa (veremos lo que significa en las próximas líneas), libera al exterior una sustancia química. Este neurotransmisor se difunde rápidamente a través de la hendidura sináptica y se une a un receptor de la neurona postsináptica con la que establece contacto. La unión entre el neurotransmisor y el receptor es específica, de modo que el primero «encaja» en el segundo como si se tratase de una llave en una cerradura. ¿Y qué hacen las llaves al unirse a la cerradura? La respuesta a esta cuestión resulta muy simple: abrir la puerta. Pues en el caso de la neurona postsináptica sucede algo parecido, se abren puertas.

Analicemos cómo «se abren puertas» en las neuronas. Estas, al igual que otras células del cuerpo, cuentan con una envoltura denominada «membrana celular» que actúa como barrera selectiva y regula qué sustancias pueden entrar y salir de la célula, entre otras funciones. En la membrana de las neuronas existen unas proteínas especiales que la atraviesan. En algunos casos, la estructura tridimensional de esas proteínas forma un canal central con una compuerta. Estas proteínas se denominan «canales iónicos», dado que permiten el paso selectivo de iones específicos a través de la membrana.

Imaginemos un edificio con diferentes puertas que lo comunican con el exterior. Se encuentran cerradas y solo se abrirán con la credencial o autorización adecuada. Las personas que tengan la credencial A solo podrán salir por la puerta A, mientras que quienes tengan la credencial B solo podrán salir por las puertas de tipo B. Lo mismo ocurre con el exterior: fuera hay personas que pueden querer entrar, pero necesitan tener la credencial adecuada que abra la puerta concreta para esa credencial. ¡Una organización digna de una agencia de inteligencia!

Como imaginarás, estas puertas podrían ser los diferentes canales iónicos. Cuando están abiertas, los iones pueden entrar o salir del edificio y, por lo tanto, moverse de un lado a otro de la membrana celular. Pero ojo: para hacerlo tienen que encontrar la puerta adecuada. Si tienen la credencial A, no podrán entrar por la puerta B.

¿Qué sucede con los canales iónicos de las membranas de las neuronas? Ocurre que el receptor de la sustancia transmisora muchas veces se encuentra acoplado al canal iónico, de manera que, al unirse a él el neurotransmisor, se genera un cambio en la forma de la proteína, lo que permite que el canal se abra y deje paso a los iones. En una palabra, el neurotransmisor es el que abre las puertas.

Un ion no es una partícula cualquiera, sino que está cargada eléctricamente (lo que se produce cuando un átomo gana o pierde electrones). Los átomos suelen tener un número igual de electrones y protones, y eso los hace neutros eléctricamente. Sin embargo, cuando un átomo gana electrones adquiere una carga negativa y se convierte en un ion negativo. Si los pierde, adquiere una carga positiva y se convierte en un ion positivo.

Al «abrir la puerta» (canal iónico), se permite el flujo de estos iones. En este caso, se dice que se produce una modificación en la permeabilidad de la membrana postsináptica como consecuencia de la apertura de un canal iónico y del paso de iones a través de él.

¿Qué implicación funcional puede tener todo esto? Si cogiéramos un electrodo, lo metiéramos en una neurona y pusiéramos otro fuera de ella, con un osciloscopio podríamos ver que, cuando la neurona se encuentra en reposo, el interior es negativo en relación con el exterior. Esto quiere decir que las neuronas mantienen una diferencia de potencial eléctrico entre el interior y el exterior celular. Esta diferencia de potencial o carga eléctrica se debe a la distinta distribución de moléculas que existe a ambos lados de la membrana neuronal. Las principales moléculas con carga que operan en las neuronas son los iones.[3] La distribución de las cargas positivas y negativas a ambos lados de la membrana de la neurona determinará la carga eléctrica neta tanto del interior como del exterior celular. Esta diferencia de potencial eléctrico recibe el nombre de «potencial de membrana». Cuando una neurona está inactiva, el potencial de membrana se denomina «potencial de reposo» y es negativo.[4]

Volviendo al canal iónico, si deja pasar al interior de la neurona un ion con carga positiva (como el calcio), su interior se hace menos negativo (se despolariza). Si, por el contrario, el ion que pasa al interior a través del canal tiene carga negativa (como el cloro), el interior de la neurona se hace todavía más negativo (se hiperpolariza). La hiperpolarización hace que la neurona se vuelva aún más inactiva y sea más difícil que pueda responder y transmitir la información (liberar el neurotransmisor) a la siguiente neurona. La despolarización, por su parte, aumenta la probabilidad de que responda y pueda transmitir la información a otras neuronas.[5] Si es el caso, el potencial de membrana adopta un valor diferente que recibe el nombre de «potencial de acción» o «impulso nervioso».[6]

¿Qué hace que salten las alarmas y que se genere un potencial de acción? Resulta que una misma neurona puede recibir conexiones de cientos de ellas que harán que su membrana se haga más negativa (se hiperpolarice) o menos (se despolarice), lo que disminuirá o aumentará la probabilidad de que se produzca el impulso nervioso, respectivamente.

Con mi hija a veces me entretengo con un juego de mesa en el que hay un cerdito simpático vestido de cocinero al que se le ha de dar de comer una suerte de hamburguesas de colores. Con cada una de ellas, la barriga del cerdito va aumentando de tamaño, de manera que el cinturón que ata su uniforme blanco se va abriendo poco a poco hasta que llega un punto en que no puede sostener la oronda barriga y se desata. Un umbral es el valor mínimo de una magnitud a partir de la cual se produce un efecto determinado. En el caso del cerdito, sería el punto a partir del cual se produce el efecto no deseado para el jugador: que se desabroche el cinturón. Las neuronas también tienen un umbral a partir del cual se produce un potencial de acción.

Supongamos que una neurona recibe información en sus dendritas a través de varias sinapsis excitatorias (las que hacen que el interior de la neurona sea menos negativo). En cuanto los neurotransmisores liberados se unen a los receptores acoplados a los canales iónicos (como el calcio), se abren sus compuertas y dejan pasar este ion (el calcio) dentro de la neurona. Al tener carga positiva, el calcio hace que la región del interior de la dendrita sea menos negativa.[7] La corriente eléctrica generada fluye hacia el cuerpo neuronal hasta llegar al segmento inicial del axón. Si el valor de la despolarización es suficiente para sobrepasar el umbral de excitación de esa neurona, se pondrá en marcha el potencial de acción[8] y, al final, la neurona liberará la sustancia neurotransmisora.[9]

Una orquesta bien engrasada

Hace un tiempo fui con mi hija a ver un encuentro en el estadio olímpico de Montjuïc en el que jugaba el primer equipo de fútbol femenino de la Ciudad Condal. Pese a ser un lance entre los principales equipos rivales de gran importancia para la clasificación en la liga, el partido se desarrolló en un clima de comportamiento franco, noble, respetuoso e incluso de fraternidad entre las oponentes. La atmósfera que se respiraba entre el público también presentaba señales de tolerancia, respeto y consideración. En un momento dado, se inició una ola humana en el extremo de una de las graderías del estadio. En unos segundos se fue propagando por todo el recinto. Asimismo, los vítores y cánticos de ovación fueron contagiando a todos los que estábamos allí. La dispersión fue inmediata. Este sistema de propagación no necesitó de la coordinación de todos los asistentes, pero el movimiento del grupo ejerció una marcada influencia para atraer a la mayoría de las personas. Las locales ganaron por una goleada de cinco tantos al equipo visitante. Al igual que lo que sucedió en ese estadio, las neuronas se sincronizan para difundir y transmitir la información por el sistema nervioso.

Es interesante señalar que las neuronas no disparan al azar. Se activan de forma periódica y oscilan de manera rítmica. Imaginemos que las neuronas del cerebro son los músicos de una orquesta, cada una con su instrumento. Ahora, visualicemos al director como el encargado de coordinar y sincronizar el ritmo de los músicos (neuronas) para producir música neuronal. Cada neurona tiene su propio ritmo interno: algunas pueden ser como los violines, con ritmos más melódicos y notas sostenidas y expresivas; y otras son como los tambores, con ritmos percusivos y golpes cortos y definidos que marcan el pulso. El director de orquesta escucha con atención a cada neurona y, con gestos precisos, le indica cuándo debe disparar sus impulsos eléctricos. Es como si, con su batuta, estuviera dirigiendo la sinfonía de impulsos eléctricos que viajan a través de las neuronas. El director lo coordina todo de manera magistral, ajustando el ritmo y la intensidad de cada neurona para que la sinfonía cerebral sea armoniosa y efectiva. A veces, el director está más presente y hace que los músicos (neuronas) sincronicen su respuesta y toquen el instrumento al mismo tiempo. En este caso aparecen ritmos lentos (muchas respuestas en un instante, pero pocas a lo largo del tiempo) que son muy útiles para abarcar grandes extensiones cerebrales. Otras veces, el director está menos presente, de modo que cada músico puede tocar su instrumento en un momento distinto sin que la organización temporal de los sonidos (disparos de las neuronas) coincida en el tiempo. En este segundo caso, aparecen los denominados «ritmos rápidos» (pocas respuestas en un instante, pero muchas a lo largo del tiempo), que muestran una marcada capacidad para comunicar a las neuronas vecinas. Se han podido identificar cinco formas en las que las neuronas oscilan en sus respuestas (ritmos neuronales).[10] De manera habitual, nos encontramos estos ritmos neuronales presentes de forma simultánea, y coinciden de forma muy diversa con acciones y tareas. Podríamos decir que el cerebro es multilingüe para estos ritmos. No obstante, tal como explicaré en el capítulo 12, durante el sueño podemos distinguir una serie de estadios que se caracterizan, entre otros aspectos, por diferentes patrones de actividad cerebral (ritmos neuronales).

En segundo lugar, podemos decir que las neuronas rara vez disparan con una tasa máxima de respuesta, incluso cuando se presenta su estímulo preferido. Por el contrario, la mayor parte de las células nerviosas responden solo cuando este aparece o desaparece, y se habitúan con rapidez cuando persiste. Una razón que lo podría explicar es que al sistema nervioso le es más útil recibir información sobre los cambios del entorno o del interior del organismo que obtener información constante. Una segunda razón es que la respuesta neuronal es costosa desde el punto de vista metabólico.[11] Se estima que el cerebro humano puede llegar a gastar más cantidad de energía por gramo de tejido que el utilizado por los músculos de las piernas al correr un maratón. Hasta el 80 por ciento de la energía se emplea para generar potenciales de acción y potenciales locales (excitatorios e inhibitorios), y para retornar la membrana neuronal a un estado de reposo después de que hayan tenido lugar los eventos de señalización.

El proceso explicado puede parecer complejo, pero se trata simplemente de una transformación de señales eléctricas en químicas que constituye el lenguaje de las neuronas. A través de él, el cerebro recibe, analiza y transmite la información. Interpreta los patrones de estas señales y las vías y redes por las que se transmiten para crear, en último término, nuestras percepciones del mundo exterior o para generar recuerdos vívidos del olor de los panecillos de mantequilla y leche recién horneados y mojados en chocolate caliente, como los que Isabel le preparaba a Santiago.

Un pegamento en el sistema nervioso

Además de neuronas, en el sistema nervioso existen otros tipos de células, entre las que destacan las denominadas «células gliales». El término «glía» proviene del griego y significa «pegamento». Este vocablo fue introducido por el patólogo Rudolf Ludwig Karl Virchow, quien caracterizó este tipo de células como una especie de pegamento neural, dado que para este médico prusiano las células gliales eran unos elementos estáticos cuya función principal consistía en proporcionar soporte estructural a las neuronas. Durante muchos años se ha creído que las células gliales son las que se encuentran en mayor proporción en el tejido nervioso. Los primeros estudios estimaban que en el sistema nervioso humano había diez veces más células gliales que neuronas. No obstante, en las investigaciones más recientes se ha podido comprobar que el número de neuronas y células gliales es similar en el sistema nervioso humano.

Desde un punto de vista morfológico, las células gliales difieren de las neuronas en tanto que no presentan axón ni dendritas. Otra diferencia fundamental radica en la excitabilidad eléctrica y en las propiedades de la membrana: las neuronas son capaces de responder a una estimulación externa y de generar una respuesta a modo de potencial de acción capaz de propagarse a través de una red neural, mientras que las células gliales son incapaces de generar un potencial de acción en su membrana plasmática. No obstante, hay que tener presente que no todas las neuronas generan potenciales de acción y que algunas células gliales pueden participar en los mecanismos eléctricos y químicos de comunicación y señalización que sirven para transmitir la información.[12]

En general, podemos decir que las células gliales no son un mero pegamento neural, dado que se encargan, sobre todo, de regular el ambiente interno del sistema nervioso y de ayudar en los procesos de comunicación entre las neuronas. Algunas de sus funciones más destacadas son las siguientes:

1. Constituyen el principal soporte estructural de las neuronas.
2. Participan activamente de los procesos de desarrollo y formación del encéfalo.
3. Parecen desempeñar un papel importante en el aporte nutricional que reciben las neuronas a través de la circulación sanguínea.
4. Participan en los mecanismos de defensa inmunológica y en los procesos de reparación y regeneración nerviosa después de una lesión.
5. Mantienen el equilibrio químico en el interior del sistema nervioso, separan y aíslan las células nerviosas y recubren partes de estas para acelerar los procesos de comunicación neuronal, entre otras funciones.

Una casa inteligente

Volvamos a la casa que hemos construido. En ella disponemos de un avanzado sistema que nos permite conectar en red y controlar los dispositivos digitales y domóticos de las diferentes habitaciones (siguiendo la analogía, si nos refiriéramos a la casa del cuerpo humano, sería el sistema nervioso). Nos permite, entre otras posibilidades, controlar la temperatura de las estancias, que las luces se regulen en función de las condiciones lumínicas exteriores, mandar con un clic una imagen a la impresora ubicada en el piso inferior, enviar un mensaje desde el móvil a la tableta de nuestra hija para que la apague y venga a cenar, que la sugerente voz ubicua del sistema de asistencia virtual esté siempre atenta para resolver todas las dudas y cuestiones que le podamos plantear...

—Oye, AleSir [así es como se me ha ocurrido llamar al sistema de asistencia virtual], ¿puedes decirme si lloverá mañana?

—Oye, AleSir, ¿puedes programar el sistema de calefacción para que se apague durante el fin de semana?

—Oye, AleSir, ¿puedes hacer el pedido al supermercado de los productos que se han acabado?

Me entran ganas de irme a vivir a la casa recién cimentada en las líneas de este libro. Pues resulta que este vanguardista sistema tiene diferentes componentes: uno de control que coordina y controla a los demás componentes del sistema, uno de seguridad que monitoriza lo que ocurre para salvaguardar la integridad de la casa, otro de conectividad con un protocolo concreto de comunicación... Con el sistema nervioso sucede algo parecido. En líneas generales, distinguimos dos componentes principales: el SNC y el sistema nervioso periférico (SNP). El SNC queda conformado por el cerebro (encéfalo) y la médula espinal, mientras que el SNP lo está por todos aquellos nervios[13] que se imbuyen en casi todas las partes del cuerpo, transportan información hacia el SNC y llevan a la periferia la que proviene de este.

Vamos a realizar un sucinto recorrido por estos componentes sin entretenernos demasiado. El objetivo es conocer el funcionamiento genérico de los distintos integrantes del sistema nervioso para entender lo que acontecerá en los diferentes capítulos del libro.

El SNP está constituido por un conjunto de nervios que penetran y entreveran casi todas las partes del cuerpo. Se trata de neuronas que recogen información del exterior y el interior del cuerpo y la llevan al cerebro y la médula espinal. Por ejemplo, recogen la información cuando la brisa del mar nos acaricia la piel o cuando sentimos un pinchazo en el estómago cada vez que ingerimos el café peleón de una máquina de autoservicio. Asimismo, también se trata de neuronas que reciben las órdenes del cerebro y la médula espinal para hacer que se nos contraigan los músculos y podamos sujetar un vaso de café, o que las glándulas sudoríparas excreten sudor cuando hace calor y la brisa marina no es capaz de disiparlo.[14]

Dentro del SNP distinguimos dos divisiones funcionales: el sistema nervioso autónomo (SNA) y el sistema nervioso somático (SNS). En términos generales, podemos resumir que el SNS nos permite interactuar con el entorno, mientras que gracias al SNA podemos hacerlo con el interior del organismo.

Para interactuar con el entorno necesitamos recibir información de él a través de los órganos de los sentidos (por ejemplo, cuando percibimos cómo la brisa nos acaricia la piel). Por otra parte, toda interacción implica una respuesta, y en el caso del SNS está vinculada al control motor voluntario, que nos permite desplegar una serie de acciones hacia el entorno (por ejemplo, sujetar el vaso del café desapacible al gusto).[15]

El SNA, por su parte, para interactuar con el interior del organismo, necesita recibir información de lo que sucede en él y disponer de mecanismos de respuesta que puedan influir sobre este.

Recibimos la información a través de neuronas especializadas sensibles a los cambios que tienen lugar dentro del cuerpo (como cuando detectamos ardor en el estómago una vez ingerido el brebaje de la máquina de café o que la fuerza con la que la sangre empuja contra las paredes arteriales es insuficiente). Por otro lado, el SNA pone en marcha una serie de respuestas dirigidas a los órganos internos (haciendo que el corazón bombee la sangre con más fuerza cuando detecta que la fuerza de empuje de la sangre sobre las arterias es deficiente, por ejemplo). Podemos decir, por lo tanto, que el SNA está implicado en la regulación interna del cuerpo y que establece un equilibrio entre la respuesta de los órganos internos, las glándulas y la vasculatura en función de las condiciones en las que se encuentra el organismo.[16]

Para ver si lo has entendido, voy a lanzar un ejemplo: si nos ponemos a correr por la playa, ¿cómo participaría el SNP? Dicho sea de paso, no hagamos como Los Rebeldes y cambiemos el asfalto por el mar, con el cuerpo empapado en sudor, para ponernos a correr a las tres de la tarde del mes de agosto por una playa concurrida del Mediterráneo.

Primero, el SNP ha de llevar las órdenes orquestadas en el cerebro y la médula espinal para que seamos capaces de mover los músculos asociados al esqueleto. En la mayoría de los casos serán movimientos voluntarios, como dar zancadas cuando queremos correr sobre la arena, pero en ocasiones serán movimientos reflejos, como levantar el pie si hemos pisado una piedra puntiaguda escondida entre la arena fina.

Por otro lado, el SNP también lleva órdenes a la musculatura lisa, el corazón y algunas glándulas. Por ejemplo, cuando corremos por la playa necesitamos que se relaje la musculatura lisa de los bronquios para permitir una mayor entrada de aire en los pulmones; que el corazón lata más rápido, con más fuerza y eficiencia para transportar la sangre rica en oxígeno y glucosa a los tejidos necesarios en el ejercicio; y que las glándulas sudoríparas se activen para ayudar a enfriar el cuerpo.

Asimismo, mientras corremos, vemos las blancas y espumosas olas que rompen en la orilla, la arena mojada que cambia de color café a pardo a medida que se retira el agua, el límite visual en lontananza, donde parecen yuxtaponerse el cielo y el mar... También sentimos sobre el rostro el golpeteo de la sal que transporta la brisa hasta provocarnos una sensación de cara apergaminada y tiesa. Percibimos que el implacable sol cae con fuerza sobre los hombros, generando suaves escalofríos que bajan hasta la zona lumbar. Toda esta información de los sentidos es recogida por receptores diseminados por las diferentes partes del cuerpo y enviada mediante el SNP a la médula espinal y el cerebro.

El SNP no solo recoge información de esa maravillosa playa del Mediterráneo que nos rodea, sino también de lo que ocurre en el interior del cuerpo. En este sentido, los receptores de las vías respiratorias envían señales que indican la necesidad de un mayor suministro de oxígeno; los sensibles a la presión arterial informan de que la frecuencia cardiaca necesita aumentar para proporcionar más oxígeno y nutrientes a los músculos; y los receptores de temperatura nos hacen saber que el cuerpo se está calentando y que necesitamos enfriarlo.

La sede central

Una vez ya está claro qué es el SNP y qué hace, vamos a pasar revista a la sede central del sistema que conecta en red los dispositivos digitales y domóticos de las distintas habitaciones de la casa recién construida, a saber, el SNC.

Como he comentado en párrafos anteriores, el SNC está formado por el cerebro y la médula espinal. Ambos están protegidos de las fuerzas exteriores gracias a que se encuentran cubiertos por el cráneo y la columna vertebral, respectivamente. No obstante, si el SNC no se moviera junto con el tejido óseo, se podrían producir graves daños al golpear el tejido nervioso sobre el hueso durante el movimiento. Para evitarlo, el cerebro está suspendido mecánicamente, ya que se encuentra unido a un sistema de membranas (las meninges), que a su vez está anclado al cráneo. Esto hace que el cerebro se mueva junto con la cabeza. Lo mismo ocurre con la médula espinal y la columna vertebral. Además, existe otro sistema que reduce la tendencia que presentan diferentes fuerzas (como la gravitatoria) a distorsionar el sistema nervioso. En este sentido, al SNC lo envuelve un líquido que amortigua el efecto de esas fuerzas. Este líquido, que proviene de la sangre y se llama «líquido cefalorraquídeo», se produce dentro del SNC en unas cavidades denominadas «ventrículos».[17] Se ha podido comprobar que el encéfalo, con un peso aproximado de un kilo y medio en el exterior, pesa unos cincuenta gramos suspendidos en el líquido cefalorraquídeo. Este fluido, además, ayuda a mantener la forma del cerebro. Para comprobarlo, podemos hacer un sencillo experimento: si cogemos un cerebro y lo suspendemos en una solución salina isotónica, podremos verificar su forma natural si prestamos atención a cada uno de los giros, las circunvoluciones y las cisuras que conforman la corteza. Lo veremos arrugado como una nuez. A continuación, si lo sacamos y lo dejamos al aire libre, observaremos cómo poco a poco su forma se va distorsionando por efecto de la gravedad.

Analicemos ahora las principales funciones de la médula espinal, situada en el interior de la columna vertebral. Es más corta que esta, con una longitud de unos cuarenta y cinco centímetros en las personas adultas y un grosor promedio de un centímetro.[18] Esta estructura del SNC es el medio principal a través del que el cerebro se comunica con el resto del cuerpo y viceversa. Pensemos en la playa del Mediterráneo: la médula espinal transmite la información al cerebro cuando la brisa marina nos golpea los brazos o si el interior del cuerpo se calienta demasiado. La única información que no transmite es la que se recoge desde la cabeza (la visión del azul del mar o la percepción del golpeo de la sal sobre el rostro, por ejemplo), dado que esta llegará al cerebro sin necesidad de pasar por la médula. Lo mismo sucede con las órdenes que enviamos a los músculos y órganos. Si se trata de correr sobre la arena, la orden motora originada en el cerebro llegará hasta la médula espinal para que se activen los grupos de neuronas que posibilitarán que las piernas se muevan de forma alterna (una hacia delante mientras la otra está en el aire) y los brazos se balanceen para mantener el equilibrio, proporcionando un impulso adicional. No obstante, si queremos mover los músculos de la cara, como los que utilizamos para masticar una manzana verde que nos refresque y nos proporcione energía, la información vendrá directamente del cerebro sin pasar por la médula espinal.[19]

Ahora supongamos que nos paramos al final de la playa junto a unas pequeñas embarcaciones de madera descubiertas con asientos y remos. Parece que deben llevar tiempo postradas sobre la arena, dado que, de debajo de una de ellas, en la zona de ombría, emana una especie de cieno blando, suelto y pegajoso de color oscuro, a modo de lama. Uno de los botes tiene una lámina metálica que

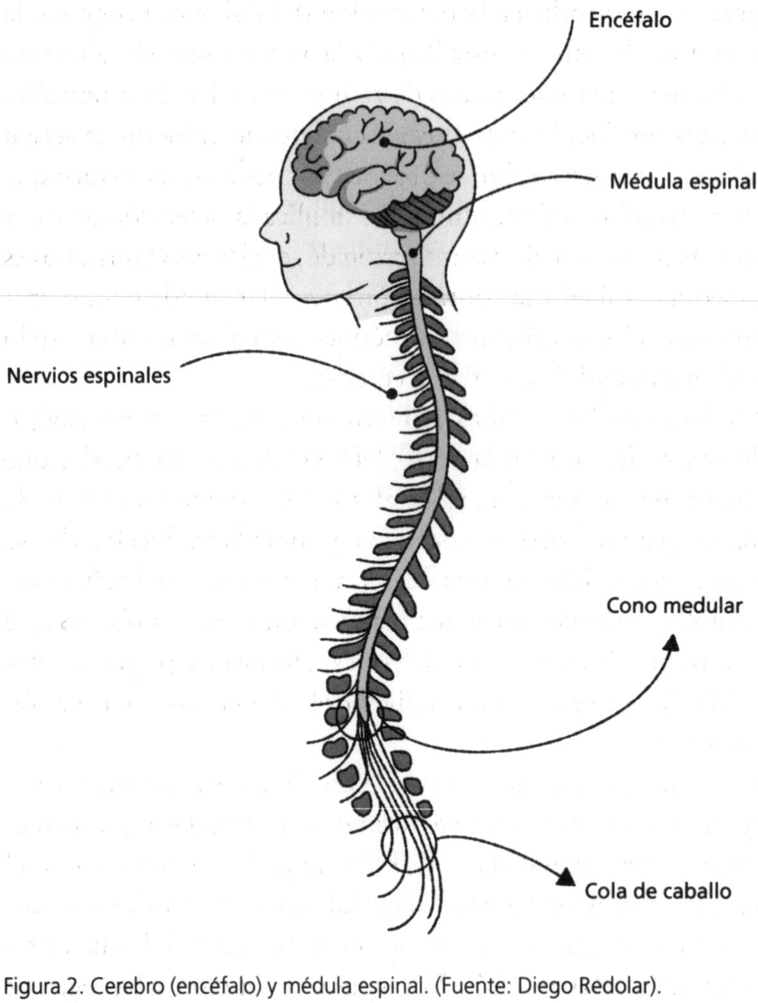

Figura 2. Cerebro (encéfalo) y médula espinal. (Fuente: Diego Redolar).

refleja el sol. Este ha estado incidiendo durante horas sobre la chapa. Tocamos la superficie metálica con la yema de los dedos. Esto nos produce dolor por la quemazón generada en la piel. Antes de que el desastre sea mayor, retiramos los dedos de la chapa candente. ¿Cómo se produce esta respuesta de retirada de los dedos tan diligente? Es lo que denominamos «arco reflejo». A pesar de que la información nerviosa viaja muy rápido, no sería adaptativo esperar con los dedos encima de la plancha caliente mientras se detecta el calor, se envía la información hacia la médula espinal, llega al cerebro para que se produzca la percepción del dolor, se programe la orden motora de retirada, esta llegue a la médula espinal y ahí se reclute a las neuronas encargadas de retirar los dedos. Seguramente, los estragos producidos por el calor en el tejido epidérmico serían cuantiosos. En lugar de ello, se provoca un proceso automático que sucede en fracciones de segundo que implica la detección de calor por receptores en la piel, la transmisión de señales nerviosas a través de la médula espinal y la contracción muscular rápida para retirar los dedos del objeto caliente. La médula espinal se lo guisa y se lo come sin necesidad de recurrir al cerebro.

A lo largo del libro utilizaré el término «cerebro» como sinónimo de «encéfalo», que es la parte del SNC de los vertebrados que está dentro del cráneo. En inglés, el uso del término *brain* goza de aceptación para referirse a «encéfalo», y como la traducción de ese término a nuestro idioma sería «cerebro», creo que será más sencillo si empleo estos dos términos como sinónimos. No obstante, si somos estrictos desde el punto de vista anatómico, la palabra «cerebro» debería emplearse para designar el telencéfalo (una sección del encéfalo).

El cerebro, por su parte, se puede dividir en prosencéfalo, cerebelo y tronco del encéfalo. Este último está compuesto por el mesencéfalo, la protuberancia y el bulbo raquídeo, mientras que el prosencéfalo (también llamado «encéfalo anterior») incluye las dos divisiones que se ubican en una posición más rostral: los hemisferios cerebrales y el diencéfalo. Voy a pasar revista solo a las regiones del cerebro que irán saliendo en los capítulos posteriores, la mayoría localizadas en los hemisferios cerebrales y el diencéfalo.

El puente de Danyang-Kunshan

En primer lugar, es importante partir de una premisa: tenemos dos hemisferios cerebrales y, en su interior, la mayoría de las estructuras están duplicadas, como si se tratara de imágenes especulares. Durante la carrera, mi profesor de neuroanatomía nos hablaba con entusiasmo de la amígdala, el hipocampo o el putamen y siempre los nombraba en singular. Yo creía a pie juntillas que solo había una amígdala o un hipocampo. Ya te puedes imaginar mi estupor y asombro cuando me percaté de que iban por pares: dos amígdalas, dos hipocampos... Cada miembro del par, en un hemisferio.

Los hemisferios cerebrales forman dos elementos unidos solamente por haces de fibras nerviosas, entre las que destaca la mayor de ellas: el cuerpo calloso. Imaginemos que los hemisferios fueran dos grandes ciudades conectadas por diferentes puentes. El más grande sería el cuerpo calloso. Imaginémonos el puente de Danyang-Kunshan en China. Este forma parte de la línea ferroviaria de alta velocidad Pekín-Shanghái y conecta las ciudades de Danyang y Kunshan, en la provincia de Jiangsu. Con una longitud total de 164,8 kilómetros, es el puente más largo del mundo por encima del agua. El cuerpo calloso no lo es tanto, pero si fuera un puente, sería mucho más ancho. Para que nos hagamos una idea de sus dimensiones, pensemos que el cuerpo calloso une los hemisferios cerebrales mediante unos doscientos millones de fibras nerviosas. Ninguna construcción humana podría superar esta ingente conectividad, que permite un flujo constante de comunicación de doble sentido, donde las ideas y los pensamientos pueden viajar de un lado a otro.

Los hemisferios cerebrales se pueden dividir en corteza cerebral y estructuras subcorticales. Si nos pusieran delante de los ojos un cerebro, primero veríamos su forma arrugada, como si fuera una nuez. Se trata de la corteza cerebral. En ella se observan unas protuberancias a modo de crestas turgentes, llamadas «circunvoluciones». Las circunvoluciones están delimitadas por surcos, cisuras y fisuras. A nivel evolutivo, la corteza cerebral ha ido creciendo; sin embargo, para no aumentar también el tamaño de la cabeza, se ha utilizado la estrategia de invaginar el tejido cortical formando circunvoluciones y, de esta forma, ocupar menos espacio dentro de la cavidad craneal. Además de estas, el fondo y las paredes de los surcos y las cisuras están constituidos por corteza cerebral. Por este motivo, unos dos tercios de la corteza no son visibles a simple vista. Se estima que, en cada persona, la superficie total (área) que ocupa la corteza cerebral es de unos 2.360 cm^2, con un grosor de unos tres milímetros. Si la estrategia de la evolución no hubiera sido invaginar el tejido sobre sí mismo y la corteza hubiera crecido en la misma proporción que el ser humano, tendríamos un cabezón considerable con el que nos resultaría complicado mantener el equilibrio.

La corteza cerebral está formada por capas celulares dispuestas en horizontal. Para que entendamos mejor esta organización por capas, pensemos en el suelo. Este constituye una parte vital del ecosistema terrestre y proporciona el sustrato necesario para el crecimiento de las plantas, así como el soporte para la vida de muchos organismos. El suelo se compone de varias capas (la descripción más aceptada es la que lo divide en seis capas horizontales), cada una con sus propias características y funciones: desde la capa superior conformada por materia orgánica en descomposición hasta la capa más profunda de roca madre. Volviendo al cerebro, no todas las regiones de la corteza cerebral presentan la misma disposición de capas.[20] Si se mira la superficie de un cerebro, la mayor parte de la corteza que se observa es neocorteza, es decir, la que aparece en las etapas más tardías de la evolución del sistema nervioso. La neocorteza tiene seis capas horizontales de células. Dentro de esta, y resumiéndolo mucho, podemos distinguir tres tipos de áreas: sensoriales (de crítica importancia para percibir el mundo que nos rodea y la posición que ocupa nuestro cuerpo en él), motoras (planifican, programan y envían las órdenes motoras para mover el cuerpo en el entorno) y de asociación (implicadas en funciones cognitivas como la atención, la memoria, el razonamiento, la toma de decisiones o el lenguaje, y que nos permite una ingente cantidad de interacciones con el entorno de índole muy rica y variada).[21] En el capítulo 2 te hablaré largo y tendido de las áreas sensoriales y motoras para que entiendas cómo percibimos la realidad que nos rodea y cómo somos capaces de movernos en ella. En los siguientes, irán saliendo a colación diferentes áreas y regiones de asociación.

Dentro de la corteza más primitiva destaca la formación hipocampal, también llamada «hipocampo», una estructura cortical conformada por tres capas.[22] Su nombre proviene del griego antiguo y deriva de ἱππόκαμπος, que significa «caballo de mar». Al observarla desde ciertos ángulos, especialmente en las secciones transversales, la estructura del hipocampo se asemeja a la forma de un caballo de mar enrollado. En las primeras observaciones anatómicas de las que tenemos registro se describe la similitud entre la estructura del hipocampo y la forma de un caballo de mar (y esta asociación visual puede haber llevado a la elección del nombre). A menudo, los nombres anatómicos derivan de observaciones visuales o características físicas de la estructura o región concreta: los primeros anatomistas nombraban a las estructuras cerebrales en función de a qué se asemejaban en el mundo que nos rodea. Esto mismo lo veremos en líneas posteriores, cuando te hable del cuerpo estriado o la amígdala. La función del hipocampo, tal como explicaré con profusión en el capítulo 8, es posibilitar que la información pase de la memoria a corto plazo a la de largo plazo. Si no dispusiéramos de hipocampos (recordemos que tenemos dos de cada), viviríamos en un presente continuo sin ser capaces de guardar la información a largo plazo. Nos pasaría algo parecido a lo que le sucede a Leonard Shelby, protagonista de la película *Memento*: es incapaz de retener información nueva durante más de unos segundos. Esta condición lo deja atrapado en un estado en el que no puede crear nueva memoria a largo plazo. Para compensar esta limitación, Leonard desarrolla un sistema de notas, fotografías y tatuajes para recordar detalles importantes y seguir las pistas sobre la identidad y el paradero del asesino de su esposa. La narrativa de *Memento* está estructurada de manera única, presentada en dos secuencias entrelazadas: una en blanco y negro, que se desarrolla en orden cronológico inverso; y otra en color, que sigue el orden cronológico normal. Esta estructura narrativa refleja la experiencia de Leonard, que vive en un mundo donde no puede confiar en su memoria a largo plazo y, por lo tanto, está constantemente reorganizando los fragmentos de información con los que cuenta.

Aprendiendo a conducir

Por lo que se refiere a las estructuras subcorticales, están inmersas debajo de la corteza cerebral (tal como su nombre indica).[23] Dentro de las estructuras subcorticales destaca el cuerpo estriado,[24] grupos de neuronas que, cuando los miramos al microscopio, tienen apariencia estriada, como el arañazo de las garras de un tigre sobre una superficie de madera. Estos grupos se encargan de modular el control motor voluntario y se encuentran implicadas en diferentes funciones cognitivas como, por ejemplo, aprender a conducir.

Te propongo un reto: rebusca en tu memoria e intenta recordar cuándo aprendiste a conducir. Es probable que te pareciera una misión imposible, digna del mismísimo Tom Cruise, cambiar de marcha al tiempo que estabas pendiente del peatón que se disponía a cruzar por un paso de cebra e intentabas mirar por el retrovisor si se acercaba otro coche por detrás.

En mi caso, cada vez que tenía que montarme en el coche de la autoescuela, mi cabeza era un hervidero de consignas a las que tenía que dedicar buena parte de mi energía: «Veamos, piso el embrague, muevo la palanca del cambio de marchas a la izquierda y hacia delante, levanto despacio el pie del embrague...». Conducir me resultaba extenuante, dado que gran parte de mis recursos cerebrales los dedicaba a recordar las reglas y aplicarlas en lo que intentaba hacer como podía. Por eso me costaba mucho responder a otros estímulos del entorno e intentaba hacer caso omiso a cuanto me pudiera distraer. Cada vez que el profesor me quería decir algo que no tuviera que ver con la conducción, profería una mirada hostil para que dejara de molestarme. Debió de pensar que yo era una persona antipática, pero la realidad era que mi cerebro no estaba para conversaciones ni para nada que me apartara de la carretera. Con la práctica conseguí conducir de una manera fluida, sin pensar deliberadamente en cada paso.

Tal como explicaré en el capítulo 8, la neurociencia afirma que, cuando conducir se vuelve automático, se debe a que hemos transferido esta conducta aprendida al estriado. Al principio, estas estructuras cerebrales son observadoras pasivas de la situación, y solo reciben información sensorial de los estímulos presentes y las respuestas que estamos dando, así que disponen de toda la información que necesitan para controlar los progresos de alguien que está aprendiendo a conducir. A medida que la conducta se repite una y otra vez, empiezan a saber qué tienen que hacer. Al final, acaban por encargarse de casi todos los detalles del proceso. Eso deja libre a la corteza cerebral para hacer otras cosas, como escuchar la radio o participar en una entretenida conversación con el profesor de la autoescuela.

Cuando mi conducción se volvió más automática, me entraron ganas de ir a recoger a mi antiguo profesor con el coche para darle un paseo y que viera que, en realidad, yo era una persona simpática y amable, no ese alumno de mirada retorcida.

El alzhéimer y una almendra emocional

Además del cuerpo estriado, en la porción ventral de los hemisferios encontramos otras estructuras subcorticales: los núcleos basales del encéfalo anterior. De entre todos ellos, uno merece especial mención, el núcleo basal de Meynert, que recibe este nombre en deferencia al neurólogo austriaco Theodor Meynert (1833-1892), que realizó importantes contribuciones al campo de la neuroanatomía y la neuropsiquiatría durante el siglo XIX. Este núcleo resulta fundamental para la memoria y es uno de los primeros que se degeneran cuando aparece la enfermedad de Alzheimer.

Otra de las estructuras subcorticales es la amígdala. Esta estructura se llama así por su forma, parecida a la de la almendra. ¿Qué relación hay entre los términos «amígdala» y «almendra»? Pues resulta que *amygdalē* es de origen griego antiguo y se escribe ἀμυγδαλή. En griego significa «almendra», y es la raíz de «amígdala». No es extraño, por lo tanto, que los primeros anatomistas que centraron su atención en estas pequeñas estructuras con forma de almendra (recordemos que tenemos dos, una en cada hemisferio) las denominaran «amígdalas».[25]

El sistema nervioso registra estímulos de importancia biológica —como serpientes o arañas—, porque, para nuestros antepasados, estos animales constituían una amenaza. Así, el sistema nervioso ha evolucionado de tal forma que nos permite reconocerlos y esto favorece la supervivencia. La amígdala supervisa constantemente la información que recibimos del entorno en búsqueda de señales de peligro. No obstante, no solo activan la amígdala los estímulos que pueden poner en peligro la supervivencia, sino también los positivos que son importantes para el individuo. Asimismo, también se activa de forma diferencial en función de la experiencia previa. De esta manera, mediante los mecanismos de memoria emocional que dependen de la amígdala (y que analizaré en distintos capítulos del libro), podemos aprender determinadas contingencias que hacen que algunos estímulos no tengan importancia para unas personas y sean fundamentales para otras.

Te explicaré una anécdota curiosa sobre la amígdala. Cuando estaba investigando las bases neurales de la memoria en el Instituto de Neurociencias de la Universidad Autónoma de Barcelona, invitamos a realizar una estancia de investigación en el laboratorio a Ralph Adolphs, que en la actualidad es profesor de psicología, neurociencia y biología en el Instituto de Tecnología de California (Caltech). Lo entrevistaron en una emisora nacional de radio y en ella habló largo y tendido sobre el papel de la amígdala en la regulación de las emociones. Sin interposición de nada más, justo después de su intervención, llamó a la radio una oyente que parecía turbada, con un tono de voz que rayaba el desasosiego. La mujer explicó que, después de la intervención del profesor Adolphs, se había quedado muy preocupada, dado que a ella le habían extirpado las amígdalas de pequeña para controlar lo frecuentes que eran las infecciones de garganta que sufría. A renglón seguido, y con suma elegancia, Ralph intentó tranquilizarla y le explicó que probablemente se refería a una amigdalectomía, un procedimiento dirigido a extirpar dos pequeñas glándulas ubicadas en la parte posterior de la garganta que nada tienen que ver con las amígdalas del cerebro. La oyente se quedó tranquila y a Ralph se le escapó una tierna sonrisa sin atisbo de picardía que quedaba muy lejos de la malicia; se acercaba más a la empatía y la capacidad de compartir la angustia que aquella mujer podía haber estado sintiendo mientras escuchaba la entrevista. Dicho sea de paso, funciones en las que las amígdalas (las del cerebro) suelen tener algo que decir.

Además del estriado, los núcleos basales del encéfalo anterior y la amígdala, otras estructuras subcorticales que podemos encontrar en el interior de los hemisferios cerebrales son los núcleos septales y el núcleo de la estría terminal.[26] Dejaremos ahora en barbecho estos núcleos y los recuperaremos en el capítulo 9.

Una pelota de rugby y un termostato

Comentaba, líneas arriba, que repasaría solo las regiones del cerebro importantes para los capítulos posteriores, y que la mayoría de ellas estaban localizadas en los hemisferios cerebrales y el diencéfalo. Ya he hablado de las que están ubicadas en los hemisferios, y voy a hacer lo propio con las que se encuentran en el diencéfalo. Pero ¿qué es el diencéfalo? Desde el punto de vista anatómico, es la región cerebral que ocupa la parte central del cerebro, y está casi completamente rodeado por los hemisferios cerebrales.[27] Está conformado por diferentes estructuras, pero, de todas ellas, te hablaré de dos: el tálamo y el hipotálamo. No tocaré las otras porque no son necesarias para el propósito de este libro.

Volviendo a la metáfora de la casa inteligente que acabamos de construir, en ella contamos con un avanzado sistema que nos permite conectar en red y controlar los dispositivos digitales y domóticos de las diferentes habitaciones; en el cuerpo humano estaríamos hablando del sistema nervioso. En él, el tálamo sería el enrutador responsable de dirigir el tráfico de datos a través de una red hacia su destino, seleccionando la vía más eficiente para enviar los paquetes de datos, además de que controla las rutas de información en el cerebro. Por otro lado, el hipotálamo sería el responsable del sistema de sensores inteligentes de la casa diseñados para monitorear, controlar y automatizar diversas funciones en ella. Es decir, vigilaría una variedad de sensores conectados que pueden recopilar datos sobre el entorno del hogar y, a su vez, los dispositivos que ponen en marcha acciones automáticas basadas en esos datos (como activar la calefacción cuando los sensores detectan que la temperatura es baja en relación con la que indica el termostato, o encender las luces cuando encuentran que la condición lumínica es insuficiente para realizar las tareas habituales). Para ello, el hipotálamo regula el funcionamiento del SNA (que ya te he presentado) y el sistema endocrino (responsable de regular y controlar varias funciones corporales mediante la secreción de hormonas), entre otros cometidos.

Recordemos que las estructuras cerebrales suelen estar duplicadas, así que debemos partir de la premisa de que tenemos dos tálamos. Cada uno se asemeja a una pelota de rugby de unos tres centímetros de longitud y casi un centímetro y medio tanto de ancho como de alto. Estas dos masas no son paralelas y su eje es oblicuo, puesto que sus extremos anteriores están más próximos que los posteriores. El término «tálamo» proviene del griego antiguo θάλαμος (*thalamos*), que significa «cámara nupcial». La verdad es que puede evocarnos una imagen de intimidad y romanticismo: dos personas comparten un espacio íntimo y significativo, florecen los lazos emocionales y se crea una atmósfera de amor y compromiso. Algo así podríamos decir en relación con el vínculo entre el tálamo y la corteza. Sabemos que el tálamo actúa como filtro de la información que entra y sale de la corteza cerebral. En la actualidad se considera una estructura clave y se le atribuye un papel crucial en el control del flujo de información a la corteza, ya que participa en el procesamiento de la información sensorial y motora, lo que posibilita la puesta en marcha de diferentes funciones cognitivas y regula aspectos como el sueño y la vigilia, el grado de consciencia o la modulación del dolor.[28]

Por debajo del tálamo encontramos el hipotálamo. Su importancia funcional es desproporcionada respecto a su reducida dimensión: en el ser humano, su volumen es de unos cuatro centímetros cúbicos y pesa solo cuatro gramos, lo que apenas representa el 0,3 por ciento del peso cerebral. A pesar de su reducido tamaño, esta región del encéfalo resulta crucial para la supervivencia, tanto del individuo, pues permite que mantenga la regulación de las funciones vitales, como de la especie, ya que regula su reproducción y pone en marcha patrones de conducta que admiten una adaptación a la demanda del medio.[29]

¿Cómo se produce la conducta y la cognición humana?

En la introducción ya he señalado que la relación entre cerebro y conducta es una de las cuestiones de mayor calado, uno de los retos que está generando un cuantioso número de investigaciones y en el que se están invirtiendo cantidades ingentes de dinero para recabar información. Hemos visto qué son las neuronas y las propiedades electrofisiológicas que las caracterizan. En este contexto, ¿cómo es posible que de los procesos de comunicación entre estas células puedan emerger una conducta, un proceso cognitivo o un estado mental?

Pensemos por un momento en cómo es lo que nos rodea. Nos encontramos en un medio en el que todo cambia a nuestro alrededor: la disponibilidad de la comida, la temperatura, la luz del sol… El sistema nervioso evolucionó como un instrumento que permitía ajustar el organismo a ese medio eminentemente cambiante. Así, cuando Rojita, la dragona barbuda (*Pogona vitticeps*) de mi hija Martina —que, dicho sea de paso, su apariencia es digna de haberse hecho eco en series como *Juego de tronos* o *La casa del dragón*—, tiene frío, se coloca bajo el foco de luz para asolearse y recuperar su temperatura.

Rojita es un animal ectotérmico poiquilotérmico, es decir, que regula de forma activa la temperatura corporal intercambiando calor con el medio: toma el sol (heliotermia) o absorbe calor a partir de la cara inferior de las piedras caldeadas por el sol (tigmotermia) para entrar en calor, o a la inversa, se refugia a la sombra cuando el calor es excesivo, de manera que su temperatura corporal aumenta o disminuye dependiendo de las condiciones del entorno. Rojita utiliza la conducta (que procede de la actividad de sus neuronas) para adaptarse a los cambios del medio. ¿Cómo funciona su cerebro para posibilitar la regulación de la temperatura? En primer lugar, Rojita dispone de receptores repartidos en diferentes zonas del cuerpo (termorreceptores) que detectan, por ejemplo, si la temperatura baja demasiado. En ese caso, envían la información al hipotálamo (ya lo he explicado antes) para que se activen distintas respuestas fisiológicas y conductuales que posibilitarán (estas últimas) que se ponga bajo la lámpara de vapor de mercurio del terrario cuando el hipotálamo detecte que la temperatura es baja o, por el contrario, se refugie en el interior de su cueva si ve que es demasiado alta.

La conducta, por tanto, queda definida como una propiedad biológica (en tanto que depende de la actividad de las neuronas) que nos permite poner en marcha una relación adaptativa con el entorno. Y es un entorno que, por ende, puede favorecer ciertas estrategias conductuales sobre otras.

Simplificando el proceso de desarrollo del sistema nervioso en la escala filogenética, podríamos decir que ha asumido dos grandes funciones: la primera, el control del funcionamiento del cuerpo y, la segunda, que de él puedan emerger la conducta, los procesos cognitivos y los estados mentales. Respecto a la primera función, pensemos que el sistema nervioso controla el funcionamiento del corazón, los pulmones o el estómago, entre otros órganos. Sin embargo, no pensamos en cómo debe latir el corazón en cada momento o cómo se tienen que producir los movimientos peristálticos del tubo digestivo cuando hacemos la digestión. Estas funciones las realiza el sistema nervioso de forma automática. No nos preocupa olvidarnos de respirar, dado que sabemos que lo haremos de forma automática y adecuaremos la respiración a las demandas del entorno. De esta forma, dejamos los recursos conscientes para la segunda función: decidir qué objeto coger cuando lo necesitamos (conducta), qué tenemos que aprender y recordar para desenvolvernos en un entorno muy cambiante (cognición) o cómo pensamos sobre nosotros mismos (estado mental).

Conducta, cognición o estados mentales, en tanto que funciones cerebrales, no son independientes, sino que están muy relacionadas. Por eso la percepción del reloj oxidado imbuía en Cajal el vívido recuerdo del olor de los panecillos de mantequilla y leche recién horneados y mojados en chocolate caliente, y eso podía emocionarlo o hacerlo llorar al evocar a su abuela. Asimismo, cuando falla uno de estos componentes, otros pueden verse menoscabados. Si, por ejemplo, se lesionan los sistemas cerebrales implicados en el lenguaje, esto puede afectar a la capacidad de pensar, y si no dormimos las horas suficientes o el sueño no es reparador, la memoria y la forma de procesar las emociones pueden verse perjudicadas.

Resulta importante destacar que la evolución biológica es un proceso por el que las poblaciones de organismos cambian con el paso del tiempo. Las mutaciones son cambios en el genoma de un organismo que pueden ser beneficiosos, neutros o incluso tener efectos deletéreos. La selección natural tiene lugar cuando las características heredables permiten que algunos individuos sobrevivan y se reproduzcan de forma más efectiva que otros. Es un mecanismo de evolución, entre otros, que puede hacer que la composición genética de una población cambie de generación en generación. En definitiva, la selección natural actúa sobre los individuos, pero el cambio evolutivo se observa en las poblaciones. En este contexto, la conducta, los procesos cognitivos y los estados mentales que los posibilitan se constituyen como rasgos de un organismo (fenotipo) que, como otros, pueden evolucionar a través de la selección natural. Esto es debido a que cumple tres requisitos fundamentales: puede influir sobre la eficacia biológica o la capacidad de un organismo para sobrevivir y producir descendencia viable (en inglés, *fitness*), puede variar de un individuo a otro, y esa variación es, al menos en parte, debida a los genes.[30]

En cualquier caso, sería acertado señalar que la conducta (y, por extensión, los procesos cognitivos y los estados mentales) se encuentra bajo las leyes de la teoría de la evolución por selección natural. En este sentido, nos puede interesar profundizar en cómo la conducta puede influir en la eficacia biológica y en el estudio de la evolución del fenotipo conductual de diferentes especies, así como en las implicaciones ecológicas y evolutivas de las estrategias de comportamiento en escenarios significativos bajo el prisma de la teoría de la evolución por selección natural.

¿Las plantas tienen conducta?

La conducta entendida como una respuesta generada internamente a un estímulo externo (ya sea abiótico o procedente de otro organismo) no solo se limita a los animales (*Metazoa*), sino que podemos considerar ciertas formas de conducta en organismos unicelulares y plantas. En este sentido, por ejemplo, en el ciclo vital de un hongo mucilaginoso (*Dictyostelium discoideum*) se liberan mixamebas unicelulares generadas a partir de esporas. Estas mixamebas se alimentan de bacterias en el suelo. Cuando la fuente de alimento se agota, se envían señales unas a otras para formar un agregado conocido como «pseudoplasmodio», que es capaz de moverse por el suelo de forma más rápida que las células individuales y de responder a la luz y los gradientes de temperatura para encontrar con facilidad más bacterias de las que alimentarse. ¡Algo sorprendente en organismos que parecen tan sencillos!

En el caso de las plantas, se ha comprobado que pueden ser sensibles a la luz, que algunas especies responden cuando las tocan y que muchas otras pueden comunicarse enviando y recibiendo distintas señales químicas. Al igual que ocurre en los animales, estas conductas tienen una base genética que ha evolucionado a lo largo del tiempo. Las conductas que ostenta el *Dictyostelium discoideum* pueden explicarse a través de sencillos procesos de comunicación entre las células y mediante ciertos cambios en la expresión genética. No obstante, cuando emergieron los animales, aparecieron nuevas formas de conducta gracias a la evolución de un nuevo tipo de célula, la neurona, una gran conocida nuestra, a estas alturas del libro.

El origen del sistema nervioso en los animales afectó de forma significativa a la evolución de la conducta y la aparición de diferentes procesos cognitivos.[31] De esta forma, su surgimiento y posterior complejidad posibilitó la aparición de un amplio abanico de nuevos tipos de conducta, procesos cognitivos y estados mentales. A tenor de ello, el estudio de cómo las vías neuronales y las hormonas regulan la conducta y la cognición constituye uno de los pilares y retos de la disciplina a la que me dedico: la neurociencia.

El molusco de la Rambla

Para poner en marcha conductas complejas no es necesario evaluar cada uno de los elementos de información presentes en el entorno y juzgar todas las posibles respuestas que pueden darse. En muchos casos, los animales desarrollan conductas innatas que se han descrito en todos los que tienen sistema nervioso, incluso en aquellos que presentan una red difusa de neuronas sin contar con estructuras centralizadas, como es el caso de las medusas. ¡Cuántas veces hemos dejado de bañarnos en la playa por el peligro de las medusas! Estos cnidarios (así llamamos a las medusas en biología) disponen de un conjunto de comportamientos que les ayudan a prosperar en un entorno cambiante. Sí, comportamientos, lo has leído bien. Aunque nos sorprenda y las veamos como animales simples que nos amargan el baño en las cálidas tardes de verano, son capaces de responder a niveles bajos de oxígeno y nadar hacia la superficie para acceder a condiciones más adecuadas, o bien, cuando experimentan turbulencias, irse hacia el fondo para encontrar aguas más tranquilas. Siempre me he preguntado cómo actuar en caso de que nos sorprendan las medusas en mitad de un baño estival: nadar en silencio o desgañitarnos y hacer ruido, moviendo con estrépito las aguas del mar.

La conducta de muchas de las especies de animales es incluso más adaptativa que la de las medusas, ya que permite flexibilidad. Incluso animales con sistemas nerviosos simples pueden aprender nuevas conductas al almacenar la información para que los guíe en el futuro. Es el caso de la *Aplysia californica*, un molusco gasterópodo con solo veinte mil neuronas. Nunca había visto uno de estos moluscos fuera de las fotos de los libros hasta que un día me topé con un par de estos animales en el enorme acuario de una tienda del barrio gótico, cerca de la Rambla de Barcelona. Me impresionó su tamaño. En comparación con otros moluscos marinos, la *Aplysia*, también conocida como liebre de mar de California, puede tener un tamaño considerable: los adultos llegan a alcanzar longitudes de hasta treinta centímetros y a pesar varios cientos de gramos. Estas cifras pueden variar dependiendo de factores como la edad, el entorno y la disponibilidad de alimentos. Seguramente, en la tienda de animales la comida disponible era más que suficiente para propiciar tamaña envergadura. Me pasé un rato observándolos, seducido por lo que estaba sucediendo en el acuario, hasta que el dependiente, desapacible al trato, me invitó a abandonar la tienda en caso de que no me interesase comprar nada.

Tal como ocurriría con el ojo cuando lo cerramos después de que alguien nos sople con suavidad, la *Aplysia* retrae su branquia de manera refleja si se le estimula con un chorro de agua en una estructura denominada «sifón». Sin embargo, tanto en nosotros como en la *Aplysia*, la respuesta refleja puede disminuir de forma notable si el estímulo que la desencadena se presenta varias veces. Es decir, nosotros dejaríamos de cerrar el ojo y la *Aplysia* dejaría de contraer su branquia si alguien nos soplara o le echara agua cada dos por tres. Estaríamos habituados y, en sentido estricto, la conducta cambiaría debido a un aprendizaje. En el caso de la habituación del reflejo branquial, habría que preguntarse qué cambia en el sistema nervioso del animal a medida que se produce el aprendizaje y este deja de responder con retracción branquial ante la estimulación del sifón. Los trabajos experimentales de Eric Kandel y otros investigadores han demostrado que el punto vertebral para responder a esta cuestión estriba en las sinapsis que comunican a la neurona sensorial que inerva la piel del sifón con la neurona motora que hace que el músculo se contraiga. Es decir, este aprendizaje se genera debido a los cambios en los contactos sinápticos que establecen las neuronas de la *Aplysia* para comunicarse entre sí. Estudios posteriores han puesto de manifiesto que los seres humanos requerimos de la misma maquinaria bioquímica para el aprendizaje. ¡No somos tan diferentes de los moluscos marinos!

Algunas conexiones sinápticas se fortalecen y otras se debilitan. Asimismo, se forman nuevas sinapsis entre neuronas que antes no estaban conectadas. A esta maleabilidad nos referimos como «plasticidad sináptica», algo de lo que te hablaré largo y tendido a lo largo del libro. Por otro lado, es importante tener en cuenta que el aprendizaje puede aumentar la eficacia biológica de un organismo de diferentes formas. La *Aplysia*, por ejemplo, puede ajustar la respuesta de retracción de la branquia a medida que aprende acerca de lo que ocurre en su entorno. Retirar la branquia y el sifón rápidamente da como resultado una buena estrategia si un depredador intenta sujetarla. No obstante, mantener una respuesta acusada ante el contacto continuo de las algas u otros objetos inofensivos podría interferir con el consumo de oxígeno y la alimentación de este molusco.

Existen diferentes conductas que solo se observan en algunas poblaciones, donde parece transmitirse entre los miembros de la misma generación y de una generación a otra a través de la interacción social (aprendizaje social); en lugar de ser innatas, muchos científicos las califican de culturales. Podría ser el caso de los comportamientos culturales vinculados con la adquisición de alimento en las orcas (*Orcinus orca*). Estos cetáceos se comunican de forma distinta según la naturaleza de su sustento. En la comunicación acústica es donde queda más patente su asombrosa diversidad cultural. Las poblaciones de orcas parecen estar siguiendo sendas divergentes pese a la ausencia de barreras geográficas que las separen.[32] Se ha podido comprobar que, en diversas regiones marinas, conviven sin confraternizar varias formas ecológicamente distintas (ecotipos).[33] De este modo, cierto tipo prefiere cazar focas, en tanto que otro se alimenta sobre todo de una especie de pez. De un tiempo a esta parte se ha sugerido la posibilidad de una especiación ecológica en las orcas, de manera que las tradiciones culturales utilizadas por estas ballenas en la adquisición del alimento podrían llevar a que surgiera un aislamiento reproductivo de poblaciones. Que esas orcas desplieguen comportamientos comunes ecotípicos y eludan el contacto social y el apareamiento con extrañas de otros ecotipos, pese a la ausencia de barreras de carácter geográfico o biológico, propone que la cultura mantiene a los ecotipos separados.

Si esa segregación perdura durante el tiempo suficiente, los ecotipos seguirán acumulando diferencias en su ADN que acabarán por hacerlos incompatibles a nivel genético. En definitiva, según esta hipótesis, la cultura de las orcas podría estar ocupando el lugar del aislamiento geográfico en el proceso de especiación al evitar la mezcla de las poblaciones.

La mosca de la fruta

Como otros aspectos de la conducta y la cognición, el aprendizaje tiene el potencial de evolucionar. Tadeusz Kawecki y otros investigadores de la Universidad de Friburgo lo llevan demostrando desde principios del año 2000 en sus investigaciones con *Drosophila melanogaster*, la común mosca del vinagre o de la fruta. En sus investigaciones, proporcionaban a las moscas dos recipientes con dos tipos de gelatina, una de naranja y otra de piña. Uno de ellos también contenía quinina, lo que le confería un marcado sabor amargo. Tras unas horas, las moscas desarrollaban una fuerte preferencia por la gelatina sin quinina y aprendieron a asociar los olores de las gelatinas para evitarla. Estos investigadores se dieron cuenta de que algunas moscas aprendían a asociar la quinina con un tipo de gelatina de forma más rápida que otras. Asimismo, las que aprendían con mayor rapidez tendían a producir crías que también aprendían muy rápido.

Los científicos dieron a las moscas tres horas para que diferenciaran qué gelatina contenía la quinina. Después de que se aparearan y pusieran huevos en los recipientes de gelatina, los recogieron del que no contenía quinina y los criaron para obtener la siguiente generación. Algunos huevos procedían de moscas que los habían puesto en el recipiente por casualidad, mientras que otros provenían de las moscas que habían aprendido que el olor de la gelatina de un sabor particular indicaba la presencia de quinina. La segunda generación se enfrentó al mismo desafío, pero los científicos habían cambiado la quinina a la gelatina del otro sabor. Con la tercera generación, repitieron el procedimiento. Los científicos predijeron que fomentaría la evolución del aprendizaje general, más que una sugestiva atracción hacia un sabor particular.

En total, criaron moscas a lo largo de quince generaciones de selección. Luego las compararon con líneas de control criadas durante el mismo tiempo sin este tipo de selección. Encontraron que el linaje seleccionado necesitaba menos de una hora para aprender a evitar la gelatina que contenía quinina, mientras que la población control necesitaba varias horas para aprender a evitarla. Esta manifiesta diferencia demostró que la población de moscas de rápido aprendizaje había evolucionado en pocas generaciones. No obstante, los insectos pagaron un precio por esta capacidad de aprendizaje más rápida: vivían menos tiempo. La explicación de este coste en el aprendizaje aún no está clara. Puede que se deba a los productos producidos en la formación sináptica. Sea cual sea la explicación de este fenómeno, la selección natural es capaz de favorecer una potenciación del aprendizaje solo si los beneficios superan los costes.

Este equilibrio resulta muy diferente en cada especie y situación de aprendizaje. El aprendizaje podría verse favorecido cuando una especie no puede confiar en las respuestas innatas, es decir, si su entorno se vuelve menos predecible y necesita una mayor flexibilidad en las respuestas. Los experimentos de estos investigadores de la Universidad de Friburgo han demostrado que las moscas cuentan con el potencial genético para convertirse en mejores aprendedoras, pero la evolución solo se mueve en esa dirección en las condiciones de su laboratorio. En la vida exterior, esta clase de cambio podría imponer un coste demasiado alto. En definitiva, el equilibrio evolutivo entre los costes y los beneficios del aprendizaje influye en el nivel de aprendizaje y memoria de una población determinada. La capacidad de aprender rápido tiene un coste que, en algunos casos, puede contrarrestar los beneficios del aprendizaje.

Monos veganos: ¿frutas u hojas?

La flexibilidad conductual y cognitiva para responder de forma adecuada a los requerimientos de un medio eminentemente cambiante está muy relacionada con el éxito reproductivo y la estructura y función del cerebro.[34] Los vertebrados son inusuales en el mundo animal, en tanto que presentan cerebros muy complejos y de gran tamaño en comparación con su talla corporal. La evolución del cerebro de los vertebrados, y sobre todo de los mamíferos, está influenciada, entre otros aspectos, por los nichos ecológicos en los que viven. Dentro de los vertebrados, los primates, en especial los antropoides, presentan un cerebro relativamente grande en comparación con el de otros mamíferos. Una de las hipótesis más aceptadas por la comunidad científica se asienta en la premisa de que la complejidad social se puede constituir como el principal impulsor de la complejidad cognitiva de los primates, y que las presiones sociales han conducido, en última instancia, a la evolución del cerebro humano. No obstante, hace poco se ha sugerido que la dieta podría ser una variable predictora más importante en cuanto al tamaño cerebral. En este sentido, en un estudio reciente se ha puesto de manifiesto que los primates frugívoros (suelen alimentarse de frutas) cuentan con un cerebro de mayor tamaño en comparación con los folívoros (se alimentan principalmente de hojas). Según esta hipótesis, la dieta frugívora no solo proporcionaría presiones selectivas sobre el procesamiento cognitivo, sino que compensaría los costes de un cerebro caro desde el punto de vista metabólico, lo que facilitaría un mayor volumen de energía o una menor asignación de esta a la digestión. La necesidad de almacenamiento y recuperación de la información espacial, así como otras demandas cognitivas, son características de una dieta frugívora en la que se tienen que obtener los frutos y las semillas. Asimismo, este tipo de dieta, en comparación con la basada en la ingesta de otras partes de las plantas (como las hojas), genera un mayor volumen de energía y tiene una calidad superior para proporcionar la necesaria durante el crecimiento del encéfalo en el periodo fetal.

A lo largo de este capítulo he intentado dar unas pinceladas sobre el sistema nervioso, describir las células que lo conforman y pasar revista a las regiones más importantes para los procesos que explicaré en los siguientes.

Uno de los retos actuales es entender cómo la conducta, los procesos cognitivos y los estados mentales derivados podrían estar labrados por la historia evolutiva. Es algo que he sacado a colación al final del capítulo al mencionar algunos aspectos que me han parecido singulares para generarte un proceso de reflexión. Espero haberlo conseguirlo.

La selección natural ha ido modelando a lo largo de la evolución diferentes aspectos relacionados con el sistema nervioso, como el número de neuronas de la corteza cerebral y el de contactos sinápticos, la velocidad de conducción del potencial de acción y la especialización estructural y funcional de diferentes regiones del cerebro. La flexibilidad cognitiva y conductual para responder de forma adecuada a los requerimientos de un medio cambiante se ha desarrollado de forma paralela, lo que ha abierto múltiples vías filogenéticas, una de las cuales ha conducido al ser humano y es la que, en este momento de la historia evolutiva, demarca el límite de esa capacidad. ¿Podrá la inteligencia artificial superarla en algún momento cercano?

2

El circo de las ilusiones

> Es imposible contar una cosa exactamente tal como ocurrió, porque lo que uno dice nunca puede ser exacto, siempre se deja algo, hay muchas partes, aspectos, contracorrientes, matices; demasiados detalles que podrían significar esto o aquello, demasiadas formas que no pueden ser totalmente descritas, demasiados aromas y sabores en el aire, en la lengua, demasiados colores.
>
> MARGARET ATWOOD,
> *El cuento de la criada*

Ante sus ojos prorrumpía un tapiz verde intenso producido por una combinación inusual de amarillo y azul, salpicado por tocones de árboles y rocas desprendidas de los montes. Al fondo emergían los afilados perfiles de las montañas cubiertos por las primeras nevadas. En la base despuntaban cientos de pinos escindidos por un rabioso salto de agua que podía oírse desde lejos. Un serpenteante río germinaba de los montes, dotando al paisaje de connotaciones mágicas. Era naturaleza en estado puro. Silvia puso las manos en la base del cuello de Santiago, apartando con los dedos los rizos de su pelo negro. Él rodeó a Silvia por la cintura y se besaron con pasión. El tiempo se detuvo. No existía nada ni nadie más. Solo estaban ellos, rodeados de pureza y armonía.

Para Silvia, todo era muy real: la mezcla de colores cálidos y fríos del manto que tapizaba la montaña, el sonido del agua que quería dejarse oír con una fuerza inusitada, los olores a tierra y hierba mojada, el tacto del pelo de Santiago, el sabor de sus labios. ¿Todas esas percepciones respondían a la realidad que tenía delante?

¿Alguna vez te has preguntado si el mundo que nos rodea es tal y como lo percibimos? Las percepciones de la realidad son una recreación del cerebro, eso sí, muy buena. El ser humano cuenta con un conjunto de receptores diseminados por el cuerpo que son sensibles a algunos de los estímulos que existen en el mundo: fotorreceptores que responden a los fotones de luz, células ciliadas sensibles a las ondas sonoras, células que se activan cuando la piel se deforma mecánicamente, neuronas olfatorias estimuladas por sustancias químicas que penetran por la nariz... En el mundo animal, el repertorio de receptores sensibles a los diferentes estímulos del entorno es muy variado. Los tiburones, por ejemplo, hacen acopio de receptores capaces de detectar pequeñas corrientes eléctricas generadas por el movimiento de los animales en el agua; algunas aves utilizan el campo magnético de la tierra para orientarse, y las serpientes «ven» el calor corporal de sus presas mediante unas fosetas termosensibles situadas en la cabeza, algo parecido a lo que vimos a finales de los ochenta en la película *Predator*, dirigida por John McTiernan y protagonizada por Arnold Schwarzenegger. El cerebro construye la realidad que percibimos utilizando la información de los receptores de los que disponemos. Si tuviéramos otros sensibles a estímulos distintos, ¿percibiríamos la realidad del mismo modo? Es probable que no. Por si fuera poco, el cerebro interpreta las señales que le llegan e incorpora atisbos de la experiencia pasada e incluso de las creencias, o añade influencias socioculturales.

La realidad, por lo tanto, no ha de ser tal y como la percibimos. Cuando Silvia se perdía en la inmensidad de la naturaleza y respiraba ese olor gredoso de montaña acompañado de una mezcla de aromas a trementina, acónito, ajenjo, pino, romero y demás plantas y arbustos aromáticos de los Pirineos; cuando el cálido sol arrancaba pálidos brotes de la tierra mientras el verano se perdía de vista y Silvia disfrutaba sobremanera al cerrar los ojos en la cima de un collado o en la ladera de una montaña, dejando que el silencio, solo quebrado por el viento, sofocase su enérgico temperamento; cuando saboreaba cada instante de quietud en el que el soplo de los vientos del oeste le lamía la piel desnuda de la cara y los brazos...; en todos esos momentos, sus percepciones, que podríamos creer que responden a la realidad, eran recreaciones de su cerebro, que usaba la información disponible y añadía cucharadas de producción propia.

En un circo actúan malabaristas, payasos, equilibristas... Entre todos los profesionales del arte circense, los magos destacan por crear ilusiones a partir de elementos de la realidad. Podemos vislumbrar cierto paralelismo en cómo el cerebro genera las percepciones de lo que en realidad ocurre en lo que nos rodea. Por ejemplo, ese tapiz de verde intenso, producido por una combinación inusual de amarillo y azul del que Silvia era consciente cuando se perdía por la montaña, no es ni más ni menos que energía electromagnética con una determinada longitud de onda. Sus ojos eran sensibles a esa longitud de onda, y su cerebro lo interpretaba como un tapiz de verde hierba que se extendía por la ladera de sus montañas favoritas. Sin embargo, sus ojos no eran sensibles a la longitud de onda de las ondas de radio o del wifi de su casa. Imagínate cómo sería nuestra realidad si fuéramos sensibles a las ondas del móvil o del wifi. Cada especie animal capta un espectro electromagnético concreto adecuado para una conveniente adaptación al medio y a las necesidades que tiene como especie para sobrevivir de la manera más adecuada.

De forma sugerente, el pintor Paul Klee indicaba que el color es el lugar donde el cerebro se encuentra con el universo. No se quedó lejos Josef Albers, artista y profesor alemán cuyo trabajo asentó las bases de algunos de los programas de educación artística más relevantes y de mayor calado del siglo XX. Albers decía que cualquier percepción de color es, en realidad, una ilusión: «No vemos los colores como son físicamente, pues nuestra propia percepción altera su condición. ¡Los colores nos engañan continuamente!».

Mi experiencia sensorial en Montreal

La oscuridad de la madrugada se había convertido en un gris pálido. Poco a poco, los colores regresaban a la calle, arrastrándose medrosamente. El día estaba amanecido con una humedad penetrante. La noche anterior había estado lloviendo con calma, pero a intervalos regulares, de manera que las calles conservaban el frío y una fina capa de agua que convertía las tonalidades del pavimento en trazos más oscuros. Esa mañana se podía respirar un agradable olor producido por la mezcla de las hojas caídas de los árboles, la frescura de la tierra mojada y el cálido y penetrante aroma del café recién tostado que emanaba de la cafetería que ocupaba la parte inferior del edificio donde estaba mi apartamento. Todavía no entrada la primavera, el temprano y tímido sol colaba sus primeros rayos como tibios lengüetazos entre la espesura de los árboles, que se agolpaban con voluptuosidad formando rectas alineaciones a cada lado de la calzada. Esta quedaba casi toda cubierta por ramas y hojas que formaban un tejadillo a modo de bóveda natural por encima de los coches, los cuales transcurrían despacio como gotas que se deslizan por una superficie metálica.

En días como ese, me regocijaba de disfrutar de la vida en Montreal. Mi apartamento estaba situado hacia la mitad de la calle Hutchison. Cada mañana podía ver ardillas bajando y subiendo por los árboles que, estratégicamente emplazados, dotaban de una agradable sombra a las aceras. Hutchison es una travesía muy tranquila, a pesar de su cercanía al centro de la ciudad, donde los grandes rascacielos, las sirenas y el devenir diario de los ejecutivos —café en mano y periódico bajo el brazo— conferían un carácter trepidante y dinámico a la urbe. Este era uno de los tantos contrastes que podían apreciarse en Montreal. El ajetreo del centro quedaba muy lejos del espíritu que desprendía Hutchison. Las casas no superaban los tres pisos de altura, y se accedía a ellas por unas viejas escaleras exteriores que en invierno evitaban la obstrucción del paso por la nieve. Las fachadas rezumaban un aire pretérito; algunas de piedra, otras de madera pintada con colores muy atractivos y brillantes —rojo, amarillo, turquesa, verde luminoso...—, que despedían un resplandor capaz de apaciguar cualquier desazón que un día ausente de sol pudiera imprimir al entorno. Todo Hutchison vibraba en una diversidad de matices cambiantes por las luces y las sombras.

Esa mañana salí sin la prisa acostumbrada que caracterizaba el comienzo habitual de un día de trabajo. Atravesé gran parte de Hutchison y doblé por Prince Arthur hasta llegar a la intersección con University. Allí, enhiesta, rígida y memorable, se alzaba una de las puertas de acceso al campus central de la Universidad McGill. No era la entrada principal, pero sus oxidados goznes rezumaban un hálito antiguo que parecía haberse exhalado en otra época, encajándose poco a poco en cada centímetro del cuerpo de todo aquel que cruzaba su umbral, transportándolo a otro tiempo y a otro lugar. ¿Fruto de una meditada anacronía que se alzaba en el corazón de una agitada urbe? Pudiera ser. Lo que quedaba plasmado en el alma de los transeúntes que discurrían y se introducían en sus entrañas era que el tiempo parecía detenerse en un instante en el que el devenir cotidiano se tornaba paz y respiro. Paz, respiro, sosiego, tranquilidad; todo parecía conducir a un mismo destino, a una misma sensación.

Crucé el amplio espacio que se abría ante mí y contemplé cómo la bandera de la universidad se enarbolaba sobre la verdosa cúpula del McCall MacBain Arts Building, que emergía entre la vegetación a modo de baluarte medieval. La construcción databa de 1813, aunque hasta 1843 no se abrieron oficialmente todas sus alas. Algunos tulipanes irrumpían en la escena, conquistando una gama cromática de ricos matices que contrastaban con el brillante herbaje predominante en la zona; parecía como si la llegada de la primavera se hubiera adelantado. Faltaban unos días para el equinoccio de marzo, y el sol de la mañana dibujaba su contorno sobre una mezcla gris cerúlea imprimada en el cielo. Suplicante y temeroso aparecía el Redpath. Este museo de ciencias estaba empapado de un estilo victoriano acorde a la amplia colección de organismos, minerales y artefactos etnológicos que albergaba tras sus muros. Era como adentrase en una pequeña muestra de la diversidad de la vida que conocemos. Durante mi estancia en Montreal pasé largas horas contemplando la colección. Disfrutaba en cada rincón del museo, sobre todo delante del *Albertosaurus rex*, que prorrumpía como una negra sombra guardiana y profería con fuerza en la viciada atmósfera una mezcla de los líquidos de inclusión, las resinas y demás sustancias utilizadas para conservar las piezas.

El relente de la noche anterior también se había adueñado del campus. Parecía haberme percatado del amplio universo de olores que fluían como una procesión sin retorno: me detuve delante del museo y volví despacio la cabeza entornando los ojos, y absorbí miles de moléculas olorosas que parecían adueñarse de mis sensaciones y que enviaban información compleja a mi cerebro. Este era incapaz de generar una percepción acertada de la fragante y delicada escena. En fracciones de segundo se abrieron las puertas del desván de la memoria. De pronto me trasladé a la infancia y rememoré aquellos momentos en mi Teruel natal. Como relámpagos visuales, las imágenes comenzaron a hacerse un hueco en mi pensamiento, sustituyendo la persistencia de la experiencia odorífera recién formada: lo que antes era un cúmulo de sensaciones olorosas que desembocaban en una percepción difícilmente definible mediante la palabra se había convertido en ricas memorias visuales que, por unos instantes, me despacharon en un largo viaje transoceánico.

Mientras salía de los límites del área central del campus y bajaba al centro financiero de Montreal, me detuve en el 3420 de la calle McTavish. Como cada mañana —si mis obligaciones no me compelían a llegar a una hora temprana al laboratorio—, intentaba deleitarme con un aromático y amargo café de la librería de la universidad. Aquel día me senté en un cómodo sofá azul índigo, desgastado y raído por el continuo uso de los estudiantes que mataban el tiempo en la sección de literatura inglesa. Estuve alrededor de veinte minutos leyendo un artículo científico de la prestigiosa revista *Science* mientras daba cuenta del café y de una pesada y compacta magdalena de avena y nueces; todas mis papilas gustativas informaban a mi cerebro de los sabores de esos manjares matutinos. Continué por McTavish hasta llegar a unas inclinadas escaleras que desembocaban en la avenida Doctor Penfield. Después de caminar durante dos minutos, me topé con el edificio Stewart de Ciencias Biológicas, la sede física del departamento de Psicología. Llegué al vestíbulo, cogí uno de los viejos ascensores y bajé en el cuarto piso.

La descripción anterior es real: narra uno de los días que pasé en la maravillosa ciudad canadiense de Montreal. En ella podemos reparar cómo los diferentes estímulos del entorno pueden generarnos sensaciones de índole muy diversa y gestar las percepciones. Asimismo, son capaces de tocar las teclas de la memoria y la imaginación creativa y llevarnos muy lejos tanto en el tiempo como en la distancia.

Los sentidos

En los diferentes sistemas sensoriales, requerimos dos fases: la sensación y la percepción. Tal y como hemos señalado, en el entorno hay una serie de estímulos con distintas formas de energía (electromagnética, ondas de presión, calor...). Los animales contamos con células especializadas en detectarlas y transformarlas en potenciales de acción transmitidos por el sistema nervioso. Esta fase sería la sensación. Por otro lado, la percepción es la experiencia consciente e interpretación que realizamos de la información que recibimos del entorno. En esta segunda fase intervienen las neuronas del SNC.

En este capítulo vamos a pasar revista a cada uno de los sistemas sensoriales y veremos cómo recrean y construyen lo que percibimos de la realidad que nos rodea para, a renglón seguido, analizar cómo pueden cambiar y verse modificados por la experiencia. Esto último será muy importante para entender lo que explicaré en el capítulo 3.

La química de los sentidos: olfato y gusto

Existen evidencias de que en la época isabelina algunas mujeres se colocaban un trozo de manzana pelada bajo las axilas para que se impregnase de su olor y después se lo entregaban a su amante como muestra de amor. Hay estudios que han mostrado que el olor corporal puede ser un factor relevante para la elección de la pareja, ya que proporciona claves sobre la calidad genética del compañero sexual, su estatus reproductivo e incluso su estado de salud.

Todos tenemos un olor corporal concreto. Seguro que hemos oído alguna vez las siguientes expresiones: «Esa colonia no huele bien en su piel», «Me encanta el olor de su cuerpo desnudo», «El olor de la piel de bebé es muy tierno»... Muchas especies animales utilizan el olor corporal como guía para identificar posibles parejas con una genética determinada. Según algunos apuntes históricos, parece que en la Edad Media los olores constituían un mecanismo habitual de implementación para el reconocimiento de individuos de estas familias y clanes. En ocasiones se ha sugerido que, si despertáramos de repente en la plaza de una de las urbes del medievo, podríamos sufrir un fuerte *shock* por culpa de la amalgama de penetrantes olores.

Recordemos la novela del escritor alemán Patrick Süskind, *El perfume: historia de un asesino*. La obra se publicó en 1985 bajo el título original *Das Parfum, die Geschichte eines Mörders*, y fue un gran éxito literario en poco tiempo. En ella, Patrick Süskind nos describe la historia de Jean-Baptiste Grenouille en la Francia del siglo XVIII. El protagonista goza de un sentido extremadamente desarrollado del olfato, hasta el punto de que es capaz de guiarse por el entorno a través de este sentido. Para Grenouille, todo son olores: se mueve a partir de ellos, vive para ellos, disfruta y sufre por ellos. Ya en su infancia descubre que, a pesar de que puede distinguir por el olfato hasta la más ínfima criatura, él carece de olor propio. Los vocablos solo tienen sentido para Grenouille si designan objetos mediante el olor, de modo que el objetivo de su vida se centrará en mantener el olor más puro, la esencia en sí misma. En la acertada adaptación cinematográfica del libro realizada por Tom Tykwer y protagonizada por un camaleónico Ben Whishaw, la historia empieza el 17 de julio de 1738 en la ubicación parisina donde tiene lugar la combinación más pútrida de olores de la capital de Francia. En ese contexto de hediondez y pestilencia, nace Jean-Baptiste Grenouille, entre el hedor de los bagazos de alimentos y desperdicios de pescado. Ahí lo pare su madre y lo esconde bajo la mugrienta mesa en la que desuella y escama los pescados, determinada y dispuesta a dejar que su hijo perezca, como otros tantos que ha parido en las mismas condiciones. No obstante, el llanto de Grenouille delata el intento de infanticidio y condena a muerte a su progenitora. Sus primeros llantos en el mundo terminan con la vida de su madre. La película nos muestra esta escena de un modo que el espectador parece olerla. Tom Tykwer, con una soberbia combinación de imágenes, nos evoca el mundo de los olores: casi se puede llegar a oler con los ojos.

Desde el punto de vista evolutivo, el sentido del olfato apareció muy temprano. Se ha hipotetizado que el desarrollo de la corteza cerebral —una fina lámina de neuronas con interconexiones que forma una capa de pocos milímetros de grosor y cubre la superficie irregular de los hemisferios cerebrales, de la que ya he hablado en el capítulo 1— fue impulsado por la necesidad de identificar olores vinculados a la supervivencia. ¿Alguna vez te has planteado por qué no tenemos nombres para los olores? Si nos comemos un algodón de azúcar cuando vamos al circo, decimos que sabe dulce. Si se enciende la señal luminosa de la parte superior de un semáforo, decimos que es de color rojo. Sin embargo, para los olores, no utilizamos nombres. Es así debido a que lo que nos interesa desde el punto de vista adaptativo no es el olor, sino la fuente de este. Por eso decimos «Huele a quemado», «Acaban de tostar café» o «El olor a pan recién hecho me está abriendo el apetito».

En nuestros sentidos, primero se produce la sensación y luego la percepción de cada modalidad sensorial. Las sensaciones son experiencias básicas simples que suelen relacionarse con los receptores sensoriales. En este sentido, la sensación de pincharse en el dedo con una aguja puede estar relacionada con la estimulación de los receptores del dolor que tenemos en el dedo y de cómo procesamos la información en las neuronas de la corteza cerebral sensorial (las áreas sensoriales que llamamos «primarias»). Las percepciones son experiencias más complejas provocadas por estímulos complejos y, con frecuencia, significativos, como percibir la presencia de los violines en el *Canon* de Pachelbel o los rostros extremadamente realistas de un cuadro de Dino Valls. Las percepciones son el resultado de procesos de orden superior a las sensaciones y de una integración o añadidura de estas. A veces, la integración puede necesitar la ayuda de otros procesos cognitivos, como la atención o la memoria. Por todo ello, la percepción requiere la actividad de las neuronas de la corteza cerebral sensorial más compleja (las denominadas «áreas sensoriales secundarias») y de otras regiones corticales implicadas en procesos cognitivos diversos («áreas de asociación»).

En el capítulo anterior me he tomado la licencia ficticia de explicar cómo Cajal rememoraba de forma vívida el olor de los panecillos de mantequilla y leche recién horneados y mojados en chocolate caliente que su abuela, Isabel, le preparaba. Olor y memoria se encuentran vinculados desde un punto de vista evolutivo, lo que posibilita que los olores relevantes para la supervivencia queden registrados en la memoria. Por eso no es extraño que la información acerca del olfato no solo llegue a la corteza que se encarga de generar la percepción del olor (la corteza piriforme), sino también a una parte denominada «formación hipocampal», de crítica importancia para la consolidación de la memoria, tal como veremos en capítulos posteriores y he explicado en el primer capítulo.

De forma añadida, el olor puede influir sobre otras percepciones y generar asociaciones de índole bastante curiosa. Me gustaría contarte una experiencia personal: presento poca tolerancia a las bebidas alcohólicas. A dosis bajas, por ejemplo, puedo experimentar parestesias (sensación de adormecimiento) en la parte inferior del labio. Pues resulta que, cuando estaba realizando mi tesis doctoral (que no trataba de alcohol ni de olores, sino de la potenciación de la memoria al estimular regiones concretas del sistema nervioso), quedaba con las compañeras del laboratorio e ingería pequeñas cantidades de alcohol. Trabajábamos duro, y esos momentos nos servían para desconectar. Siempre que salíamos a explorar los rincones de la noche barcelonesa, yo utilizaba la misma colonia: la de salir. Solo me la ponía en esas ocasiones. Un día se me ocurrió ponérmela para ir al laboratorio. A resultas de ello, comencé a notar un ligero adormecimiento en la parte inferior del labio, cuando lo único que había ingerido había sido un tazón de avena y un café bien cargado. ¿Qué había sucedido? El olor de la colonia me había producido la parestesia labial sin haber ingerido ni una gota de alcohol.

Más adelante seguiremos con el olfato cuando hable de cómo elegimos a nuestra pareja (lo encontrarás en el capítulo 9), pero antes vamos a centrarnos en el otro sentido químico: el gusto. El gusto nos permite interactuar con los elementos nutricionales de una forma conveniente, detectar los alimentos con un determinado valor nutricional y evitar los que están en mal estado o aquellos cuya ingesta nos resulta perjudicial. Cuando comemos el algodón de azúcar de nuestro circo de las ilusiones, el cerebro lo prefiere por encima de otros productos debido a que el sabor dulce nos sirve para detectar alimentos calóricos con baja probabilidad de ser venenosos. Si nos decantamos por las palomitas de maíz, el sabor salado nos permite detectar aquellos alimentos que nos ayudarán a regular el equilibrio hídrico. Si, por el contrario, nos topamos con una almendra amarga, la rechazaremos, ya que ese sabor nos informa de alimentos potencialmente venenosos. Esto no será baladí, en tanto que las almendras amargas tienen un componente denominado «amigdalina» que libera cianuro, muy tóxico para el ser humano. Si los restos de comida de un táper que tenemos en el frigorífico tienen sabor ácido, al punto los desecharemos, ya que este sabor nos ayuda a identificar los alimentos que están en mal estado.

Existe un quinto sabor no tan conocido pero muy presente en nuestro día a día: el umami. Este provoca secreción salival, reduce la saciedad, envía al cerebro señales de placer y satisfacción, y nos hace sentir que lo que comemos es sabroso y deseable. Esto se debe a que los alimentos ricos en aminoácidos —necesarios para la síntesis de proteínas en el organismo— tienen este sabor. Las anchoas, los tomates, el jamón y la leche materna saben a umami. No obstante, la industria alimentaria añade a otro tipo de alimentos manufacturados que no son ricos en aminoácidos —patatas, *snacks*, algunas salsas, sopas de sobre...— una sustancia llamada «glutamato monosódico», un aditivo que actúa como saborizante y hace que aumente su palatabilidad, lo cual nos induce las ganas de seguir comiendo estos alimentos.

¿Cómo se procesa la información del gusto en el sistema nervioso? Tenemos en la lengua células receptoras sensibles a determinados elementos químicos de los alimentos. La información se envía al cerebro a partir de tres nervios[1] para que, finalmente, se procese en la corteza cerebral, primero en la corteza gustativa primaria[2] y después en la secundaria.[3] Tal como sucede con otras modalidades sensoriales, primero se produce la sensación del gusto y después la percepción y el reconocimiento de los alimentos.

Imaginemos que hemos tenido la suerte de visitar Frantzén, en Estocolmo, un restaurante que lleva el apellido de su propietario y chef, Björn Frantzén. En él se intenta proporcionar a los comensales una experiencia de explosión de sabores inmersiva que tiene lugar en las tres plantas del edificio, haciendo un recorrido por los diferentes espacios del restaurante. La percepción del gusto que podemos tener de cada uno de los diez platos que se sirven en su menú cerrado dependerá no solo del sabor de los alimentos, sino también de la textura, la temperatura a la que llegan a la boca, el color y el olor que desprenden, el recipiente en que se sirven y el instrumento que utilizamos para introducírnoslos en la boca, el sonido que producen al masticarlos, la atmósfera que se crea en las diferentes salas del restaurante... Este tipo de establecimientos buscan armonizar texturas para encontrar nuevos matices, crear a base de jugar con olores y colores, y mezclar conceptos con sutiles influencias culturales y sensoriales de índole muy diversa. En la corteza orbitofrontal se combinan todas las propiedades sensoriales y contextuales de los alimentos: sabor, olor, textura, color, sonido, cualidades del recipiente, instrumentos o dónde los ingerimos…, de manera que la percepción del gusto trasciende a la adición de componentes en tanto que se establece una sinergia en la que el resultado final es diferente a la mera suma de las partes.

A diferencia de la mayor parte de las otras modalidades sensoriales, el gusto se procesa de forma ipsilateral, es decir, la mitad izquierda de la lengua proyecta a la corteza del hemisferio izquierdo, mientras que la derecha hace lo propio con el derecho. Asimismo, sabemos que la representación de los sabores en la corteza gustativa es estable pero idiosincrásica. Si a esto le añadimos las diferencias que existen entre las distintas culturas culinarias en las que nos encontramos las personas y que en la determinación del sabor de un alimento también intervienen otros estímulos relacionados con la visión, la temperatura y la textura, la realidad de la experiencia que cada uno tenemos cuando degustamos un plato puede ser muy particular.

Un aspecto importante relacionado con el gusto es el fenómeno denominado «saciedad sensorial específica». Imaginemos que hemos ido a comer a un restaurante argentino y hemos ingerido una cantidad nada despreciable de diferentes tipos de carne. No nos cabe nada más en el estómago. Ver otro trozo nos genera cierta aversión del hartazgo de carne con el que hemos lidiado. Cuando ingerimos un alimento en cantidades considerables se reduce la palatabilidad de ese alimento. No obstante, de pronto el camarero despliega antes nuestras narices un enorme repertorio de deliciosos postres. En ese escueto lapso, la sensación de saciedad puede verse mermada para hacer hueco al suculento pastel de chocolate y nata, ya que no hemos comido nada dulce y, por lo tanto, la palatabilidad de este alimento es alta.

Otro elemento que hay que destacar en relación con el gusto es su fuerte vínculo con otros elementos funcionales y procesos biológicos del organismo. En 1981, el psicólogo estadounidense Robert Ader se encontraba en mitad de un experimento muy interesante:

aplicó una droga que producía dolor de estómago a ratas que habían ingerido agua con sacarina. El objetivo era provocarles aversión al sabor del agua edulcorada y que la asociaran con malestar y dolor gastrointestinal. A renglón seguido, Ader expuso a los animales al agua con sacarina, pero en esa ocasión sin la droga, intentando con ello extinguir la asociación que se había producido y que las ratas dejaran de presentar aversión por ese gusto. Un mes después, algunos animales murieron. Ader no encontraba explicación alguna a ese fenómeno, de manera que se puso en contacto con el inmunólogo Nicholas Cohen para recabar más información. Ambos descubrieron que la droga, además de producir dolor de estómago, generaba inmunosupresión, pero eso no explicaba por qué murieron algunos animales, dado que solo les administraron una dosis de la droga, cantidad insuficiente para matar a las ratas. Lo que sucedió fue que condicionaron la respuesta inmunitaria. Es decir, el agua con sacarina sin la droga consiguió suprimir al sistema inmunitario, y esa supresión acabó con la vida de los animales que murieron. El calado de este descubrimiento es enorme, dado que se demostró una interacción muy marcada entre sistema nervioso e inmunitario. El gusto de la sacarina se había asociado con el efecto de depresión del sistema inmunitario de la droga, con lo que cada vez que se administraba el agua con sacarina sin la droga dicho sistema se iba deprimiendo. Esto solo puede explicarse si ambos sistemas trabajan de forma conjunta.

Para finalizar con los sentidos químicos, es importante tener presente que la capacidad para oler o degustar los alimentos no se ve menoscabada con el paso del tiempo, dado que las células que utilizamos para el olfato y el gusto se renuevan constantemente y son sustituidas por otras a lo largo de la vida.

Oído

Un aspecto evolutivo muy relevante fue la transición de caminar a cuatro patas a hacerlo con dos. Esto restó importancia a dos sentidos sensoriales que entonces resultaban críticos: el olfato y el gusto. Despegar la cabeza del suelo para otear la lejanía permitió que cobraran importancia otros sentidos como el oído y la vista.

Imaginémonos que nos encontramos en la ceremonia de apertura de los Juegos Olímpicos de Turín en 2006. Estamos escuchando la última actuación del ya fallecido Luciano Pavarotti. En ella, canta el aria del acto final de la ópera *Turandot* de Giacomo Puccini, «Nessun dorma». Se trata de una composición musical pensada para una sola voz que prosigue a la declaración por parte de la princesa de que ninguna persona puede dormir hasta hallar el nombre del príncipe desconocido. Después de escuchar esta aria, podemos creer que la música es un don de los dioses, que han tocado con su gracia a algunas personas y que nada tiene que ver con la práctica o el trabajo duro. De forma contraria a esta idea, el tarraconense Pau Casals (1876-1973), considerado uno de los mejores violonchelistas de todos los tiempos, con casi cien años sorprendió con su respuesta a uno de sus alumnos, que le planteó una cuestión acerca de su actividad como músico: cuando el muchacho le preguntó «Maestro, ¿por qué continúa practicando a estas alturas?», el músico le respondió: «Porque estoy realizando progresos». Hoy sabemos que la práctica de determinada acción puede poner en marcha cambios importantes en la reorganización de los mapas corticales. A mediados de los años noventa, el equipo de investigación de Taub demostró que personas adultas que se dedicaban a tocar instrumentos de cuerda con los dedos presentaban un aumento considerable de la región de la corteza que respondía al contacto digital en comparación con los músicos que se dedicaban a la práctica de otro tipo de instrumentos, por ejemplo, los de viento. ¿Puede una manifestación cultural como la música modificar la estructura cerebral? Antes de contestar a esta pregunta, tendríamos que adentrarnos en cómo el sistema nervioso recoge la información auditiva del entorno y posibilita su percepción, ya sea una pieza musical, la voz humana o la estridente alarma de un coche que nos despierta a las tres de la madrugada.

¿Cómo es la realidad auditiva? Cuando una fuente —como alguien hablando o la guitarra de Paco de Lucía mientras hace sonar «Entre dos aguas»— produce una perturbación en el medio circundante, esta se propaga en forma de onda a través del medio, dado que necesita moléculas para transmitir la energía (generalmente el aire, pero también puede propagarse a través de líquidos y sólidos). De esta forma, las partículas individuales vibran hacia delante y hacia atrás, pero la onda sonora, en sí misma, se transmite en una dirección específica. La velocidad a la que se propaga depende de las propiedades del medio, como la densidad y la elasticidad. Por ejemplo, en el aire, la velocidad del sonido es de unos trescientos cuarenta y tres metros por segundo. En los metales, la velocidad de propagación es mucho mayor; por ejemplo, en el caso del aluminio, ronda los seis mil metros por segundo. Por ese motivo, si ponemos la oreja sobre unos raíles (algo poco recomendable para nuestra seguridad) seremos capaces de sentir las vibraciones que provoca el rodaje de un tren que se encuentre bastante lejos.

Para entender cómo procesa el cerebro la información auditiva, tenemos que conocer tres aspectos fundamentales: la frecuencia, la longitud y la intensidad de la onda sonora. La frecuencia se refiere a la cantidad de ciclos que se completan en un segundo y se mide en hercios (Hz). La longitud de onda, por su parte, es la distancia entre dos puntos equivalentes en ella, como dos crestas o dos valles sucesivos. La frecuencia y la longitud de onda están relacionadas: a mayor frecuencia, menor longitud. La intensidad de una onda sonora se refiere a la cantidad de energía que transporta por unidad de tiempo y de área. Se mide en vatios por metro cuadrado (W/m^2). La intensidad está relacionada con la amplitud, que es la altura máxima de las crestas o la profundidad máxima de los valles. Una onda sonora más intensa tiene una amplitud mayor.

La frecuencia de un sonido es el número de veces que su onda fluctúa o vibra por segundo. La unidad de medida de la frecuencia es el hercio (Hz), donde 1 Hz equivale a una vibración por segundo. El cerebro percibe los sonidos más agudos cuanto mayor sea la frecuencia, y más graves cuanto menor sea, de modo que podemos decir que el tono de un sonido sería la percepción de su frecuencia. El ser humano es sensible a un rango de frecuencias que va desde los 20 hasta los 20.000 Hz. Existen diferencias individuales y cambios a lo largo del ciclo vital. Por ejemplo, los bebés pueden ser sensibles a frecuencias de 40.000 Hz, que podrían considerarse ultrasónicas. También hay diferencias notables entre los diversos animales. Algunos mamíferos, como los murciélagos, utilizan frecuencias ultrasónicas para la ecolocalización.

Solo algunas fuentes sonoras (como los diapasones) pueden emitir vibraciones de una única frecuencia. La mayoría de los sonidos combinan diferentes frecuencias. Esto les confiere una identidad particular que denominamos «timbre del sonido» y que permite al cerebro identificar sonidos producidos por fuentes diferentes, haciendo que distingamos, por ejemplo, el sonido de la guitarra de Paco de Lucía del sonido del violín de Ara Malikian, incluso cuando ambos generan la misma nota musical.

Si el objeto que vibra lo hace con fuerza, la intensidad de una onda sonora es mayor, ya que transporta más cantidad de energía. A mayor intensidad, el cerebro suele percibir un sonido con más volumen, y, a menor intensidad, menos volumen. Por ello, el volumen del sonido es la percepción que se produce en el cerebro de la intensidad de la onda sonora y se mide en decibelios (dB). El umbral de dolor auditivo varía entre las personas, pero, en general, se considera que el sonido se vuelve doloroso para la mayoría cuando alcanza niveles de alrededor de 120 dB. Existen diferencias individuales en la sensibilidad al dolor auditivo: es subjetiva y puede variar según factores como la frecuencia del sonido, la duración de la exposición...

Cuando las ondas sonoras alcanzan nuestros oídos, se convierten en señales eléctricas que el cerebro interpreta como sonido. ¿Cómo se produce esto? Imaginemos que, cerca de nosotros, alguien chasca los dedos. Con el choque del dedo corazón con la palma de la mano, cuando se desliza tras friccionar la yema del dedo pulgar, se acumula la energía suficiente como para que se produzca ese sonido tan particular. La onda sonora viaja a través del aire, llega al oído externo y entra por el canal auditivo, donde se topa con una membrana fina (timpánica) que podría recordarnos a la piel de un tambor cuando se golpea. La vibración de esta membrana es la respuesta directa a las fluctuaciones de presión del sonido y se transmite a tres pequeños huesos del oído medio: martillo, yunque y estribo. El martillo se conecta al tímpano y transmite las vibraciones al yunque, que, a su vez, se las comunica al estribo. El estribo transmite las vibraciones al oído interno a través de la ventana oval, la abertura de un órgano lleno de líquido llamado «cóclea». Este mecanismo mecánico nos podría recordar a un sistema de palancas que amplifica y transmite las vibraciones de un sitio a otro.

La cóclea, por su parte, es como un micrófono biológico. En su interior hay un líquido denominado «perilinfa». Cuando el estribo golpea sobre la ventana oval, se crean ondas de presión en la perilinfa que viajan a lo largo de la cóclea desde la base hasta el ápice. Esta estructura contiene un tipo de células especializadas en convertir las vibraciones de la perilinfa en señales eléctricas (el lenguaje que entiende el sistema nervioso). Dichas células se disponen en filas y están incrustadas en la llamada «membrana basilar». A medida que viajan las ondas de presión, la membrana basilar vibra de manera selectiva como respuesta a diferentes frecuencias de sonido. Las células ciliadas tienen cilios en su superficie superior. Cuando la membrana basilar vibra, los cilios se flexionan y permiten la apertura de canales iónicos. El líquido en el que se encuentran los cilios (endolinfa) contiene altas concentraciones de potasio que, al entrar dentro de las células, producen cambios en su potencial eléctrico, lo que puede desencadenar la liberación de sustancias neurotransmisoras y activar las neuronas que enviarán la información al sistema nervioso central a través del nervio auditivo.[4]

En definitiva, para convertir la onda sonora en el lenguaje que entienden las neuronas (potenciales eléctricos) necesitamos un soporte mecánico parecido a un tambor acoplado a un sistema de palancas y un micrófono biológico capaz de transformar las ondas sonoras en señales eléctricas que luego podrán ser amplificadas, procesadas y reproducidas.

La información auditiva llega a una parte del SNC denominada «tronco del encéfalo» y asciende hasta el tálamo (del que ya he hablado en el capítulo 1) para alcanzar, finalmente, la corteza auditiva primaria. Es importante señalar que esta corteza guarda una relación singular con la membrana basilar en la cóclea. El extremo basal de esta membrana (el extremo que mira a la ventana oval, que responde a las frecuencias más altas) está representado en la zona más medial de la corteza auditiva, y el extremo apical (el más alejado de la ventana oval, que responde a las frecuencias menores) está representado en la zona más lateral. Esta organización la llamamos «tonotópica» (de «tono» y «topos», que significa «lugar»).

¿Qué sucede en la corteza para que distingamos entre el sonido de la guitarra de Paco de Lucía y el del violín de Ara Malikian («qué»), o localicemos de dónde viene el sonido de la voz de una persona cuando la estamos buscando («dónde»)? Adyacente a la corteza auditiva primaria se encuentra la corteza de asociación auditiva, que origina dos corrientes de procesamiento de la información: una anterior, que participa en el análisis de sonidos complejos, y una posterior, que interviene en la percepción de la localización del sonido. La corriente anterior es la que nos permite percibir el «qué», mientras que la posterior posibilita la percepción del «dónde».[5]

¿Qué sucedería si sufriéramos algún daño en las corrientes de procesamiento de la información auditiva? En la literatura médica tenemos recogidos los casos de dos pacientes que nos podrían ayudar a contestar esta pregunta. Por un lado, el paciente F. D. presentaba lesiones en la corriente anterior: mostraba serias dificultades para reconocer sonidos ambientales, pero podía identificar la localización o el movimiento del sonido sin problema. Por otro lado, las lesiones del paciente C. Z. se circunscribían a la corriente posterior: podía reconocer sonidos ambientales, pero no identificar la localización ni el movimiento del sonido. Ninguno de los afectados era sordo, pero ambos mostraban un deterioro muy específico de la percepción auditiva.

Cambiemos de tercio. Sabemos que la combinación en proporciones equilibradas de las distintas frecuencias que integran las ondas sonoras emite sonidos armónicos que el cerebro puede interpretar como placenteros. En este contexto, puede resultar interesante plantearnos por qué nos gusta escuchar música y nos emocionamos al hacerlo. Volvamos al «Nessun dorma» de Puccini interpretado por Pavarotti. Si hubiéramos tenido la suerte de asistir a su actuación, algunas de las reacciones que podríamos haber experimentado serían notar suaves escalofríos en la nuca, que se nos erizara la piel o que nuestras pupilas se dilataran. Se trata de componentes característicos de una respuesta emocional (que explicaré en los siguientes capítulos). Esto es así en tanto que la música es capaz de activar regiones críticas para el procesamiento de la información emocional. Del mismo modo, cada vez son más las evidencias que manifiestan que la música tiene la capacidad de activar regiones cerebrales implicadas en el placer y la gratificación.

A pesar de que el significado y el uso de la música puede variar entre culturas y contexto social, tiene una función universal: es una manifestación que nos emociona y nos resulta gratificante, placentera. La música es un poderoso medio para transmitir emociones. El hecho de que estas se comuniquen a través de la música y que nos resulte altamente gratificante son dos poderosas razones por las que las personas la escuchan. Seguidamente daré unas pinceladas de cómo el sistema nervioso procesa la información musical para pasar después a estudiar la relación entre música y placer.

La música es una actividad humana natural presente en todas las sociedades que constituye una de las demandas cognitivas más compleja que la mente puede llevar a cabo. Al contrario que otras actividades sensoriomotoras, la interpretación de la música requiere una temporización muy meticulosa de acciones organizadas según su jerarquía, así como un control muy preciso del intervalo de producción del tono. Si un niño pequeño canta «El patio de mi casa» o la famosa violinista Shaundra Culatta interpreta el concierto n.º 3 de *Las cuatro estaciones* de Antonio Vivaldi, los mecanismos neuronales implicados en la percepción y producción de la música nos proporcionan una fuente muy prolija de atrayentes aspectos del estudio del funcionamiento del cerebro. En la música, las interacciones entre los sistemas motor y auditivo son de especial interés en tanto que cada acción destinada a producir un sonido influye en la siguiente, lo que permite una implicación sensoriomotora.

Cuando un músico toca un instrumento, se producen distintos cambios sensoriomotores. Por ejemplo, pensemos en el ya fallecido maestro gaditano Paco de Lucía: cuando empezaba a tocar su guitarra para interpretar un movimiento, por ejemplo, el «Adagio» del *Concierto de Aranjuez* de Joaquín Rodrigo, el sistema motor de su cerebro controlaba los movimientos precisos necesarios para producir el sonido en los fragmentos del concierto resueltos con tranquilos arpegios de guitarra. El sonido producido era procesado por el sistema auditivo, que se utiliza para ajustar las órdenes motoras que se envían a los músculos encargados de hacer sonar la guitarra, y alcanzaba el efecto deseado. Hoy en día se cree que las señales que provienen de la corteza motora pueden influir en la información que procesa la corteza auditiva, incluso en ausencia de sonido o antes de que este tenga lugar. Además, se considera que las representaciones motoras se pueden activar al escuchar el sonido incluso en ausencia de movimiento. Todo esto nos indica que hay una compleja interacción entre los mecanismos sensoriales y los de producción por lo que respecta a la música. Cuando Paco interpretaba su ejecución requería un control muy preciso de la temporización para seguir una estructura rítmica marcadamente jerárquica (cronometraje del ritmo). Además, el maestro gaditano debía controlar el tono para producir intervalos musicales específicos que, a pesar de ser críticos para la música, no lo son en el caso del lenguaje.

En definitiva, la música implica unas demandas muy específicas y únicas para el sistema nervioso.

Se suele señalar que escuchar música es una de las experiencias placenteras de la lista de actividades cotidianas con las que las personas disfrutamos. Hay quienes incluso experimentan euforia y tienen experiencias emocionales intensas cuando la escuchan. ¿Quién no ha sentido escalofríos o se le ha erizado la piel al oír un tema? Los científicos se refieren a esta reacción como tener «escalofríos musicales». Diferentes estudios han demostrado que esos escalofríos se asocian a una respuesta fisiológica típica de la excitación del sistema nervioso autónomo y a un aumento en la actividad de varias regiones cerebrales implicadas en las emociones y el placer.[6] Esto explicaría por qué la música nos resulta gratificante y llega a emocionarnos.

Vista

Por la ventana se colaba la primera luz del día antes de que saliera el sol. Esas suaves líneas luminosas conferían cierta calidez a la zona dispuesta en torno a un gran ventanal que no podía abrirse por motivos de seguridad. El durísimo colchón no le había permitido descansar durante la noche: no pudo quedarse dormida sobre el costado izquierdo, con la columna haciendo una ligera curva hacia delante y las rodillas encogidas, igual que un feto en el vientre materno durante la gestación. La pared era blanca, sin matices, ni esencias, ni un ligero atisbo de tonalidad. Solo blanca. En el centro pendía un cuadro con una colodra de madera, como las que usan los pastores cuando ordeñan a las ovejas, llena de fruta de aspecto gredoso. Intensos efluvios de desinfectante conferían a la habitación una atmósfera de marcada esterilidad. En la mesa auxiliar adyacente a la cama se había quedado agazapado un plato de plástico duro con restos de una manzana, asada el día anterior, que rezumaban un olor almibarado y meloso. Un tenedor descansaba al borde del plato, pegado con relativa fuerza a los jugos secos que había producido la fruta.

Raquel se había despertado con los ojos secos y la boca pastosa, aturdida y con la mente abotargada, con la sensación que tenemos cuando la consciencia es rescatada del mundo onírico pero no sabemos dónde estamos ni con quién. Tardó unos instantes en reconocer la habitación del hospital en el que estaba ingresada. Hacía unos días había sufrido un accidente cerebrovascular. No era capaz de reconocer la cara de la persona que le cogía la mano. Sabía que se trataba de su esposo Jacobo por la forma que tenía de moverse y por el tono de su voz, pero era incapaz de identificarlo al mirarlo a la cara.

El hombre lucía un cabello ondulado de color castaño oscuro que le caía por el lado izquierdo de la frente, tapándole casi la mitad. En las sienes se adivinaban unos reflejos blancos producidos por algunos mechones de pelo cano que le conferían cierta autoridad. El cutis estaba ligeramente atezado debido a los largos paseos que se echaba a la espalda por la montaña en verano y a sus escapadas invernales para practicar esquí alpino. Los ojos eran pequeños y rasgados; en las comisuras surgían unos leves surcos que se deshacían en múltiples pliegues hasta alcanzar la base de los párpados inferiores. De resultas de ello, cuando se reía, le aparecían algunas arrugas que le proporcionaban una mirada vivaracha y traviesa; era una de esas personas que, cuando se las mira, infunden un calor muy tierno que dispersa cualquier desconfianza. Una nariz romana otorgaba una expresión audaz y enérgica a su cara. Presentaba una gran simetría en el rostro y, en la parte central, una boca alargada con los labios acentuados. Solía portar barba de tres días, dejando sin vello los pómulos, buena parte de las mejillas y la zona comprendida entre la comisura de los labios y el hueco del mentón. Todos esos atributos no le servían para reconocer la cara de su esposo.

Raquel veía a la perfección el rostro de quienes iban a visitarla al hospital, pero los reconocía por sus andares, sus movimientos o al oír su voz. Sabía lo que era una cara, pero no la podía distinguir. Era capaz de leer la novela que su esposo le había llevado para que las horas de hospital le parecieran más llevaderas. Podía distinguir las figuras que se movían cuando miraba por la ventana o los pájaros que revoloteaban en el chopo que presidía el patio del hospital, pero con las caras no había manera. La lesión cerebral le había provocado una alteración de la percepción visual denominada «prosopagnosia» o «agnosia visual para las caras» (incapacidad de reconocerlas).[7]

En la mesita descansaba un portarretrato con la foto del rostro de Raquel besando a su esposo. La imagen quedaba encerrada en el marco, a salvo del paso del tiempo, pero para ella representaba una triste vacuidad huera.

La cuestión de saber cómo el ser humano es capaz de ver el mundo ha suscitado un gran interés científico a lo largo del tiempo. Por ejemplo, la página que estás leyendo se encuentra repleta de grafías (letras, signos de puntuación...) que tienen asociado un sonido que podemos identificar. La información llega a la retina, pero no es suficiente para identificarlos ni para leer, y mucho menos para comprender lo que se está leyendo en este momento. Y esto se debe, fundamentalmente, a que no se ve solo con los ojos, sino sobre todo con el cerebro. Vamos a analizar cómo se produce este proceso.

En el entorno hay cantidades variables de energía electromagnética. En la retina contamos con unas células especializadas, los fotorreceptores, sensibles a una pequeña parte del espectro electromagnético: las ondas con longitudes comprendidas entre 380 y 760 nanómetros (nm). Cada especie animal tiene su propio espectro visible. Por ejemplo, las abejas detectan diferencias en la radiación ultravioleta reflejada por las flores que a nosotros nos parecen blancas. Entonces ¿existen los colores tal como los percibimos? Inicialmente, el cerebro crea nuestra experiencia del color de la luz teniendo en cuenta tres aspectos —tono, luminosidad y saturación— y después le añade un procesamiento neural harto complejo para llegar a la percepción consciente de un color determinado. Primero, la longitud de onda de la luz manifiesta el tono, de forma que el espectro de luz visible para el ser humano determina la gama de tonos que nuestros ojos son capaces de detectar. Segundo, la intensidad de la radiación electromagnética puede variar, y esto equivale a diferencias en la luminosidad o el brillo. La saturación, por último, se manifiesta por la pureza relativa de la radiación electromagnética. Si es de una longitud de onda concreta, el color que se percibe es saturado o puro; si incluye varias longitudes diferentes, la saturación sería intermedia; en el caso de incluir todas las longitudes de onda no habría experiencia de tono y percibiríamos el color como blanco.

Tenemos dos tipos de fotorreceptores: conos y bastones. Los conos se ubican en la parte central de la retina y son responsables de la agudeza visual y la visión del color. Por su parte, los bastones (más numerosos que los conos) están en casi toda la retina (excepto en la fóvea, la región en la que tenemos mayor agudeza visual)[8] y son sensibles a la luz de baja intensidad, por lo que no contribuyen a una alta agudeza visual o al color. A partir de estas células, la energía electromagnética se convierte en el lenguaje que entienden las neuronas: los potenciales de membrana.

Antes de seguir hablando de la retina y el cerebro visual, vamos a pasar revista al curioso caso de Montse. Hace unos meses sufrió un accidente cerebrovascular que la dejó ciega. Para ella, la realidad visual que conocía solo quedaba en su memoria, dado que no era consciente de ver nada después del accidente. Utilizaba un bastón para guiarse por el entorno y necesitaba ayuda en algunas rutinas para las que antes era autónoma. Un día, en la fiesta de celebración del cumpleaños de su sobrino Manuel, un tapón de cava salió disparado después de un estallido de burbujas y espuma y se dirigió peligrosamente a la cara de Montse. Esta movió la mano con rapidez para ponerla delante de la cara y evitar, de esta forma, el impacto del tapón. Todos los invitados quedaron muy impresionados por este acontecimiento, pero lo atribuyeron a una combinación de circunstancias aleatorias, dado que era imposible que Montse hubiese visto el tapón y hubiera apartado la cara: era ciega. Sufría un síndrome que denominamos «ceguera cortical». El accidente le había producido una lesión en regiones de la corteza necesarias para la percepción consciente de lo que vemos. Si se lesionan, podemos perder la consciencia visual del entorno, pero si otras estructuras del sistema visual siguen intactas, podríamos realizar movimientos para evitar estímulos que nos pudieran dañar sin ser conscientes de lo que vemos.

Para entender lo que te he explicado, vamos a analizar la vía de procesamiento visual desde el ojo hasta el cerebro. Los conos y bastones establecen sinapsis con las células bipolares y ganglionares retinianas. Los axones de estas últimas envían la información visual de los nervios ópticos hasta un núcleo del tálamo[9] (recordemos que es la puerta de entrada a la corteza). De aquí, mediante un conjunto de axones (radiaciones ópticas) se alcanza la corteza visual, primero la llamada «corteza visual primaria» (o estriada) y después la «corteza de asociación visual» (o extraestriada, dado que rodea la estriada). No obstante, sabemos que existe, al menos, otra vía neural que se encarga de controlar el movimiento de los ojos y dirigir la atención a los actos repentinos y estímulos importantes que se producen a los lados del campo visual. El accidente cerebrovascular de Montse había dañado el sistema visual cortical, pero había dejado intacta esta vía; no era consciente de ver nada, pero podía utilizar la información visual para guiar los movimientos de la mano y evitar un accidente.

La corteza visual está dispuesta de forma jerárquica: los módulos en la corteza visual primaria (estriada) analizan las características de la información visual y transmiten los resultados a regiones de la corteza de asociación visual (extraestriada) que realizan análisis adicionales para procesar la información visual relacionada con una característica (color, movimiento, profundidad...).[10] En el procesamiento cortical de la información visual, se forman dos corrientes o vías: una dorsal, que termina en la corteza parietal posterior[11] (flecha superior de la figura 3), y una ventral, que termina en la corteza temporal inferior[12] (flecha inferior de la figura 3). La vía dorsal se encarga fundamentalmente de la percepción de la localización espacial —respondería a la pregunta «¿Dónde están los estímulos que tenemos delante de los ojos?»—, y es importante para la atención visual, la percepción del movimiento y la profundidad, el control de los movimientos oculares y de las manos para manipular objetos... Por otro lado, la vía ventral se ocupa de la percepción de la forma —respondería a la pregunta «¿Qué tenemos delante de los ojos?»—, y resulta importante para reconocer objetos, rostros y lugares, y para percibir el color y analizar la forma, entre otras funciones.

En la literatura médica hay recogidos casos extraordinarios de pacientes que han sufrido lesiones en regiones delimitadas de la corteza visual. Por ejemplo, si se lesiona una región concreta de la corteza extraestriada, se puede provocar la pérdida de la visión del color sin alterar la agudeza visual ni la percepción de la forma de los objetos: se trata de un trastorno denominado «acromatopsia cerebral». Los pacientes que sufren este tipo de afectación ven el mundo en blanco y negro, y no pueden imaginar colores ni recordarlos. Si el daño cerebral se circunscribe solo a uno de los hemisferios, perderán la visión del color solo en la mitad del campo visual, mientras que de la otra mitad percibirán los colores. Sin embargo, cuando la lesión se produce en otras regiones de la corteza extraestriada, los pacientes pueden perder la capacidad de percibir la forma de los objetos, aun siendo capaces de decir de qué color son.

Las lesiones en las regiones de la corteza extraestriada que forman parte de la vía ventral pueden producir un tipo de alteraciones conocidas como «agnosias visuales» e incapacidad para reconocer objetos o categorías de objetos familiares, incluidas las caras (como era el caso de Raquel, que sufría prosopagnosia).

Joaquín era un paciente que había sufrido un accidente cerebrovascular que le afectó mucho a la vía ventral sin dañarle la dorsal. Como Raquel, era incapaz de reconocer caras, pero su afectación iba más allá. No podía reconocer objetos, distinguir su forma, determinar su orientación o leer un texto (funciones características de la vía ventral). Sin embargo, era capaz de anticiparse a la ubicación de un objeto, cogerlo y usarlo con propiedad (funciones de la vía dorsal). Joaquín no podía distinguir entre un pantalón o unos zapatos, pero sabía dónde estaba cada pieza de ropa y era capaz de coger lo necesario y vestirse bien.

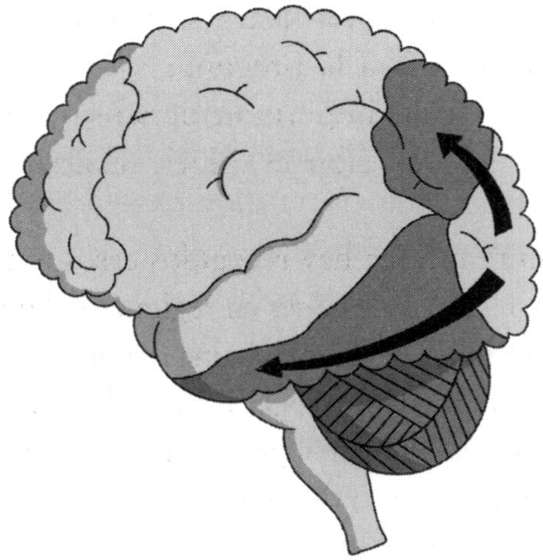

Figura 3. La corteza visual está dispuesta formando dos vías de procesamiento de la información. (Fuente: Selket).

Ahora imaginemos que nuestra visión del mundo fuera ajena al movimiento, es decir, que pudiéramos ver que los estímulos de una escena cambian de posición sin cesar, pero sin sensación de movimiento. Recordemos que, en los albores de internet, nos conectábamos mediante el cable del teléfono. Con los módems de marcación telefónica, navegábamos a una velocidad que hoy consideraríamos hilarante. Cuando intentábamos cargar un vídeo, en muchas ocasiones veíamos cómo cambiaban los fotogramas, pero sin percibir el movimiento, ya que la conexión era muy lenta. Es algo parecido a lo que pasa cuando se lesiona una región de la corteza visual extraestriada conocida como área V5. Si esto sucede, se produce una marcada dificultad para percibir el movimiento que denominamos «acinetopsia». Al igual que lo que nos sucedía con el módem de marcación telefónica, las personas con acinetopsia ven una serie de imágenes estáticas que parecen refrescarse de forma periódica, pero no perciben una progresión sutil del movimiento de los estímulos del entorno. Una lesión de este tipo alteraría profundamente nuestra capacidad de cruzar una carretera sin semáforos, dado que no podríamos estimar la velocidad a la que circulan los coches.

Tacto

La suave y cálida brisa marina acariciaba la piel de María y le inducía una placentera y reconfortante sensación que evocaba recuerdos de su más tierna infancia, cuando pasaba los veranos con sus padres en la playa de San Sebastián…

Esta podría ser la forma de comenzar una novela en la que nos imaginamos a su protagonista, María, tumbada en la playa, tomando el sol en un día no muy cálido. Recibe en el cuerpo la estimulación de una agradable brisa y experimenta una amalgama de olores que provienen de las aguas del Cantábrico. La información que le ofrece el choque de la brisa sobre la piel es detectada por receptores especializados que responden a cambios mecánicos en la superficie del cuerpo y es enviada al sistema nervioso central. Lo mismo ocurre cuando alguien nos acaricia la mano o cuando nos toca en la espalda para avisarnos de algo. En la piel tenemos receptores especializados que no solo detectan las caricias o el contacto de estímulos sobre ella, sino que también nos pueden informar de la temperatura e incluso de los elementos nocivos que generan una percepción de dolor.

Los sentidos somáticos posibilitan que sepamos qué está pasando tanto en la superficie del cuerpo como en su interior. Se dividen en sentidos cutáneos, propioceptivos e interoceptivos.

Los cutáneos se relacionan con la piel y responden a diferentes tipos de estímulo: vibración, presión, frío, calor y aquellos que dañan el tejido y producen dolor. Gracias a ellos tenemos las sensaciones de frío o calor que generan los objetos o situaciones que disminuyen o aumentan la temperatura de la piel, respectivamente. También nos permiten identificar los estímulos o situaciones que dañan los tejidos cuando nos producen sensación de dolor, y posibilitan el tacto y la capacidad de reconocer objetos a través de él (una capacidad llamada «estereognosia»).

Los sentidos propioceptivos nos permiten conocer el estado de las articulaciones y los músculos del cuerpo. Proporcionan información sobre la posición del cuerpo, el movimiento y la velocidad a la que lo movemos (esta última capacidad se conoce como «cinestesia»).

Los interoceptivos nos informan sobre el estado de las vísceras y los órganos internos. Son aquellos que nos hacen sentir cansados cuando no hemos dormido las horas suficientes o que nos generan malestar cuando tenemos la gripe.

A renglón seguido me centraré en los sentidos cutáneos y, en concreto, en la capacidad de tacto. Para ella usaremos un tipo de receptores de la piel llamados «mecanorreceptores» que responden ante los estímulos que producen vibraciones en la piel o cambios de presión contra ella. Por norma general, son receptores que informan de manera precisa sobre la localización del estímulo táctil, lo que nos permite percibir el lugar concreto en el que nos están tocando. De todas formas, en función de la cantidad de receptores de que dispongamos, la sensibilidad será mayor o menor. De esto hablaré después.

De los mecanorreceptores, la información llega al SNC a través de los nervios. Recordemos que estos conforman el SNP. En este caso, la información procedente del tronco y las extremidades llega mediante los nervios de la médula espinal (nervios espinales) y la información que procede de la cara y la cabeza lo hace a través de un nervio que va directamente al cerebro.[13] La información asciende hasta el tálamo[14] y, de ahí, va a la corteza somatosensorial primaria, que, a su vez, envía la información a la secundaria.

Me atrevería a asegurar que sabes que no todas las partes de tu cuerpo tienen la misma sensibilidad sensorial. La yema de los dedos o los labios presentan una capacidad muy alta de discriminación sensorial; por eso, cuando besamos otros labios o acariciamos otra piel con los dedos, somos capaces de experimentar sensaciones muy ricas por lo que se refiere a la estimulación sensorial. Lo mismo ocurre con el movimiento: no necesitamos la misma precisión para mover los dedos cuando tocamos el piano o la guitarra que si damos al tronco un movimiento para volvernos noventa grados. Te invito a que realices un pequeño experimento de discriminación sensorial:

pídele a alguien que te toque la espalda con varios dedos, de forma que entre ellos no exista una separación superior a dos centímetros y que la yema de todos toque a la vez la superficie de tu espalda. Indícale que, de forma aleatoria, vaya variando el número de dedos con los que te toca e intenta adivinar cuántos son después de cada prueba. Seguramente te sorprenderá: en muchas ocasiones, percibirás un dedo, aunque en realidad te esté tocando con dos o tres. Si este experimento lo lleváramos a cabo en otra parte del cuerpo con mayor capacidad de discriminación sensorial, la detección de los dedos sería más certera.

En la corteza somatosensorial primaria, diferentes poblaciones de neuronas se encargan de procesar la información que llega de distintas partes del cuerpo. Por ejemplo, un grupo de neuronas recibe la información de los labios, mientras que otro recoge la que procede de la yema de los dedos. De esta forma, podemos hacer un mapa que represente las diferentes partes del cuerpo en la corteza. No obstante, la representación de las diferentes partes del cuerpo en la corteza no guarda la misma correspondencia que en el cuerpo. Hay una gran desproporción, de modo que el tamaño del área cortical dedicada a una determinada región del cuerpo no obedece a su tamaño real, sino que depende de su importancia funcional y de la necesidad de precisión por lo que respecta a la sensibilidad de esa zona. En este sentido, por ejemplo, los labios ocupan una región pequeña, pero en la corteza hay muchas neuronas que reciben la información de esta parte y, por lo tanto, su representación es considerable.

Para que las sensaciones táctiles se conviertan en percepciones, es necesario que se implique la parte posterior del lóbulo parietal, cuyas neuronas combinan sensaciones táctiles con la información de otras modalidades sensoriales, con la que almacenamos en el cerebro y con el estado motivacional de la persona. Necesitamos tener datos sobre la posición de las diferentes partes del cuerpo y la localización de los objetos con los que este establecerá contacto. Para integrar estos dos tipos de datos y dirigir la atención, es importante que se implique también la corteza parietal posterior. Las áreas visuales, somatosensoriales, auditivas y vestibulares (equilibrio) envían información a esta región de la corteza parietal sobre la posición del cuerpo y la situación espacial de los objetos del entorno. Además, esta corteza también procesa datos sobre el estado en que se encuentra la persona, de manera que aporta las señales motivacionales necesarias para ejecutar conductas concretas (cuando se tiene que realizar un acto determinado —como accionar una palanca— para obtener un refuerzo concreto, por ejemplo, comer cuando se tiene hambre).

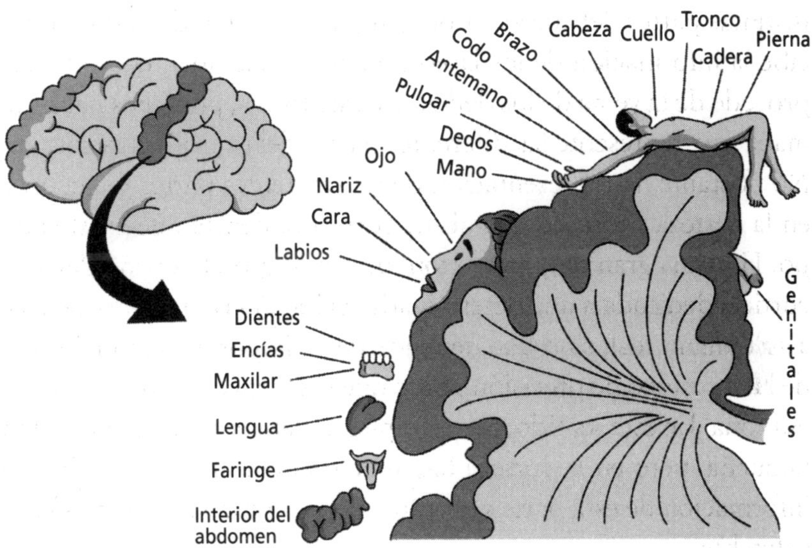

Figura 4. Corteza somatosensorial primaria. (Fuente: Diego Redolar, 2023).

Sufrir lesiones en la corteza parietal posterior puede provocar una agnosia táctil como la que sufría Marcos. Padecía la lesión bilateral de una parte de la corteza parietal: la circunvolución angular. A pesar de tener la sensibilidad táctil preservada y mantener la capacidad de percibir los objetos de forma tridimensional mediante el tacto (ya que era capaz de dibujarlos), no era consciente de ello y, por lo tanto, tampoco lo podía verbalizar. Isabel sufrió una lesión en la corteza parietal, pero solo en el hemisferio izquierdo. Podía discriminar con facilidad los objetos por su peso, forma o tamaño, e incluso identificar si estaban fríos o calientes, pero era incapaz de reconocerlos mediante el tacto, de manera que si le daban un cepillo para que lo identificara con los ojos cerrados, podía decir que se trataba de un estuche, o si le daban un vaso podía decir que era una vela gruesa.

La corteza parietal también participa en la consciencia del cuerpo. Pacientes con lesiones en el lóbulo parietal (fundamentalmente en el hemisferio derecho) presentan un déficit que hace que no sean capaces de reconocer como propia alguna parte del cuerpo y, por ejemplo, la intenten empujar fuera de la cama mientras duermen, creyendo que pertenece a otra persona. En esta misma línea, parece que el cerebro humano tiene una programación génica para proporcionar sensaciones somatosensoriales de las cuatro extremidades, dado que se ha podido observar que algunas personas que han nacido sin una extremidad experimentan sensaciones somatosensoriales como si la tuvieran, fenómeno conocido como «sensación del miembro fantasma». También se produce después de que se ampute una extremidad: casi un 70 por ciento de los pacientes que han sufrido una amputación refieren sensaciones como si la extremidad que falta aún existiera, y les suele generar dolor.

El caso de Laia

En diciembre de 2023 tuve una paciente que me desconcertó por completo. Con su conformidad y consentimiento, me gustaría compartir su caso, dado que es uno de los más curiosos que han pasado por mi consulta.

Laia llegó, con dulcificados ademanes y lenta de párpados, acompañada por sus padres, sin poder apenas caminar y con una severa pérdida visual. A pesar del cuadro clínico que presentaba y de la manifiesta preocupación en la expresión facial de sus padres, Laia se mostraba carialegre y risueña, con una perceptible serenidad y magnífica entereza que borraba de sus facciones cualquier atisbo de desaliento. Me sorprendió el coraje que desprendía y la fuerza que parecía querer infundir a sus padres y a mí mismo. Con la mirada, parecía querer decirme que saldría de esa.

A los diecisiete años ingresó en urgencias debido a una crisis de ansiedad que le sobrevino cuando le administraron la vacuna contra el virus SARS-CoV-2. La explicación de Laia se desflecó con algunas intervenciones de sus padres. Fluían, partidos por islas de breves pausas, los turnos de palabra. El discontinuo y manso torrente verbal arrastraba algunas consideraciones irrelevantes y accesorias que dificultaban asimilar lo que había ocurrido.

Leyendo después el informe de su ingreso, constaté que Laia presentó un cuadro clínico de mareo, disnea (dificultad para respirar), bloqueo auditivo y visual y un hormigueo en la extremidad inferior izquierda y en las extremidades superiores, seguido de parestesia (entumecimiento, adormecimiento y falta de sensibilidad) y paresia (debilidad muscular que limita el movimiento de forma severa).

Finalizada la explicación de lo acontecido, Laia sonrió con una mueca meliflua, al tiempo que, absorbida por sombrías cavilaciones, su madre parecía contemplar la escena como a través de un celofán de impotencia o indefensión aprendida, con manifiesta pesadumbre. Su padre, mientras tanto, evidenciaba un pensamiento atribulado con algunas hipótesis peregrinas que proponía a través de frases contritas y pesarosas, sembradas como murmullos en el aire de tamaña aflicción.

Después de examinarla, pude constatar las marcadas parestesias y paresias de las extremidades. La percepción somatosensorial estaba menoscabada, y no era capaz de responder a ningún estímulo táctil, de dolor o de temperatura. Asimismo, presentaba una importante debilidad muscular y una severa pérdida de la función motora. La visual estaba muy alterada: se inició con dificultades para percibir formas y colores (veía en blanco y negro), y desembocó en una pérdida global de este sentido (una suerte de visión ciega).

Cada vez que Laia sufría episodios de estrés, se activaba de forma muy marcada su sistema nervioso simpático y, paralelamente, su capacidad de percibir el mundo que la rodeaba se veía afectada.

A pesar de que la situación que estaba viviendo influía en su estado de ánimo, Laia mantenía el interés por las diferentes actividades de la vida diaria y seguía teniendo intactas todas sus facultades cognitivas.

Le habían hecho distintas pruebas: resonancia magnética, electromiograma, analíticas diversas..., pero no habían encontrado nada fuera de lo normal. En todas ellas rezaba la conclusión de «Sin alteraciones significativas» o «Parámetros dentro de la normalidad». Decidí añadir una prueba más a todo el elenco que le habían efectuado: le prescribí un electroencefalograma en reposo. Si recuerdas lo que he explicado en el capítulo anterior, al igual que los hinchas de un equipo de fútbol cuando hacen la ola en el estadio, las neuronas se sincronizan para difundir y transmitir la información por el sistema nervioso. No disparan al azar: se activan de forma periódica, oscilando de manera rítmica. Las neuronas son como músicos en una orquesta, cada una con su instrumento: con un director de orquesta unas veces muy presente y ejecutivo que hace que las neuronas sincronicen sus respuestas y otras, menos presente, de modo que las neuronas tocan en momentos temporales diferentes. Con el electroencefalograma podemos vislumbrar las distintas formas en que las neuronas oscilan en sus respuestas (ritmos neuronales).

Cuando analicé los resultados, constaté una marcada hipofunción en una parte de su cerebro, la corteza prefrontal: las neuronas de esa región mostraban patrones de actividad más característicos del sueño profundo que de la vigilia activa. Tal como te explicaré en el capítulo 11, el estrés puede hacer mella en el funcionamiento de esta parte del cerebro, comprometiendo las funciones cognitivas que dependen de ella. Asimismo, la corteza prefrontal envía proyecciones a muchas otras regiones cerebrales, y eso podía ayudar a explicar la clínica de Laia.

Existe un tratamiento que nos permite, de forma no invasiva, modificar el desempeño de partes de la corteza que no funcionan correctamente; por ejemplo, nos permite aumentar la excitabilidad de las neuronas en regiones en las que vemos que su activación en reposo es menor de la que se esperaría o disminuir la excitabilidad en aquellas zonas en que ocurre justo lo contrario. Este tratamiento no invasivo se denomina «estimulación magnética transcraneal». Con una bobina, se genera un campo magnético elevado que, si se dirige a un tejido, puede inducir electricidad y, por ende, modificar la respuesta de las neuronas cuando se conduce al cerebro. Si ponemos la bobina en la cabeza, justo encima de las neuronas que controlan el movimiento de la mano izquierda, y pulsamos el botón, conseguiremos que mueva la mano, ya que habremos despolarizado (recuerda el capítulo 1) las neuronas que le envían la orden motora. Si esto lo hacemos varios días seguidos, el efecto sobre el cerebro se mantendrá a largo plazo. Le propuse a Laia utilizar este tratamiento para aumentar la actividad de su corteza prefrontal. Fui muy claro con ella y con sus padres: les dije que era un tratamiento no indicado para la afección que sufría Laia, pero que yo creía que la podría ayudar.

A medida que el tratamiento progresaba, Laia empezó a responder de forma positiva. Un día se le cayó un peine en la pierna cuando estaba en un balneario de Andorra. Por primera vez después de cuatro años, sintió dolor. Fue muy emocionante para ella y su familia.

Hace unos días pude visitarla. Ha recuperado la percepción del tacto y es capaz de mover las extremidades sin problema. Además, ya puede ver, pero aún no identifica las caras (padece la misma prosopagnosia que Raquel).

En el momento de imprimir la primera edición de este libro, Laia sigue mejorando de forma progresiva, y sus inusitadas fuerza e ilusión por la vida siguen presentes en ella y haciendo mella en todos los que estamos a su alrededor.

Una mano de goma: sentir el cuerpo como propio

En nuestra especie, el sentido de la vista tiene una gran importancia: no es lo mismo perder el gusto que perder la visión. ¿Qué pasaría si la visión entrara en conflicto con los sentidos somáticos (los que se encargan de proporcionar información sobre lo que sucede en el interior y la superficie del cuerpo)? Además, estos sentidos contribuyen a la percepción del cuerpo como propio. Cuando nos miramos las manos, sentimos que forman parte de nuestro cuerpo. ¿Cómo somos capaces de distinguir el cuerpo del resto de los objetos que nos rodean y de sentirlo como algo que nos pertenece? Este problema ha llamado la atención de filósofos y psicólogos durante años, y hace poco ha empezado a interesar también a los neurocientíficos. En 2004, H. Henrik Ehrsson, Charles Spence y Richard E. Passingham publicaron en la revista *Science* un trabajo en el que analizaban las bases neurales del sentimiento de pertenencia de los brazos como un aspecto fundamental de la autoconciencia a través de una ilusión perceptiva denominada «ilusión de la mano de goma». Estos investigadores situaban a los participantes en el estudio con la mano izquierda fuera de la vista y, en su lugar, veían una mano de goma. Después, los neurocientíficos tocaban al mismo tiempo ambas manos con un pincel, la izquierda que no veían y la de goma que sí. Los participantes estaban viendo cómo se estimulaba una mano de goma, pero sentían las pinceladas en la suya. Para que estos sintieran como propia la mano de goma, las pinceladas se tenían que producir de forma sincrónica y en la misma dirección en ambas manos. Tal era la ilusión que si se les pedía que señalasen con la mano derecha su mano izquierda, tendían a señalar la mano de goma en vez de su mano.

Mientras los participantes sentían la ilusión perceptiva, se utilizó una resonancia magnética funcional para medir la actividad de su cerebro y se comprobó que la actividad neural de la corteza premotora (una región del lóbulo frontal importante para la planificación y programación motora) reflejaba el sentimiento de pertenencia de la mano, dado que, si los movimientos del pincel eran sincrónicos y se daban en la misma dirección (y, por lo tanto, el sujeto sentía la mano de goma como propia), se activaba esta región cerebral. Los investigadores concluyeron que la integración multisensorial en la corteza premotora proporciona un mecanismo para la autoatribución corporal. Sugirieron, además, que la actividad de la corteza parietal[15] podía reflejar la sincronía o congruencia entre los estímulos visual y táctil, además de transmitirla a la corteza premotora para generar la sensación de que la mano de goma pertenecía al cuerpo y que era posible moverla. ¡Los participantes tenían ganas de mover la mano de goma, a pesar de que sabían que no era su mano! En línea con esta hipótesis, se ha podido verificar que esa región de la corteza parietal está conectada con los sistemas visual y somatosensorial, y con las áreas premotoras, y que sus neuronas integran información propioceptiva, visual y táctil de la mano.

En definitiva, en este experimento se demostró que, a pesar de sentir la estimulación táctil sobre nuestra mano, si vemos que la que está siendo estimulada es la de goma, se puede generar la ilusión de que forma parte de nuestro cuerpo, incluso para querer moverla o tener dolor si algo malo le sucede.

En 2007, Ehrsson y colaboradores publicaron otro trabajo en que demostraron que el ademán de pinchar la mano de goma con una aguja evocaba una respuesta de miedo (reacciones corporales neuroendocrinas) y actividad en regiones cerebrales relacionadas con la retirada de la mano, la anticipación del dolor y la ansiedad.[16] Es decir, cuando los participantes del estudio empezaron a sentir la mano de goma como parte de su cuerpo, mostraron las mismas respuestas emocionales y de defensa que si su mano real se viera amenazada. Cuando estaban a punto de pinchar la de goma, se observó un aumento de la actividad en áreas que generan la necesidad de mover el brazo.[17] Era como si los participantes quisieran alejar de la aguja una mano de goma que no pertenecía a su cuerpo. Asimismo, se ha podido comprobar que estas regiones motoras también se activan cuando se experimenta o anticipa la llegada de un estímulo doloroso, sugiriendo que quizá esta actividad motora se encuentre relacionada con el impulso de apartar la mano o con la propia respuesta motora de retirada del miembro cuando se expone a un estímulo amenazante.

Cambios en la representación de la corteza sensorial y motora

Como se ha señalado en los párrafos anteriores, la representación desmedida en la corteza sensorial de las diversas regiones del cuerpo se encuentra proporcionalmente relacionada con la densidad de las conexiones sensoriales que recibe de cada una de ellas. Las regiones que, en términos generales, presentan mayor capacidad de discriminación sensorial envían más cantidad de información que las que tienen baja resolución. No obstante, hemos de considerar que el espacio que ocupa una parte del cuerpo en la corteza no es inmutable o estático. Además, tampoco se explica solo por la densidad de las conexiones sensoriales que recibe. Si una parte del cuerpo no se puede utilizar, su representación cortical disminuye de tamaño, y a la inversa. Por este motivo, el tamaño de la representación cortical puede variar en función del uso y la experiencia. Esto explica, por ejemplo, que la representación en la corteza de los pulgares haya aumentado (es decir, se dedican más neuronas para procesar la información de estos dedos) en los usuarios habituales y constantes de teléfonos inteligentes. Lo mismo ocurre en caso de lesión. Cuando se producen lesiones en alguna de las vías o los sistemas que llevan la información a la corteza, la región que queda desprovista de entrada de datos pasa a ocuparse de procesar la información de otras regiones que sí que la envían a la corteza sensorial. Por ejemplo, en un experimento clásico, Pons y colaboradores (1991) analizaron la corteza que recibía información somatosensorial en macacos adultos. Diez años antes de la evaluación habían seccionado las conexiones sensoriales que llegaban a la corteza provenientes del brazo. Estos autores demostraron que la representación en la corteza de la cara se había dilatado claramente, ensanchándose hacia la región que se encargaba de recibir la información del brazo. De igual forma, a principios de los años noventa, Kaas y colaboradores manifestaron la reorganización de la corteza visual de los animales adultos después de una lesión en la retina, de forma que las regiones de la corteza que recibían la información de la zona de la retina lesionada procesaban la información de las zonas de la retina contiguas a la lesionada. Asimismo, Jenkins y Merzenich, a finales de los ochenta, le quitaron a un macaco adulto la región de la corteza sensorial que recibía la información de la palma de la mano. Observaron que, tiempo después de la lesión, las neuronas contiguas a la región extirpada recibían información de la palma de la mano.

Estos son algunos ejemplos que podemos encontrarnos en la literatura científica sobre la reorganización de la corteza sensorial después de una lesión del tejido. No obstante, la experiencia también desempeña un papel crítico. Imaginemos a una persona ciega que comienza a leer textos en braille. A medida que aumenta su experiencia con este método de lectura, su capacidad de discriminación a través de la yema de los dedos aumenta notablemente, de manera que termina por ser capaz de leer páginas escritas con este sistema.

En la corteza que recibe la información sensorial de las diferentes zonas del cuerpo, la región que ocupa la mano o el área que ocupa la cara es similar a la superficie cortical que se dedica al tórax y los brazos. Si analizamos de forma específica la región ocupada por la mano, observaremos que casi un 30 por ciento corresponde al dedo pulgar. Si hacemos lo mismo con la de la cara, el 30 por ciento del área responde al contacto de los labios. En definitiva, en la corteza se da una representación muy desproporcionada en relación con la superficie real de la piel que responde a importantes implicaciones de tipo funcional. De este modo, las regiones del cuerpo que requieran gran cantidad de conexiones y proporcionen información detallada necesaria para llevar a cabo ciertas funciones contarán con más superficie cortical. No es de extrañar, por lo tanto, que las manos (implicadas en la manipulación y el reconocimiento de los objetos), la piel de la cara (relevante para la expresión facial) y los labios y la lengua (relacionados con el habla) estén representados en grandes áreas de la corteza, ya que la manipulación, la expresión facial y el habla constituyen funciones de gran importancia para nuestra especie.

Por consiguiente, los mapas de la corteza sensorial no representan el cuerpo en proporción real. Las zonas con mayor función cortical son las partes que desempeñan un papel fundamental en la discriminación táctil y de las que se debe tener información sensorial precisa. Lo mismo ocurre con la corteza motora. En ella se da una representación desproporcionada de las diferentes regiones del cuerpo.

La visión, la audición y los receptores situados en la superficie corporal informan de la situación de los objetos en el espacio y del cuerpo con respecto a estos. La musculatura y las articulaciones, así como el sentido del equilibrio (el sistema vestibular), nos informan de la longitud y tensión de los músculos, y de la posición del cuerpo en relación con el espacio. El sistema motor utiliza esta información para seleccionar la respuesta apropiada y llevar a cabo los ajustes necesarios mientras se realiza el movimiento. Las órdenes motoras se elaboran en la corteza motora y llegan a las neuronas, que se encargarán de enviar la información a los músculos por medio de diferentes vías de conexión. Si queremos mover un dedo de la mano, primero deberá planificarse el movimiento en la corteza con respecto a qué vamos a mover, y cómo y cuándo se llevará a cabo ese movimiento. Después, desde la corteza, se enviará la orden de movimiento y se codificará tanto la fuerza de la contracción muscular como la dirección de los movimientos durante la ejecución.

El mapa motor representado en la corteza motora resulta tan desproporcionado como el mapa de la corteza somatosensorial.

De esta forma, la musculatura utilizada en tareas que requieren un control muy fino ocupa mucho más espacio que la representación de la musculatura que requiere un control motor menos preciso.

Al igual que sucedía con la corteza sensorial, la representación tampoco es fija ni inmutable; puede variar con la experiencia o tras una lesión del tejido. En los años noventa, Sanes y colaboradores seccionaron las neuronas motoras que controlan los músculos de los bigotes de una rata. Tiempo después de la intervención, cuando se activaba la región de la corteza motora que antes de la lesión provocaba que se movieran los bigotes, se inducía el movimiento de la cara.

Imagínate a alguien que ha sufrido un accidente cerebrovascular. Durante unos breves momentos, su cerebro se ha quedado sin oxígeno, y eso ha dañado la región de la corteza sensorial responsable de recibir y procesar la información que proviene del brazo izquierdo. Para llevar a cabo un movimiento determinado, necesitamos recibir información sensorial sobre la posición del cuerpo en relación con el espacio, el estiramiento de los músculos, la situación de las articulaciones... Después del episodio, este paciente es incapaz de mover el brazo izquierdo debido a que no recibe la información sensorial necesaria para realizar el movimiento. Para solventar este grave problema clínico, hace más de treinta años el equipo de Edward Taub puso en marcha un procedimiento experimental en monos. La investigación consistía en seccionar los nervios sensoriales que llevan la información de uno de los brazos del primate e inmovilizar con un cabestrillo el brazo intacto. La hipótesis de Taub era que los pacientes que habían sufrido este tipo de episodios no se recuperaban debido a que utilizaban el brazo intacto, lo que imposibilitaba la aparición de los mecanismos plásticos que reorganizarían el sistema a nivel funcional. Y así fue: los monos terminaron moviendo el brazo al que se le habían seccionado los nervios que llevaban la información sensorial hacia la corteza. Este hallazgo sugería la presencia de programas motores autónomos en el cerebro preparados para poner en marcha de forma voluntaria los movimientos del brazo desdiferenciado. Si no hubiera plasticidad en el cerebro, la reorganización funcional de la corteza sensorial y motora sería difícilmente explicable.

¿Teléfono rojo? Volamos hacia Moscú

Diferentes estudios de electrofisiología han demostrado que, cuando creemos que estamos eligiendo de forma consciente y libre realizar una acción, la orden se ha producido en el cerebro unos milisegundos antes. ¿Quiere decir esto que el libre albedrío no existe? Ni mucho menos me voy a meter en este berenjenal, pero si te interesa el tema, te recomiendo el libro, publicado en 2023, titulado *Determined: Life Without Free Will*[18] de Robert Sapolsky, a quien sacaré a colación en el capítulo 11, cuando trate el tema del estrés.

A los pacientes sometidos a cirugía cerebral abierta se les puede estimular el cerebro mientras están conscientes, ya que este órgano carece de receptores del dolor. En algunas operaciones de pacientes con tumor se puede hacer un mapeado de las funciones cerebrales en la zona circundante al tumor y decidir qué cantidad de tejido se extirpa. Estas intervenciones también se han hecho en pacientes con epilepsia. En este tipo de cirugías, se ha demostrado que es posible separar la intención de movimiento consciente del movimiento real y se ha comprobado que, si se estimula una región de la corteza parietal, los pacientes aseguran que acaban de hacer un movimiento sin que este se haya producido. Por el contrario, si se estimula una región de la corteza frontal implicada en el movimiento,[19] los pacientes no se dan cuenta de que se han movido, cuando en realidad sí lo han hecho.

Recordemos la película de 1964 de Stanley Kubrick *¿Teléfono rojo? Volamos hacia Moscú*. El doctor Strangelove sufre un accidente cerebrovascular que lo deja postrado en una silla de ruedas. Este personaje (que primero sirve en la Alemania nazi y después se pasa al bando norteamericano) sufre un extraño síndrome en el que su mano actúa de forma anárquica, intentando hacer el saludo nazi delante de los estadounidenses. El trastorno neurológico denominado «síndrome de la mano anárquica» puede aparecer después de un ictus en una región de la corteza cerebral implicada en el movimiento.[20] La mano controlada por esta región cerebral actúa de forma rebelde, en contra de la voluntad del paciente: sustrae palomitas de maíz a la persona que está sentada en la butaca de al lado en el cine, aun sin conocerla, o levanta el peluquín de un calvo que se sienta delante de él... Es bastante habitual que los pacientes que lo sufren intenten detener la mano rebelde con la otra. Esta región motora parece mantener la volición de la acción, relacionando la intención con la acción y, todo ello, antes de que crea que tiene la intención de hacerlo.

En este capítulo te he explicado cómo el cerebro crea la percepción de lo que consideramos que es realidad. En el siguiente profundizaré en los mecanismos de plasticidad que pueden hacer que un sistema sensorial ayude a crear la percepción que le es propia a otro.

3

El caso de la mujer que podía ver con la lengua

> Y fue en el día tercero, al ser la mañana, y fueron voces y rayos y nube densa sobre la montaña, y voz de *shofar* muy fuerte, y temió todo el pueblo que se hallaba en el campamento [...]. Y el monte Sinaí todo humeante porque descendió sobre él Hashem en fuego, y se eleva su humo como el humo del horno, y temió mucho toda la montaña. Y fue que la voz del *shofar* iba y se hacía muy fuerte [...]. Y habló E-lokím todas estas palabras para decir: «Yo, Hashem tu E-lokím» [...]. Y todo el pueblo ve las voces y las antorchas y la voz del *shofar* y la montaña humeante.
>
> Éxodo 19, 9-16

En la Torá se describe la formación de Israel al pie del monte Sinaí. En esa descripción se especifica que el pueblo es capaz de ver las voces: «Y vieron las voces». Resulta muy difícil imaginarse a alguien viendo el mundo que lo rodea a través de las voces y los gritos de las personas. Cuando una persona nos levanta la voz y podemos oír lo que nos dice sin dificultad, la increpamos y respondemos con cierta severidad, indicándole que no hace falta que grite, ya que podemos oírla a la perfección. En la novela de los años ochenta *Sin remedio*, el periodista y escritor colombiano Antonio Caballero nos describe con gran detalle una situación parecida: «No me grites, mijo, te oigo divinamente. ¿En dónde andas? Hasta tu tía Clema está oyendo aquí la gritería. ¿Has visto a Patricia?».

¿Tendría sentido decirle a alguien que no grite, ya que podemos verlo? Dicho de otro modo, en oscuridad absoluta, ¿podríamos ver al escuchar sonidos? Para contestar a esta pregunta, el investigador valenciano Álvaro Pascual-Leone puso en marcha un curioso experimento: durante cinco días vendó los ojos a un grupo de personas, que, tras dos días de aislamiento visual del mundo, aseveraban que, cuando escuchaban sonidos, eran capaces de tener complejas visiones de diversos estímulos. Por ejemplo, aseguraban ver hermosos atardeceres, calles e imágenes de personas al oír diferentes cosas. Pascual-Leone demostró que, después de cinco días de bloqueo total de la llegada de información visual a estos sujetos, la región del cerebro que en condiciones normales procesaba este tipo de información comenzaba a encargarse de procesar datos auditivos e incluso información del sentido del tacto. Con este experimento se demostró que el cerebro era capaz de reorganizar sus funciones en muy poco tiempo: en solo un par de días de aislamiento, la región del cerebro encargada de recibir y procesar la información que captamos a través de los ojos podía empezar a procesar las señales auditivas y táctiles.

Se sabe que los invidentes son capaces de potenciar en mayor medida otros sentidos. Por ejemplo, un ciego que lee utilizando el método braille desarrolla de forma portentosa una gran sensibilidad táctil en los dedos. Hoy sabemos que, gracias a los cambios plásticos que se producen en el cerebro, la región cerebral que en condiciones normales se encarga de procesar la información visual es movilizada para procesar la información táctil en el caso de los invidentes que utilizan el método braille para leer. Estos son algunos ejemplos que ilustran las maravillas de la plasticidad del cerebro.

Durante los procesos de formación y desarrollo del cerebro se generan las células que lo compondrán y se crean las conexiones y los circuitos adecuados entre ellas. Los circuitos y las conexiones no son inmutables, dado que los patrones de actividad que muestren las neuronas podrán modificarlos. ¿Para qué modificar los circuitos?

¿Qué nos aporta? La respuesta a estas cuestiones podemos fundamentarla en la relación que debemos establecer con un medio continuamente cambiante. Resulta que, para adaptarnos al entorno, tenemos que ser muy flexibles y capaces de modificar nuestras pautas en función de lo que nos vayamos encontrando. La experiencia es crítica. Por este motivo, la actividad de las neuronas inducida por las interacciones que llevemos a cabo con un medio variable puede modificar la estructura y la función del cerebro al cambiar y reorganizar los circuitos y las conexiones presentes en él. En pocas palabras, los circuitos cerebrales pueden verse modificados como resultado de la experiencia. Esta capacidad de modificar el cerebro es más notable e importante durante unas ventanas temporales denominadas «periodos críticos». A medida que avanzamos en el proceso madurativo, la conectividad entre las neuronas no resulta tan susceptible al cambio como ocurre en los periodos críticos del desarrollo.

Plastilina maleable y plastilina seca

Podemos decir que las experiencias nos cambian: interaccionar con el entorno cambia nuestra conducta y forma de pensar, dado que influye en el cerebro. Recordemos cuando éramos pequeños y jugábamos con plastilina, esa sustancia moldeable de colores que utilizábamos para hacer figuras y formas que se adaptaba con facilidad, pero, con el paso del tiempo, se endurecía y resultaba más difícil darle forma. Con el cerebro sucede algo parecido: durante los estadios iniciales del desarrollo resulta muy maleable y susceptible a la reorganización estructural y funcional, pero, a medida que avanza en su desarrollo, nos cuesta más modificarlo.

Por lo que concierne a la plasticidad neural, surgen cuestiones importantes: ¿hay momentos críticos en la plasticidad del cerebro?, ¿la plasticidad neural se restringe a sus periodos de desarrollo?, ¿un cerebro adulto puede ser plástico o es inmutable, como un bloque de plastilina seca y dura?, ¿solo cambia asociado a los fenómenos del envejecimiento?, o dicho de otro modo, ¿solo cambia para empezar una carrera progresiva de declive, caracterizada por la pérdida continua de neuronas y otras células cerebrales?

Hasta hace unos años se creía que el cerebro era inmutable en la edad adulta, es decir, que no cambiaba. La comunidad científica pensaba que la neuroplasticidad se restringía al periodo de desarrollo del sistema nervioso y, fuera de este, el sistema se consideraba inmutable y reacio a la reorganización. Esta idea quedaba sustentada, en primer lugar, por el hecho de que algunas personas que habían sufrido lesiones cerebrales no lograban recuperar las funciones que perdían tras la lesión. En segundo lugar, existía una concepción mecanicista del sistema nervioso que veía el cerebro como una máquina con diferentes partes, cada una con una función determinada y preestablecida durante el desarrollo. La concepción preponderante y científicamente aceptada veía, por tanto, el cerebro como un órgano con un propósito fijo que no podía modificar ni cambiar. El único cambio admitido era aquel asociado a la pérdida neuronal originada por el envejecimiento o la enfermedad. Con la edad, perdemos neuronas y funciones; por consiguiente, la plasticidad neural quedaba restringida al periodo de desarrollo del cerebro. El cerebro de una persona adulta se consideraba cerrado y fijo, sin capacidad de ser modulado ni modificado de forma sustancial por agentes externos ni por sí mismo.

Hoy sabemos que la capacidad de cambio del cerebro no solo se da durante su desarrollo, sino que también es posible una vez está completamente formado: un cerebro adulto es capaz de aprender cosas nuevas todos los días. Además, cuando experimenta una lesión, también puede reorganizarse para minimizar sus efectos. Los cambios que encontramos en un cerebro adulto parecen depender en esencia de las modificaciones en las conexiones que establecen las neuronas entre sí (como te he explicado en el capítulo 1, se denominan «conexiones sinápticas»). El sistema nervioso presenta plasticidad en tanto que puede cambiar como respuesta a la información genética de las células que lo componen y a la experiencia, vista como el conjunto de interacciones que este tiene con un medio variable.

En definitiva, la neuroplasticidad puede ejercer sus efectos tanto en el desarrollo del cerebro como en la edad adulta y, por lo tanto, el cerebro puede ser plástico y modulable a lo largo de todo el ciclo vital. Por supuesto, hay momentos (periodos críticos) en los que la maleabilidad es mucho mayor.

Un cerebro que se cambia a sí mismo

La experiencia puede alterar el uso que hacemos de la información genética, lo cual modifica la estructura y el funcionamiento cerebral. Debemos tener presente que, incluso el pensamiento, que deriva de la actividad del cerebro, puede modificar su funcionamiento. Dicho de otro modo, el cerebro se puede cambiar a sí mismo. Que el pensamiento modifique la forma de trabajar del cerebro puede tener enormes repercusiones sobre la naturaleza y evolución del ser humano. Las relaciones personales que establecemos con el entorno, el uso de la tecnología, la alimentación y los hábitos que implementamos en la vida son algunos de los factores que pueden cambiar el sustrato biológico del pensamiento, las emociones y las cogniciones. Pongamos como ejemplo el uso actual que le damos a la información. La sociedad en la que vivimos se encuentra inmersa en la utilización de las nuevas tecnologías para múltiples ámbitos y entornos. El empleo del teléfono móvil, el ordenador o los dispositivos de vídeo e imagen es una de las acciones que llevamos a cabo en numerosas ocasiones a lo largo de la vida. ¿Este uso de las nuevas tecnologías está modificando nuestro cerebro de algún modo? A lo largo del capítulo intentaré resolver esta y otras cuestiones que irán saliendo a colación.

El arquitecto, pintor y escritor italiano Giorgio Vasari (1515-1574) recoge en su célebre obra *Vida de los mejores arquitectos, pin-*

tores y escultores italianos una extensa colección de diferentes artistas italianos. Vasari explica que Miguel Ángel estuvo pintando el techo de la Capilla Sixtina durante casi dos años seguidos: «El trabajo se llevaba a cabo en condiciones muy fatigosas, dado que Miguel Ángel tenía que estar de pie con la cabeza tendida hacia detrás, y su vista se debilitó de tal forma que durante varios meses solo fue capaz de leer y mirar sus bocetos en esa posición». Esta narración constituye un claro ejemplo de cómo la experiencia puede inducir una reorganización del cerebro adulto.

En el año 2000, Leonor Maguire y colaboradores mostraron que algunos taxistas londinenses con años de experiencia en la conducción por las calles de la ciudad presentaban un mayor volumen de la región posterior del hipocampo en comparación con los sujetos control. Tal como he señalado en el capítulo 1, el hipocampo es una estructura situada en la zona temporal medial del cerebro que resulta crítica para consolidar la información que adquirimos y almacenarla en la memoria. De igual forma, esta estructura parece desempeñar un papel importante en el almacenamiento de las representaciones espaciales que hacemos del entorno. Así, por ejemplo, se ha podido comparar el tamaño diferencial del hipocampo en dos comunidades de perritos de la pradera (*Cynomys mexicanus*), unos roedores nativos del norte de América de los que existen diferentes especies. Los machos de una de ellas son monógamos, mientras que los de otra resultan ser marcadamente polígamos. Los machos monógamos dedican toda la vida a la misma hembra y al cuidado de su progenie, mientras que los polígamos transitan vastas extensiones de terreno en busca de hembras que fecundar en época de celo. En el primer caso, los machos viven en entornos poco cambiantes, muy estables respecto a las representaciones espaciales. En cambio, los polígamos tienen que enfrentarse con frecuencia a entornos muy diferentes donde han de llevar a cabo la adquisición de continuas representaciones espaciales entre los estímulos que configuran el espacio que recorren. El tamaño del hipocampo es superior en los polígamos en comparación con los monógamos. Por supuesto, no podemos extrapolar al ser humano la relación entre ser fiel a la pareja y presentar una buena orientación espacial, pero resulta lógico pensar que en las personas que utilizan una región cerebral de forma continua, esta tienda a desarrollarse de la misma forma en que los conductores que han pasado muchas horas llevando un taxi experimentan un aumento considerable del volumen del hipocampo.

Las evidencias de las que disponemos en la actualidad nos llevan a pensar que la experiencia puede reorganizar funcionalmente el cerebro. ¿Podrían los pensamientos modificar la estructura nerviosa? O incluso, rayando en la ciencia ficción, nos podríamos plantear si algún día llegaremos a tener en casa un aparatito para leer los pensamientos ajenos. ¿Cuántas veces no habremos pensado en eso? ¿Qué haríamos si pudiésemos leer el pensamiento de las personas que tenemos alrededor? Seguro que más de un matrimonio habría acabado en divorcio o habrían despedido a algún que otro empleado por no tener una buena opinión sobre su jefe.

En los años noventa del siglo pasado, el equipo de J. K. Chapin llevó a cabo una investigación para intentar leer el pensamiento de un grupo de ratas. Estos científicos enseñaron una tarea muy concreta a los animales que se encontraban privados de líquido y, por lo tanto, muy motivados para buscar agua. Consistía en implementar el modelamiento de la conducta de los animales por aproximaciones sucesivas, de forma que llegaran a aprender que, apretando una palanca situada en la cámara donde se encontraban, podían obtener agua. Lo novedoso de la situación experimental fue que en la corteza motora de las ratas se había implantado un agregado de electrodos que recogían la información de un conjunto de neuronas implicadas en la programación y organización de los movimientos voluntarios. La información recogida por los electrodos era enviada a un ordenador para su posterior análisis. La idea era que el aparato llegara a reconocer qué patrón de activación se daba en las neuronas motoras cuando la rata iba a mover la palanca. El caso fue que, una vez estuvo instaurada de forma estable la conducta de presión de la palanca para obtener agua, los investigadores la desconectaron del sistema, de tal forma que, por mucho que la rata la apretara, no saldría ni una gota de agua por el dispositivo que la administraba en el interior de la jaula. Lo que querían hacer los científicos era instruir al animal para que, cuando pensara en mover la palanca, recibiera el agua sin necesidad de recurrir a ella. Para eso, conectaron el dispensador de agua al ordenador, que tenía registrado el patrón neural característico de las neuronas motoras cuando la rata quería pulsar la palanca para obtener agua. De esta forma, cada vez que el animal quería agua, solo tenía que pensar en apretar la palanca. Este fue el primer experimento llevado a cabo por estos autores con relación a la detección de patrones de actividad neural subyacente a conductas específicas. Después implementaron tareas motoras muy complejas con primates no humanos: colocaron un grupo de electrodos en la corteza motora de una mona y registraron los diferentes patrones de actividad neural que se daban en esta región de la corteza cuando el animal movía con la mano una palanca a la izquierda o a la derecha. La información registrada por los electrodos sirvió para conocer el patrón de actividad de las neuronas motoras de la mona cuando quería mover la palanca hacia la derecha y el de cuando la quería mover hacia la izquierda. La información del ordenador se enviaba al instante a otro computador que estaba a mil kilómetros de distancia. Este segundo ordenador se había conectado a un brazo robótico, de manera que cuando la mona pensaba en mover la palanca hacia la derecha, el brazo robótico la movía hacia la derecha, y cuando la mona pensaba en moverla hacia la izquierda, el brazo robótico, a mil kilómetros de distancia, la movía a la izquierda.

En 2006, L. R. Hochberg y colaboradores publicaron un impactante trabajo en la prestigiosa revista británica *Nature*. En él se describía el caso de un sujeto que había sufrido una grave lesión que le había paralizado las cuatro extremidades. Estos investigadores le implantaron quirúrgicamente en la corteza motora un grupo de noventa y seis microelectrodos. La idea era registrar la información del patrón de actividad que muestran las neuronas motoras cuando el sujeto quería mover el cursor de un ordenador. Una vez identificado el patrón, podría utilizarse para realizar diferentes acciones en el ordenador. Tras horas de práctica, el paciente fue capaz de mover el cursor del ordenador con el pensamiento, e incluso podía llevar a cabo tareas como abrir un correo electrónico o modificar los dispositivos de audio y vídeo conectados al ordenador. Hasta el momento, los resultados son muy prometedores, sobre todo para el campo de la terapéutica.

El extraordinario caso de Nathalie

El día había amanecido frío. Las nubes, de un gris antracita y dispuestas, la mayoría, en volutas agolpadas, conferían al cielo un aspecto plomizo. Una en especial llamaba la atención; parecía un cordero sin cabeza. No era oscura como el resto. Se podía entrever yuxtapuesto a esta nube, que recordaba a la cría de una oveja, un claro en el cielo que, de forma errónea, daba indicios de una aparente buena temperatura. Sin embargo, hacía un frío inusitado para la ciudad de Barcelona. Si bien era principios de marzo, no resultaba habitual que el mercurio bajara tanto en un suave clima septentrional como el de la Ciudad Condal.

Una ráfaga de aire gélido le cortó el resuello mientras salía del portal de su domicilio, ubicado en la calle Muntaner. Llevaba el abrigo desabrochado y no le había dado tiempo a acomodar la bufanda alrededor del cuello. Los guantes descansaban en el bolsillo. Rápidamente, los sacó y se los ajustó en las manos. Su vivienda estaba próxima a los jardines de Moragas, una pequeña zona verde del barrio, lugar de encuentro del vecindario. Cada mañana, Nathalie bajaba por la calle Muntaner hasta alcanzar Travessera de Gràcia, por donde doblaba a la derecha para toparse con una cafetería en la que tostaban su propio café y disponían de un horno que daba a luz a un sinfín de suculentas tentaciones de harina, chocolate y hojaldre. Cada día se tomaba un café corto agraciado con casi un centímetro de espesa crema que acompañaba con una medialuna de hojaldre elaborada con centeno, escanda y ajonjolí. Esa mañana, Nathalie parecía absorta en sus pensamientos. Tenía la mirada perdida en un letrero que descansaba sobre la barra, que rezaba CAFÉ DE PRIMERA CALIDAD. A la derecha había una puerta de cristal velado por los efluvios que emanaban del horno situado a escasos metros. La puerta se entreabrió y salió una camarera.

—Nathalie, esta mañana te veo como ida, ¿estás bien? —Siguió hablando ante la aparente aquiescencia de la mujer a su pregunta inicial—. Esta madrugada hemos tenido un percance con el horno, pero por suerte ya está funcionando a la perfección. ¿Te sirvo lo de cada mañana?

Lo único que obtuvo la camarera fue un lacónico asentimiento con la cabeza por parte de Nathalie. De todas formas, dado que su pensamiento estaba monopolizado por la aparatosa avería del horno y por cómo podría haber afectado a la dinámica diaria de la cafetería, apenas le dio mayor importancia a su absentismo mental. Nathalie despachó con rapidez el café y el bollo sin mostrar deleite alguno, pagó casi sin mediar palabra y salió de la cafetería. Siguió por Travessera hasta llegar a la avenida Diagonal. Desde abril de 2004, después de un siglo en la calle Pelayo, esa era la actual sede del periódico para el que trabajaba. Entró en el edificio y cogió uno de los ascensores, que la dejó en la planta donde tenía su despachito. Al llegar, observó que varios de sus compañeros se dirigían hacia la sala de la máquina del café, como el elenco de una agrupación de hinchas de un equipo de fútbol que van al unísono perdiendo parte de su individualidad.

Nathalie era la efigie de la periodista costumbrista que siempre se presta al retrato de una sociedad pasada que apenas perduraba en su pensamiento e imaginación. Usaba las nuevas tecnologías porque no tenía más remedio. Su forma de trabajar se mostraba armónica con su físico e imagen personal. Presentaba un perfil enjuto, de pocas carnes, y era de larga talla. Frisaba la cincuentena y mostraba unas facciones muy marcadas, con unos labios muy finos que pintaba de color carmín apagado que le proporcionaba una apariencia anacrónica y una gran capacidad para resaltar imperfecciones y atraer miradas hacia los signos de la edad. Sus rasgados ojos grises adolecían de tristeza, pero a su vez le conferían un aspecto astuto, como el de un felino. En su blanca tez se insinuaba el efecto del uso continuo de algún tratamiento hidratante, en tanto que, para su edad, se mostraba tersa y firme. Desprendía un perfume que recordaba a madera recién cortada con marcadas notas de espino blanco, madreselva y bergamota. De vestimenta cuidada pero clásica, hasta rayar en un estilo más característico de los años noventa del pasado siglo que de la actualidad.

—Juan —llamó en tono seco al ver a su compañero—, tenemos que hablar.

—En cinco minutos voy a tu despacho. Tengo que bajar un momento al archivo a recoger la información que me pediste ayer.

—No tardes, por favor, es muy importante.

Juan Gallart era todo lo contrario a Nathalie. Carecía de vitalidad y vigor para abordar las actividades diarias en el trabajo. Además, se mostraba bastante adusto y desabrido con sus compañeros de la redacción. Era una persona a la que parecían satisfacerle sus malos modos y que no mostraba ninguna empatía hacia los otros. Su risa estentórea, que en ocasiones parecía salida de una película de terror, no ayudaba a su imagen. Era sobrio en el vestir, pero a la hora de combinar colores o tipos de prendas rozaba el mal gusto. Su abultado vientre conjugaba bien con la amplia papada que asomaba por el cuello de la camisa, lo que impedía que la corbata le quedara ajustada. Apenas tenía una mata de pelo lacio repeinada hacia un lado y aglutinada sobre la cabeza por medio de un emplasto de grasa que podría ser natural, producida por la mala higiene o algún producto cosmético de dudosa eficacia. En más de una ocasión, Nathalie se había planteado cambiar de colaborador.

Cuando Juan subió del archivo se dirigió al despacho de Nathalie. Sudoroso y jadeante, cargaba con una pila de desgastados cartapacios marrones. Entró sin llamar, ayudándose con la barbilla para sujetar las carpetas agolpadas sobre su brazo izquierdo, mientras giraba, con la mano derecha, el pomo de la puerta.

—Tal como me pediste, he estado investigando a partir de los datos de las compañías de seguros.

—Muchas gracias, Juan. De todas formas, no quería hablar contigo del contenido del artículo de investigación en el que estamos trabajando, sino para decirte que será el último. He decidido dejarlo —dijo Nathalie de forma concluyente, sin admitir réplica ni discusión.

—¿Y eso? —preguntó Juan como si ya supiera la respuesta.

—Desde que perdí la visión, cada día se me hace más cuesta arriba todo. Es verdad que el periódico —continuó Nathalie— me está dando muchas facilidades y me proporciona toda la adaptación funcional que requiero para desarrollar mi trabajo; pero la vida no es igual.

Nathalie sufría una retinopatía diabética avanzada que no había tratado correctamente, pero no por dejadez o abandono, sino porque nunca encontraba el momento para cuidarse y todo su tiempo lo absorbía el trabajo. En sus retinas se había generado una proliferación anormal de capilares y cicatrices que habían dado lugar a hemorragias severas y al desprendimiento de estas, lo que había provocado la pérdida total de la visión.

—Mira, Juan —prosiguió Nathalie—, esta mañana, cuando he salido de casa, no podía ver si el cielo estaba despejado o cubierto de nubes. Gracias al bastón y a que desde hace años hago siempre el mismo recorrido, he podido llegar hasta aquí sin problema. Me he cruzado con mucha gente por la calle Muntaner, pero solo sentía que estaban ahí, no las veía. No podía ver el color de su ropa o la expresión de su cara.

—Ya imagino —contestó Juan con una expresión lánguida en el rostro y un tono de voz que rayaba el desánimo.

—Es cierto que otros sentidos parecen haberse potenciado. No te imaginas, Juan, cómo huele ahora el café recién tostado o los bollos salidos del horno. No obstante —continuó Nathalie—, preferiría ver.

—Lo entiendo, pero si te quedas en casa seguirás sin ver y, al menos, en el trabajo estás entretenida —replicó Juan.

—Durante mucho tiempo me he centrado en el trabajo y ahora quiero centrarme en mí. Existe una terapia que creo que me puede ir muy bien.

—¿De qué se trata?

—Resulta que una empresa de Estados Unidos ha comercializado un dispositivo que traduce la información digital de una videocámara portátil en suaves patrones de estimulación eléctrica en la superficie de la lengua. Dicen —prosiguió Nathalie— que se sienten en la lengua patrones en movimiento similares a burbujas que, poco a poco, el cerebro aprende a interpretar como la forma, el tamaño, la ubicación y el movimiento de los objetos del entorno.

—Parece asombroso... —dijo Juan, esbozando una expresión indicativa de encontrarse bastante atónito y sorprendido por lo que acababa de oír.

—Es como si pudieras ver con la lengua.

—¿Es visión? —preguntó Juan.

—No, la cámara recoge la información visual y la traduce a patrones de vibraciones o burbujeos que se producen en la lengua y que el cerebro aprende a interpretar como representaciones de los objetos que hay en el entorno. No se ven las imágenes como si fueras vidente, pero si miras un balón de fútbol, percibes un disco redondo y sólido en la lengua. Quiero probarlo, Juan, y centrarme en mí esta vez.

Para comprender el caso que acabamos de describir es necesario volver a hablar de la reorganización funcional de las áreas corticales. En el próximo apartado me adentraré en esos derroteros para proporcionar la información que nos permita entender cómo es posible que Nathalie pueda llegar a «ver con la lengua». Vamos a explicar los inicios que han dado lugar al conocimiento necesario para contar hoy con dispositivos como el que utilizará ella.

Personas que podían ver con la espalda

Paul Bach-y-Rita fue uno de los primeros investigadores que puso en tela de juicio la afirmación preponderante a mediados del siglo XX sobre que las diferentes áreas del cerebro se encontraban tan especializadas que nunca serían capaces de asumir las funciones de otras. Así, a finales de los años setenta, Bach-y-Rita, Collins, Saunders, White y Scadden publicaron un trabajo en la revista *Nature* que parecía romper muchas barreras y dogmas en la biología preponderante de la época. Estos autores mostraban un artilugio que posibilitaba que ciegos de nacimiento pudieran ver. Se trataba de una gran cámara conectada a un aparato que recogía la información visual del entorno y la enviaba a unos estimuladores que se encontraban en una lámina metálica adherida al respaldo de la silla donde se sentaba la persona ciega, de forma que la piel de la espalda quedaba en contacto con los estimuladores. La información visual recogida por la cámara los hacía vibrar y provocaba una estimulación táctil en función de la imagen captada. Mediante este artilugio, las personas eran capaces de distinguir objetos, reconocer caras... A medida que los pacientes comenzaron a practicar con el aparato y se convirtieron en avezados usuarios de la máquina, consiguieron crearse una percepción en tres dimensiones del mundo que los rodeaba. Esto resultaba, en cierta forma, paradójico, ya que la cámara captaba el entorno en dos dimensiones y los pacientes se recreaban en un mundo tridimensional. Este experimento demostró que la visión tenía lugar en el cerebro, no en los ojos.

No sentimos las caricias con la piel, tal como lo hacía María reconfortándose con la brisa del Cantábrico (sí, la María del capítulo 2). Tampoco vemos con los ojos. El cerebro se encarga de que seamos capaces de percibir una caricia, sentir un beso o contemplar un atardecer. ¿Cómo puede procesar la información sobre el tacto para construir imágenes? Imagínate a una persona ciega que sale a dar un paseo acompañada únicamente de su bastón, gracias al cual puede guiarse en el entorno. Con la punta del bastón va tocando los objetos de forma continua, lo que le proporciona información somatosensorial mediante los receptores de la mano. Usando esta información que le suministra la mano, es capaz de guiarse en la calle, ya que construye un espacio mental tridimensional de cómo están dispuestos los elementos del contexto.

En el caso del experimento de Bach-y-Rita y colaboradores, la información facilitada por la cámara era más rica que la de la mano de una persona ciega que mueve el bastón para orientarse, puesto que dependía de la imagen que captaba. El cerebro de los pacientes ciegos de Bach-y-Rita tenía que descodificar la información táctil de los vibradores para ensamblarla y componer las percepciones visuales. De esta forma, la corteza que procesa la información del tacto tiene que ajustarse y acomodarse a la información nueva que le proporciona la máquina. Esta adaptación apunta a que el sistema nervioso es modificable y a que la organización funcional de la corteza no es inmutable, sino que puede cambiar. Los sistemas sensoriales son capaces de reorganizarse y posibilitar que las personas ciegas vean con la espalda.

Cuando se desarrolló este trabajo, los autores sugirieron que la reorganización sensorial debía implicar que la información somatosensorial (la que provenía del sentido del tacto y se enviaba para su procesamiento en la corteza somatosensorial) se recondujera a la corteza encargada de procesar la información visual. Para contrastar empíricamente esta hipótesis, el equipo de Álvaro Pascual-Leone empezó a estudiar qué sucedía en el cerebro de los ciegos que leían mediante el sistema braille. No quedaba claro si lo que posibilitaba que una persona invidente pudiera leer con los dedos se debía a un aumento del mapa sensorial del tacto inducido por una reorganización en la corteza sensorial o se producía por modificaciones plásticas en la corteza visual. Para ello, Pascual-Leone inactivó de forma temporal la corteza visual de los invidentes mediante la inducción de una corriente en el cerebro usando un campo magnético. Los pacientes fueron incapaces de leer con el método braille después de la inactivación de la corteza visual. Este descubrimiento sugería que la corteza visual se estaba utilizando para procesar la información táctil procedente de los dedos de los pacientes invidentes cuando leían con este método.

¿Qué sucedería si de repente no obtuviéramos información visual del entorno? Te invito a que hagas este experimento: coge un paño oscuro y véndate los ojos asegurándote de que no percibes brillo o destello alguno; a continuación, siéntate en una silla cómoda, relájate lo máximo posible y presta atención a lo que sucede a tu alrededor. Al cabo de un rato empezarás a sentir que se van potenciando el resto de tus modalidades sensoriales. ¿Te has preguntado alguna vez por qué, en ocasiones, cierras los ojos cuando realizas una acción determinada que, a pesar de ser un tanto automática, implica una motricidad fina? Cuando lo hacemos, sentimos que hacemos la tarea con más precisión. Por ejemplo, yo me he dado cuenta de que, cuando estoy haciendo la cama y tengo que ajustar el edredón entre el somier y el colchón para que no queden arrugas, cierro los ojos inconscientemente y me centro en las sensaciones que percibo con las manos. ¿Por qué lo hacemos? Lo primero que debemos tener presente es que la vista es uno de los sentidos más fuertes y poderosos (como he señalado en el capítulo 2). La tendencia natural de la corteza que se encarga de procesar la información visual (la que proviene de las retinas) es analizar este tipo de información, aunque llegue en un estado deficiente, antes que encargarse de procesar otras modalidades como el tacto o la audición.

Hoy en día, el aparataje diseñado por Bach-y-Rita para ver con la espalda es mucho menos engorroso. La cámara, que recordaba a una de las de televisión, se ha convertido en una microcámara ensamblada en unas gafas. Por su parte, la plancha metálica, provista de los vibradores que se sujetaban a la espalda del paciente, se ha transformado en una fina laminilla de electrodos que se adhieren a la lengua de los pacientes. Así, ahora los invidentes, como Nathalie, serían capaces de ver con la lengua. ¿Qué sucede en el cerebro de una persona ciega que comienza a utilizar un conjunto de electrodos posicionados en la lengua para percibir visualmente el entorno que la rodea? Mediante la utilización de diferentes técnicas de neuroimagen, se ha comprobado que la información táctil captada por la lengua de los pacientes termina siendo procesada por la corteza visual, en lugar de hacerlo la somatosensorial, tal como correspondería a la información que proviene de esa parte del cuerpo. Sorprendente pero cierto.

Te he explicado en este capítulo cómo se reorganiza el cerebro ante una lesión o cuando sobreviene una privación sensorial. Tal como expone el psiquiatra Norman Doidge, «Nos han dado un cerebro que sobrevive en un mundo cambiante cambiándose a sí mismo».

4

El caso de Gattaca

No hay gen para el espíritu humano.

JEROME EUGENE MORROW (Jude Law),
Gattaca

Cuando nos levantamos por la mañana, cuando vamos a comprar el pan, cuando arrancamos el coche para ir al trabajo, cuando leemos una novela de Eduardo Mendoza... llevamos a cabo conductas que derivan de la actividad integrada de las neuronas y determinadas hormonas, ambas, piezas clave del sistema neuroendocrino. Por otro lado, los genes y diferentes factores ambientales regulan cómo se organiza y responde ese sistema. Nuestro comportamiento, e incluso nuestra forma de pensar y percibir el mundo que nos rodea, quedan determinados, al menos en parte, por el cerebro y los años de evolución.[1]

Nuestra carga genética y las experiencias que vivimos ayudan a explicar el buen o mal funcionamiento del cerebro. Para entenderlo, es necesario hablar antes de los genes y de cómo nuestras experiencias nos pueden configurar.

No elegimos a la familia con la que pasaremos largos años de nuestra vida, ni lo que nos sucederá en el colegio o al inicio de la adolescencia, cuando tengamos nuestras primeras experiencias en ámbitos que todavía no somos capaces de controlar. Las experiencias se inician antes del nacimiento: distintas sustancias presentes en la circulación materna pueden modificar cómo se construye el cerebro y cómo quedará regulada su función en la vida adulta.

En este capítulo te hablaré de todo ello: de los genes y de cómo la experiencia puede encenderlos o apagarlos. Esto nos ayudará a entender lo que hay detrás de muchos de los casos que te explicaré más adelante, y a comprender por qué seguir los consejos que se esgrimirán al final puede llegar a modificar la función cerebral.

Una cuestión que quizá te hayas planteado alguna vez es si estamos determinados por los genes. Antes de contestar esta pregunta, resulta crítico entender qué es un gen y cuál es su función. En marzo de 2022 se publicó el primer genoma humano completo. Se estima que este contiene unos veinte mil trescientos genes comunes a toda la especie humana, y que puede presentar variantes genéticas (alelos) que le confieren pequeñas diferencias en relación con su funcionalidad. El genoma contiene toda la información necesaria para guiar el desarrollo del embrión desde la fecundación hasta el individuo adulto y coordinar el funcionamiento de las células y los tejidos durante toda la vida. David Bueno (2023) define «gen» como «una región del ácido desoxirribonucleico (ADN) formada por una secuencia de nucleótidos discreta y localizable que se corresponde con una unidad hereditaria que se transcribe, al menos en parte, a una molécula de ácido ribonucleico (ARN), y que incluye regiones reguladoras, regiones transcritas a ARN, pero no necesariamente traducidas a proteínas, y otras secuencias funcionales diversas». De esta definición podemos extraer una idea fundamental: el material genético presenta una gran heterogeneidad funcional.

Partiré de dos premisas: (1) en el interior de cada célula tenemos ADN y (2), tal como describía David Bueno en su definición, un gen es un fragmento de ADN al que se le puede asignar una función. Pero ¿qué funciones podrían desempeñar los genes? Si a una persona lega en la materia le planteáramos esta cuestión, con cierta probabilidad nos contestaría «Transmitir la información genética», ya que en el ADN podemos «ver» las características que nos configuran. Esto es así debido a que, a pesar de no conocer las especificidades científicas de la genética, es una disciplina de afluencia habitual en las noticias, en las series de televisión, en el cine…

Recordemos la película *Gattaca*, escrita y dirigida por Andrew Niccol. En este magnífico filme de ciencia ficción, protagonizado por Ethan Hawke, Jude Law y Uma Thurman, se muestra una sociedad no muy lejana en el tiempo que usa técnicas de selección genética para controlar la aparición de enfermedades y potenciar los rasgos más beneficiosos para el ser humano. En la película podemos ver a un atormentado Ethan Hawke que presenta en su genotipo una predisposición a sufrir una alteración cardiaca y una muerte prematura a los treinta años que, a nivel legal, le impediría ser piloto de naves aeroespaciales. Su personaje suplanta la identidad del papel interpretado por Jude Law (genéticamente limpio de posibles anomalías) y se afana en no dejar huellas genéticas de la suya propia. Son comunes las escenas en las que vemos que Ethan Hawke se lava la piel a conciencia, se frota y raspa el cuero cabelludo y limpia con un aspirador el teclado del ordenador de su puesto de trabajo para evitar que las partículas de su cuerpo (como las escamas capilares o la piel muerta) puedan ser utilizadas por el personal de Gattaca para conocer su verdadero ADN. La película aborda temas como la ética en la manipulación genética, la discriminación basada en la genética y la determinación personal para superar las limitaciones impuestas por la sociedad y la genética.

Vamos con la primera de las funciones: en el genoma tenemos genes cuya principal función es proporcionar datos para crear proteínas. Si queremos entenderla, imaginemos que queremos preparar una tarta. Para ello, necesitaremos ingredientes y una receta en la que se especifican los productos que debemos utilizar (de todos los que hay en la cocina) y en qué momento concreto. Algo parecido sucede con la síntesis de proteínas. Están conformadas por aminoácidos unidos en una secuencia determinada. En el gen tenemos las instrucciones (receta) para saber qué aminoácido (ingrediente) utilizar y en qué momento concreto para, al final, confeccionar la proteína (tarta). En definitiva, estos genes tienen la información necesaria para sintetizar una proteína determinada. Puede parecer una función de poca importancia, pero debemos saber que las proteínas son los bloques constitutivos necesarios para muchas de las actividades y funciones del organismo. Las proteínas constituyen uno de los componentes más importantes de las células debido a que son moléculas que se encuentran en gran número e intervienen en múltiples funciones esenciales para los seres vivos. Entre ellas, destacan la formación de las estructuras y el esqueleto de las células, proporcionar elasticidad y resistencia a los órganos y tejidos, intervenir en diferentes reacciones químicas, actuar como hormonas, operar como reguladoras de diversos sistemas, participar en la división de las células, mantener el equilibrio interno del organismo, intervenir en la función de defensa del cuerpo, transportar diferentes sustancias, posibilitar el movimiento celular, participar en la comunicación y un largo etcétera. Estos genes que codifican proteínas representan solo un 1 por ciento de la totalidad del genoma.

El resto del material genético (el 99 por ciento) son secuencias que no producen proteínas (no codificantes). Su función puede ser diversa, desde actuar como componentes reguladores que actúan como el centro de mando para controlar la expresión y el funcionamiento de otros genes (algo parecido al centro de mando de *La patrulla canina*, a la que tantas veces he tenido el placer de ver en acción junto a mi hija), hasta una especie de reliquias genómicas o pseudogenes que han perdido la capacidad de funcionar.[2]

Misma carga genética pero distintas células

A excepción de las células sexuales (que tienen la mitad de los cromosomas), el resto de las que tenemos en el cuerpo cuentan con la misma información genética: genes ubicados en diferentes lugares de los veintitrés pares de cromosomas. Cada tejido del organismo está compuesto por distintos tipos de poblaciones celulares. ¿Cómo puede ser que todas las células tengan la misma información genética, pero su función sea tan diferente? Dicho de otra forma, ¿qué hace que, por ejemplo, una célula pancreática pueda liberar insulina en ciertos momentos del día en relación con los procesos metabólicos y, en cambio, una neurona de la médula espinal libere acetilcolina para generar la contracción muscular? Al principio, la respuesta puede parecer sencilla, ya que cada tipo celular fabricará unas proteínas específicas. ¿Y si nos centramos en las diferencias morfológicas de las células? ¿Qué hace que un hepatocito (célula del hígado) tenga una forma determinada y, en cambio, una célula muscular tenga otra significativamente diferente? Podríamos completar la respuesta inicial argumentando que, en cada tipo de célula, los genes que se expresan son distintos. Debemos tener presente que, en cada tipo de célula, solo se expresa un 5 por ciento de sus genes. De este modo, por ejemplo, en una neurona se activarán y expresarán unos genes que permanecerán inactivos en una célula de la piel. Los genes que se expresen en la neurona le permitirán llevar a cabo sus funciones y, por lo tanto, codificar las proteínas que esta necesite. Hablamos de una expresión génica diferencial: todas las células de una persona (excepto los gametos) presentan el genoma completo, pero no todos los genes se expresan en todas las células. De los veinte mil genes que tenemos, en el cerebro están activos unos dieciséis mil.

A partir de aquí, la siguiente cuestión que debemos resolver es: ¿qué mecanismo o sistema tiene la capacidad de establecer que en una célula se expresen unos genes mientras que en otras lo hagan otros genes distintos? Es harto complicado contestar a esta pregunta con los conocimientos de los que disponemos en la actualidad. A pesar de que todavía quede mucho camino por recorrer, se ha comprobado que existen diferentes moléculas capaces de regular la actividad de los genes. Aquí es donde desempeña una función capital la presencia de factores que, sin alterar el ADN, pueden modificar la expresión de los genes. Se trata de los denominados «factores o marcas epigenéticas»; el prefijo griego *epi-* significa «en» o «sobre», de modo que se trata de todo lo que está «por encima», «alrededor» de la genética. La forma en que se expresan los genes puede ser distinta de una persona a otra y de un tejido a otro. Las marcas epigenéticas consisten en la adición controlada enzimáticamente de determinadas moléculas que, sin modificar el ADN, contribuyen a regular cómo se expresan los genes.[3]

Las modificaciones epigenéticas pueden ejercer un efecto más o menos reversible sobre el funcionamiento del sistema neuroendocrino y modificar la expresión de ciertos genes. Los efectos menos reversibles (incluso algunos irreversibles) suelen darse cuando estos factores actúan en periodos críticos del desarrollo. Los efectos más reversibles suelen asociarse a modificaciones en la estimulación del medio externo o interno que implican cambios en el funcionamiento del cerebro o de la hormonas para que el organismo pueda adaptarse a las demandas del entorno.

Hoy en día, la ciencia dispone de evidencias claras de múltiples ejemplos relacionados con efectos que al principio parecerían irreversibles (o menos reversibles) de diferentes factores cuando actúan sobre periodos críticos del proceso de maduración del cerebro. Por ejemplo, el efecto que tienen las hormonas sobre la diferenciación del sistema nervioso, para que este sea típicamente masculino o femenino, es decir, para configurar un cerebro de hombre o de mujer, tal como veremos después, y que ya te adelanto que serán muy muy parecidos.

En cuanto a los efectos reversibles, estos se encuentran relacionados con propiedades fundamentales del cerebro y posibilitan la puesta en marcha de funciones que llevarán a una mejora de la adaptación del sujeto al cambiante medio externo. Un claro ejemplo lo constituyen los procesos de plasticidad cerebral y su relación con los mecanismos de aprendizaje y memoria, que trataré con profundidad en el capítulo 8.

En conclusión, podemos decir que diferentes factores epigenéticos pueden ejercer un efecto organizativo sobre el cerebro al actuar en periodos críticos durante los procesos madurativos del individuo, es decir, configurar la morfología y la química de diferentes estructuras cerebrales. Asimismo, estos factores podrían activar algunos de los componentes críticos para el correcto funcionamiento cerebral durante toda la vida de una persona.

El entorno activa y desactiva los genes

Partiendo de que los factores epigenéticos son los responsables de que las neuronas sean neuronas y los hepatocitos sean hepatocitos, cabría preguntarse si es posible que haya alguna interacción con el entorno.[4] El entorno es algo muy amplio que podría ir desde el de una célula hasta aquel en el que se encuentra una persona. Si a una neurona le falta energía para realizar sus funciones, se activarán genes que codifican las proteínas que aumentan la energía. Si una persona vive en un entorno lleno de peligros, se activarán genes en las amígdalas que posibilitarán que reaccione con rapidez en esas situaciones (algo que te explicaré en el capítulo 5).

Hoy en día, son múltiples las evidencias que sugieren que puede darse una interacción entre el entorno y cómo se encienden y se apagan los genes, lo que facilita el ajuste de la función genética al ambiente en el que se encuentra un organismo. Imaginemos dos sujetos genéticamente idénticos, por ejemplo, dos gemelos. A pesar de que comparten toda la carga genética, podemos encontrar diferencias notables entre ellos en relación con múltiples factores más o menos complejos. Por consiguiente, ¿qué es más importante, los genes que tenemos o cuándo y cómo se expresan?

En los veinte mil genes de tu ADN existen una serie de interruptores de encendido y apagado. A veces nos encontramos que uno es capaz de encender y apagar múltiples genes, mientras que en otras ocasiones un mismo gen dispone de múltiples pulsadores. No me gustaría ser el electricista encargado de arreglar esta red de interruptores del ADN humano. ¡Menudo trabajazo!

Al inicio del capítulo te hablaba de la evolución. Hoy sabemos que los cambios evolutivos más importantes en los genes suelen estar relacionados con el apagado y el encendido de esos interruptores. Por otra parte, cuanto más complejo es un organismo, más enrevesada es su red de pulsadores.

Pero no todo se acaba con los interruptores: las proteínas que se crean con la información de los genes también funcionan de forma diferente en entornos distintos. Te voy a poner algunos ejemplos que te ayudarán a entender su importancia. Las personas tenemos versiones distintas de genes que ayudan a explicar las diferencias individuales en la conducta y la cognición. Por ejemplo, diversas versiones en genes relacionados con el neurotransmisor dopamina nos permiten comprender las diferencias que encontramos entre las personas por lo que se refiere a la capacidad de concentración, la asunción de riesgos, la planificación a largo plazo, la motivación o incluso la adicción. Del mismo modo, versiones distintas en genes vinculados con la serotonina pueden ayudarnos a entender por qué una persona se comporta de manera más impulsiva o agresiva que otra o por qué existen diferencias en el estado de ánimo o en los niveles de excitación. Pero resulta que estas versiones distintas de los genes se comportan de manera diferente según el entorno y las experiencias que tengamos a lo largo de la vida, sobre todo en algunos hitos importantes del desarrollo del cerebro. En este sentido, por ejemplo, se ha podido demostrar que una de esas variantes genéticas relacionadas con la serotonina aumenta el riesgo de que nos comportemos de manera antisocial, pero solo si hemos sufrido maltrato en la infancia, o una variante relacionada con la dopamina aumenta o disminuye la generosidad en la vida adulta en función de si nos hemos criado o no en un entorno de apego seguro. Es decir, podemos tener una variante de un gen en el ADN relacionado con la asunción de riesgos y, dependiendo del entorno en el que crezcamos, promover que apostemos por crear una *start-up* o que nos decantemos por robar un banco.

El ambiente: ¿enemigo o aliado?

Muchas de nuestras características son producto de la expresión de múltiples genes que se encienden y apagan en función de determinadas señales del entorno.[5] Además, las funciones de las proteínas que se sintetizan a partir de esos genes también pueden variar según el entorno. La cosa se complica.

En algunas patologías, hablamos de factores ambientales de riesgo y de factores ambientales protectores. Es posible aumentar el encendido de genes de riesgo relacionados con una enfermedad concreta cuando la persona está expuesta a determinados estímulos del entorno. Del mismo modo, también se pueden apagar genes de riesgo o encender otros protectores al aportar factores ambientales que los protejan. Por ejemplo, se ha comprobado que una hormona que liberamos en entornos de estrés —el cortisol, de la que te hablaré largo y tendido en el capítulo 11— constituye una de las señales que puede activar los interruptores de los genes de riesgo de algunas patologías como la depresión, la ansiedad o la esquizofrenia.

Los genes y el entorno no actúan de forma independiente en la génesis y explicación de la manifestación de algunos rasgos (fenotipos) que podemos observar en el ser humano. Uno de ellos es la inteligencia. ¿Depende de los genes, de la educación que recibimos o de la interacción de ambos? Numerosos trabajos han manifestado que, para explicar y entender la inteligencia del ser humano tendremos que recurrir tanto a los genes que nos configuran como al ambiente en el que nos desarrollamos.

Son múltiples los factores que podrían regular la expresión de los genes, es decir, encender o apagar los interruptores. ¿Hay momentos críticos en los que el cerebro es más susceptible a la influencia de los factores reguladores? Cada vez disponemos de más evidencias que apoyan la hipótesis de que hay periodos del desarrollo en los que el cerebro es más susceptible a los efectos del entorno. Es decir, durante esas etapas es más fácil apagar o encender genes clave. Se denominan «periodos críticos del desarrollo».

El cerebro necesita ciertos entornos estimulantes en periodos críticos para que los diferentes sistemas cerebrales se desarrollen de manera adecuada. En los años sesenta, Torsten Wiesel y David Hubel estudiaron la organización y el desarrollo funcional de la corteza visual en los gatos. Estos autores partían de la hipótesis de la existencia de un periodo crítico en el desarrollo del sistema visual de estos animales durante el cual se tenía que dar la correcta estimulación del entorno para que se desarrollara correctamente. Para comprobar su hipótesis, taparon un párpado a un gato recién nacido para evitar que le llegase al ojo información visual. Pasadas unas semanas, se lo destaparon y analizaron la corteza visual del felino. Wiesel y Hubel descubrieron que esa región, que en condiciones normales hubiera recibido la información del ojo tapado, no llegó a desarrollarse. Los gatos sometidos a esta intervención quedaron ciegos de por vida del ojo que le habían tapado durante un breve periodo de tiempo después de nacer. Estos autores concluyeron que, para un correcto desarrollo del sistema visual, existe un periodo crítico que comprende los primeros cincuenta y cinco días de la vida de los gatos. Durante ese tiempo, los animales debían recibir estimulación visual para permitir el desarrollo del sistema. La ausencia de estímulos visuales inducía la ceguera. Además, en el análisis de la corteza visual observaron que la región que no había recibido la estimulación durante el periodo crítico había comenzado a recibir y procesar la información visual proveniente del ojo que había permanecido abierto. Todos estos trabajos demostraban que el cerebro era extremadamente plástico durante ese periodo crítico después del nacimiento de los animales, y que la experiencia y el entorno tenían un papel esencial en cuanto al correcto desarrollo y organización funcional del sistema.

¿Qué sentido tiene todo esto? ¿No sería más fácil nacer con un sistema fijo que, si sufriese una privación sensorial en un momento crítico de su desarrollo, no se viese afectado? ¿Qué resulta adaptativo para el ser humano? Imagínate a una persona que ha nacido en el norte de la región francófona de Canadá, donde en invierno se pueden alcanzar temperaturas de –20 °C. Para ella sería adaptativo que el sistema encargado de percibir la temperatura se organizase en unos umbrales en los que no le resultasen desagradables las temperaturas habituales. No sería adaptativo para un quebequense vivir en un lugar en que sufriera un auténtico calvario cuando paseara por la calle a una temperatura inferior a los –20 °C. De forma coloquial (sin considerar que la experiencia tiene un papel crucial en el desarrollo de los distintos sistemas cerebrales), diremos que una persona nacida en Montreal presenta una buena tolerancia al frío, ya que se ha acostumbrado a él desde muy pequeña. Ahora imaginemos el caso contrario: alguien que ha nacido en el Caribe mexicano, donde hay una temperatura anual constante en torno a los 23 °C. Para esta persona, es adaptativo que el sistema de detección y percepción de la temperatura se organice entre unos umbrales muy estrechos y poco variables, de forma que las temperaturas habituales no le parezcan desagradables; sin embargo, las que salen de esos intervalos serán señaladas negativamente para que las evite. Un canadiense de Montreal no consideraría desagradable una temperatura de 0 °C, al contrario que un mexicano del Caribe.

No solo de leche vive el ser humano

La experiencia que tiene lugar en periodos críticos del desarrollo desempeña un papel fundamental en el funcionamiento y la organización del sistema nervioso. Uno de ellos se da en las primeras semanas de vida. La atención que una niña o un niño recibe puede ser muy importante para su desarrollo normal. En 1997, Michael J. Meaney y su equipo publicaron en la prestigiosa revista *Science* un trabajo en el que mostraban que la atención de la madre hacia sus crías (en este caso, ratas) podía modificar los patrones fisiológicos de respuesta al estrés cuando los animales eran adultos: crías que habían recibido poca atención maternal presentaban unos niveles más altos de glucocorticoides (principales hormonas de la respuesta de estrés, responsables de muchos de los efectos deletéreos de los que te hablaré en el capítulo 11) durante la respuesta de estrés cuando eran adultas.

Son diversos los trabajos en animales que han demostrado que la privación maternal provoca modificaciones a largo plazo en individuos adultos, en tanto que, ante la presencia de un agente estresante, liberan mayor cantidad de glucocorticoides que otros y presentan una peor recuperación cuando el agente estresante desaparece. Para añadir más hierro al asunto, Lu y su equipo demostraron en 2003 que el aislamiento social en las crías de rata disminuía el nacimiento de nuevas neuronas. El panorama no parece muy alentador: una mayor respuesta al estrés de adulto y un menor número de neuronas. ¿Podría ser más grave la situación?

Una historia llevada al extremo en seres humanos se produjo en la corte del rey Federico II de Sicilia. Este monarca era un investigador pertinaz, no obstante, dado que era rey y teniendo en cuenta que estamos hablando de finales del siglo XIII y principios del XIV, sus intereses científicos no tenían que ser aprobados por un comité de ética antes de ser sometidos a comprobación empírica. Por aquel entonces, una de las cuestiones que preocupaban al monarca estaba relacionada con cuál era la lengua originaria del hombre. Había quienes abogaban por el latín, otros se decantaban por el griego, mientras que algunos postulaban por el hebreo. El caso fue que, para zanjar la disputa, se le ocurrió llevar a cabo una comprobación. Pensó que el contacto con otros seres humanos era lo que hacía que un recién nacido aprendiera una lengua concreta, pero si se evitaba ese contacto y un niño no oía hablar a nadie, al final la lengua que surgiría sería la inherente al ser humano. El rey cogió a un grupo de niños y los encerró, pero les proporcionaba los cuidados nutricionales y físicos elementales. Solo evitaba el contacto con otros seres humanos para que ningún niño tuviera un acercamiento a alguna de las lenguas imperantes en la corte y eso enmascarase los resultados. Seguramente te estarás preguntando qué lengua acabaron hablando esos niños. Pues nunca lo sabremos, dado que todos murieron. ¿Tan importantes son unas caricias que si privamos de ellas a un recién nacido, puede llegar a morir?

Un trabajo publicado en los años ochenta del siglo pasado por Tiffany Field y su equipo intentó analizar los efectos del contacto físico en los bebés prematuros. Estos autores mostraron que los recién nacidos sometidos a sesiones de estimulación táctil corporalmente crecían más y mostraban un desarrollo más rápido y una conducta más activa. Incluso después del periodo de hospitalización en las unidades de prematuros, los niños estimulados desplegaban un desarrollo más avanzado. Dicho de otro modo, demostraron que proporcionar caricias y contacto físico a los bebés era un factor muy importante para su bienestar y desarrollo biológico. Las investigaciones llevadas a cabo en animales han obtenido conclusiones muy parecidas: la estimulación táctil activa por parte de una madre hacia sus crías hace que estas presenten unos niveles de la hormona del crecimiento (GH) adecuados. Si se ven privadas de este contacto activo, los niveles de esta hormona caen en picado y el crecimiento se bloquea.

En los años cincuenta, un científico de la Universidad de Wisconsin, Harry Harlow, llevó a cabo una serie de investigaciones en primates no humanos que hoy no podrían hacerse por cuestiones éticas. Harlow quería estudiar qué era más importante para una cría de mono: que le proporcionaran alimentación o que le facilitaran contacto físico. Para ello, crio monos Rhesus (*Macaca mulatta*) y los privó de sus madres. Después comprobó las preferencias que mostraban los animales delante de dos madres artificiales: ambas presentaban una cabeza similar, a imitación de las proporciones de una hembra Rhesus, pero una de las madres de pega tenía el tronco de rejilla metálica y la otra, de felpa. La madre metálica disponía de un dispositivo a modo de biberón mediante el cual podía proporcionar leche a la cría, mientras que la de felpa no podía ofrecer ningún tipo de suministro alimenticio. ¿Cuál fue la madre preferida por las crías de mono? Eligieron a la madre de felpa, a pesar de que no las podía alimentar. Ante lo sorprendente de los resultados, Harlow subrayó: «No solo de leche vive el ser humano. El amor es una emoción que no hay que alimentar con biberón o cuchara». Estudios posteriores han demostrado que el entorno social y la estimulación posnatal desempeñan un papel básico en el desarrollo de diferentes aspectos emocionales y cognitivos.

Otros trabajos han mostrado que una separación prolongada de las madres aumenta el riesgo de sufrir depresión en la edad adulta.

Un aspecto muy importante son las interacciones sociales que tienen lugar a edades tempranas del desarrollo. Diferentes trabajos con primates no humanos han manifestado los efectos a corto y largo plazo que las experiencias sociales en edades tempranas del desarrollo tienen sobre el funcionamiento conductual, cognitivo y fisiológico.

Bajo el mar

Parece ser que diferentes sistemas funcionales del cerebro presentan unos periodos críticos específicos durante los cuales se muestran especialmente plásticos y son más susceptibles a la influencia del entorno. Algunos autores sugieren que esta plasticidad tiene unas implicaciones adaptativas críticas: nos desarrollamos en función de las demandas del medio. Si nos dice que, para nuestra supervivencia, necesitamos presentar una cualidad o carácter determinado, la plasticidad nos permite pulir al máximo el sistema para favorecer y potenciar esa característica necesaria. Diferentes estudios antropológicos han mostrado los rasgos diferenciales en relación con el sistema visual que presentan los habitantes de algunas de las islas de Mergui. En este archipiélago —compuesto por una amalgama de ochocientas islas al sudeste de Birmania—, sus habitantes nacen rodeados de mar y desempeñan muchas de sus actividades en el agua. Los moken, uno de los pueblos que vive en el archipiélago, son capaces de bucear a más de veinte metros por debajo de la superficie y ver bajo el agua sin necesidad de ningún tipo de aparataje submarino. Los niños de esta población pueden recoger comida del lecho marino sin necesidad de utilizar gafas submarinas. ¿Cómo es posible? ¿Sus ojos no son como los nuestros?

En 2003, un grupo de investigadores de la universidad sueca de Lund analizó la agudeza visual que presentaban estos niños bajo el agua y vio que era más del doble que la de los infantes europeos, ya que eran capaces de regular la constricción pupilar y controlar su cristalino de una forma muy diferente a la de los niños de Europa. El tsunami que azotó el Sudeste Asiático en 2004, en el que fallecieron miles de personas, asoló los asentamientos de los moken, pero solo perdió la vida un anciano minusválido. Su conocimiento de las leyes del mar posibilitó su supervivencia. Por eso es lógico pensar que un conjunto de personas tan ligadas a un medio determinado como es el mar cuenta con mecanismos que posibilitan su adecuación a ese entorno.

No todos los sistemas cerebrales tienen periodos críticos de desarrollo en momentos similares. En el caso del lenguaje, parece que son fundamentales los primeros años de vida. A partir de la adolescencia, la capacidad para aprender una nueva lengua se ve limitada, sobre todo en relación con aspectos como el acento de un idioma. De forma añadida, otro factor interesante relacionado con la adquisición de una lengua es lo que los neurocientíficos denominan «plasticidad competitiva». Diferentes investigaciones han puesto de manifiesto la naturaleza competitiva que muestran los mecanismos de plasticidad cerebral. De este modo, en el caso del lenguaje, parece que el uso continuo de la lengua materna hace que esta se afiance en las regiones corticales que procesan el lenguaje, de tal forma que si queremos aprender un nuevo idioma en la edad adulta, nos costará mucho más que hacerlo en edades tempranas del desarrollo. De pequeños, si utilizamos varios idiomas en la comunicación, todos se afianzan corticalmente en la misma medida. Estudios con técnicas de neuroimagen han demostrado que en los niños bilingües que han aprendido dos idiomas de forma paralela, estas lenguas comparten la misma organización en los mapas cerebrales implicados en el lenguaje. No obstante, si de pequeños aprendemos un idioma y de adultos queremos aprender otro, la lengua materna copará a nivel topográfico las regiones de la corteza cerebral implicadas en el lenguaje.

Imagínate a una persona que ha sufrido un accidente cerebrovascular. Vivía en Toronto y hablaba francés e inglés a la perfección. Después del derrame, ha perdido por completo la capacidad de hablar inglés. No obstante, sigue hablando francés sin problema. ¿Cómo se puede explicar? Supongamos que esa persona nació en una región de Quebec donde la mayor parte de la población solo hablaba francés. Durante la infancia recibió una educación en francés, su familia era francófona y todo su entorno social utilizaba ese idioma. Después, se trasladó a Toronto para estudiar Psicología en una universidad de habla inglesa, con lo cual necesitó aprender y perfeccionar su inglés. Diferentes trabajos han demostrado que aprender un nuevo lenguaje en la edad adulta requiere utilizar nuevas regiones cerebrales. Así, se ha podido comprobar que sujetos que aprenden una lengua y, pasado un tiempo, otra, las almacenan en regiones cerebrales muy separadas.

Cuando una persona bilingüe, como en el caso presentado, padece un accidente cerebrovascular que afecta a las áreas del lenguaje, puede darse el caso de que pierda una de ellas en función del lugar específico al que haya afectado el derrame, ya que ambos se localizan en áreas distantes. Otros estudios han demostrado que las personas bilingües presentan conexiones neuronales específicas para cada idioma. Ahora bien, volvamos al ejemplo de la persona natural de Quebec. Desde el punto de vista formativo, la cultura francesa canadiense presenta rasgos diferenciales en relación con la inglesa. ¿Es posible que las personas que han vivido en dos culturas diferentes posean conexiones neurales distintas para cada una de ellas? De momento nos movemos en términos hipotéticos en relación con este ámbito de estudio. No obstante, algunos trabajos apuntan en esta dirección.

¿Qué papel desempeñan los momentos clave del desarrollo cerebral en caso de bilingüismo? Diferentes trabajos con técnicas de neuroimagen han demostrado que en los niños que se han criado en entornos bilingües durante un periodo crítico del desarrollo cerebral, la organización de las regiones corticales importantes para el lenguaje se da de tal manera que permite albergar ambos idiomas de forma conjunta. Esto redunda positivamente en su capacidad para hablar los dos como si fueran su lengua materna.

Investigadores del equipo de Patricia Kuhl han demostrado que los recién nacidos presentan una gran capacidad de percepción para distinguir diferentes aspectos sonoros. Si una persona adulta tuviera esta habilidad, sería capaz de reconocer la mayoría de las diferencias sonoras existentes entre todas las lenguas que se hablan en el mundo. Al terminar este periodo crítico en la corteza auditiva, el sistema se estabiliza, de manera que se pierde la capacidad de percibir esta rica amalgama de sonidos, y la organización cerebral, en relación con el lenguaje, queda determinada por los idiomas con los que se ha tenido relación durante este periodo.

En los últimos años ha crecido el interés por identificar molecularmente los agentes que actúan en el cerebro y que pueden explicar que el tejido, durante unos periodos concretos, se muestre más susceptible a los efectos del entorno (los llamados «periodos críticos»). Entre estos agentes hay una molécula que ha estado en el punto de mira de diferentes equipos de investigación: el factor neurotrófico derivado del encéfalo, también conocido por el acrónimo BDNF (del inglés *brain derived neural factor*). Diferentes estudios han demostrado que ayuda a consolidar las conexiones entre las neuronas durante su comunicación. Además, parece importante para favorecer el crecimiento neuronal y aumentar la velocidad de comunicación entre ellas.

¿Cómo podemos poner fin a los periodos en los que el cerebro es tan sensible al entorno? El BDNF está implicado en inducir la terminación de las ventanas temporales que configuran los periodos críticos. De este modo, cuando ya se ha organizado el cerebro en función de las experiencias en el entorno en que nos hemos desarrollado, es necesario inducir cierta estabilidad a las mismas. Para ello se libera BDNF en grandes cantidades y este acaba con la plasticidad extrema característica del periodo crítico.

¿Qué ocurriría si se liberara BDNF en grandes cantidades antes de tiempo? Quizá una liberación masiva antes de que se realizasen las conexiones oportunas y el cerebro se organizase correctamente generaría una indiferenciación general del sistema. Merzenich sugiere que podría ser la causa de algunos de los trastornos del desarrollo que afectan al ser humano, como en el caso del autismo. El autismo es una patología bastante compleja que cursa con diferentes síntomas básicos: mínimas capacidades de interacción social, deterioro de la habilidad comunicativa, capacidad mermada para interpretar las intenciones y la expresión emocional de los demás, interés centrado en un tópico o acción... Además, un porcentaje muy alto de niños con autismo presenta discapacidad intelectual. De todas formas, en algunos casos de autistas se dan características asombrosas.

Estoy seguro de que recuerdas la magnífica interpretación realizada por Dustin Hoffman en la película *Rain Man* —del director Barry Levinson—, por la que ganó el Oscar al mejor actor en 1988. Hoffman hacía el papel de Raymond Babbitt, un autista con grandes capacidades mnémicas y atencionales. En la literatura médica se citan algunos casos que parecen haber salido de una película de Hollywood. Por ejemplo, se recoge el caso de un niño invidente y autista que presentaba serios problemas de desarrollo. A pesar de que nunca había estudiado música, era capaz de interpretar con un piano una melodía después de escucharla una vez. Podía incluso tocar dos canciones a un tiempo (cada una con una mano) y cantar una tercera. Otro caso sorprendente es el de una niña con autismo que era capaz de determinar la amplitud exacta de diferentes objetos. En una ocasión se le preguntó por la anchura de una roca. Sin dudarlo un segundo, contestó acertadamente que la roca medía 0,6 metros y 29,8 centímetros.

Un caso que raya la ciencia ficción es el de dos gemelos autistas que poseían una capacidad de memoria sorprendente: eran capaces de repetir sin equivocarse una lista de trescientos dígitos después de oírla solo una vez. De igual forma, poseían una atención prodigiosa, pues ambos pudieron identificar el número exacto de cerillas desparramadas por el suelo de una caja que se había caído: ciento once. A pesar de que presentaban grandes dificultades para llevar a cabo cálculos aritméticos simples y no comprendían lo que era un cociente o un producto, podían especificar el día de la semana correspondiente a cualquier fecha que se les dijera de los últimos o próximos cuarenta mil años: «¿En qué día de la semana caerá el 27 de febrero del 2027?». «En sábado», contestaban al unísono.

Es complicado encontrar una explicación a las destrezas desarrolladas por los niños con autismo. ¿Podrían deberse a la posible indiferenciación de su sistema nervioso? Algunos autores han sugerido que estas habilidades extraordinarias pueden aparecer como consecuencia de un daño en el hemisferio cerebral izquierdo que desencadenaría una mejora notable, desde un punto de vista funcional, en el derecho. Algunos autores, como Takao K. Hensch, distinguen los periodos críticos de los sensibles. Un periodo crítico es una ventana temporal durante la cual la experiencia proporciona información esencial para el desarrollo normal y altera de forma permanente la organización del cerebro. Por su parte, un periodo sensible queda constituido por un intervalo de tiempo limitado durante el desarrollo en el que el efecto de la experiencia sobre las funciones cerebrales es muy poderoso. En términos generales, podemos decir que durante los periodos críticos se dan procesos de selección de las mejores representaciones neurales disponibles de todas las conexiones que compiten entre ellas y bombardean continuamente el cerebro en maduración.

Partiendo de todo lo que he explicado en este capítulo, ¿podrías contestar a la pregunta inicial de si estamos o no determinados por los genes? En el ADN tenemos la información sobre cómo se configuran y estructuran todas las partes del cuerpo. Nacemos con un sistema nervioso muy inmaduro, sobre todo en comparación con otros órganos y en relación con otras especies. Necesitamos años para que termine de desarrollarse. ¿Cuál puede ser el motivo? ¿No sería más adecuado nacer con un cerebro desarrollado que nos permitiera, por ejemplo, tener recuerdos de los primeros años de vida? Quizá en alguna ocasión te hayas preguntado con nostalgia por qué no recuerdas tus primeros años de vida. Resulta que cuando nacemos, las estructuras cerebrales encargadas de consolidar cierto tipo de memorias no se encuentran lo bastante maduras como para dar soporte a esta función, tal como veremos en el capítulo 8.

Los genes proporcionan a las neuronas y a todas las células cerebrales un programa que identifica su estructura y funciones. Si los genes nos determinaran por completo, sin posibilidad de modificar ni variar su expresión, el cerebro tendería a ser inmutable y estático, y no tendría sentido que naciéramos con este órgano en un estado de relativa inmadurez. En definitiva, sería difícil hablar de plasticidad. Para hablar de ella, necesariamente tienen que coexistir diferentes factores que puedan modificar la expresión de los genes en el cerebro. Estos surgen de la interacción con el entorno y posibilitan la adaptación a un medio con continuas demandas cambiantes. ¿Estos factores influyen por igual en todos los momentos de la vida? ¿Existen periodos durante los cuales el sistema nervioso es más susceptible a su efecto?

Tal como ya he señalado, en la vida se suceden varios periodos críticos en los que resulta más viable modificar la expresión de ciertos genes y en los que, por lo tanto, la plasticidad puede alcanzar tasas muy elevadas. Una lesión cerebral no presenta las mismas secuelas ni la misma evolución si se produce en un niño de tres años que en una persona de cincuenta. El cerebro de un niño pequeño se encuentra en un momento sensible del desarrollo en el que diferentes factores pueden modificar cómo usa la información genética, lo que podría llevar a una reorganización extensa de la estructura y la función del cerebro. Esto no sucede a esta escala en el caso de la persona de cincuenta años. Por eso, los efectos de la lesión y la recuperación son diferenciales en estas dos edades. De todas formas, es necesario distinguir, al menos, dos mecanismos generales relacionados con la plasticidad: los cambios que se producen en periodos críticos del desarrollo y los que se dan en otros momentos de la vida de forma bastante estable, que posibilitan la adaptación al medio cambiante (tal como analizaré cuando te hable del aprendizaje y la memoria en el capítulo 8).

5

La paciente que no conocía el miedo

Dejamos de temer aquello que se ha aprendido a entender.

MARIE CURIE

Se percibía la tensión como un murmullo subterráneo. Como cuando estás a solas y comienzas a oír un elenco de voces, apagadas inicialmente, pero que poco a poco cobran fuerza y se van imponiendo como una amalgama de sonidos sordos, sin timbre claro, sin mensaje, sin finalidad. Esos ruidos inusuales y distorsionados se mezclaban con la aparición de olores y sabores desagradables. Los neurólogos lo denominaban «aura epiléptica», pero para ella era lo que precedía y servía de entrada a la carencia de su ser, a la privación del control de todo lo que puede controlarse.

Estaba sentada frente a la ventana que daba al jardín trasero de la casa. Tenía el semblante descolorido y la mirada en apariencia apagada, pero en realidad sus ojos se embebían con rapidez y voracidad de todo lo que acontecía fuera, intentando llenar su cabeza de imágenes antes del ayuno que predecía que padecería en cuestión de segundos. Si se tratara de comida, parecería la voracidad del hambriento; si se tratara de agua, sería la avidez del sitibundo; si se tratara de sexo, sería apresurado, subrepticio y llevado a cabo sin mediar palabra, sin caricias ni terneza, de pie en alguna esquina escondida, dejando que la penumbra enterrara cualquier atisbo propio de la naturaleza humana. Siempre que notaba que le sobrevendría la crisis, intentaba aferrarse a su sustantividad y empaparse de todo aquello que le permitiera sentirse viva en el mundo real.

Ávida y hambrienta de la vida que tenía ante sus ojos, sin interposición de nada ni nadie, cayó en un estado en el que la rigidez muscular y los movimientos rítmicos y espasmódicos se iban alternando, como cuando el sol deja paso a la luna o el invierno malogra lo poco que ha respetado el otoño. Cada vez que le sucedía sentía como si la fogueasen, como si quisieran acostumbrarla a las penalidades de un estado en el que todo se pierde y la conciencia no es más que un recuerdo caduco y fugitivo.

Su marido y dos de sus hijos se volvieron a una con un repente de impavidez y serenidad que podía parecer indiferencia, como si se tratase de una aciaga rutina con la que tuvieran que bregar.

Lo que acabo de narrar es la reconstrucción de un caso clásico en la bibliografía médica de la paciente conocida como S. M., abreviación gráfica formada por las iniciales de su nombre para mantener su confidencialidad. El relato anterior describe lo que podía haber sucedido una de tantas veces en la vida de esta paciente. S. M. nació en 1965 y, desde temprana edad, sufría crisis epilépticas agudas como la aquí descrita. Inicialmente se creyó que tenía un tumor cerebral que le provocaba la epilepsia, pero el equipo médico que la trató comprobó que las crisis eran generadas por una atrofia bilateral en la amígdala. S. M. padecía la enfermedad de Urbach-Wiethe, que, entre otras cosas, inducía la formación de depósitos de calcio en la amígdala, con la subsiguiente lesión de las células que conforman esta estructura.

La exploración neuropsicológica de S. M. reveló que ostentaba una inteligencia dentro de los valores normales, que las diferentes funciones cognitivas estaban preservadas y que no existían problemas motores ni sensoriales o perceptivos. El principal deterioro que mostraba estaba relacionado con el procesamiento de la información emocional.

Al principio se observó que no parecía mostrar dificultad a la hora de juzgar las emociones que expresaban los rostros de diferentes personas a través de fotografías, pero si veía la imagen de una cara que indicaba una reacción de miedo, era incapaz de identificarla como tal. S. M. sabía que el rostro expresaba algún tipo de emoción, pero le costaba identificar que fuera miedo. Por lo tanto, su problema fundamental parecía estar relacionado con el reconocimiento de la emoción de miedo en la cara de los demás. Era capaz de describir situaciones que podrían provocar miedo, usar verbalmente diversos conceptos para describir lo que es el miedo e identificarlo por medio de la prosodia (componente emocional del lenguaje), pero tampoco podía representar esta emoción a través de dibujos.

En un estudio llevado a cabo en 2010, Feinstein, Adolphs, Damásio y Tranel intentaron provocar miedo a S. M.: la expusieron a serpientes y arañas vivas en una tienda de animales exóticos, la llevaron a visitar un supuesto hospital encantado e hicieron que visionara películas de terror. En ninguna de las ocasiones comentadas mostró el más mínimo atisbo de miedo.

Decía que odiaba las serpientes y las arañas y que intentaba evitarlas, pero, al entrar en la tienda, la paciente se sintió atraída por ellas de forma espontánea, incluso se atrevió a sujetar una serpiente durante unos minutos, mostrando fascinación y curiosidad por el animal. Después los investigadores la llevaron al sanatorio de Waverly Hills, un antiguo hospital ubicado en Louisville, Kentucky, que se considera uno de los lugares más embrujados de Estados Unidos. Se dice que en la quinta planta, conocida como el «pasillo de la muerte», es muy intensa la actividad paranormal. Este piso albergaba a pacientes terminales, y la leyenda sugiere que muchos fallecieron allí. A su llegada, S. M. y el equipo de investigación fueron emparejados con un grupo de cinco mujeres (todas ellas desconocidas). Desde el principio, S. M. condujo por voluntad propia a todo el grupo por el hospital abandonado sin vacilar al doblar esquinas o entrar en pasillos oscuros. Mientras los demás miembros del grupo se quedaban rezagados, ella no dejaba de gritar: «¡Por aquí, chicos, seguidme!». Además de mostrar una marcada falta de miedo, S. M. ostentaba una inusual inclinación a explorar el lugar y un alto nivel de excitación y entusiasmo.

Por último, los científicos utilizaron una selección de películas que inducían miedo y otro tipo de emociones: asco, ira, tristeza, felicidad y sorpresa. Mientras veía las que no estaban relacionadas con el miedo, S. M. experimentó altos niveles de la emoción que inducía cada una de las películas, pero no mostró respuesta a ninguna de las inductoras de miedo. No obstante, comentó que era posible que la mayoría de la gente se sintiera asustada por el contenido de esos filmes, aunque a ella no la asustasen. Esto demuestra que su pobre experiencia del miedo no puede explicarse del todo por un déficit en el reconocimiento de esta emoción o por una falta de comprensión del concepto en sí.

Aunque la historia vital de S. M. está repleta de acontecimientos traumáticos, en los estudios que han intentado recoger sus experiencias en la vida real no hay manifestaciones de miedo. A pesar de ello, es capaz de exhibir otras emociones básicas y experimentar los sentimientos respectivos.

El caso de esta paciente manifiesta la importancia de la amígdala en la identificación de expresiones faciales de miedo. No obstante, diferentes trabajos que han seguido este caso clínico durante años han mostrado la contribución que puede desempeñar la amígdala en otros aspectos más complejos, como la atención o la cognición social, que después comentaré.

Antes de hablar del cerebro emocional, me gustaría explicarte qué son las emociones y cuál es su importancia en la vida como herramienta de comunicación.

¿Qué son las emociones?

Para entender lo que explicaré en este capítulo y en los siguientes, resulta necesario entender qué es una emoción desde la perspectiva de la neurociencia. Ante una situación de peligro, el organismo puede generar una reacción general de alerta con el fin de posibilitar las condiciones propicias para ser capaz de responder de la manera más adecuada. Sin emociones, la respuesta que pudiéramos dar carecería de valor adaptativo. Pero ¿qué son las emociones?

Son patrones de respuesta típicos de una especie. En los seres humanos, la emoción se considera un estado del organismo con diferentes formas de manifestación que después explicaré con detenimiento. Asimismo, a diferencia de otras especies, en nosotros la emoción va acompañada de sentimientos. Cuando hablamos con alguien sobre las emociones, solemos referirnos a cómo nos sentimos, no a conductas prefijadas que se han puesto en marcha al experimentar una determinada condición. Nos referimos a experiencias privadas y subjetivas; nos referimos al sentimiento, no a la respuesta emocional.

En definitiva, las emociones se consideran estados con una función reguladora que fomentan la supervivencia del organismo. Constituyen un conjunto de respuestas fisiológicas, tendencias de conducta y sentimientos subjetivos que llevan al individuo a reaccionar ante una situación de importancia biológica o con un significado personal.

Supongamos que un animal ve a un posible depredador. Es un estímulo visual con especial importancia para él, pues un depredador podría atentar contra su integridad física. De esta forma, ese estímulo pone en marcha una conducta defensiva determinada que prepara al organismo para el ataque o la huida —o, en algunos casos, facilita que le pase inadvertido al depredador, por ejemplo, quedándose inmóvil—, redistribuye el flujo sanguíneo de los órganos internos a las fibras musculares periféricas, libera las hormonas características de la respuesta de estrés (como la adrenalina y el cortisol), aumenta la vigilancia, facilita la respuesta de sobresalto y altera la respiración, el ritmo cardiaco y la presión sanguínea. Algo parecido, aunque no con las mismas consecuencias e implicaciones adaptativas, nos puede suceder cuando estamos viendo un filme de terror en el cine. En el momento álgido de la película, cuando el asesino acecha a una pobre chica en un oscuro páramo, nosotros —meros espectadores de la historia presentada por el director— experimentamos una serie de cambios en el organismo. Si en la oscuridad del cine alguien nos tocara en el hombro de forma inesperada, seguramente proferiríamos un grito y tiraríamos el cucurucho de palomitas que tenemos entre las piernas. Una de las explicaciones para esta situación es que la visión de la película nos ha provocado un conjunto de cambios fisiológicos en el organismo, lo que ha facilitado la respuesta de sobresalto al experimentar un estímulo somatosensorial (en este caso, que alguien nos tocara en el hombro). En otras circunstancias, ese estímulo solo habría conseguido una mera respuesta de orientación, lo que hubiera posibilitado que nos diéramos la vuelta para ver quién nos reclamaba.

Podemos decir que, en el ser humano, una emoción tiene dos aspectos claramente diferenciados: una expresión física preconsciente (estado corporal) y una sensación consciente (sentimiento). El estado corporal comprende la activación de distintas partes de los sistemas nervioso y endocrino para generar un estado de activación general que prepara al organismo para una respuesta determinada y sirve, a su vez, como forma de comunicar la emoción a los otros. La experiencia consciente de la emoción —o sentimiento— tiene un papel muy importante en el procesamiento cognitivo que el individuo hace de la información, tanto por lo que respecta al razonamiento como a la memoria o la toma de decisiones. Una emoción como respuesta (sin tener presente el aspecto consciente del sentimiento) presenta tres componentes diferenciados: uno conductual, uno autonómico y otro endocrino.

El componente conductual queda definido por los patrones de respuesta conductual apropiados para la situación que los suscita, lo que facilita la adaptación del sujeto. Supongamos que, en la franja pirenaica, una rata de campo (*Rattus norvegicus*) se percata de la presencia de una víbora común europea (*Vipera berus*). Esta serpiente caza a sus presas en función del movimiento y la temperatura corporal que muestra el animal. Lo adaptativo para la rata sería quedarse inmóvil y no despertar la atención de la serpiente. El componente conductual adecuado de la rata a esta situación sería la inmovilización motora (pauta conductual denominada *freezing* en la literatura científica, componente conductual de la emoción de miedo en roedores). Además, en muchas ocasiones el componente de conducta sirve para comunicar un determinado estado emocional a otros individuos de la misma especie o de otras. Así, por ejemplo, si vemos sonreír a alguien, inferimos que está contento. De igual forma, si cruzamos la valla de una propiedad privada y nos encontramos ante un perro moloso que nos enseña los dientes y tiene una postura corporal determinada —pelo erizado, cola levantada, orejas en punta...—, interpretamos que se halla en una situación defensiva hacia el intruso, nosotros.

El componente autonómico está relacionado con las respuestas del SNA, que facilitan la rápida movilización de los recursos y fomentan la puesta en marcha de respuestas fisiológicas apropiadas para la situación en la que se encuentra el sujeto. Tal como he explicado en el capítulo 1, el SNA es una parte del sistema nervioso que controla funciones automáticas e involuntarias del cuerpo, como la frecuencia cardiaca, la respiración y la digestión, entre otras muchas. Este sistema trabaja sin que tengamos que pensar en ello, y se divide en dos ramas principales: simpática y parasimpática. A grandes rasgos, y sintetizándolo mucho, podemos decir que ambas trabajan en equilibrio para mantener el cuerpo funcionando en diferentes situaciones, de modo que la simpática lo prepara para la acción, mientras que la parasimpática promueve la relajación y la recuperación. Supongamos que la rata del ejemplo anterior, que es macho, entra en el territorio de otra rata macho. Esta segunda pondrá en marcha un conjunto de respuestas defensivas de su territorio en contra de la intrusa. En este caso, se activará la rama simpática, que facilita la movilización rápida de los recursos energéticos y su derivación hacia los sistemas fisiológicos que requieren un mayor aporte energético para posibilitar la defensa del territorio (musculatura esquelética, sistema nervioso...). Una vez superado el encuentro, la rama parasimpática se activará para devolver a la rata a un estado de relajación normal.

El componente endocrino tiene por objeto reforzar las acciones del sistema nervioso autónomo mediante la liberación de ciertas hormonas, entre las que destaca el cortisol, de la que hablaremos al abordar la respuesta de estrés (en el capítulo 11).

Una emoción puede producirse cuando salen a escena estímulos de importancia biológica relevantes para la persona. No obstante, también puede ponerse en marcha delante de estímulos inicialmente neutros, pero que, por medio de los principios del aprendizaje y la memoria, se asocian a situaciones o a otros estímulos de naturaleza emocional.

Por otro lado, la mayoría de las personas almacenamos solo una parte de toda la información que recibimos del entorno. La modulación emocional de la memoria proporciona a los sujetos una importante herramienta adaptativa, puesto que las emociones nos señalan la información con contenido relevante para nosotros y que, por lo tanto, debemos retener. De esta manera, los mecanismos de aprendizaje y memoria se pueden ver influidos por las respuestas fisiológicas de una emoción (producidas al mismo tiempo), lo que modula la transferencia de información a la memoria a largo plazo. Hoy sabemos que las emociones pueden influir de forma determinante sobre el proceso de selección de la información que se almacenará en la memoria. Más adelante hablaré de la relación entre emoción y memoria.

El lenguaje de las emociones

La expresión de las emociones es una forma de comunicación útil para explicitar sensaciones y sentimientos, e indicar a los demás cómo tienen que comportarse ante nuestro estado de ánimo. Como expresó Darwin hace más de un siglo, «El lenguaje de las emociones es en sí mismo y sin duda importante para el bienestar del género humano» (Charles Darwin, *La expresión de las emociones en el hombre y los animales*, 1872).

Los integrantes de muchas especies (incluida la humana) son capaces de comunicar sus emociones a individuos de su misma especie o de otras mediante expresiones faciales, sonidos no verbales, cambios posturales... A partir de aquí, es posible decir que las emociones pueden constituirse como patrones de respuesta útiles para determinadas interacciones sociales.

El lenguaje emocional es el más primitivo.[1] Llegados a este punto, y teniendo esto en cuenta, cabría preguntarse si el lenguaje de la expresión facial y postural de las emociones es innato o aprendido. Se ha comprobado que individuos de diferentes culturas presentan expresiones faciales y posturales muy similares, cuyo significado emocional pueden identificar personas de todo el mundo. Estas expresiones faciales y posturales de las emociones son automáticas e involuntarias, aunque pueden verse modificadas por distintos aspectos culturales y características concretas de la situación en la que se manifiestan. En sus diferentes viajes, el naturalista inglés Charles Darwin observó que las expresiones faciales emocionales de las personas que vivían en nichos poblacionales aislados de otras culturas y seres humanos eran las mismas que las que mostraban los británicos, los franceses o los españoles. Basándose en estas observaciones, y teniendo presente que los grupos culturales que han quedado aislados desarrollan lenguajes diferentes, Darwin sugirió que las expresiones emocionales eran innatas y que se constituían como respuestas no aprendidas.

El cine y la televisión también han intentado mostrar la importancia que desempeñan las emociones en la comunicación humana. En este sentido, la serie estadounidense *Miénteme*, creada por Samuel Baum, es un reciente ejemplo de ello. En ella, el psicólogo Cal Lightman (Tim Roth) explicita algunos de los planteamientos de Paul Ekman —psicólogo pionero en el estudio de las emociones y sus relaciones con la expresión facial— e intenta descubrir las verdades y mentiras de las personas analizando el componente conductual de las emociones a través de la voz y la expresión facial y postural. En 1971, Ekman y Friesen estudiaron a los miembros de una tribu aislada de Nueva Guinea que no había establecido contacto alguno con el mundo exterior. Los sujetos de la tribu no presentaron problemas a la hora de reconocer las expresiones faciales o emocionales producidas por individuos occidentales, por lo que los investigadores concluyeron que las expresiones emocionales quedaban constituidas como patrones no aprendidos e innatos. También analizaron la respuesta emocional de estudiantes japoneses y americanos ante una película de alto contenido emocional en dos condiciones diferentes: cuando el sujeto estaba solo y cuando estaba en presencia de otra persona. En la cultura japonesa, en la que a nivel social se consideran inadecuadas las demostraciones públicas de las emociones, era de esperar que los estudiantes mostraran menos expresiones emocionales faciales y posturales ante otra persona en comparación con los americanos. Los resultados confirmaron esta hipótesis. No obstante, cuando los sujetos estaban solos, apenas había diferencia en la expresión emocional entre unos y otros. Otras investigaciones han puesto de manifiesto que las expresiones faciales de niños ciegos de nacimiento son similares a las que muestran niños con las capacidades visuales intactas, lo que sugiere que la expresión emocional no requiere aprendizaje vicario.

Supongamos que somos actores y debemos preparar un papel en el que el protagonista tiene que llorar y expresar tristeza y desazón con la expresión facial y postural. Un actor profesional y avezado en el tema no tendrá dificultad para ponerse en la piel del personaje que, por medio del rostro y el cuerpo, tiene que interpretar y expresar una emoción determinada. No obstante, debemos tener presente que no es fácil generar la expresión realista de una emoción concreta cuando no nos sentimos así. Por otra parte, en 1862 el anatomista francés Duchenne describió que, en los seres humanos, la sonrisa estaba producida por la contracción de dos músculos de la cara: el orbicular y el cigomático mayor. En concreto, vio que este último se podía controlar de forma voluntaria, mientras que el orbicular —o músculo de Duchenne— parecía que solo se contraía ante una emoción. Así, Duchenne demostró que la sonrisa está producida por la contracción de los músculos orbicular y cigomático mayor. Por tanto, la sonrisa falsa se puede distinguir de la verdadera en que la primera solo se produce por la contracción del cigomático mayor.

El estudio de la emoción en pacientes con lesiones corticales ha aportado mucha información sobre su naturaleza comunicativa. Diversas evidencias experimentales han demostrado que existen diferentes mecanismos cerebrales responsables de los movimientos faciales voluntarios y automáticos, aunque la expresión involuntaria de las emociones implique a los mismos músculos.

En los años ochenta y principios de los noventa del siglo pasado, Ekman y colaboradores llevaron a cabo una serie de experimentos para analizar los aspectos de retroalimentación de las expresiones emocionales por medio del rostro. Estos autores pidieron a los participantes que ejecutaran un conjunto de movimientos de los músculos faciales, pero solo conocían los que debían realizar. La idea de los investigadores era que los sujetos movieran un conjunto particular de músculos faciales característico de una determinada emoción sin ser conscientes de ello (expresiones simuladas). Mientras los participantes generaban las expresiones faciales, los científicos realizaron un conjunto de medidas fisiológicas (principalmente de reactividad autonómica). Los resultados experimentales demostraron que las expresiones simuladas de las emociones modificaban la actividad del SNA. Por otra parte, diversos conjuntos de movimientos faciales correspondientes a una emoción concreta producían patrones distintos de actividad autonómica. ¿Cómo podemos explicar estos resultados? ¿Estos cambios autonómicos generados al simular una emoción podrían originarse mediante la expresión facial como resultado de la experiencia previa? ¿O bien podrían ocasionarse por la existencia de conexiones neurales innatas? En el año 2000, Damásio y colaboradores pidieron a un grupo de personas que recordaran e intentaran experimentar de nuevo episodios pasados de su vida que evocaran unas emociones concretas. Estos investigadores hallaron que el recuerdo de los episodios activaba la corteza somatosensorial de los sujetos y los núcleos del tronco del encéfalo implicados en el control de los órganos internos y la detección de sensaciones recibidas. Estos datos sugieren que determinadas neuronas de la corteza somatosensorial tienen un papel importante en la comunicación emocional.

Por otro lado, diferentes evidencias experimentales ponen de manifiesto que la tendencia a imitar las expresiones de otras personas parece una capacidad innata. En este sentido, Field y colaboradores (1982) pidieron a un grupo de personas que reprodujeran expresiones faciales relacionadas con una determinada emoción ante unos recién nacidos. Estos investigadores pudieron comprobar que los bebés tendían a imitar con el rostro las expresiones producidas por las personas adultas. Un trabajo llevado a cabo por Pfeiffer y colaboradores (2008) mostró que, cuando un grupo de niños de diez años veía e imitaba diferentes expresiones emocionales, aumentaba la actividad en las neuronas espejo, una clase de neuronas que responden tanto cuando una persona lleva a cabo un movimiento como cuando observa el mismo acto o uno similar realizado por otra persona.[2]

En definitiva, en los seres humanos, una emoción puede estar constituida por un repertorio de respuesta con tres componentes diferenciados —conductual, endocrino y neurovegetativo— y por una experiencia consciente o un sentimiento que desempeña un papel muy importante en el procesamiento cognitivo que el individuo hace de la situación que la evoca. Asimismo, las emociones sirven como vía de comunicación entre las personas. La expresión en el rostro y la postura corporal constituyen un repertorio de respuestas motoras que parecen innatas, pero se encuentran influidas por la cultura y la situación concreta en la que se desarrollan.

El cerebro emocional

Supongamos que pasamos por debajo de un edificio en construcción. Justo a unos metros de donde nos encontramos cae, desde una altura considerable, una gran pieza de metal. De repente sentimos que se nos acelera el pulso y nos inunda una sensación desagradable:

tenemos miedo. En esa situación, además de activarse diversas zonas del cerebro directamente relacionadas con el procesamiento de la información emocional, también se movilizan otras regiones encargadas de distintos procesos cognitivos: procesar aspectos atencionales y de vigilancia para facilitar la detección de posibles señales de amenaza y peligro; controlar a nivel cognitivo, lo que nos permite buscar alternativas para salir de forma satisfactoria de esa situación o solventar el problema a través de la solución más adecuada; guardar la información en la memoria para evitar este tipo de situaciones en el futuro…

Dentro de las regiones y estructuras que desempeñan un papel especializado en el procesamiento emocional, destacan la amígdala y diferentes regiones de la corteza cerebral.[3] De todas estas regiones me centraré en la amígdala,[4] esa estructura con forma de almendra afectada en la paciente que no tenía miedo.

Una almendra dentro del cerebro

Estaba sentada en una silla de haya muy ajada por el uso. Delante tenía una taza de loza blanca cuyos bordes estaban adelgazados y porosos debido a la cantidad de veces que se había llenado con té y otras bebidas calientes, de donde asomaban volutas de vapor que dibujaban caprichosas formas en el aire.

S. M. tenía la mirada —y quizá el interés— puesta en la novela que movía nerviosamente entre las manos. Intentaba concentrarse, pero lo que acontecía en la habitación contigua era más poderoso y conseguía sacarla de la historia que estaba leyendo, pese a sus intentos de renuencia. Su hijo mayor estaba viendo una película en la que, en las calles de Nueva Orleans, la oscuridad cobraba vida cuando una misteriosa plaga transformaba a sus habitantes en hambrientos zombis. Él estaba muerto de miedo y emitía apagados sonidos a modo de quejidos que perturbaban la tranquilidad en la que quería sumergirse su madre. Con movimientos ostentosos para indicar lo molesta que le parecía la reacción de su hijo, se acercó a él e intentó tranquilizarlo. Entendía que alguien pudiera experimentar miedo ante una historia como la que estaba encarando, pero ella era incapaz de sentirlo. Tal como he explicado al inicio del capítulo, S. M. había sufrido daños irreparables en las amígdalas de sus dos hemisferios cerebrales como resultado de una enfermedad genética poco frecuente.

El sistema nervioso registra estímulos de importancia biológica, como serpientes o arañas, porque, para nuestros antepasados, estos animales constituían una amenaza, pero, como ha evolucionado, nos permite reconocerlos y aumentar nuestra supervivencia. Debido a las influencias culturales a las que nos vemos expuestos, otro tipo de estímulos —que surgen como construcciones socialmente compartidas, por ejemplo, los zombis que azotaban Nueva Orleans— también son detectados por el sistema nervioso, que activa regiones que ponen en marcha respuestas para registrarlos y evitarlos.

La amígdala se pasa todo el tiempo supervisando la información que recibimos del entorno, buscando señales de peligro. No obstante, también la activan estímulos positivos de gran importancia para el individuo. Del mismo modo, lo hace de forma diferencial en función de la experiencia previa. Así, mediante los mecanismos de memoria emocional que dependen de la amígdala, podemos aprender determinadas contingencias que hacen que algunos estímulos no tengan importancia para unas personas y sean fundamentales para otras.

Ya lo he comentado en el capítulo 1: a pesar de que hablemos en singular, tenemos dos amígdalas cerebrales, una en cada hemisferio. En la ilustración se muestra dónde están. Aprovecho la figura 5 para presentaros mi cerebro: sí, son imágenes obtenidas mediante una resonancia magnética estructural (una técnica que nos permite explorar el interior del sistema nervioso con gran precisión) de lo que hay en el interior de mi cabeza.

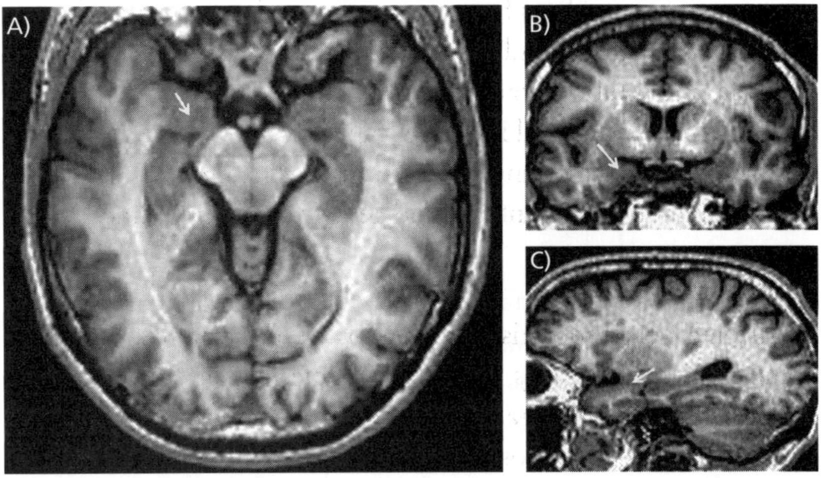

Figura 5. Localización de la amígdala en imágenes de resonancia magnética estructural (indicada por las flechas). A) corte axial; B) corte coronal; y C) corte sagital.

A finales de los años treinta del siglo pasado, dos investigadores de la Universidad de Chicago, Heinrich Klüver y Paul Bucy, llevaron a cabo una meticulosa descripción de las reacciones emocionales que presentaban unos monos con lesión en la amígdala. Estos animales mostraban una falta de respuesta de miedo ante estímulos que, en situaciones normales, la provocarían sin problemas (por ejemplo, ante una serpiente, el fuego…). Este cuadro de respuestas inusuales se denominó «síndrome de Klüver-Bucy». En los años cincuenta se identificó la amígdala como la estructura principal responsable de esta alteración.[5]

La lesión de la amígdala en los seres humanos no produce el mismo cuadro de síntomas que los mostrados por los monos de Klüver y Bucy. Tal como hemos visto, la amígdala se encuentra en el interior del lóbulo temporal medial, y a veces se ha tenido que extirpar quirúrgicamente como tratamiento para trastornos epilépticos severos cuyo foco está en el lóbulo temporal.

Tal como he explicado, el caso de la paciente S. M. manifiesta la importancia de la amígdala en la emoción de miedo. No obstante, diferentes trabajos que han seguido este caso clínico durante años han mostrado la contribución que puede hacer la amígdala a otros aspectos más complejos, como la cognición social o el aprendizaje y la memoria.

Reacciones inmediatas

Quizá hayas vivido alguna vez un episodio similar al que te explicaré a continuación: imagina que entras en un callejón poco transitado al atardecer; la luz que penetra entre los edificios es bastante tenue. De pronto, una bolsa de basura negra se agita a tu izquierda movida por una inesperada ráfaga de aire. Rápidamente, de forma inconsciente y automática, saltas para apartarte. Al instante te percatas de que se trata de una inofensiva bolsa de plástico que no puede entrañar peligro alguno para tu integridad física. ¿A qué se debe esta reacción? Es un mecanismo adaptativo implementado en nuestra especie y en muchas otras para facilitar una respuesta rápida que garantice la supervivencia y nos ayude a evitar posibles riesgos que puedan poner en peligro nuestra seguridad. Imaginemos que, en lugar de tratarse de una bolsa de basura, hubiera sido una rata enorme salida de una alcantarilla cercana. Ante la duda de que un estímulo pueda ser una posible amenaza, resulta más adaptativo poner en marcha una respuesta rápida de evitación del potencial peligro que esperarse a evaluar de forma concienzuda la situación sin realizar la respuesta, con el peligro de que te afecte ese estímulo. El cerebro ha de contar con un mecanismo que permita implementar en nuestra pauta de conducta un repertorio automático de evaluación-reacción.

A mediados de los noventa, Joseph LeDoux, de la Universidad de Nueva York, distinguió dos vías en relación con el papel de la amígdala en el procesamiento del miedo: una inferior (rápida) y una superior (lenta). La inferior es una vía rápida que va desde los receptores sensoriales hasta el tálamo sensorial (según la modalidad sensorial, a núcleos talámicos específicos). Del tálamo, la información llega a la amígdala sin pasar por la corteza. Desde el punto de vista sensorial, el procesamiento de la información que se lleva a cabo en esta vía es muy simple, ya que la información no llega a la corteza de la modalidad sensorial específica. No obstante, a pesar de que se trata de información sensorial poco procesada, es suficiente para que la amígdala pueda poner en marcha los tres componentes de una respuesta emocional: el conductual, el autonómico y el endocrino (en nuestro ejemplo, sería el momento en que te sobresaltas porque has visto algo que te ha parecido peligroso, pero no sabes de qué se trata). La vía superior recibe la información sensorial al mismo tiempo que la inferior, ya que en los dos casos llega al tálamo de los receptores sensoriales. La diferencia estriba en que, en la superior, del tálamo se dirige a la corteza sensorial primaria. Allí se procesa la información sensorial y se envía a la amígdala. Por

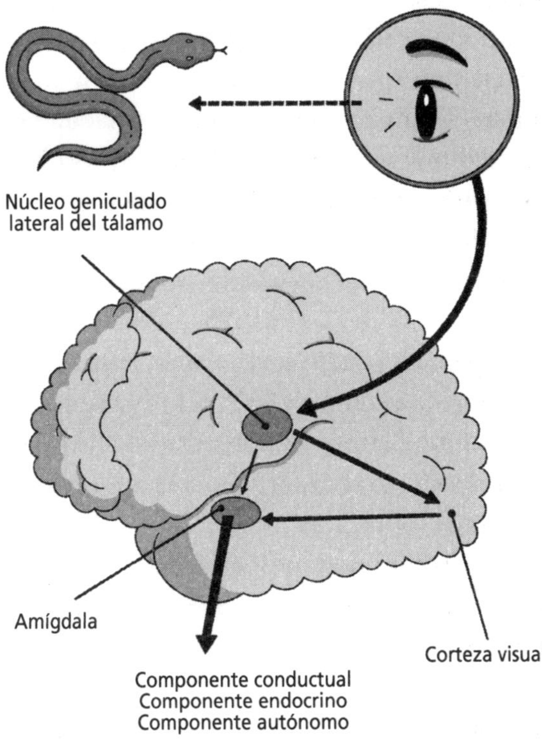

Figura 6. Representación de las dos vías por las que llega la información a la amígdala.

lo tanto, nos encontramos con una información sensorial muy rica que tarda más en llegar a la amígdala (en nuestro ejemplo, sería el momento en que te das cuenta de que lo que se mueve en el suelo del callejón no es algo peligroso, como una rata, sino que se trata de una bolsa de basura).

Aunque parezca que tener dos vías para procesar la misma información sea redundante y no aporte nada nuevo al sujeto, resulta tremendamente adaptativo. La vía inferior permite que la amígdala reciba la información de una forma rápida para inducir una respuesta emocional concreta y ágil, que podrá ser confirmada por la información que proviene de la vía superior.

No todo es el miedo

Tal como te he explicado hasta el momento, la amígdala parece ser crítica para reconocer la emoción de miedo en un rostro ajeno. Asimismo, las personas no tenemos que ser conscientes de la expresión de miedo para que la amígdala responda. En esta línea, se ha podido comprobar que la presentación subliminal de rostros que indican miedo también provoca una respuesta en la amígdala, tan potente como la que generan los rostros presentados de tal forma que el sujeto es consciente de su presencia. Otros estudios han demostrado que la amígdala se activa, asimismo, ante caras que muestran tristeza o ira. Pero ¿la amígdala solo es importante para las emociones negativas, como el miedo, la tristeza o la ira? Estudios más recientes muestran que se activa igualmente ante emociones positivas en situaciones más específicas.

Se ha podido comprobar que este efecto se puede dar tanto ante estímulos negativos como positivos. Los estímulos salientes e importantes para el sujeto desde el punto de vista emocional y vital pueden inducir un determinado estado de activación, independientemente de que sean negativos o positivos. Imaginemos dos acontecimientos diferentes, uno ficticio y el otro real: en relación con el primero, supongamos que en 2005 nos tocó el premio especial de la lotería; el segundo acontecimiento sería el atentado de las Torres Gemelas de Nueva York el 11 de septiembre de 2001. Si hubiera ocurrido lo primero, recordaríamos qué estábamos haciendo cuando nos enteramos de que habíamos ganado. De igual forma, también recordamos lo que estábamos haciendo y dónde nos encontrábamos cuando nos enteramos del atentado de las Torres Gemelas. En ambas situaciones se genera un estado de activación de la corteza cerebral y la amígdala es capaz de modular la formación de esas memorias, lo que explicaría por qué, después de tanto tiempo, todavía recordamos qué estábamos haciendo cuando recibimos esas noticias.

¿A QUIÉN VAS A VOTAR EN LAS PRÓXIMAS ELECCIONES?

La amígdala también parece activarse ante la puesta en marcha de juicios sociales. En la sociedad, tomar decisiones sobre en quién confiamos puede ser de crítica importancia para nuestra seguridad y bienestar individual, e incluso para el bien común. Decidir confiar en el candidato político que se presenta a las próximas elecciones no es baladí; puede tener importantes repercusiones a largo plazo. Cuando contamos con un histórico previo fundamentado en resultados anteriores de una confianza potencial, podemos basar nuestras decisiones en esa información. En este sentido, por ejemplo, si sabemos que un candidato político ha actuado de manera correcta en la legislatura durante la que ha estado en el poder, podremos decantar la intención de voto basándonos en esa experiencia previa. Si no contamos con esa información, ¿cómo decidiremos si tenemos que confiar o no en alguien?

En alguna ocasión, al ver por primera vez el rostro de una persona, seguro que habrás hecho u oído un comentario como este: «No conozco de nada a esta persona, pero su cara no me da buenas vibraciones». De forma inconsciente, los seres humanos siempre utilizamos diferentes claves como guía de la conducta social. Una de estas claves, y que solemos usar con frecuencia, es el rostro de las personas. ¿En qué nos basamos cuando realizamos un juicio de valor sobre la confianza o desconfianza que nos genera un rostro determinado? Parece que la percepción de confianza recae principalmente en la expresividad emocional del rostro o en la estructura facial de las personas. Por ejemplo, por regla general, los rostros que muestran una expresión facial de felicidad presentan boca en forma de U y cejas en forma de Λ, y se catalogan como «de confianza». Por su parte, los que muestran una expresión facial de enfado presentan boca en forma de ∩ y cejas en forma de V, y se clasifican como «de desconfianza». Del mismo modo, las personas con las mejillas poco profundas, barbilla amplia, cejas bajas y cara ancha generan menos confianza cuando se las evalúa por su rostro. Estas características estructurales suelen ser dimórficas a nivel sexual, dado que, en las mujeres, el arco superciliar suele ser más alto, los pómulos más pronunciados y la cara más estrecha. Otras claves que podemos utilizar para atribuir confianza a un rostro pueden ser la edad o el color de la piel.

El procesamiento que realiza el cerebro a partir del rostro de una persona para generar una atribución de confianza o desconfianza es espontáneo y automático. En este sentido, se ha podido comprobar en contextos experimentales que si antes de presentar un rostro neutro se muestra de forma subliminal otro con rasgos que denoten desconfianza, los participantes suelen atribuir esta característica al rostro neutro. En esta línea, se ha encontrado que la actividad de una estructura del cerebro, la amígdala, aumenta a medida que el rostro evaluado presenta menos rasgos para atribuirle confianza. Estos datos concuerdan con los estudios con pacientes que presentan lesiones bilaterales de la amígdala. Estos sujetos muestran una marcada tendencia al acercamiento y a atribuir confianza a los rostros que los participantes control de los estudios tildan de que generan gran desconfianza y que, por lo tanto, se han de evitar.

Winston y colaboradores, en un trabajo realizado en 2002, enseñaron imágenes de rostros de personas desconocidas a los participantes en su investigación para que evaluasen su edad. Durante el estudio fueron registrando en paralelo la actividad cerebral de los sujetos mediante una resonancia magnética funcional.[6] El objetivo de los investigadores era determinar qué regiones cerebrales se activaban mientras las personas decidían qué nivel de confianza les generaba un determinado rostro. Estos científicos encontraron un aumento de la actividad de la amígdala ante los rostros con atributos de desconfianza, tanto si los participantes estaban evaluando la posible edad de la persona como si tenían que atribuirle desconfianza o confianza. Además de la amígdala, también encontraron que la ínsula derecha (una región de la corteza cerebral) se activaba delante de las caras de las que desconfiaban. Cuando se mira una cara, el cerebro necesita construir la percepción del rostro al proporcionar información acerca de los diferentes rasgos y su configuración. Este proceso necesita de la parte del cerebro que se encarga de llevar a cabo un procesamiento complejo sobre la información visual, fundamentalmente de dos áreas visuales de asociación.[7]

Llegados a este punto, me gustaría hablar del castigo social y de la implicación que tienen la amígdala y la ínsula. ¿Has oído hablar alguna vez del juego del ultimátum? Imagínate que dos personas, Lucía y Mar, están participando. La primera recibe cien euros y debe ofrecer una parte de esa suma a Mar. Lucía decide donar treinta euros y quedarse con setenta. Mar tiene la opción de aceptar o rechazar la oferta de Lucía. Si acepta, ambas se quedan con la cantidad acordada (setenta euros para Lucía y treinta para Mar) y termina la partida. Sin embargo, si la rechaza, ninguna recibe el dinero y la partida termina sin ganancias para ellas.

Analicemos a Mar: para ella, lo más racional es aceptar el reparto, dado que si lo hace, ganará treinta euros, pero si lo rechaza, no ganará nada. No obstante, quizá Mar considere que el reparto es injusto y, por eso, prefiera castigar a Lucía por ser egoísta y haber propuesto una repartición muy desigual antes que ganar algo de dinero.

Se ha podido comprobar con técnicas de neuroimagen que, cuando durante el juego se activa la corteza prefrontal dorsolateral (una región cerebral crítica para el razonamiento), la probabilidad de aceptar un reparto injusto es más alta. Sin embargo, si se activan la amígdala y la ínsula, habrá una alta posibilidad de rechazarlo.

En definitiva, el funcionamiento de la amígdala y la ínsula puede modificar la toma de decisiones, haciendo que lo más racional no se convierta en lo prioritario, sino que se dé más importancia al castigo social para velar por la equidad en el reparto.

La importancia de una mirada

En 2005, Adolph y colaboradores utilizaron un programa informático para presentar a los sujetos partes específicas de expresiones faciales que indicaban miedo o felicidad y determinar así en qué regiones de la cara se fijan las personas para discriminar entre distintas expresiones. Estos investigadores hallaron que los participantes del estudio se fijaban en los ojos de los rostros para determinar el tipo de expresión. De hecho, en la emoción de miedo, parecía ser suficiente para los sujetos la información procedente de los ojos para identificar la emoción que expresaba un rostro. No obstante, S. M. no se fijaba en los ojos. Muchas expresiones faciales contienen diferentes claves que nos ayudan a identificar la emoción concreta. Sin embargo, en el caso del miedo, parecen ser críticas las que proceden de los ojos.

Esto explicaría por qué S. M. presenta un déficit importante a la hora de reconocer la emoción de miedo a partir de la expresión facial. Esta paciente muestra una falta de capacidad para utilizar de forma espontánea la información sobre la región de los ojos, ya que es incapaz de dirigir la mirada hacia esa zona y beneficiarse de la información cuando esta se presenta de forma aislada. No obstante, puede utilizar la información sobre la región de los ojos para identificar la emoción de miedo cuando su atención se dirige de forma explícita hacia los ojos (al pedirle que se fije en los ojos de la persona, por ejemplo).

En relación con la conducta social de la paciente S. M., esta presenta una notable desinhibición y se muestra propensa al acercamiento a otras personas, lo cual, en ocasiones, le provoca dificultades sociales. La conducta social y la toma de decisiones basándose en criterios sociales parecen un tanto alteradas en ella. Asimismo, no necesita disponer de un espacio personal para interactuar con los demás de manera cómoda y ajustada a las circunstancias. Los déficits mostrados en el ámbito de la cognición social por esta paciente concuerdan con los datos obtenidos de primates no humanos en relación con la falta de cautela en la conducta y el incremento en el acercamiento y las conductas prosociales. También concuerda con la implicación de la amígdala en el procesamiento de la información relevante para el individuo, sobre todo cuando es impredecible o señala una amenaza potencial. No obstante, es necesario poner de relieve que S. M. parece tener cierto criterio escalar a la hora de ordenar su interés por los demás. Así, por ejemplo, muestra inquietudes y emociones maternales hacia sus hijos, lo que no sucede en las hembras primates con lesiones de la amígdala, en cuyo caso la conducta maternal está totalmente deteriorada.

En definitiva, la amígdala parece ser una parte integrante de un sistema que dirige de forma automática la atención visual hacia los ojos de un rostro ante cualquier tipo de expresión facial, siendo esta información relevante para identificar la emoción de miedo a partir de la cara. De todas formas, estudios recientes apoyan la idea de la relevancia de esta estructura para reconocer expresiones faciales de otras emociones diferentes al miedo, con complejas modulaciones que dependen del significado social y la importancia del sujeto y el contexto en el que se desarrolla la emoción.

Distintos estudios han demostrado que la amígdala se activa durante la categorización de las personas en grupos de pertenencia. El hombre es un ser social por naturaleza que tiende a agregarse y formar grupos y comunidades. Sabemos, ya desde hace tiempo, que una de las necesidades psicosociales más básicas es tratar de satisfacer la necesidad de pertenencia, esto es, la de formar parte de grupos de personas con intereses y metas similares, y llegar a tener amigos y relaciones íntimas. Pero esa necesidad de compañía que anhela la realización con otras personas es selectiva. Queremos estar con otros, pero no con todos, sino con unos cuantos elegidos para denominarnos nosotros con ellos.

Si queremos generar más identidad dentro del grupo puede ser útil implementar diferentes estrategias con el fin de identificar los rasgos de las personas que no pertenecen a nuestro grupo social, y, de esta forma, separarlas a nivel cognitivo. En ocasiones, este tipo de estrategias y argumentaciones puede llevar a conductas negativas, como el estereotipado social. En el año 2000, el grupo del laboratorio de Elizabeth Phelps pudo comprobar utilizando la técnica de resonancia magnética funcional que se daba una activación de la amígdala cuando personas blancas veían rostros de gente negra desconocida. Además, estos investigadores demostraron que los sujetos que presentaban un mayor sesgo racial tenían una mayor actividad de la amígdala durante la presentación de los rostros de personas negras. Tres años más tarde, el mismo grupo de investigación comparó la ejecución (en medidas explícitas e implícitas de sesgo racial) de un paciente que tenía la amígdala lesionada bilateralmente con un grupo de participantes sin lesión, pero no encontró diferencias importantes. Estos investigadores concluyeron que la amígdala no parecía ser crítica para la evaluación indirecta de una raza. No obstante, esta estructura podría ser fundamental para emitir juicios perceptuales sobre si un rostro era de la misma raza o de otra diferente.

En 2004, Cunningham y colaboradores analizaron con una resonancia magnética funcional las regiones cerebrales que se activaban si a los participantes del estudio (personas blancas) se les mostraban rostros de hombres negros y blancos. El tipo de presentación de los rostros variaba en su temporalidad, de manera que se distinguían dos tipos: las presentaciones breves y las largas. Cuando un estímulo está presente durante un tiempo considerable, se realiza un procesamiento más controlado y preciso de la información. No obstante, si un estímulo se muestra durante un breve intervalo temporal, el procesamiento acerca del estímulo es rápido, poco preciso y automático. Cuando la presentación de los rostros se hizo a intervalos largos, la activación de la amígdala no difirió entre los rostros de las diferentes razas. En lugar de ello, se encontró una mayor actividad en la corteza prefrontal ventrolateral derecha cuando los participantes miraban los rostros de las personas negras que cuando miraban los de las blancas. En los momentos en que la presentación se realizó durante intervalos breves, la activación de la amígdala fue mayor cuando los participantes miraban los rostros de personas negras. Con su trabajo, los científicos demostraron la existencia de dos sistemas separados para procesar la información relacionada con la evaluación social y la pertenencia e identidad de los grupos sociales: un sistema de procesamiento más controlado de la información (corteza prefrontal ventrolateral) y otro más automático (amígdala). Según estos autores, cabría la posibilidad de una interacción funcional entre ambos, de manera que el procesamiento controlado podría modular la evaluación que se realiza de forma automática.

Oír nuestro nombre en una fiesta

¿Van las emociones de la mano de otras funciones cognitivas? Ante una situación con carga emocional, de forma paralela a las respuestas corporales que se producen y al procesamiento de la información por parte de regiones cerebrales clave en las emociones, se alteran varios procesos cognitivos para ayudar al organismo a comprender, aprender y enfrentarse a esa situación.

Imagina que estás en una fiesta y que alguien detrás de ti dice tu nombre. Seguramente prestarás atención y te volverás para ver quién ha sido. Recibimos cantidades ingentes de información sensorial del entorno, y no podemos prestar atención a toda por igual. El procesamiento de la información sensorial importante para la persona tiene prioridad sobre la intrascendente. Dentro de la información importante, solemos priorizar la que presenta características emocionales. Esta priorización se lleva a cabo mediante la detección automática (involuntaria) de características destacadas o salientes que se producen en entornos concurridos, como oír nuestro nombre en una fiesta con mucha gente hablando; o mediante un sesgo atencional voluntario para procesar las características emocionales, como cuando una persona que tiene fobia a las avispas va a la montaña en verano y no deja de vigilar su entorno en busca de amenazas potenciales.

En neurociencia se utiliza un paradigma experimental para estudiar este fenómeno, el denominado «parpadeo atencional». En él se presentan un conjunto de estímulos en una sucesión tan rápida que resulta harto difícil identificar uno individual. Sin embargo, cuando se les dice a los participantes que pueden ignorar la mayor parte de los estímulos (por ejemplo, todas las palabras impresas en amarillo y prestar atención solo a las pocas impresas en rojo), son capaces de identificar los objetivos. Sin embargo, esta capacidad está limitada por el tiempo que transcurre entre los estímulos objetivo (rojo). Si se presenta un segundo estímulo objetivo justo después del primero durante un intervalo, a menudo los participantes no lo percibirán. Esta alteración perceptiva (parpadeo atencional) refleja la limitación temporal de la atención. Pero ¿qué sucedería si ese segundo estímulo fuera emocionalmente significativo? En este caso, sería bastante probable que los participantes lo identificaran bien. Se ha podido comprobar que la lesión de la amígdala impide que los pacientes puedan reconocer los estímulos emocionales.

En definitiva, parece que, cuando los recursos atencionales son limitados y la información compite por ser detectada, priorizamos los estímulos emocionales. La amígdala desempeña un papel importante para dirigir y aumentar la atención hacia los estímulos de naturaleza emocional. Diferentes autores han propuesto que las proyecciones de la amígdala hacia las regiones sensoriales de la corteza modulan los procesos perceptivos y atencionales.

Varios estudios han demostrado que los estímulos que producen la respuesta emocional de miedo modulan de forma marcada los procesos atencionales. Esto tiene mucho sentido si lo analizamos desde la perspectiva adaptativa a un entorno cambiante para evitar el peligro y promover la supervivencia. No obstante, se ha podido comprobar que también los estímulos emocionalmente positivos activan este proceso. Además, se ha visto que los estímulos generados de forma externa tienen prioridad sobre los que se generan a nivel interno. Asimismo, parece que la novedad de un estímulo determinado también activa la amígdala para modular los procesos perceptivos y atencionales, con independencia de sus propiedades emocionales.

Los estímulos cargados de emociones reciben mayor atención y prioridad en el procesamiento perceptivo. En el capítulo 8 te hablaré de cómo afectan a las memorias.

En definitiva, hemos visto que esta pequeña estructura almendrada participa a la hora de distribuir los recursos cognitivos de los que disponemos, lo que favorece que vayan hacia los estímulos importantes para el sujeto. Por su parte, su actividad puede modular otras funciones cognitivas como la atención, la memoria o la manera que tenemos de evaluar a los demás desde la perspectiva de las relaciones sociales. En el próximo capítulo te explicaré cómo otras regiones del cerebro emocional nos ayudan a equilibrarnos en cuanto al balancín entre emociones y razón.

6

El extraordinario caso del hombre que vivió con un agujero en la cabeza

> El restablecimiento del equilibrio es una tarea individual e interna, algo que se conseguirá cuando el pensamiento y el razonamiento refinados provoquen la emoción y el sentimiento apropiados.
>
> ANTÓNIO DAMÁSIO,
> *El error de Descartes*

A mediados del siglo XIX, la construcción de ferrocarriles en Estados Unidos se encontraba en pleno auge, dado que la expansión del sistema ferroviario era crucial para el desarrollo económico y la conexión de diversas regiones del país. Los trabajadores realizaban tareas físicamente exigentes, incluyendo la manipulación de explosivos para despejar el terreno mediante el uso de diversas herramientas como, por ejemplo, barras metálicas que se utilizaban para compactar explosivos en agujeros perforados en la roca.

Phineas Gage llegó a las seis menos cuarto de la mañana a la explanada en la que se estaba construyendo una línea ferroviaria para el ferrocarril Land & Burlington en Cavendish, Vermont. Era el 13 de septiembre de 1848. El día había amanecido un tanto frío, pese a estar en las postrimerías del verano. La explanada era un terreno allanado de grandes dimensiones con escasa vegetación, cuya composición geológica se caracterizaba por la presencia de rocas sedimentarias como pizarra, cuarcita y caliza, y rocas metamórficas que incluían esquisto y gneis.

Phineas hizo el trayecto desde su casa hasta la explanada absorto en pensamientos hueros e insustanciales. Esa noche apenas había podido dormir más de tres horas. Al llegar a la estación fue como si se activara un resorte interno, y ese ruido mental que lo acompañaba cuando se despertaba antes de la hora, como sedimentos de un sueño inconcluso, desapareció de repente. En ese instante su pensamiento parecía estar monopolizado por la cantidad de tareas que tendría que hacer esa mañana, relacionadas con la voladura de una inmensa roca que impedía el avance de las obras del ferrocarril. Se había ofrecido a liderar esa tarea. En aquel momento le parecía que había actuado sin dilación y sin hilar muy fino. Percibía la situación como una amenaza larvada que podía ser el preludio de un gran tropiezo anunciado por todos los indicios que se habían acumulado delante de sus narices en situaciones previas en las que el equipo de trabajadores había tenido que bregar con problemas similares.

Se dirigió a una de las casetas de avituallamiento con la intención de tomarse un café con el que pudiera entrar en calor y sosegar su ánimo en creciente crispación. Después de tomárselo se preguntó si su recelo era infundado o si la poca precaución lo había llevado a pecar de falta de celo. Ya no podía dar marcha atrás. Salió por la desvencijada puerta de madera llena de astillas, se enguantó las manos, se ajustó una suerte de delantal protector de lona y se colocó de forma meticulosa una especie de bufanda alrededor del cuello con la intención de no dejar resquicio alguno por el que pudiera ser invadido por el aire fresco que despertaba la explanada a esas horas de la mañana.

Había llovido. Los charcos reflejaban la luz anaranjada de las lámparas de aceite, colocadas sobre las casetas de madera. Resultaba extrañamente atractiva la fuga de colores y reflejos que se producía en el terreno por el impacto de la luz en el agua. Phineas contempló unos segundos ese hermoso y singular efecto, y a continuación prosiguió su camino hacia los barracones de material. No se trataba de una construcción al uso, sino que más bien parecía una rápida improvisación momentánea, unos barracones descachimbados que se posicionaban de forma longitudinal en una amplia orilla sucia y tachonada de manchas oscuras y circulares de grasa. Una cubierta metálica, sin paredes, hacía las veces de techumbre para los barracones. Phineas trastabilló con los peldaños; estuvo a punto de perder el equilibrio y caer al suelo. No obstante, el guardia, que se encontraba en la puerta del barracón, reaccionó rápido y asió a Phineas del brazo, impidiendo su caída.

Phineas Gage iba a vivir ese día el momento más desafortunado de su vida. Tenía veintiséis años, aún no se había casado y estaba muy volcado en el trabajo: era el capataz de una de las cuadrillas de construcción del ferrocarril. Tenía las manos grandes y nervudas, hombros anchos y estrecho cuello, lo cual contribuía a magnificar su corpulencia.

Construir un ferrocarril a mediados del siglo XIX era un trabajo arduo, dado que todavía no existían las palas cargadoras ni las tuneladoras. Para abrirse camino a través de las Green Mountains de Vermont, los hombres de Phineas utilizaban oxidados picos y palas, y una suerte de taladros extremadamente rudimentarios. La habilidad especial de Phineas era volar la roca sólida en trozos lo bastante pequeños como para que su cuadrilla pudiera desenterrarlos y transportarlos, a renglón seguido, en carretas tiradas por bueyes.

El primer paso consistía en perforar un agujero en el lecho rocoso con el ángulo y la profundidad exactos; de lo contrario, la explosión sería en vano. Phineas y su ayudante tenían que seguir una rutina muy estricta: su asistente llenaba el orificio con pólvora de grano grueso mientras él utilizaba una pesada barra de hierro cónica, construida a medida por un herrero, para posicionar con extremo cuidado una larga mecha en forma de cuerda para que, a continuación, su ayudante rellenase el resto del orificio con arena y Phineas pudiera aplastar el conjunto con la barra de hierro.

Eran casi las cuatro y media de la tarde. Phineas y su ayudante habían realizado esa operación cientos de veces. Pero ese día algo falló: ¡no se vertió la arena en el agujero! En ese momento, Phineas volvió la cabeza para mirar por encima del hombro derecho, la maciza barra de hierro se le escurrió de las manos, se deslizó por el orificio, golpeó el granito y saltó una chispa que prendió la pólvora. A pesar de que las personas que estaban allí ese día no se ponían de acuerdo sobre lo sucedido, según todos los testimonios recogidos, el desarrollo del procedimiento y los riesgos que comportaba, esto fue lo que ocurrió.

En una fracción de segundo, la barra de hierro salió disparada, cual proyectil, y el extremo cónico y aguzado impactó por debajo del pómulo izquierdo de Phineas, siguió una trayectoria que alcanzó la parte posterior de su ojo izquierdo y salió por el centro de su frente, justo por encima de la línea del cabello (véase la figura 7). Aunque parezca mentira, Phineas no murió en el accidente. Tenía las manos quemadas por la pólvora y sangre cayéndole por la frente. A unos metros de donde se encontraba, yacía la barra de hierro manchada de sangre y con restos de masa encefálica.

Figura 7. Phineas Cage con la barra de hierro que le atravesó la cabeza (izquierda). Cráneo de Phineas con la perforación que le hizo la barra (derecha).

Estaba consciente, hablaba de la explosión y explicaba que la barra le había atravesado la cabeza. Sus hombres, algunos alarmados y otros con la expresión demudada y una marcada palidez en el rostro, prepararon un carro tirado por bueyes para llevar a Phineas a Cavendish, mientras que un jornalero irlandés se lanzó a caballo para buscar al médico y que lo tuvieran todo preparado a su llegada.

Lo que sorprendió a todos los presentes fue que Phineas siguiera actuando como capataz y pidiera el libro de horas para registrar que se dirigían hacia el pueblo.

Mientras tanto, el intrépido jinete irlandés no fue capaz de encontrar al médico del pueblo, el doctor Harlow, y tuvo que dirigirse a la siguiente aldea para buscar a otro, el doctor Williams. Media hora después del accidente, cuando el doctor llegó a Cavendish, se encontró a Phineas sentado junto a su casero en el porche del hotel donde residía. El capataz hablaba sin parar, explicando lo que acababa de ocurrir. Amigos, compañeros de trabajo y vecinos se agolpaban a su alrededor como un elenco de curiosos reunidos por un evento que había roto la monotonía que reinaba en el pueblo. Después de examinarlo, el doctor no daba crédito a cómo podía seguir vivo: su cráneo estaba abierto, y parecía haberse vaciado una parte de su contenido.

—¿Qué le ha sucedido? —preguntó el doctor con gran sobrecogimiento y asombro en su expresión.

—Una barra de hierro me ha atravesado la cabeza —contestó Phineas en un tono que denotaba tranquilidad y sosiego—. Tendrá mucho trabajo conmigo, doctor —añadió jocoso.

—Pero es imposible —replicó Williams, incrédulo—. Si fuera así, no estaríamos hablando en este momento.

—Seguro que fue así, señor —explicó el jinete irlandés—; la barra está tirada en la carretera, llena de sangre y sesos.

Había pasado una hora desde el accidente. El médico de Cavendish, el doctor John Martyn Harlow, llegó por fin al hotel para ocuparse del caso. El doctor tuvo que extraer los pequeños fragmentos de hueso que se habían roto y recolocar los de mayor tamaño en el cráneo. Lo que observó dentro de la boca de Phineas lo dejó consternado: se podía ver la perforación por donde la barra de hierro se había abierto paso hacia el encéfalo a través del paladar. Harlow dejó el orificio abierto para facilitar el drenaje: tiró de la piel que había quedado suelta y la sujetó con una venda compresiva.

Phineas debería haber muerto por el sangrado del tejido, la inflamación cerebral o la pérdida de sangre posterior al impacto. El accidente lo mató, pero tardó más de once años en hacerlo, y fue, seguramente, debido a las fuertes e incontrolables crisis epilépticas que padecía, efecto secundario del daño en el tejido cerebral que le produjo el accidente.

La locuacidad y el desparpajo que mostró tras el suceso para explicar lo ocurrido a los que tenía delante se fue apagando los días posteriores. Luego solo hablaba cuando los demás lo incitaban a ello. Estuvo en cama casi quince días y desarrolló un hongo en la porción expuesta del cerebro. No obstante, al cabo de un par de meses, Phineas parecía haberse recuperado por completo del fatídico accidente, pero algo importante había cambiado. Según las palabras que el doctor utilizó en una revista médica para resumir las consecuencias de la lesión, «Gage ya no era Gage». Se volvió una persona incapaz de anticipar las consecuencias de su conducta a largo plazo, no podía adecuar las reacciones emocionales al contexto social o normativo en el que se producían y se mostraba caprichoso, infantil e impulsivo. No pudo seguir trabajando como capataz para la empresa de ferrocarriles y se enfrentó a marcadas dificultades para mantener relaciones sociales y laborales a lo largo de su vida. Emigró a Chile y volvió a California muy afectado por la epilepsia que padecía. Murió en 1860 cerca de San Francisco.

La madre de Gage cedió el cráneo de su hijo y la barra del infortunio al doctor. Hoy, el cráneo de Phineas se conserva en la Warren Anatomical Museum Collection de Harvard. En 1994, Hannah Damásio y sus colegas de la Universidad de Iowa utilizaron la técnica BrainBox para reconstruir tridimensionalmente el lugar de la lesión, ubicándola en una parte del lóbulo frontal: la corteza prefrontal ventromedial.

La historia de Phineas Gage ha sido fundamental para comprender la relación entre la corteza prefrontal y las funciones cognitivas y emocionales. Este caso proporcionó una de las primeras evidencias que relacionaban la corteza prefrontal con las funciones ejecutivas, la regulación emocional y el comportamiento social. El caso ha sido citado y estudiado en la literatura científica durante más de un siglo y medio, y sigue siendo una pieza clave en la comprensión de la función cerebral y su relación con la personalidad y el comportamiento.

Diferentes estudios realizados por António Damásio y otros investigadores con pacientes que han sufrido lesiones de la corteza prefrontal ventromedial han mostrado que esta región es de crítica importancia para interpretar las situaciones sociales y adaptar las respuestas emocionales al contexto en el que vivimos. Por ejemplo, en la cultura occidental, los funerales son eventos donde se espera que los asistentes muestren respeto y seriedad mientras se recuerda a la persona fallecida. Reírse en este contexto puede percibirse como insensible y ofensivo por parte de los demás, ya que podría no reflejar la gravedad y el respeto que requiere esa situación social.

Estos pacientes pueden entender situaciones sociales teóricas simuladas en el laboratorio y tomar buenas decisiones, pero presentan marcadas dificultades cuando se trata de analizar circunstancias y elegir en la vida real entre dos opciones en las que tienen que equilibrar la razón y la emoción. Un paciente con lesión en la corteza prefrontal ventromedial entiende que no es apropiado reírse en un funeral, pero si asistiera a uno, podría hacerlo.

El calado que esto puede tener es amplio, dado que no solo afecta a la regulación de las emociones y la adecuación de estas a las situaciones sociales en las que se producen, sino que también puede influir en la capacidad de juicio de los pacientes en ámbitos como el trabajo, la gestión de la economía familiar o la planificación y organización del tiempo.

¿La ciencia acaba con el libre albedrío?

A finales de los años noventa, el equipo de António Damásio halló que dos pacientes que presentaban lesiones en la corteza prefrontal ventromedial en edades tempranas mostraban una falta de sensibilidad a las consecuencias de su conducta. Es decir, cuando hacemos algo (sobre todo aquello que puede tener mayor calado), somos capaces de deducir qué consecuencias puede ocasionar. Imagínate que estás en un tren de alta velocidad y decides tirar de la palanca de parada de emergencia sin que se haya producido ninguna situación que lo requiera. Es probable que puedas inferir que el tren se detendrá de forma súbita, provocando alguna caída entre los pasajeros o el personal, y que te pedirán explicaciones. Estos pacientes eran incapaces de hacerlo. De igual forma, presentaban un notable deterioro en la capacidad de razonamiento social y moral: tenían dificultades para saber qué acepta la sociedad y qué no, o conocer si determinada acción resulta moralmente reprobable o no.

Si comparamos estos casos con el deterioro mostrado por los pacientes que, al contrario que estos, habían sufrido la lesión en una etapa más tardía, encontramos diferencias muy marcadas. Esos pacientes eran capaces de realizar juicios y razonamientos sociales y morales, a pesar de que no podían aplicarlos a su vida. Los investigadores concluyeron que las personas aprenden a llevar a cabo juicios morales y sociales en etapas tempranas, y que esos juicios se basan en parte de sus reacciones emocionales, por lo que si la lesión de la corteza prefrontal se produce en edades tempranas del desarrollo, los pacientes son incapaces de incorporar las reacciones emocionales a los procesos de toma de decisiones. Por el contrario, si la lesión tiene lugar en etapas posteriores, pueden realizar juicios y razonamientos morales y sociales, aunque son incapaces de aplicarlos a su vida. Los autores de esta investigación publicaron sus resultados en una revista especializada. Al poco tiempo, los medios de comunicación se hicieron eco, y en algunos titulares se optó por buscar el sensacionalismo. Titulares como «La ciencia acaba con el libre albedrío», «Se demuestra que la moral solo está en el cerebro» o «El cerebro hace al psicópata» empañaron de forma negativa el mensaje vertebral que este trabajo podía aportar a la sociedad.

Los valores que integran la moralidad en gran parte se configuran gracias a la impronta que dejan en el cerebro las respuestas emocionales y su interpretación en forma de sentimientos. Desde la más temprana infancia, vamos catalogando lo que está bien y lo que está mal sobre la base de lo que aprendemos, vivimos y pensamos. Pero, para que esos valores deriven en valores morales, resulta de cardinal importancia que a cada uno se le asocien emociones negativas o positivas.

El cuento de la criada

El cuento de la criada (en inglés *The Handmaid's Tale*) es una novela distópica publicada en 1985 por la escritora canadiense Margaret Atwood. Su protagonista, Defred, nos cuenta su historia en un momento y lugar en que las mujeres han perdido su voz y la capacidad para gestionar sus asuntos, y en Estados Unidos, que ha pasado a llamarse República de Gilead, hay un gobierno totalitario y teocrático. Es una sociedad en la que se ven menoscabadas las libertades y marcadamente reducidos los derechos sociales, en especial los de las mujeres. La libertad de prensa queda reducida a propaganda del régimen, y emerge un sistema de grupos sociales muy jerarquizados a modo de castas. Margaret Atwood describe, de forma excepcional, el miedo, la angustia y la sospecha que sienten las personas subyugadas a ese nuevo sistema político.

Defred había sido una bibliotecaria con marido e hija, pero en ese momento solo es una criada cuyo objetivo es mantenerse sana y fuerte para procrear y dar a luz a un vástago del coronel al que ha sido asignada. Mujer en edad fértil, es considerada un objeto, una propiedad del Estado que ha de llevar a cabo su papel de gestación en una sociedad donde la tasa de natalidad ha disminuido drásticamente y muchos de los niños que nacen vienen al mundo con numerosas taras.

En un momento del libro que se centra en el pasado de Defred, Atwood narra una conversación entre ella y su marido, Luke. Quieren huir de la República en gestación y llevarse muy lejos a su hija y los exiguos objetos que les quepan en el coche sin levantar sospechas. La idea es simular que van a pasar un día fuera de casa. No obstante, tienen una gata a la que no pueden llevarse, dado que podría hacer que los descubrieran: sería harto extraño, uno no se lleva consigo a la gata cuando cruza la frontera para dar un paseo de un día. Ninguno de los dos había pensado en la gata; habían tomado la decisión de huir de forma súbita para, a renglón seguido y con poco tiempo, planificar lo poco que pudieran. Defred propone dejarla fuera de casa o abandonarla, pero rondaría por la zona y se pondría a maullar, advirtiendo a los vecinos de su huida.

> «Yo me ocuparé de eso», decidió Luke. Dijo «eso» en lugar de «ella»; y supe que se refería a matarla. «Eso es lo que tiene que hacer antes de matar —pensé—: crear un "eso" donde antes no había nada. Primero se hace mentalmente y luego en la realidad».

¿Seríamos capaces de matar a nuestra gata en caso de que condenara nuestra huida, si estuviéramos en una situación tan comprometida como la vivida por Defred y Luke? Si intentamos contestar a esta cuestión desde el punto de vista de la lógica, la respuesta a este dilema moral debería ser que sí, dado que sería la decisión más ventajosa para favorecer nuestra supervivencia o bienestar. No obstante, lo cierto es que, en este tipo de circunstancias, las emociones pueden modificar nuestra decisión. La emoción negativa que anticipamos al sentirnos ejecutores de la muerte de la gata puede provocar que seamos incapaces de hacerlo o que busquemos mecanismos para minimizar el impacto de la emoción. En el caso de Luke, se refiere a la gata como «eso».

En la película *El silencio de los corderos*, dirigida por Jonathan Demme en 1991 y adaptada de la novela homónima escrita por Thomas Harris, Catherine Martin es secuestrada por el asesino en serie Buffalo Bill, que la mantiene prisionera en el pozo de un lúgubre sótano mientras planea matarla para utilizar su piel y confeccionarse un vestido de mujer. Hay una escena en la película en la que la madre de la chica, la senadora Ruth Martin, hace el siguiente comunicado a la prensa:

> Catherine es muy buena y cariñosa, hable con ella y lo verá. Usted tiene la fuerza, ella depende de usted. Sé que usted es capaz de sentir amor y compasión. Ahora tiene la ocasión perfecta para demostrar al mundo entero que es usted tan compasivo como fuerte. Que tiene la grandeza suficiente para tratar a Catherine mejor de lo que el mundo lo ha tratado a usted. Si quiere, puede hacerlo. Por favor, mi hija se llama Catherine…

Durante el comunicado emitido por televisión, mientras la senadora repite sin cesar el nombre de su hija, van apareciendo una serie de fotos de Catherine de diferentes momentos de su vida, desde que era un bebé hasta ese instante. El objetivo es que el raptor vea a Catherine como persona, no como objeto, para que le cueste matarla. Que Catherine deje de ser «eso» y se convierta en Catherine, una mujer joven que fue un bebé y una niña, y todavía tiene buena parte de la vida por delante.

Las emociones, por lo tanto, pueden influir en las decisiones que tomaremos, cómo esbozaremos el futuro o a qué prestaremos atención y, después, recordaremos. ¿Qué pinta, entonces, la razón? Emoción y razón han de ir de la mano, deben estar en equilibrio. La razón puede ayudar a generar nuevas respuestas emocionales que sean capaces de sustituir los sentimientos que ya tenemos, potenciándolos o añadiendo argumentos que los modifiquen y adapten a la situación que vivimos o al contexto social y normativo en el que nos encontramos. En los pacientes que presentan lesiones en regiones cerebrales críticas para las emociones, los procesos racionales se ven menoscabados a medida que el procesamiento de la información emocional no es correcto. En palabras de Ignacio Morgado, «La razón sin emoción es como un general sin ejército. La emoción sin razón es como un coche sin frenos».

Lobotomías

Voy a adentrarme en uno de los capítulos más sórdidos de la psiquiatría del siglo XX, pero antes es necesario entender el contexto en el que sucedió todo. En los albores del siglo pasado, la situación en muchas instituciones que se dedicaban a la salud mental no era muy halagüeña. Al contrario, el panorama era de lo más desalentador.

En 1937, el psiquiatra Heinz Edgar Lehmann huyó de la Alemania nazi para emprender una carrera profesional en Canadá. Comenzó en el hospital protestante para dementes, en la actualidad el Instituto Universitario de Salud Mental Douglas de Montreal. Allí se encontró con una situación desoladora: pacientes arrinconados en habitaciones de tamaño nimio, una enfermera para trescientos enfermos y el resto del personal, ayudantes sin formación. Lo peor era el ala este, una de las de mujeres, donde estaban hacinadas, con muy pocos cuidados; el olor era nauseabundo y las pacientes se quitaban la ropa y manchaban las paredes de heces. Solo contaban con un ayudante con el mero objetivo de poner un poco de orden. Estaban dejadas de la mano de Dios.

No existía ninguna terapia efectiva para los problemas de salud mental: se hacían tratamientos de choque. Uno de ellos fue el introducido en los años treinta por el neurólogo italiano Ugo Cerletti en colaboración con Lucio Bini: la terapia electroconvulsiva. Después se comprobó que este tratamiento (que se sigue usando en algunos casos) tenía efectos graves sobre la memoria de los pacientes que lo recibían. Esta temática fue tratada con gran maestría en 1975 por Milos Forman en *Alguien voló sobre el nido del cuco.*

Otro de los tratamientos de choque eran las inyecciones de insulina, que provocaban un coma a los pacientes. En la década de los años veinte del siglo pasado, el doctor vienés Manfred Sakel descubrió por accidente que los diabéticos que también eran adictos a los opiáceos soportaban mejor la abstinencia cuando, por error, se administraba una dosis de insulina inadecuada. A partir de ahí se implementó esta terapia para pacientes de salud mental, en especial para aquellos que sufrían esquizofrenia. El tratamiento de coma insulínico implicaba la administración de grandes dosis de insulina, lo que provocaba una disminución significativa de los niveles de glucosa en sangre. Esto, a su vez, inducía un coma hipoglucémico en el paciente. Durante el coma, se esperaba que el cerebro entrara en un estado de reposo y se recuperara de los síntomas de la enfermedad mental. Aunque el coma insulínico fue muy utilizado en las décadas de 1930 y 1940, con el tiempo su eficacia y seguridad fueron cuestionadas. La técnica estaba asociada con riesgos significativos, incluyendo la posibilidad de daño cerebral permanente o incluso la muerte del enfermo debido a la hipoglucemia extrema.

Como alternativa a esta técnica, en los años treinta del siglo pasado se inyectaba a los pacientes metrazol, un derivado del alcanfor. Esta inyección provocaba violentas convulsiones que se creía que podían reiniciar el cerebro y, así, aliviar los síntomas de la enfermedad mental. Sin embargo, el tratamiento era en extremo traumático y potencialmente peligroso para los pacientes. Las convulsiones inducidas por metrazol podían ser violentas y dolorosas, tanto que no era inusual la fractura de huesos. Asimismo, estaban asociadas con efectos secundarios graves, como lesiones cerebrales y amnesias.

También se utilizaron fármacos como los barbitúricos, la dexidrina o las anfetaminas, baños fríos, baños calientes… El caso era provocar como fuera un choque en los pacientes. A excepción de la terapia electroconvulsiva, el resto de los tratamientos de choque no eran efectivos.

En los casos más graves de desorden se echaba mano de la cirugía mediante la aplicación de una lobotomía frontal, tal como le sucede al protagonista de *Alguien voló sobre el nido del cuco*, Randle McMurphy, interpretado por un soberbio Jack Nicholson. ¿Cómo se introdujo esta técnica que implica lesionar una parte del cerebro en la práctica clínica?

En 1935, John Fulton, Carlyle Jacobsen y sus colaboradores, de la Universidad de Yale, extirparon experimentalmente el córtex prefrontal a un chimpancé hembra, Becky, que manifestaba intensas reacciones agresivas cuando cometía un error en una tarea de aprendizaje en la que los aciertos significaban conseguir un refuerzo (por lo general, algo de comida apetecible). Tras la intervención, Becky se mostró muy tranquila e indiferente a los errores en la prueba de aprendizaje. Fulton y Jacobsen comunicaron sus resultados sobre la extirpación bilateral de los lóbulos frontales del chimpancé en un encuentro científico al que asistió el neuropsiquiatra lusitano Egas Moniz, animado por esos hallazgos. Apoyado por estudios clínicos que sugerían que la extirpación de los lóbulos frontales en pacientes con tumores no provocaba un deterioro intelectual, persuadió al neurocirujano Almeida Lima para operar a varios pacientes con patologías psiquiátricas, y estableció la hipótesis de que esa intervención podría aliviar los síntomas de ansiedad y frustración que sufrían los internos. La primera intervención, realizada en noviembre de 1935, consistió en seis pequeños cortes en el tejido prefrontal mediante una leucotomía. Moniz informó a la comunidad científica de que no solo no producía efectos adversos en los pacientes, sino que era capaz de reducir los síntomas psiquiátricos. Los años treinta y cuarenta fueron testigos de la aplicación de la lobotomía prefrontal en pacientes psiquiátricos de índole diversa.

Moniz tenía buena reputación entre la comunidad médica. Estaba experimentando con la inyección de sustancias radiopacas en los vasos sanguíneos para mejorar su visualización en radiografías.

En 1927, realizó con éxito la primera angiografía cerebral en un paciente humano utilizando una sustancia de contraste inyectada en las arterias carótidas y vertebral del paciente. Esto le permitió obtener imágenes detalladas de los vasos sanguíneos cerebrales. Se considera un hito importante en el desarrollo de la neurología y la neurocirugía.

Moniz realizó un seguimiento exiguo de sus pacientes, que, en el mejor de los casos, fue de unas semanas. El neurólogo lisboeta Furtado comprobó que, tras doce años de seguimiento, los pacientes de Moniz tuvieron muchas recaídas y ataques epilépticos, entre otra sintomatología adversa, y una mortalidad prominente. En 1949, Egas Moniz recibió el premio Nobel de Fisiología y Medicina por el desarrollo de la lobotomía prefrontal y otras contribuciones médicas, como la angiografía. Ironías de la vida, quedó parapléjico porque uno de sus pacientes le disparó en la consulta.

En los años cuarenta, el norteamericano Walter Freeman desarrolló una variación de la lobotomía (la transorbital) que consistía en desconectar el córtex prefrontal del resto del encéfalo mediante la inserción a través de la órbita ocular, para evitar la trepanación del cráneo, de una varita afilada. La intervención se podía realizar en consulta ambulatoria en poco más de diez minutos.

Freeman leyó en 1936 los trabajos publicados por Moniz y se dejó llevar por su entusiasmo y todo el peso de la fama que recaía sobre su familia: su abuelo había sido uno de los neurocirujanos más famosos de América y el primero en extraer un tumor cerebral con éxito de un paciente vivo. Freeman carecía de licencia para llevar a cabo intervenciones quirúrgicas y, por ello, se asoció con James Watts, un cirujano.

Ellen Ionesco, una paciente de sesenta y tres años con un largo historial de depresión, ansiedad e insomnio, fue la primera en someterse al procedimiento de la lobotomía transorbital que Freeman había desarrollado semanas antes: dejaba al paciente inconsciente mediante terapia electroconvulsiva. En palabras de Freeman, «Por lo general, son necesarias tres convulsiones sucesivas. En las personas mayores, una sola puede ser suficiente, mientras que en los jóvenes y robustos suelen necesitarse entre cuatro y seis, que pueden administrarse sin peligro alguno». Los pacientes se quedaban inconscientes durante un periodo breve que podía durar varios minutos, los suficientes para realizar la intervención. Según Freeman, «Ahora que la convulsión ha disminuido, la enfermera extiende una toalla sobre la nariz y la boca de la paciente. Pasando a la operación en sí, se necesita muy poca preparación para llevar a cabo la lobotomía». Entonces, Freeman levantaba un párpado e introducía la varita por encima del globo ocular sobre el plano de la nariz. Cuando notaba el techo óseo de la órbita, golpeaba la varita con un martillo hasta romper el hueso frontal y llegar al encéfalo. A renglón seguido, desplazaba la varita de lado a lado mediante movimientos angulares para seccionar los axones de la corteza prefrontal y dejar esta región aislada del resto del encéfalo. Luego repetía la operación con el otro ojo. Toda la intervención se llevaba a cabo en menos de cinco minutos.

Freeman relata lo siguiente: «Su cara presenta una plácida expresión, y por la tarde ha estado bastante alerta, sin manifestar ansiedad o aprensión. —Continúa—: La paciente llegó esta mañana al hospital después del desayuno y se irá mañana por la tarde». Cuando Ellen volvió en sí, le ofreció unas gafas oscuras para que se tapara el morado de los ojos, testigo mudo de lo que había acontecido en la intervención.

En su casa, Freeman no tenía frigorífico, así que utilizaba un cajón para conservar fríos los alimentos. Se trataba de una caja con aislamiento térmico que contenía un compartimento donde se colocaba hielo para mantener fresco el interior. Estos dispositivos fueron utilizados antes de que se inventasen los modernos frigoríficos eléctricos. Para un buen funcionamiento del sistema, era necesario contar con un picahielos, que Freeman utilizó para desarrollar esta intervención.

Muchos pacientes languidecían en instituciones hospitalarias con nimios recursos. La situación era insostenible. El procedimiento desarrollado por Moniz resultaba caro y requería un quirófano totalmente equipado, un neurocirujano, un anestesista y otros profesionales para que asistieran durante la intervención. Por su parte, Freeman había desarrollado un procedimiento barato que podía llevarse a cabo de forma ambulatoria, lo que permitía la implementación de las lobotomías a gran escala para dar salida a los pacientes que se hacinaban en aquellos hospitales sin medios.

Freeman describe en su diario, con satisfacción y ciertos aires de desdén, los desmayos y vómitos de sus colegas durante las intervenciones. En cierta ocasión quiso hacer una foto a una paciente con el picahielos clavado. La estampa parecía sacada de una película de terror: no contaba con las mínimas condiciones quirúrgicas de asepsia. Su colega, el doctor Watts, no dijo nada, pero se dio la vuelta y se marchó. En ese momento terminó su colaboración.

Freeman pudo eludir a la profesión médica y los mecanismos de control de las instituciones apoyándose en una opinión pública poco informada y con tendencia a creer en soluciones milagreras. Alentadas por él, el número de lobotomías llevadas a cabo cada año pasó de ciento cincuenta en 1945 a cinco mil en 1949. A pesar de que se empezaban a percibir importantes efectos secundarios, la lista de pacientes en espera para una lobotomía era extensa. Freeman quiso ser el guía y cabeza visible de las lobotomías en Estados Unidos. Para ello, visitó los hospitales psiquiátricos de todo el país al volante de su furgoneta, a la que de forma aguda llamaba *lobotomobile*.

En 1941, aplicó esta intervención a Rosemary Kennedy, una de las hermanas de quien luego se convirtió en presidente de Estados Unidos. El padre de Rosemary estaba preocupado por la conducta de su hija: decía que era «difícil de manejar en casa» y temía que un día apareciera por la puerta embarazada sin estar casada y que eso supusiera una deshonra para la familia. Para evitar estos inconvenientes, Freeman llevó a cabo su famosa técnica. Rosemary tenía entonces veintitrés años y, a partir de ese momento, quedó incapacitada a nivel cognitivo y mental para el resto de su vida, teniendo que vivir institucionalizada hasta que falleció en 2005. Los medios de comunicación se hicieron eco de este y otros muchos casos.

Las alarmas iban creciendo poco a poco. Freeman se mudó a Los Altos, California, para resucitar su carrera. Lejos de la rigurosa regulación de los centros hospitalarios de la costa Este, esperaba llevar la lobotomía a otro tipo de pacientes: si las mujeres, que se dedicaban a administrar el hogar y las tareas domésticas en vez de trabajar fuera de casa en un empleo remunerado, encontraban su existencia demasiado deprimente, Freeman tenía la solución para que pasaran sus días felices; si los niños se mostraban agitados o molestaban (problemas que hoy podrían quedar bajo una categoría diagnóstica de trastorno de déficit de atención con hiperactividad), quizá necesitaran una lobotomía. Freeman aplicó esta intervención a diecinueve niños menores de dieciocho años, entre ellos a uno de cuatro años. En 1967, Walter Freeman había hecho más de dos mil novecientas lobotomías. En febrero de ese año, en el Herrick Memorial Hospital de Berkeley, realizó su última lobotomía, después de que una paciente muriera por una hemorragia cerebral como consecuencia de la intervención. Fue despojado de sus privilegios del hospital y se retiró de la práctica médica. Idealista o neurólogo hambriento de fama, Freeman quería resolver los problemas de salud mental por la vía rápida.

Años después surgieron diversos estudios que describían con detalle los graves efectos secundarios que producía la lobotomía prefrontal. Los principales eran los siguientes: embotamiento de las respuestas afectivas, conductas no apropiadas para el contexto social en el que se producían, pérdida del componente emocional de los pensamientos, incapacidad de anticipación de las consecuencias de las acciones futuras, cambios en la personalidad, riesgo de desarrollar epilepsia, problemas de incontinencia urinaria y un largo etcétera que ahora cuesta pensar que se les pasara por alto a Moniz o Freeman.

Supongo que este apartado, en el que he descrito una de las historias más controvertidas de la práctica médica del siglo xx, puede ayudarnos a reflexionar sobre sus desafíos éticos y morales.

El Pepito Grillo de la toma de decisiones

Cuando pensamos en todas las decisiones que tomamos a diario podemos llegar al ilusorio convencimiento de que lo hacemos de forma libre. No obstante, tras el proceso de decisión se parapetan un conjunto de reglas que dependen del funcionamiento de varios sistemas neurales que se han ido esculpiendo a lo largo del proceso evolutivo y que incluyen tres ejes vertebrales: el razonamiento, el refuerzo y la emoción.

Cuando pensamos racionalmente antes de tomar una decisión, requerimos la integración y evaluación de múltiples factores, unos externos a la persona y otros de naturaleza interna. Uno de los primeros factores que se tiene en cuenta es el valor de las diferentes opciones entre las que tenemos que elegir. Antes de decidir, se analiza el valor de cada opción y se comparan racionalmente los diferentes valores para generar una regla que permita conseguir la alternativa más valiosa para la persona. Ciertas áreas de la corteza prefrontal, como la región dorsolateral y la corteza cingulada anterior, son críticas para estas tareas, y nos permiten, entre otras acciones, tener en cuenta el valor a largo plazo de cada opción en las decisiones que tomamos.

Imaginemos que nos piden que elijamos para desayunar entre un pastel de chocolate o un yogur con fruta. Sabemos que el lácteo es la alternativa más saludable, pero puede que el pastel nos atraiga más, dado que su sabor es más gratificante. En 2009, un estudio de Hare y colaboradores comprobó que la actividad de la corteza prefrontal ventromedial estaba correlacionada con la preferencia por el gusto del alimento, sin importar si era saludable o no. Por otro lado, la actividad de la corteza prefrontal dorsolateral fue mayor en los ensayos en que un alimento preferido por el sujeto, pero no saludable, se descartaba. Con los resultados de este estudio, podríamos decir que la región ventromedial es capaz de analizar el valor de las opciones a corto plazo, mientras que la región dorsolateral nos ayudaría a incorporar en nuestra decisión consideraciones del valor a largo plazo de ambas opciones, como si fueran un demonio y un ángel en la toma de decisiones. ¿Te imaginas tener a un Pepito Grillo en el cerebro que te vaya señalando lo que te conviene más a largo plazo?

Las personas no siempre tomamos las decisiones a través de una evaluación racional que sopese sus costes y beneficios a corto o largo plazo; muchas decisiones se toman siguiendo reglas que nos permiten simplificar las situaciones más complejas o difíciles. A falta de más información, solemos decantarnos por la opción más familiar. Esto nos permite tomar una decisión de una forma más rápida y sencilla, dado que lo familiar se relaciona con la popularidad y otras características positivas. En este sentido, se huye de la ambigüedad y de las situaciones en las que desconocemos las probabilidades de los posibles resultados. Por ejemplo, imagínate que lo único que conoces del polo es que se trata de un deporte en el que dos equipos con cuatro jugadores cada uno, montados a caballo, intentan llevar una pequeña pelota hacia la portería del rival. Resulta que acudes a un experimento en la universidad y te piden que apuestes una cantidad nada despreciable de dinero por uno de los equipos que se enfrenta en un partido de polo. En situaciones de ambigüedad como esta —en la que se tiene que tomar una decisión casi sin datos—, se activan la corteza orbitofrontal (porción que queda por encima de los ojos) y regiones laterales de la corteza prefrontal. La primera debido, seguramente, a que vives la situación como algo aversivo, dado que la mayoría de las personas somos reacias a la ambigüedad. Por lo general, la corteza orbitofrontal se puede poner en marcha cuando algo no nos gusta y nos desconcierta. En el caso de las regiones laterales de la corteza prefrontal, su activación reflejaría la necesidad de plantearnos las probabilidades para construir una regla de decisión: no se tiene información, pero, aun así, se buscan posibles indicios sobre los que sustentar la decisión.

Esa búsqueda de reglas en las decisiones fundamentadas en el razonamiento y en lo que los neurocientíficos llamamos «control cognitivo» puede ser muy útil en algunas ocasiones, pero en otras podría menoscabar la creatividad.

Existen técnicas que, de forma no invasiva, nos permiten activar o inactivar regiones corticales durante unos minutos para hacer pruebas cognitivas y analizar cómo afecta el aumento o la disminución de la excitabilidad de las neuronas de esas regiones. Son las denominadas «técnicas de estimulación cerebral no invasiva». Ya he hablado de ellas cuando explicaba el caso de Laia en el capítulo 2. Imaginemos que tenemos la hipótesis de que determinada región de la corteza cerebral es crítica para el cálculo aritmético. La podemos inhibir con este tipo de técnicas y, a continuación, hacer pruebas en las que el participante tenga que demostrar sus habilidades de cálculo. Si la región es cardinal para esta función, el participante en el estudio lo hará peor que cuando realice estas tareas sin estimulación (de hecho, este experimento lo llevamos a cabo en nuestro laboratorio, pero ahora esta historia no viene al caso).

La investigación sobre estimulación cerebral no invasiva ha empezado a examinar de forma empírica los efectos del razonamiento sobre la creatividad. En este sentido, algunos estudios han demostrado que la inhibición de diferentes regiones laterales de la corteza prefrontal disminuye los mecanismos de control cognitivo, lo que facilita, por ende, la generación de ideas creativas al permitir que los participantes generen ideas nuevas no constreñidas a las reglas del razonamiento. Es decir, si se inhibe el funcionamiento de determinadas regiones cerebrales, podemos aumentar la creatividad de esas personas.

En 2021, Kenet y colaboradores llevaron a cabo un estudio en el que incrementaban la excitabilidad de las neuronas de la corteza prefrontal con el objetivo de analizar cómo afectaba a la generación de ideas novedosas en función de las demandas de la tarea. En esta investigación, los participantes tenían que leer frases a las que les faltaba la última palabra, y se les pedía que la completaran con un final poco común pero apropiado. Se observó que cuando se activaba la corteza prefrontal, aumentaba la adecuación y disminuía la novedad de las respuestas de los participantes. Es decir, se potenciaba que la terminación de la frase fuera adecuada en detrimento de la novedad y, por lo tanto, de la creatividad.

Ese mismo año llevamos a cabo un experimento en nuestro laboratorio para analizar cómo la inhibición de determinadas regiones de la corteza prefrontal modificaba la toma de decisiones de riesgo. Propusimos a los participantes que hinchasen un globo. Cada vez que soplaban iban ganando dinero que después se llevarían a casa. No obstante, cada globo estaba programado de forma aleatoria para explotar con un determinado número de insuflaciones. Vimos que inhibir zonas dorsolaterales de la corteza prefrontal hacía que los participantes se arriesgaran más, pero los resultados parecían depender de su personalidad. Es decir, no todos nos comportamos igual cuando tomamos decisiones en circunstancias de riesgo. En parte, esto se explica por el funcionamiento de regiones implicadas en el control cognitivo, pero también por la personalidad de cada uno.

¿Hay que premiar a un niño por hacer una tarea determinada?

Dejemos de lado el razonamiento y vayamos a por el segundo pilar de la toma de decisiones: el refuerzo cerebral. ¿Qué es esto? En el capítulo 10 te hablaré de ello. De momento te diré que se trata de un conjunto de neuronas que conforman una red que, en neurociencia, denominamos «sistema neural del refuerzo o la recompensa». Su objetivo principal es motivar y reforzar comportamientos que promueven el bienestar del organismo y la supervivencia del individuo y su grupo. Esto incluye la búsqueda de alimento, el apareamiento y otras actividades esenciales para la continuidad de la especie. Asimismo, este sistema juega un papel fundamental en la regulación de la conducta, dado que asocia estímulos ambientales con experiencias positivas y placenteras, lo que fomenta la repetición de comportamientos que conducen a esas experiencias gratificantes, así como la adaptación a un entorno eminentemente cambiante. A medida que las circunstancias mudan, el sistema neural del refuerzo ayuda a ajustar las preferencias y los comportamientos para maximizar las oportunidades de recompensa. Su activación no solo está vinculada a la obtención de recompensas relacionadas con la supervivencia o el bienestar del organismo o la especie, sino que también favorece que nos parezca gratificante oír música o escribir este libro y participa en la regulación emocional interna.

¿Qué papel podría tener el refuerzo cerebral en la toma de decisiones? Imaginemos la siguiente situación: nos vamos a pescar a un lago y resulta que la orilla está atestada de pescadores. Por otras veces que hemos ido sabemos que, a una hora de camino, hay un recoveco en el lago que tiene una poza en la que siempre hemos encontrado peces en abundancia. Decidimos caminar esa hora para llegar a la poza, a pesar de que la opción de quedarnos en el lago nos resulta menos costosa. Ahora supongamos que vamos hasta allí y no pescamos nada. La situación ha cambiado, así que nosotros, automáticamente, modificamos la memoria que tenemos de esa poza: actualizamos la información en el sistema nervioso. La actualización es esencial en la toma de decisiones, dado que las preferencias cambian a lo largo del tiempo como fruto de las experiencias que vamos teniendo. Esta actualización depende en gran medida de un grupo de neuronas que utilizan el neurotransmisor dopamina para comunicarse. Sus cuerpos se ubican en una parte del cerebro denominada «tronco del encéfalo», y liberan el neurotransmisor en dos regiones distintas: el núcleo accumbens y la corteza prefrontal.[1] Estas neuronas, además, desempeñan un papel fundamental, dado que nos informan de aquello que es importante y gratificante para nosotros (señalizar el refuerzo). Así, por ejemplo, se ha visto en estudios con animales en los que si se bloquea el efecto de la dopamina en el núcleo accumbens, disminuye la cantidad de esfuerzo que estos están dispuestos a realizar para conseguir una recompensa. Sin embargo, una vez se les proporciona, el placer o la respuesta hedónica que experimentan se mantiene, lo que demuestra que la dopamina está más relacionada con querer algo y con el esfuerzo que estamos dispuestos a hacer para alcanzarlo que con el placer y disfrute que experimentamos cuando conseguimos la recompensa. No obstante, es cierto que, en los seres humanos, la dopamina modula la respuesta de placer que tenemos cuando, por ejemplo, oímos música. En este sentido, Ferreri y colaboradores llevaron a cabo un experimento en 2019 en el que demostraron que la música puede ejercer un efecto en el sistema neural de la recompensa similar al de estímulos biológicamente gratificantes como, por ejemplo, la comida. Pero ¿hay alguna diferencia? En un trabajo publicado en 2021, se compararon las respuestas cerebrales específicas al placer inducido por la música y la comida, concluyendo que las reacciones de placer dependen de la participación de una red neural de recompensa común, aunque a través de vías de acceso específicas según la modalidad y naturaleza de esa recompensa.

Sabemos que el sistema dopaminérgico puede aprender en función de las experiencias que tengamos del entorno. Con esto en cuenta, me gustaría plantear una cuestión: ¿es adecuado premiar a una niña o a un niño por hacer una determinada tarea? En una investigación realizada por Murayama y colaboradores en 2010 a través de neuroimagen funcional, los participantes en el estudio tenían que jugar a un juego muy sencillo: detener las manecillas de un reloj, en movimiento rápido y constante, en un número concreto de la esfera. La tarea se tenía que realizar en dos días consecutivos. El primero, los investigadores formaron dos grupos: unos participantes realizaban la tarea sin recibir nada a cambio y a los otros se les pagaba cada vez que conseguían parar las manecillas del reloj en la hora señalada. En ambos grupos se activó el núcleo accumbens, dado que los participantes encontraron la tarea gratificante en sí misma e intentaron hacerla bien. En el caso de los miembros del segundo grupo, además se les recompensaba con dinero si lo conseguían.

El segundo día, ambos grupos repitieron la tarea en las mismas condiciones, con la diferencia de que a los participantes que habían recibido dinero el día anterior si hacían bien la tarea, en la segunda sesión no se les pagó nada. ¿Qué sucedió? Los del primer grupo, a los que en ninguna de las sesiones se les dio dinero por acertar, continuaron mostrando una activación del núcleo accumbens, lo que demostraba que la tarea continuaba siendo gratificante para ellos. No obstante, en los del grupo que se les pagó en la primera sesión si lo hacían bien pero no cobraron en la segunda, no se activó el núcleo accumbens, dado que habían perdido la motivación intrínseca para acertar (no se les pagaba nada). Analizando los resultados de forma global, podríamos decir que si queremos que alguien realice determinada tarea de forma continuada, no sirve recompensar una vez, ya que esto puede tener efectos negativos y hacer que pierda la motivación por hacerla. Sería más conveniente conseguir que la tarea en sí fuera gratificante para la persona, sin necesidad de darle una recompensa externa.

Un coche nuevo destrozado

Dejemos el refuerzo y vayamos ahora con el tercer pilar: las emociones. Tal como he explicado en el capítulo anterior, el sistema nervioso registra estímulos de importancia biológica, como serpientes o arañas, porque estos animales constituían una amenaza para nuestros antepasados homínidos. La amígdala supervisa constantemente la información que recibimos del entorno en busca de señales de peligro. Algunos de esos peligros hoy siguen vigentes (la oscuridad, por ejemplo), mientras que otros ya no lo son tanto. Este mecanismo está detrás de las decisiones que tomamos; por eso, a nivel intuitivo, solemos evitar un atajo a través de un oscuro callejón y optar por una ruta más larga pero más iluminada para llegar a nuestro destino.

Que las emociones se inmiscuyan en el proceso de toma de decisiones puede resultar favorable o perjudicial, dependiendo de las circunstancias, el contexto y las experiencias previas de la persona que decide. Cuando prescindimos de las emociones —como sucede en algunos estados neurológicos— y aplicamos solo la razón, solemos tomar decisiones fallidas. Por el contrario, hay ocasiones en que las emociones resultan desventajosas para decidir, como cuando se toman con pánico, sobre todo si es infundado, porque no hay evidencias contrastadas. Esto nos hace ver serpientes y arañas por todas partes. Por suerte, contamos con la corteza prefrontal,[2] que nos ayuda a adecuar la respuesta emocional al contexto social, de valores y ético en el que nos encontramos. De esta forma, por ejemplo, si un coche nos destroza la parte trasera de nuestro vehículo por una colisión de la que no hemos tenido la culpa, podemos controlar la ira e intentar solventar la situación con serenidad, utilizando las herramientas civilizadas que la sociedad pone a nuestra disposición (como el parte de las compañías aseguradoras de los vehículos implicados).

Lady Macbeth

Tal como acabamos de ver, cuando tomamos una decisión intervienen diferentes factores. Lo mismo ocurre cuando valoramos una situación social o moral. ¿Podría ser que un olor repugnante cambiase las valoraciones que podemos establecer? En un estudio llevado a cabo en 2014 se mostró que, cuando los participantes se encontraban en una habitación con un olor desagradable, la simpatía que referían sentir tanto personas con ideas conservadoras como las más liberales por los hombres con orientación homosexual disminuía de forma notable. Esto no sucedía hacia las mujeres homosexuales o hacia minorías, como las personas afroamericanas o los ancianos. Se ha comprobado que la actividad de la ínsula parece ser importante para explicar estos resultados. La ínsula nos protege de una intoxicación alimentaria en tanto que se activa con el olor o el sabor de la comida en mal estado. Esto nos puede inducir el vómito o que escupamos lo que no debemos ingerir. Pues resulta que la evolución le ha conferido otra capacidad: responder ante estímulos que se consideran moral o socialmente desagradables. Veamos un ejemplo: el jengibre ayuda a no sentir náuseas cuando estamos en un barco en medio de un mar encrespado, pero también hace que tengamos menos náuseas al oír una historia en la que una persona se ha lavado los dientes con un cepillo que otro ha utilizado para limpiar el interior de un retrete. Esto no ha de sorprendernos, en tanto que la función de la ínsula para generar sensaciones desagradables se extiende a situaciones de índole muy diversa.

Si te pidiera que me explicaras algo desagradable a nivel social o moral, es muy probable que, al terminar, te lavaras las manos. Un estudio demostró que cuando se miente mediante un mensaje de voz aumenta el deseo de utilizar enjuague bucal. En definitiva, si nos sentimos sucios a nivel moral, tenemos la necesidad de lavarnos. La ínsula está implicada en todas estas funciones.

Cuando explicamos una acción poco ética que hemos cometido, se ve menoscabada la función de una parte de la corteza cerebral, la prefrontal dorsolateral, y los participantes en el estudio son menos eficaces en tareas que dependen de esta región. A este fenómeno lo bautizaron como «efecto Macbeth» en deferencia a lady Macbeth, que se lavaba las manos para limpiar la mancha generada por el asesinato cometido. Lo mismo pudo haberle ocurrido a Poncio Pilato.

Lo contrario sucede con la belleza y el atractivo físico. Muchos trabajos han demostrado que solemos juzgar a las personas atractivas como más honestas, competentes e inteligentes. Así, suelen tener más probabilidades de que las contraten con un salario más alto o de recibir condenas más cortas en caso de cometer un delito. Cuanto más atractivo es un rostro, más se activa la corteza orbitofrontal y menos la ínsula. En un curioso estudio se pudo demostrar que si inhibimos la corteza prefrontal dorsolateral, los estímulos atractivos dejan de influir en los juicios morales.

Por otro lado, los dulces pueden provocar que los participantes se valoren como personas mejores y más agradables, y que evalúen rostros u obras de arte como más atractivos. Esto nos lleva a pensar que no es lo mismo ver la *Mona Lisa* mientras degustamos un delicioso bombón azucarado. No obstante, dudo que los trabajadores del Louvre nos dejen comernos el bombón delante del cuadro de Leonardo. Asimismo, el hambre nos hace menos indulgentes y modifica el comportamiento prosocial. Se ha comprobado que cuanto más tiempo transcurre desde que los jueces han comido, más difícil es que otorguen la libertad condicional a un preso. Por otro lado, la generosidad aumenta en tareas de laboratorio cuando nos sentimos saciados.

En los capítulos 5 y 6 te he explicado cómo el cerebro procesa la información emocional. En el siguiente vamos a adentrarnos en el cerebro de los asesinos.

7

En el cerebro del asesino

> Llevo años diciendo esta mierda, y cuando alguien lo oía es que iba a morir. No había pensado mucho en lo que significaba, simplemente creía que era un rollo que le soltaba a algún hijo de puta antes de pegarle un tiro, pero esta mañana vi algo que me ha hecho pensarlo dos veces. Ahora se me ocurre que tal vez significa que tú eres el hombre malo y yo soy el hombre recto, y que el señor 9 milímetros es el pastor que protege mi recto culo en el valle de la oscuridad. O será tal vez que tú eres el hombre recto y yo soy el pastor, y que este mundo es injusto y egoísta. Me gustaría eso, pero ese rollo no es la verdad. La verdad es que tú eres el débil y yo soy la tiranía de los hombres malos. Pero me esfuerzo, Ringo, me esfuerzo con toda intensidad por ser el pastor.
>
> JULES (Samuel L. Jackson),
> *Pulp Fiction*

Lina Matilde von Hayek se hallaba tumbada en una esterilla de paja sobre la blanca arena de una playa de la isla Trinidad. La brisa del mar golpeaba con suavidad su piel caliente, provocándole repentinos escalofríos en la espalda. Una mezcla de humedad, arena y sal había generado una fina película en su cuerpo, que parecía desquebrajarse cual barro seco de un lodazal. Comenzaba a tostarse por el efecto de la exposición repetida al sol caribeño y, al mirarla, se apreciaban breves destellos dorados que refulgían con timidez de su cuerpo. Lina era rubia y tenía el pelo ensortijado. El sol lo había aclarado y todavía podían apreciarse con más intensidad sus reflejos.

El color de sus ojos se debatía entre el verde oliva y el avellana. Los pómulos eran compactos y redondeados, y el mentón, un tanto apuntado. Su boca se mostraba amplia y lucía una dentadura alineada y unos labios muy perfilados, de manera que, cuando se reía, se insinuaban unos suaves pliegues entre la nariz y los pómulos.

La noche anterior había salido a bailar a ritmo de calipso, dado que la isla se encontraba en plena vorágine del carnaval. Había tenido sexo con un nativo que no conocía y se encontraba cansada y con fuertes dolores pélvicos, fruto de la fuerte actividad acaecida. Tenía embotado el pensamiento, y una sensación desagradable le venía de la boca del estómago como consecuencia de la gran cantidad de ron que había ingerido. No era propio de Lina vivir ese tipo de experiencias, pero, desde que había llegado a Trinidad, parecía haber cambiado por completo.

Había trabajado durante siete años para una multinacional que se dedicaba a la industria farmacéutica. Una serie de malentendidos, al principio fortuitos y después sabiamente orquestados, la llevaron a una situación límite de difícil resolución. «El poder es efímero —pensaba Lina—, una furia exaltada y hambrienta que pide y te escurre el alma, y desbanca con rapidez a quien no le da de comer». Cuanto más conseguía y escalaba a nivel profesional, más temía perder, sobre todo teniendo en cuenta que se movía sobre una delicada cuerda oscilante que parecía prometer, a cada paso que daba, que la dejaría precipitarse al vacío. Cansada, estresada y decepcionada, había decidido cortar por lo sano, desaparecer y huir de la vida que llevaba. En ese momento se encontraba en el Caribe sin planes ni expectativas, sin ideas ni ningún tipo de esperanza, pero también sin ataduras ni presiones. Lo único que perseguía era encontrarse consigo misma, redimir la turbación que tenía en su ánimo y disfrutar de la soledad y la quietud, lejos de la imperiosa necesidad de decidir el destino de su vida o de arreglar lo que había estropeado.

Sin apenas dormir, se cambió de ropa en la habitación del hotel y se dirigió a una pequeña playa al sudoeste de la isla. Eran las ocho y media de la mañana, y casi se encontraba desierta. Sintió una fuerte presión en la vejiga debido a la gran cantidad de líquido que había bebido durante el carnaval. Decidió levantarse de la esterilla y se adentró en el agua para orinar.

Por unos segundos, la sensación de alivio y bienestar se apoderó de ella mientras percibía cómo su propia orina se diluía en el mar, entibiándolo todavía más. El agua la cubría hasta la cintura y, por ello, decidió caminar unos metros para sumergir la cabeza con la esperanza de que esa zambullida aminorara el malestar de la resaca. Desde el lugar en que se encontraba, podía ver que el color del agua cambiaba de tonalidad en líneas paralelas, desde el lugar en que rompían las olas hasta la lontananza, donde parecía fusionarse con el cielo. Salió despacio hacia la arena y se escurrió el cabello mientras mantenía los pies dentro del agua, en el borde. Recogió la esterilla y una pequeña bolsa de tela trenzada marrón que contenía sus pertenencias.

Encaminó sus pasos por la orilla de la playa hacia el margen izquierdo, hasta llegar a una amalgama de tupida vegetación y rocas. Gran parte de los espacios costeros de aquella zona de la isla disponía de manglares, constituidos por árboles muy resistentes a la sal que ocupaban la zona colindante a la desembocadura de varios cursos de agua dulce. Se adentró por la frondosa vegetación, anduvo hasta llegar a un pequeño arroyo y se sentó sobre una roca con cantos redondeados que desprendía un olor gredoso y un tanto acre. Se terminó el cigarrillo que minutos antes había encendido y lo apagó sobre la superficie de una piedra manchada por lunares de liquen. Se sentía sola. No solo estaba físicamente aislada de las pocas personas que empezaban a llegar a la playa, sino que era como si estuviese apartada del resto del mundo a nivel emocional.

De repente, sintió la necesidad de llorar y descargar la rabia contenida que atenazaba la tranquilidad de su espíritu. Las lágrimas le salían a borbotones por los ojos, y una seca opresión ahogaba su pecho. Se puso las manos sobre la cabeza y vomitó. Era como si quisiera purgar su decepción con la naturaleza humana y el desprecio por ella misma. Hacía calor, pero tenía el cuerpo aterido. Empezó a temblar, un intento inconsciente de que el poco calor que todavía albergaba se transmitiese por el organismo. Su cabello apelmazado por el agua salada contenía restos de vómito. De repente, notó un agudo y profundo dolor en el costado derecho. Advirtió que, a su espalda, había salido de la nada una voluminosa figura que la asía por los hombros. El siguiente corte fue en el pecho. Lina sintió que su carne florecía hacia fuera, como brotes que arranca el sol en primavera y se abren paso removiendo la tierra. Una mezcla de sangre, grasa y glándulas mamarias discurría despacio por su torso. En pocos segundos, se vio postrada de rodillas, mientras recibía un último corte en el cuello. La sangre manaba caliente entre sus manos, que inútilmente intentaban detener la hemorragia. Cada latido de su corazón era un soplo de vida que se le escapaba del cuerpo.

Mientras el sol destellaba sobre la arena y la playa empezaba a despertarse y a hacer acopio de vidas humanas, la escena en el manglar era desoladora. El cuerpo inerte de Lina yacía en una horrible posición, postrado sobre un lecho de hojarasca y tierra humedecida por la sangre. Las manos estaban sobre las clavículas, y la sangre se había secado, lo que impedía diferenciar la forma de sus finos dedos. Entre las piernas tenía restos de heces líquidas que desprendían un fuerte olor ácido; sus excrementos habían salido expelidos, fruto del pánico, el pavor y la desesperación. La muerte había sorprendido a Lina con el tiempo suficiente para darse cuenta de que era su fin, para sentir cómo la abandonaba la vida a cámara lenta. Olía a miedo, olía a impotencia, olía a muerte.

Hipótesis del marcador somático

Seguramente, leer el texto anterior te ha generado una sensación desagradable que quizá te cueste describir con palabras: como si te produjera un nudo en el estómago y, por dentro, sintieras cierta activación visceral. Tal como he comentado en el capítulo 2, los sentidos interoceptivos nos informan del estado de los órganos y vísceras para hacernos percibir la condición en la que se encuentra el cuerpo en un momento determinado. Son los sentidos que hacen que nos encontremos incómodos o con cierto malestar interno cuando vivimos una situación desagradable o nos enfrentamos a un texto parecido al anterior. Esto se produce debido a que se pone en marcha una parte del sistema nervioso periférico, el sistema nervioso autónomo. En concreto, se activa la rama simpática con el objetivo de preparar al organismo para que se enfrente a una situación desagradable como la narrada. Con la imaginación o la lectura de un texto también puede activarse el sistema simpático, pero lo hace de una forma más marcada cuando vivimos en primera persona situaciones desagradables o aquellas que pueden poner en peligro nuestra vida. ¿Esto nos sucede a todos? ¿Qué pasa con los asesinos? Por supuesto, el caso de Lina es inventado, pero si tuviéramos esas reacciones somáticas, ¿sería menos probable que cometiéramos un crimen? ¿Qué sucedió con la persona que acabó con la vida de Lina? ¿No tuvo esas mismas reacciones somáticas desagradables? ¿Podría ser que, de alguna forma, razón y emoción estuvieran contrapuestas?

Acabo de lanzar un montón de preguntas. ¿Qué nos dice sobre ello la neurociencia? En la actualidad, investigadores como el neurocientífico lusitano António Damásio proponen que la experiencia de la emoción o el sentimiento es una creación del cerebro para explicar las reacciones del cuerpo ante una situación determinada. En su libro *El error de Descartes*, trata el procesamiento neural de las emociones, la toma de decisiones y el comportamiento social y antisocial, y establece una relación entre emociones y razón. Parte del estudio de diferentes casos clínicos que presentaban alteraciones en la toma de decisiones y trastornos emocionales y, a partir de esas evidencias clínicas, formula la conocida hipótesis del marcador somático, según la cual las emociones se relacionan con la razón en tanto y cuanto pueden ayudar en el proceso de razonamiento. Según Damásio, en determinadas ocasiones las emociones pueden sustituir a la razón: por ejemplo, la emoción de miedo constituye una respuesta que puede ayudar a mantener a un individuo lejos de un estímulo que ponga en peligro su supervivencia. Para poner en marcha esa respuesta emocional, no es necesaria la razón. Esta hace lo mismo que las emociones, pero lo consigue de forma consciente. Asimismo, Damásio sugiere que, por sí solas, las emociones pueden resolver diferentes problemas del mundo cambiante y complejo. No obstante, en determinadas ocasiones pueden aportar soluciones desventajosas.

Siguiendo a Damásio, la participación de las emociones en el proceso de razonamiento puede resultar favorable o perjudicial en función de las circunstancias y el contexto de la decisión, y según la historia y las experiencias previas de quien ha de tomarla. No obstante, cuando se prescinde de las emociones del ámbito del razonamiento, como sucede en algunos estados neurológicos, la razón resulta ser todavía más defectiva que cuando las emociones son desventajosas para la toma de decisiones.

La hipótesis del marcador somático se centra en cómo las emociones influyen en la toma de decisiones a través de reacciones fisiológicas y sentimientos subjetivos asociados.[1] ¿Podría ser que la persona que asesinó a Lina, mientras estaba cometiendo el crimen, presentara reacciones fisiológicas atenuadas? Es importante recordar que el comportamiento criminal y violento es el resultado de una interacción compleja de factores biológicos, psicológicos, sociales y ambientales. Damásio ha hallado diferentes pruebas que apoyan la hipótesis del marcador somático en el estudio de pacientes neurológicos que presentan un comportamiento social alterado debido a lesiones en la corteza frontal. En relación con este tipo de estudios clínicos, tal como he explicado en el capítulo 6, se ha podido comprobar un rasgo diferencial entre los casos de lesiones frontales producidas en edad infantil y aquellos en los que esa lesión se produjo en la edad adulta: los pacientes con lesiones durante la infancia no parecían haber asimilado las convenciones sociales y normas éticas que deberían regir su comportamiento, mientras que los adultos conocían las normas, pero no podían actuar según ellas (en los casos de lesión infantil, nunca se había llegado a aprender las normas). Los casos de lesiones de la corteza frontal en edad adulta indican que las emociones son necesarias para mantener un comportamiento social adecuado, mientras que los de lesión en edad infantil parecen demostrar que las emociones son necesarias para dominar los conocimientos exigidos que permiten tener un comportamiento social adecuado. Para Damásio, las reacciones fisiológicas de las emociones podrían constituir una vía de desarrollo cultural de los valores humanos que permita juzgar las acciones como buenas o malas y clasificar los objetos como bonitos o feos.

Jaeger Kurtz

Si me permitís dar rienda suelta a mi imaginación de escritor de novelas de misterio, vamos a adentrarnos en la mente del asesino de Lina. Para ello, dejaremos la playa de la isla Trinidad y viajaremos a Berlín.

Allí, días después de lo acontecido con Lina, se encontraba Jaeger Kurtz. Tras orinar y lavarse la cara con agua fría, se había cubierto con un batín a cuadros de franela desgastada y se había dirigido a la cocina. Encima de un hule de color verde oliva descansaba una taza de loza colmada de grietas y muescas. Un amasijo de leche y avena se había secado y aglutinado alrededor de la base. Jaeger cogió la taza por el asa y, al darse cuenta de que se levantaba el hule, tiró con fuerza hasta que pudo separarla. Había estado diez días en la República de Trinidad y Tobago, y el apartamento seguía tal y como lo había dejado justo antes de partir. Hedía a cerrado y humedad, como cuando una toalla de felpa mojada se dobla y se guarda en un armario.

Jaeger vivía en el popular barrio de Prenzlauer Berg, en Berlín. Su apartamento ocupaba todo el ático de un edificio de cuatro plantas en una calle residencial deslindada por dos hileras de tilos de hoja ancha que se iban sucediendo cada diez metros y por amplias zonas ajardinadas ubicadas cada dos manzanas de casas. Era una barriada muy cara para vivir, pero él ya había pagado el piso dos años atrás. A pesar de ganar una considerable cantidad de dinero al año, el interior del apartamento estaba deslucido por el tiempo y el uso; no había cambiado ni arreglado nada desde su compra. Era como si su única pretensión fuera tener un lugar donde estar y subsistir, sin imprimirle huella alguna de calidez. No recibía visitas ni quería que nadie invadiera su espacio bajo ningún pretexto. Un día se estropeó la cisterna de uno de los lavabos del ático. En lugar de llamar a un fontanero para que arreglase la avería, cerró la llave de paso del agua que abastecía ese lavabo y lo inutilizó.

Mientras estaba limpiando la taza para ponerse un poco de café, sonó el teléfono.

—¿Dígame? —contestó Jaeger con cierta aspereza en la garganta.

—¿Está concluido el trabajo? —preguntó una voz en un tono de seriedad exagerada.

—Sí.

—¿Algún problema? ¿Algo que debamos saber?

—Todo ha salido como se esperaba.

—¿Tiene la documentación de la señorita Von Hayek?

Al oír la pregunta, Jaeger colgó y esperó, mirando el teléfono con atención y cierta muestra de preocupación en el rostro. Transcurridos unos segundos, el aparato volvió a sonar.

—No quiero ningún nombre propio por teléfono —dijo Jaeger con severidad, levantando la voz más de lo acostumbrado para manifestar su desaprobación por lo que acababa de ocurrir—. ¿Entendido?

Siguió un breve e incómodo silencio.

—¿Tiene el paquete en su poder? —gruñó entre dientes la voz de la primera llamada.

—Sí.

—¿Está seguro de que se trata del paquete que buscamos?

—Estoy seguro —dijo Jaeger mostrando una creciente impaciencia en la voz.

Al colgar el teléfono, las líneas de expresión de su rostro se habían ido transformando y habían pasado de un semblante crecido de enojo y desprecio a un gesto de pagado orgullo por cómo había bregado con la situación.

Jaeger se sirvió café y se dirigió hacia un viejo sofá de escay situado junto a un amplio ventanal que daba al exterior. Sobre el sillón se disponían, sin concierto alguno, hojas de periódico que amarilleaban, quebradizas por virtud de la luz que entraba desde la calle. Dejó caer el peso del cuerpo lentamente, sentándose sobre el rígido papel, que parecía quejarse al oprimirlo contra el escay.

En la pared contra la que se apoyaba el asiento había colgado un bodegón en el que quedaban capturados diversos utensilios de cocina, numerosas piezas de fruta —algunas ya marchitas o demasiado maduras— y dos perdices muertas que descansaban sobre el lomo fajado de un conejo que dirigía al espectador una mirada sin vida. En la parte superior derecha de la escena, una codorniz con las alas entreabiertas picoteaba un albaricoque sobre un cesto de mimbre. El cuadro parecía querer retratar la vida, o lo que esta había sido; no obstante, producía una pávida sensación de muerte sobrevenida en vida. A Jaeger le gustaba mucho esa obra de autor desconocido, ya que le traía al pensamiento lo vacua y anodina que llegaba a ser la existencia de uno mismo, y lo poco que representaba en el conjunto de lo que podía considerarse la humanidad; cada vez que lo miraba, recordaba las últimas palabras que pronunció su madre antes de morir: «Jaeger, recuerda que nuestro paso por la vida deja un pequeño grano de arena que, la mayoría de las veces, se lo lleva el viento antes de que pueda influir sobre el devenir de las cosas».

Estuvo unos minutos sentado, mirando por la ventana y repasando todo lo que había hecho días atrás, durante su viaje a la República de Trinidad y Tobago. A renglón seguido, se levantó del sofá y se dirigió hacia una pequeña habitación que lindaba con el comedor. Al abrir la puerta, un penetrante olor a ambientador de coco, que recordaba a un protector solar, dio la impresión de querer escaparse de la estancia, como un prisionero que lleva días sin agua ni comida. Jaeger pareció darse cuenta, e irreflexivamente cerró la puerta tras de sí. Las desgastadas láminas de madera de la contraventana dejaban pasar finos trazos de sol que revelaban caprichosos senderos de polvo en suspensión. Esparcidas sin orden aparente sobre una mesa de acero inoxidable, reposaban decenas de fotografías: eran los rostros exánimes de las personas que había matado a lo largo de su carrera. La mirada de cada una de las víctimas se dirigía vacía hacia el techo desde la superficie del tablero. En el extremo derecho estaba la imagen que había robado del cuerpo yacente de Lina.

Jaeger no se conformaba con arrebatar la vida. Justo después de matar, despojaba a sus víctimas de la última imagen que pudiesen proporcionarle mientras el cuerpo todavía seguía caliente. Era como si quisiera sustraer el vislumbre final de lo que estaba dejando de ser existencia humana.

Asió la fotografía de Lina como si fuera un trofeo de caza mientras en su cara se insinuaba una parodia de sonrisa que resultaba espantosa. Desde fuera, podía parecer un cazador implacable y dechado de maldades, con la porfiada determinación de matar, haciendo de eso su profesión y complacencia personal. No obstante, cada vez que asesinaba, era como si la oscuridad que afligía y socavaba su ánimo cada noche intentara atrapar un fragmento de la esencia de su ser, carcomiéndolo por dentro y haciendo que fuera perdiendo una pequeña parte de sí mismo. De resultas de ello, Jaeger sentía que hacía tiempo que le había sido arrebatado aquello que lo constituía como persona.

Hannibal Lecter y Joel David Rifkin

Dejemos al asesino de Lina y sigamos con la neurociencia, pero no sin antes hacer una pequeña incursión en el cine. Tal como he explicado en el capítulo 6, en 1991, Jonathan Demme adaptó la novela del autor estadounidense Thomas Harris en el filme que en España se tituló *El silencio de los corderos*. Tanto en la novela como en la película se describe magistralmente el perfil de un asesino frío, calculador y en extremo racional, lejos de lo que sería un homicida impulsivo y emocional.

Os voy a contar una confidencia: después de ver la película, decidí que me encantaría estudiar neurociencia para entender cómo funciona el cerebro humano y posibilita que las personas nos comportemos de forma muy diferente ante la misma situación o que tengamos interpretaciones dispares de la realidad que nos rodea. Pero no nos detengamos en mí y vayamos a la película. Anthony Hopkins interpretó con tal realismo al personaje de Hannibal Lecter —un psiquiatra con marcadas tendencias caníbales— que el espectador es capaz de experimentar el miedo al ver el inexpresivo rostro del doctor Lecter.

Los casos de Jaeger Kurtz y Hannibal Lecter parecen tener bastantes elementos en común: asesinos fríos y calculadores, cazadores implacables de víctimas que son cosificadas, actos brutales que persiguen un fin, falta de remordimiento o miedo e incluso la posible experiencia de cierto placer o satisfacción.

Ahora traslademos la imaginación a un bar de carretera de Estados Unidos. Son las dos de la madrugada. En el ambiente del local de copas se respira cierta crispación. El suelo está pegajoso por el alcohol que se ha ido derramando a lo largo de la noche. Hay algunos corros en los que elencos de cinco o seis personas vociferan y reaccionan con gran vehemencia, seguramente por los efectos de las bebidas espirituosas que han ingerido. Sentado en una silla alta, tomándose una copa en la barra, se encuentra Tom Riddle, un empleado al que hace poco le han prohibido tener contacto directo con los clientes de la gasolinera en la que trabaja, dado que en diversas ocasiones ha mostrado una excesiva reactividad emocional ante situaciones en las que no resultaba necesario comportarse de esa manera. Quienes conocen a Tom nos dirían que es una persona muy impulsiva que salta a la mínima y que muestra una agresividad inusitada, no pareja al contexto que la provoca. De camino al lavabo, un cliente despistado y algo ebrio tropieza con Tom. La fortuna no lo acompaña: después del tropiezo, la copa se derrama y mancha con la bebida la parte central de la camisa de Tom, que, tranquilamente, intenta disfrutarla en solitud. En pocos segundos, y sin mediar palabra alguna, coge una fuente de cristal llena de cacahuetes rancios y en dudoso estado y la estampa sobre la cabeza del cliente que tuvo la mala suerte de tropezar, asentándole un golpe mortal.

Se ha producido un asesinato, pero es muy diferente a los que el doctor Lecter cometió contra sus pacientes. En este caso, el acto está cargado de gran impulsividad y de una reacción emocional de agresividad.

¿Podría existir alguna diferencia relacionada con la actividad cerebral que permitiera explicar dos perfiles tan distintos de asesinos, uno frío y calculador y otro impulsivo y emocional?

¿Qué sucede en el cerebro de un asesino impulsivo y emocional como el cliente del bar de carretera? Como hemos visto en capítulos anteriores, en una emoción se dan tres componentes diferenciados: (1) motor, somático o conductual, expresamos las emociones con el rostro o la postura del cuerpo; (2) autonómico, se nos eriza la piel y se nos dilatan las pupilas, nos late más rápido el corazón y se facilita el uso de la glucosa por parte de los músculos y el cerebro; y (3) endocrino, diferentes hormonas intensifican la respuesta autonómica. El hipotálamo, una estructura situada en la base del cerebro, no es ni mucho menos la que decide si se ponen en marcha o cuándo se activan, pero participa en el control de estas respuestas. De este modo, son diversos los núcleos (grupos de neuronas) hipotalámicos con proyecciones al tronco del encéfalo que regulan y modulan el funcionamiento de los sistemas motor, somático y autonómico. Asimismo, el hipotálamo, mediante sus conexiones con una glándula endocrina situada a sus pies (la hipófisis), ejerce un papel clave en los mecanismos de secreción hormonal. Por todo ello, el hipotálamo fue una de las primeras estructuras que se relacionó con la conducta agresiva.

En 1932, Stephen Ranson implantó electrodos en diferentes núcleos del hipotálamo de animales experimentales. Mediante la estimulación eléctrica, generó varias reacciones en ellos: alteraciones en la erección capilar y la motilidad gastrointestinal y vesical, y en la presión arterial o el ritmo cardiaco, entre otras. Más tarde, un investigador de la Universidad de Zúrich, Walter R. Hess, demostró que la estimulación eléctrica de algunas localizaciones del hipotálamo podía inducir diferentes respuestas de ataque y defensa. En 1949, Hess recibió el premio Nobel por sus trabajos sobre el papel del hipotálamo en la coordinación y regulación funcional de los órganos internos. En 1971, Panksepp descubrió que, cuando la estimulación eléctrica de la parte lateral del hipotálamo generaba agresión predatoria (como cuando un gato acecha con sigilo, agazapado, a una rata incauta), esa estimulación resultaba placentera para el animal. Es decir, cazar producía placer. Lo curioso de la situación es que cuando estimulaba otra región más medial del hipotálamo, el animal ponía en marcha conductas de amenaza (como cuando un gato se pone delante de un perro y enseña los dientes, arquea la espalda y se le eriza el pelo) y le resultaba desagradable.

Quizá te preguntes cómo podía saber Panksepp lo que les resultaba placentero o desagradable a los animales de su investigación. Llegó a esta conclusión porque, en el primer caso, los animales aprendían fácilmente a autoproporcionarse corrientes de estimulación en el hipotálamo lateral mediante una palanca (lo que indicaba que les gustaba estimularse esa parte del cerebro). Por el contrario, en el segundo, aprendían con facilidad a desconectar la estimulación eléctrica cuando esta se les proporcionaba en el hipotálamo medial (lo que indicaba que no les gustaba que se estimulase esa parte del cerebro).

¿Estos hallazgos neurobiológicos nos podrían ayudar a explicar las diferencias encontradas entre los asesinos impulsivos y emocionales y los que presentan un perfil frío, calculador, característico de un predador?

¿Qué sucede en el ser humano? Para contestar a esta pregunta, Raine *et al.* (1998) comprobaron la existencia de una disminución de la actividad de la corteza prefrontal y un aumento de la que hay en estructuras subcorticales como la amígdala en asesinos impulsivos y emocionales. Sin embargo, este patrón no se daba en asesinos fríos y calculadores como Jaeger Kurtz o el doctor Hannibal Lecter. Estos hallazgos cuadran con lo que los investigadores previos habían encontrado en gatos, dado que tanto la corteza prefrontal como la amígdala modulan la actividad del hipotálamo (véase la figura 8).[2]

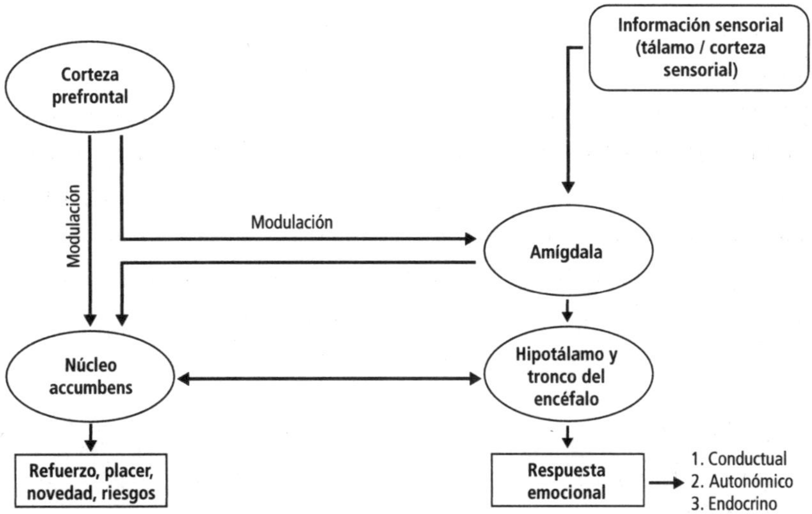

Figura 8. Regiones y estructuras cerebrales implicadas en la génesis de conductas agresivas. (Fuente: Diego Redolar).

Para añadir más leña al fuego, hablemos de la serotonina. Este neurotransmisor parece estar relacionado con las conductas agresivas. En concreto, una disminución de la actividad de este tipo de neuronas se ha relacionado con la agresión y la puesta en marcha de conductas de riesgo.[3] En 2002, New *et al.* pusieron de manifiesto que sustancias que incrementaban los niveles de serotonina cerebral generaban un aumento de la actividad de una región de la corteza prefrontal.[4] No obstante, esto no se daba en las personas que presentaban una historia previa de conductas agresivas e impulsividad. Dos años más tarde, estos mismos autores mostraron que, si se incrementaban farmacológicamente los niveles de este neurotransmisor, también aumentaba la actividad de la corteza prefrontal y se veía reducida la agresividad. En 2005, Frankle *et al.* pudieron comprobar que las personas que presentaban un historial de conductas agresivas impulsivas tenían un menor nivel de esta sustancia en la corteza prefrontal.

En 2005, Yang *et al.* encontraron que la reducción del volumen de la sustancia blanca de la corteza prefrontal (axones de las neuronas de esta región) se relacionaba con una disminución de los recursos cognitivos para manipular y controlar a otras personas y para tomar decisiones en situaciones determinadas. La gran pantalla no deja de presentar a asesinos que muestran este perfil, personas meticulosas a la hora de borrar su rastro, con las habilidades necesarias para tomar decisiones adecuadas en situaciones de riesgo y evitar su detención. Los asesinos de este tipo presentan bastante intacta la sustancia blanca de la corteza prefrontal en comparación con los asesinos más impulsivos y emocionales. Esto podría explicar por qué algunos son capaces de controlar su conducta y evitar que las autoridades los atrapen y otros, por el contrario, se dejan llevar por la respuesta emocional de agresión sin evaluar las consecuencias que este acto puede comportar a largo plazo.

En general, y salvando las diferencias individuales que nos encontramos en las ciencias de la conducta y la neurociencia, podemos decir que el cerebro de los asesinos impulsivos y emocionales, como Tom Riddle, se caracterizaría por tener una corteza prefrontal que funciona de forma incorrecta y una amígdala que se activa con facilidad. ¿Qué pasa con los asesinos fríos y calculadores? En 2018 se estrenó la película de cine independiente titulada *Joel*, basada en la vida y los crímenes de Joel David Rifkin (Nueva York, 20 de enero de 1959). Este asesino en serie estadounidense fue condenado a doscientos tres años de prisión por el asesinato de nueve mujeres entre 1989 y 1993. Los datos son escalofriantes, dado que se estima que asesinó a diecisiete mujeres entre esos años en la ciudad de Nueva York y Long Island. Se trataría de un asesino con un marcado perfil frío y calculador. Hoy sabemos que la conectividad entre la corteza prefrontal y la amígdala es clave para tomar decisiones morales, anticipar a largo plazo las consecuencias de la conducta y regular las emociones. Los experimentos que realizó Adrian Raine en 2023 han demostrado que la clave podría estar en una comunicación anómala entre la corteza prefrontal y la amígdala. Los psicópatas fríos y calculadores como Joel tienen una amígdala reducida, de modo que no sienten miedo cuando tienen una conducta antisocial. Asimismo, la conectividad entre esta estructura y la corteza prefrontal es pobre.

Entender la mente de los otros

La postura corporal o las expresiones faciales son solo una manifestación externa del estado mental inobservable de alguien. El término «estado mental» se utiliza para referirse a los conocimientos, las creencias, las intenciones y los deseos. Ser capaz de averiguar el contenido de la mente de alguien es una buena forma de predecir su comportamiento. Los seres humanos —y otras especies— han desarrollado mecanismos para enfrentarse a esto. ¿Entienden los asesinos en serie la mente de los demás? ¿Son capaces de ponerse en el lugar del otro?

Existen dos grupos de teorías que, desde la neurociencia y la psicología, han intentado abordar cómo entendemos la mente de nuestros congéneres. Por un lado, las diversas hipótesis de la simulación tienen en común la idea básica de que entendemos a los demás a través de un enfoque egocéntrico. Esto puede lograrse mediante un reflejo de los estados: por ejemplo, si miramos a una persona que está sintiendo alegría, nos puede hacer sentir alegres al activar los circuitos neurales implicados en procesar las emociones, lo que nos permite inferir su estado mental. Aquí cobran especial importancia las neuronas espejo.[5]

Un segundo grupo de teorías estaría constituido por aquellas que buscan la explicación principal en la existencia de un mecanismo orquestado para inferir y razonar sobre los estados mentales de los demás. Es la denominada «teoría de la mente», es decir, la habilidad para comprender y predecir la conducta de otras personas, sus conocimientos, emociones, intenciones y creencias. Se trata de la capacidad de representar estados mentales diferentes a los propios.[6]

Diversos trabajos han manifestado que los asesinos fríos y calculadores como Jaeger Kurtz, Hannibal Lecter o Joel David Rifkin presentan un importante déficit para identificarse con los demás, compartir sus sentimientos y representar estados mentales diferentes a los propios. Cada vez sabemos más sobre las bases neurobiológicas subyacentes en el procesamiento emocional y la cognición social y la implicación de regiones importantes en estos actos.[7]

En este capítulo no he pretendido, ni mucho menos, presentar de forma exhaustiva los perfiles de asesinos que pueden existir. Personajes de ficción como Jaeger Kurtz, Hannibal Lecter o Tom Riddle, y personas que realmente existieron, como Joel Rifkin, autorizan con ejemplos un conjunto de rasgos conductuales, cognitivos y neurobiológicos peculiares que intentan caracterizar dos perfiles distintos de asesinos. No obstante, debemos tener en cuenta que existen muchas diferencias individuales entre las personas, y que el resultado final de un proceso neurobiológico y mental puede verse influido tanto por la experiencia previa como por distintos aspectos socioculturales. Con la neurociencia pretendemos arrojar pequeñas pinceladas de luz sobre diversos ámbitos que acotamos para facilitar su comprensión, pero la realidad, en ocasiones, puede resultar mucho más compleja.

8

El hombre que vivía en un presente permanente

> Somos nuestra memoria, somos ese quimérico museo de formas inconstantes, ese montón de espejos rotos.
>
> JORGE LUIS BORGES,
> «Cambridge», *Elogio de la sombra*

Allí estaba el papel con motivos florales hasta media pared; la otra mitad estaba cubierta con listones de madera oscura y ajada. Los tubos fluorescentes parpadeaban derramando una luz intermitente que asignaba una calidad humilde a la escena. El olor a mantequilla de cacahuete en la cocina, apenas ventilada, destacaba sobre la atmósfera viciada que se respiraba en el resto de la casa y que no respondía a ningún olor en concreto, sino que otorgaba al aire una pesadez que molestaba cuando se entraba de la calle.

Henry miró por la ventana y detuvo su atención en el consabido festival de colores que concedía la primavera al parque ubicado delante de su casa. Sus ojos se fijaron en las cabriolas que dibujaba en el aire una pluma que algún pájaro distraído había perdido en las inmediaciones del parque. Una hoja seca, que rielaba hacia uno y otro lado, parecía estar atrapada en el vértice de una roca. El viento soplaba con fuerza, como rugiendo denuestos hacia todo aquello que quisiera impedir su paso. La arena blanca y fina se movía recordando el mar. Parecían los cabrilleos que, a modo de olas párvulas, blancas y espumosas, se levantan cuando el agua empieza a agitarse. En lontananza podía distinguirse el límite visual de la superficie de una planicie donde parecían yuxtaponerse el cielo y la tierra.

En el parque, el destello de las aspas de un pequeño molino metálico de color rojo lo llevó inmediatamente al verano que pasó en Florida con su familia de pequeño. Una memoria refulgía entre las aspas. Una memoria detallada, llena de olores, vivencias y emociones; una memoria callada que hablaba de mucho; una memoria capaz de transportar a Henry a otro lugar y otro momento. Recordó el viaje en coche; recordó los eventos que allí acontecieron y todos los episodios que se produjeron; recordó a su familia, el sol, la arena y el mar. Henry tenía la cara deformada por un gesto de llanto contenido; había desempolvado y quitado las telarañas a las emociones de ese recuerdo. El recuerdo importante y vital, pero sucinto, se desvaneció, y volvió a las aspas del molino metálico.

Henry podía adentrarse en el pasado y recolectar retazos como aquel que vendimia y recoge el suculento fruto bermejo de la vid que terminará siendo azulado o incluso negro y comprende cuándo tiene que cogerse. Sabía cómo llegar a ese pasado con todo lujo de detalles hasta un punto en su vida, en 1953, a partir del cual la información dejó de almacenarse en su cerebro y fue bruscamente despedido del fluir del tiempo. En 1953 perdió la capacidad de almacenar a largo plazo los datos que registramos del entorno, los eventos que vivimos o los hechos que aprendemos (proceso que los neurocientíficos denominamos «consolidación de la memoria»). Podía recordar lo que ya había almacenado, pero no formar nuevos recuerdos.

¿Alguna vez te has preguntado por qué tenemos la sensación de continuidad en la vida? Esto ocurre gracias a una región del encéfalo denominada «hipocampo».[1] Cuando vivimos un episodio en nuestra vida, el hipocampo puede consolidarlo en un recuerdo a largo plazo al relacionarlo con los datos almacenados con anterioridad. El presente deja un trazo que enlaza con la información recién registrada y la antigua que está almacenada. Si no tuviéramos hipocampo, perderíamos la capacidad de almacenar los episodios que experimentamos, y estaríamos viviendo en un presente continuo sin la capacidad de almacenar información, sin tener continuidad en nuestra vida. Esto es lo que le ocurrió a Henry Gustav Molaison: un hombre que vivió en un presente permanente desde 1953.

La historia

El 11 de agosto de 1935, cuando Henry tenía nueve años, fue atropellado por un ciclista en su vecindario de Hartford, Connecticut. A resultas del accidente, le sobrevinieron unos ataques epilépticos que fueron agravándose con la edad y que no podían atajarse con medicación alguna. A los veintisiete años no podía llevar una vida autónoma.

El 1 de septiembre de 1953 se sometió a una cirugía cerebral radical para intentar controlar sus crisis epilépticas. La operación la realizó el doctor William Scoville, un destacado neurocirujano que le extrajo parte de cada uno de los lóbulos temporales mediales y, con ello, los dos tercios anteriores de los dos hipocampos y otras estructuras adyacentes.[2]

Por aquella época, Brenda Milner era una joven neuropsicóloga graduada en Psicología por la Universidad McGill, en Montreal. Tuve la oportunidad de pasar allí unos meses investigando sobre las neurociencias, y comprobé el espíritu que allí se respiraba. Era la cuna de la psicobiología y la neuropsicología. No es que me gusten en demasía los cotilleos, pero, dicho sea de paso, Brenda se casó con Peter Milner, un destacado neurocientífico conocido por su trabajo en neurofisiología y psicobiología del que te hablaré en el capítulo 10.

Milner era discípula de Wilder Penfield, fundador y director del Montreal Neurological Institute-Hospital de la Universidad McGill. Antes del caso de Henry, Penfield había extirpado parte del lóbulo temporal medial izquierdo a dos pacientes con el objetivo de reducir sus crisis epilépticas. Él y Milner estuvieron estudiando esos casos de forma exhaustiva: ambos pacientes presentaron dificultades para formar nuevos recuerdos. La diferencia con Henry fue que a él Scoville le extirpó los dos hipocampos, tanto el izquierdo como el derecho. Cuando falta un hipocampo, el que permanece puede llevar a cabo diferentes funciones de conocimiento tanto verbal como no verbal que posibiliten un aprendizaje y una memoria satisfactorios. Si faltan los dos, como en el caso de Henry, la cosa cambia.

Milner examinó por primera vez a Henry en abril de 1955, veinte meses después de su intervención quirúrgica. Las pruebas neuropsicológicas que Brenda le realizó mostraron que su inteligencia general era superior a la media y que sus capacidades de percepción, pensamiento abstracto y razonamiento eran normales. Sin embargo, cuando comprobó su capacidad para recordar la información más allá del presente inmediato —su memoria a largo plazo—, el déficit era evidente, a pesar de su gran motivación y cooperación. Cuando se le pedía que recordara historias breves y dibujos geométricos, sus puntuaciones estaban muy por debajo de la media, y en algunos casos eran cero. A lo largo de las pruebas, a Milner le llamó la atención que cuando Henry iniciaba una nueva tarea ya no podía recordar la anterior o darse cuenta de que una la había repetido dos veces; para él, todo era siempre nuevo.

Mientras Milner seguía estudiando el caso de Henry durante años, Scoville continuó con su práctica neuroquirúrgica activa y publicó más de cincuenta artículos en revistas médicas, pero no atendió más a Henry. Sin embargo, seguía interesado en su caso. Scoville fue consciente de la valiosa información que aportó al estudio de las bases neurobiológicas de la memoria, y arrastró la culpa durante toda la vida. En una conferencia científica, en 1974, calificó la operación de Henry de «trágico error». Según su esposa, «lamentaba de corazón» lo que había hecho.

Pérdidas

Desde el principio, uno de los aspectos más sorprendentes de la pérdida de memoria de Henry fue lo extraordinariamente específica que era. Todos los episodios que vivió y todos los conocimientos que podía haber adquirido después de la operación en 1953 nunca se almacenaron, pero conservaba la mayor parte de los acontecimientos vividos y todo lo que había aprendido antes de que se la practicasen: conocía a sus padres y otros familiares, recordaba hechos históricos que había aprendido en el colegio, tenía un buen vocabulario...

Los neurocientíficos denominamos «anterógrada» a este tipo de amnesia, dado que no perdemos lo que ya está consolidado y guardado en el almacén cerebral, sino la capacidad de afianzar nuevas memorias. Esto implica que el hipocampo es necesario para que se asiente la memoria, pero que la información no se guarda en esta estructura ni la recupera el hipocampo; si así fuese, Henry hubiera sido incapaz de acordarse del viaje a Florida con su familia. Más adelante te explicaré que las memorias parecen guardarse en la corteza de asociación, y que la corteza prefrontal es la región crítica para evocarlas en forma de recuerdos una vez están consolidadas.

Por otro lado, la memoria a corto plazo de Henry parecía estar preservada. Cuando los investigadores le decían tres números (por ejemplo, trece, diez y veintidós) y le pedían que los recordase durante un breve intervalo de tiempo, era capaz de hacerlo siempre y cuando no dejase de pensar en ellos.

En la vida diaria, utilizamos constantemente la memoria a corto plazo. A medida que asimilamos información del mundo, podemos utilizarla para activar procesos cognitivos más complejos. Por ejemplo, si quisiéramos multiplicar trece por diez y después dividirlo entre veintidós, sería necesario realizar los cálculos, guardar los resultados, combinar números y comprobar su exactitud. La tarea requiere mucho más esfuerzo que limitarse a regurgitar elementos de la memoria a corto plazo: se fundamenta en las ideas abstractas de los números y en realizar dos operaciones con ellos, la multiplicación y la división. Este proceso se denomina «memoria de trabajo»: una extensión esforzada de la memoria a corto plazo, un espacio de trabajo mental donde tienen lugar las operaciones cognitivas.

¿En qué se diferencia la memoria de trabajo de la memoria a corto plazo? Pensemos en la memoria a corto plazo como algo simple y en la memoria de trabajo como algo complejo. Ambas son temporales, pero la memoria a corto plazo es la capacidad de reproducir tres números tras un breve lapso o sin él (como decir trece, diez y veintidós), mientras que la memoria de trabajo requiere almacenar pequeñas cantidades de información y trabajar al mismo tiempo con ella para realizar tareas complejas (como multiplicar trece por diez y dividir el resultado entre veintidós). Cuando utilizamos la memoria a corto plazo, nos limitamos a repetir una cantidad limitada de información, mientras que, cuando accedemos a la memoria de trabajo, podemos controlarla y manipularla como queramos. La memoria de trabajo organiza todos los procesos cognitivos y neuronales necesarios para alcanzar un objetivo a corto plazo (descifrar frases largas, resolver problemas, seguir el argumento de una película, mantener una conversación y un largo etcétera de acciones de la vida cotidiana). La memoria de trabajo de Henry funcionaba bien, dado que, en primera instancia, no depende del hipocampo, sino de la corteza prefrontal dorsolateral. No obstante, cuando la tarea implicaba una alta demanda cognitiva, más de la que puede sustentar la capacidad de memoria de trabajo, tenía un rendimiento inferior al de los demás, lo que sugiere que, en estas situaciones, la corteza prefrontal podría ayudarse del hipocampo.

Henry podía realizar tareas cotidianas como lavarse los dientes, afeitarse y comer, y aprender nuevas habilidades y procedimientos, a pesar de no ser consciente de ello. Por ejemplo, en 1962, Milner le planteó la tarea de trazar una figura mediante un espejo: Henry debía recorrer el contorno de una estrella de cinco puntas sin observar la figura y su mano de forma directa, solo a través de un espejo. La primera vez que se hace esta tarea se cometen muchos errores, pero, con la práctica, se mejora la ejecución y el rendimiento. Henry la repitió varias veces durante tres días. En la última sesión apenas cometió errores, lo que indica que la había aprendido. No obstante, cuando Brenda le preguntó si había realizado la tarea, Henry le respondió: «¿Qué tarea? Nunca había visto este espejo». Años más tarde se la repitió y Henry seguía haciéndola correctamente, pero no era consciente de haberla hecho en el pasado.

Otra de las tareas que utilizaron para poner a prueba la memoria de Henry fue la del rotor de persecución. En ella, tenía que apoyar la punta de un lápiz óptico en un objetivo dibujado sobre un disco rotatorio en movimiento y mantener el lápiz óptico en contacto con el objetivo. Durante los siete días que duró la prueba, sus puntuaciones mejoraron; asimismo, tras una semana sin practicar, Henry conservó esta habilidad.

También le pasaron la prueba de figuras incompletas de Gollin. La tarea consistía en ver dibujos lineales sencillos de veinte objetos y animales comunes, como un paraguas o un elefante. Se empezaba con una representación muy esquemática que contenía pocos trazos de cada objeto u animal, lo que hacía casi imposible interpretarlo, y poco a poco se iban añadiendo más para terminar con una imagen completa y reconocible. Después de cuatro ensayos, realizó la prueba sin errores. Una hora más tarde, sin previo aviso, Henry volvió a ver el mismo conjunto de imágenes e identificó los fragmentos en menos ensayos. No obstante, no era consciente de haber hecho antes esa tarea. Para él volvía a ser algo nuevo, a pesar de que una hora antes había realizado cuatro ensayos. Henry había aprendido una habilidad perceptiva sin conocimiento explícito.

Todos estos aprendizajes y su almacenamiento en la memoria, como explicaré después, en primera instancia no dependen del hipocampo, sino de otras estructuras. Analizar las capacidades que le quedaban a Henry resultó tan instructivo como estudiar las que había perdido. Una lección importante que los científicos han aprendido de estas personas con pérdida de memoria selectiva es que no es un proceso único, sino un conjunto de muchos diferentes con distintos sistemas neurales implicados. Veamos cuáles son los diferentes sistemas de memoria de los que dispone el cerebro.

¿Es lo mismo aprendizaje que memoria?

Es necesario partir de una premisa vertebral: el entorno modifica el comportamiento, puesto que cambia el sistema nervioso.

«Aprendizaje» es un término muy relacionado con «memoria», y se utiliza como sinónimo de adquirir nueva información o conocimiento. Por su parte, la memoria constituye una serie de procesos por los que este conocimiento adquirido es codificado, almacenado y, más tarde, recuperado para guiar el comportamiento y planificar acciones futuras. La codificación consiste en los procesos por los cuales las experiencias pueden alterar el sistema nervioso. Se cree que estas alteraciones, conocidas como «trazas de memoria», implican principalmente cambios en la fuerza o el número de conexiones sinápticas entre las neuronas, tal como te comentaré más adelante. El almacenamiento es la retención de las trazas de memoria a lo largo del tiempo. A largo plazo requiere procesos de estabilización o consolidación en el ámbito de las neuronas y los sistemas neurales implicados. La recuperación es el acceso a las trazas de memoria almacenadas, lo que puede conducir a un cambio en el comportamiento y, a veces, se asocia con la experiencia consciente de recordar.

La memoria nos permite aprender del pasado, comprender el presente y planificar el futuro. Todas las capacidades cognitivas dependen de ella en un grado u otro. Tal como te he explicado en el capítulo 2, la percepción es el resultado de la interacción entre los estímulos sensoriales y los conocimientos almacenados sobre el mundo. Por ejemplo, la identificación de objetos depende del acceso a los recuerdos preexistentes sobre ellos. La atención también está subordinada a la memoria, ya que las experiencias pasadas guían los procesos de búsqueda y selección de estímulos relevantes en el entorno. Las respuestas emocionales también se ven alteradas por los recuerdos. De hecho, en personas diferentes, estímulos idénticos pueden provocar respuestas emocionales muy distintas, según sus experiencias vitales. El lenguaje depende de conceptos y reglas gramaticales almacenados en la memoria. La toma de decisiones suele requerir información que debe recuperarse de ella. Por último, el sentido del yo y la capacidad de proyectarnos en el futuro dependen de los recuerdos personales.

Memorizamos y recordamos muchas cosas; sin embargo, no parecen procesarse ni almacenarse en las mismas regiones cerebrales. Ninguna estructura cerebral o mecanismo celular puede explicar todos los tipos de aprendizaje o de memoria. Asimismo, la forma en que una información concreta queda almacenada puede cambiar a lo largo del tiempo.

El lóbulo temporal medial ha sido una de las regiones que ha experimentado mayor número de investigaciones, potenciadas, posiblemente, por las evidencias clínicas, como el caso de Henry.

Memoria a corto plazo versus memoria a largo plazo

La memoria a corto plazo nos permite almacenar una cantidad limitada de información durante un corto periodo de tiempo. Es bastante frágil y transitoria, muy vulnerable a casi cualquier tipo de interferencia. Por el contrario, la memoria a largo plazo nos permite almacenar una gran cantidad de información durante un tiempo ilimitado; es más estable y duradera, poco vulnerable a las interferencias.

El proceso de formación de la memoria a largo plazo parece ser gradual, y presenta grados crecientes de estabilidad a medida que pasa el tiempo y con la evocación repetida de los datos almacenados. En cualquier caso, las memorias no son inmutables y suelen cambiar con el tiempo, ya que pueden ser modificadas y moduladas por una gran diversidad de factores. La demostración de la vulnerabilidad de la memoria cuando se encuentra en un estado activo refuerza la idea de que si se reorganizan los recuerdos en función de las nuevas experiencias, pasan por un proceso de estabilización. De este modo, en la formación de una memoria —tal como comentaba al inicio del capítulo—, el aprendizaje permite adquirir la información a través de los sentidos, la codificación implica cambios en la fuerza o en el número de conexiones sinápticas entre las neuronas, el almacenamiento implica la retención de la memoria a lo largo del tiempo al estabilizarla de forma gradual (consolidación) y la recuperación reactiva las memorias almacenadas para que puedan usarse como guía de la propia conducta.

Desde un punto de vista neurobiológico, la consolidación de la memoria se refiere al proceso por el que las memorias a corto plazo se convierten en memorias a largo plazo, es decir, el periodo de transición desde un estado fisiológico inicial lábil hasta que se establece una memoria duradera. El tiempo de consolidación está relacionado con el curso temporal que siguen los procesos celulares y moleculares subyacentes al aprendizaje, y depende de las interacciones entre los diversos sistemas de memoria (que explicaré en los próximos apartados). Durante la consolidación se produce la actividad neural necesaria para estabilizar las asociaciones adquiridas en el aprendizaje. Hasta que no se fijan, la memoria es susceptible a la disrupción.

De un tiempo a esta parte han surgido nuevos estudios que parecen demostrar que las memorias pueden ser frágiles no solo después del aprendizaje, sino también tras su reactivación o recuperación. El estadio de consolidación que sigue a la reactivación de la memoria previamente adquirida se conoce como «reconsolidación». Durante este periodo, una traza de memoria estable se puede volver débil y modulable de nuevo. A pesar de que diferentes estudios sugieren que ambos estadios (consolidación y reconsolidación) podrían compartir procesos celulares y moleculares, presentan algunas diferencias importantes.

¿El saber no ocupa lugar?

Una pregunta que quizá te estés planteando es cómo se adquiere y almacena la información en el cerebro. En el contexto de la neurociencia, nos referimos a la «traza de memoria» como los cambios físicos y químicos que ocurren en el cerebro cuando se forma una memoria, fundamentales para el almacenamiento y la recuperación de los datos. Te puedo decir que, desde el punto de vista celular y molecular, cuando adquirimos la información del entorno y la almacenamos, se producen varios cambios en la efectividad de la comunicación entre las neuronas (modificaciones sinápticas). La actividad que tiene lugar entre las neuronas permite el fortalecimiento de las conexiones entre ellas a través de diferentes mecanismos.

La traza de memoria a corto plazo empieza a perder intensidad de forma progresiva minutos después de adquirir el aprendizaje. No parece implicar la síntesis de nuevas proteínas a partir de la activación de genes, y puede seguir diferentes rutas bioquímicas en función del área cerebral estudiada.

Por su parte, los mecanismos moleculares de la formación de la memoria a largo plazo parecen ser similares en los diferentes sistemas de memoria. Además, requieren la activación de ciertos genes y la síntesis de proteínas, que originan determinadas modificaciones estructurales en las neuronas y permiten, por consiguiente, la estabilización de los cambios en la efectividad de la comunicación entre ellas.[3] Por otra parte, en algunos sistemas de memoria (como luego te comentaré) se forman nuevas neuronas[4] que utilizamos para consolidar la información a largo plazo.

Cuando aprendemos, y la información se mantiene a largo plazo, se necesitan cambios en las conexiones de las neuronas, modificaciones en su estructura y el uso de las nuevas neuronas que se acaban de crear. Por lo tanto, podríamos decir que el saber ocupa lugar.

Sistemas de memoria

La memoria no es un fenómeno unitario. Los investigadores distinguen entre los sistemas que mantienen los recuerdos durante unos segundos o minutos (memoria a corto plazo) y los que los mantienen durante periodos más largos (memoria a largo plazo). Dentro de los sistemas de memoria a corto plazo, podemos destacar la memoria de trabajo, que nos permite mantener y manipular información en línea durante unos segundos o minutos. Tal como he explicado al inicio del capítulo, la memoria de trabajo requiere almacenar pequeñas cantidades de información y trabajar de forma simultánea con ella para realizar tareas complejas. Se trata de un tipo de memoria en el que la corteza prefrontal dorsolateral desempeña un papel básico.

Los sistemas de memoria a largo plazo se encargan de retener la información durante periodos más largos (días, meses, décadas...) y suelen dividirse en declarativos y no declarativos.

La memoria declarativa (también conocida como la que se adquiere mediante mecanismos explícitos, memoria explícita, para simplificar) se refiere a la memoria consciente de acontecimientos (episódica) y hechos (semántica).

En la memoria episódica adquirimos la información con un origen específico temporal o aquella que está relacionada con circunstancias de la vida de una persona. Estos datos dependen del contexto en que se ha adquirido en relación con el tiempo, el espacio o las relaciones con otras personas o circunstancias. Las memorias episódicas suelen referirse a información sobre uno mismo, y se organizan en torno a un periodo de tiempo específico. Las formadas a través de este tipo de aprendizaje se recuerdan de manera consciente, de tal forma que parece que somos capaces de volver a experimentarlas. Se trata de un tipo de memoria susceptible al olvido. Un ejemplo sería acordarnos de que, antes del concierto de Coldplay al que asistimos el año pasado, fuimos a cenar a un restaurante japonés y que, al terminar el evento, nos compramos una camiseta de la banda (que guardo como oro en paño).

En la memoria semántica se adquiere la información que implica hechos sobre el mundo, sobre nosotros mismos y sobre el conocimiento que compartimos con una comunidad. Este tipo de información es relativamente independiente del contexto temporal y espacial en el que se ha adquirido. Se trata, por lo tanto, de datos que hacen referencia al conocimiento compartido con los demás. No se organizan en torno a un periodo temporal específico, y resultan menos susceptibles al olvido que la información episódica. Las memorias formadas mediante este tipo de aprendizaje proporcionan una sensación de conocimiento, no tanto un recuerdo consciente de una información específica o una vivencia. Un ejemplo sería saber que París es la capital de Francia o que el hipocampo se encuentra en el interior del lóbulo temporal medial.

Como habrás podido concluir, la operación de Henry alteró gravemente su capacidad de formar memorias declarativas. Este caso no solo aparece en libros de neurociencia; también Hollywood se ha hecho eco de este extraordinario caso. En la insólita y excelente película de suspense *Memento* —en la que podemos deleitarnos con la actuación estelar de Carrie-Anne Moss y Guy Pearce—, se nos introduce en la asombrosa historia de Lenny (Guy Pearce). Este sufrió un accidente que le indujo una potente amnesia y no puede guardar nuevos recuerdos. No obstante, Lenny presenta una capacidad sensorial normal y una memoria a corto plazo que le permite llevar a cabo acciones cotidianas. Para acceder a la información de lo que le ha sucedido, genera un método: emplea instantáneas tomadas con una Polaroid para reconocer a la gente con la que se relaciona, dónde vive y otros aspectos básicos para el devenir del día a día. Incluso llega a tatuarse información que considera importante para entender lo que le está sucediendo.

En definitiva, a través del aprendizaje explícito se forman memorias conscientes que el individuo sabe que tiene, cuya existencia y contenido puede declarar. Por este motivo, esas memorias suelen conocerse como «declarativas». Gracias a casos como el de Henry, hoy sabemos que este tipo de memorias dependen de la formación hipocampal. Además, el aprendizaje espacial (aprender qué relaciones pueden establecerse entre diferentes elementos o estímulos de un contexto espacial, como cuando dejamos el coche en el aparcamiento de unos grandes almacenes o tenemos que volver al hotel después de callejear por el centro histórico de una ciudad) también depende de esta estructura cerebral. Por eso otra de las expresiones con las que se denomina al aprendizaje declarativo o explícito es «aprendizaje relacional», que incluye los momentos en que establecemos (1) relaciones entre los acontecimientos sucedidos en relación con el contexto temporal (episódico), (2) relaciones entre conceptos y conocimientos (semántico) y (3) relaciones entre los elementos que configuran un contexto espacial (espacial).

Aunque al principio la memoria declarativa se distinguía por tener un componente de conciencia, los investigadores han desarrollado tareas que dependen de regiones cerebrales similares en roedores y monos, y que pueden utilizarse para estudiar la memoria declarativa en animales no humanos.

Por su parte, la memoria no declarativa (que se adquiere a través de mecanismos implícitos, para simplificar, memoria implícita) se refiere a los recuerdos que se expresan a través de la ejecución independientemente de la conciencia. Existen varias formas de memoria no declarativa.

A diario nos encontramos con una cantidad ingente de aprendizajes que con probabilidad son implícitos. Con frecuencia llevamos a cabo tareas que pueden enseñarse y aprenderse con facilidad a través del modelado o la repetición, pero cuesta explicarlos y etiquetarlos de forma explícita. Si en un contexto experimental proporcionamos a los sujetos de la investigación un conjunto de estímulos generados teniendo presente una serie de reglas simples, estos inferirán las regularidades subyacentes de forma inconsciente. Los niños aprenden el lenguaje sin etiquetar las palabras que escuchan como nombres, adjetivos o verbos: prestan atención a los sonidos del habla y aprenden de manera implícita las regularidades subyacentes. En muy pocas ocasiones tenemos conciencia de los patrones abstractos del mundo que nos rodea (las progresiones armónicas de una sinfonía, las regularidades de la gramática, las pinceladas en una obra de arte…).

En definitiva, los sistemas de memoria no declarativa (memorias de habilidades sensoriomotoras, hábitos, diferentes tipos de condicionamiento, memoria emocional, etcétera) en la mayoría de los casos son independientes de la conciencia y la integridad del lóbulo temporal medial (recuerda: es la parte del cerebro que le extrajeron a Henry).

Ahora te pondré algunos ejemplos de memorias declarativas y después entraré en las no declarativas.

Déjà vu

Una de las sagas que probablemente ha actuado como revulsivo para el actual cine de ciencia ficción ha sido *Matrix*, una tetralogía escrita y dirigida por las hermanas Wachowski. En la primera entrega se alude en varias ocasiones al fenómeno del *déjà vu* en relación con fallos del sistema producidos por cambios inesperados en los programas que controlan el mundo ficticio en el que transcurre la vida de los protagonistas. ¿Qué es el *déjà vu*? En la actualidad, este fenómeno se conoce en la literatura como *déjà vécu*, y se refiere a la sensación de haber vivido antes esa misma experiencia. Se puede describir como sentir que se ha sido testigo o que se ha experimentado antes una vivencia determinada. ¿A qué puede deberse? Hoy sabemos que todos podemos percibir esta serie de episodios en algunas ocasiones de la vida. Algunos autores habían sugerido que se podrían producir por alteraciones puntuales y momentáneas en el funcionamiento del lóbulo temporal medial. No obstante, hasta el estudio del cerebro de un paciente que presentaba frecuentes episodios de *déjà vécu* no se ha podido aclarar lo que sucedía desde el punto de vista neural. Así, experimentos con técnicas de neuroimagen estructural han revelado una importante atrofia bilateral en el lóbulo temporal medial de este paciente.

¿Tenemos un GPS interno en el cerebro?

El hipocampo parece desempeñar un papel importante en el almacenamiento de las representaciones espaciales que hacemos del entorno. Diferentes estudios de neuroimagen funcional han observado que durante la ejecución de tareas espaciales aumenta la actividad en esta estructura.

En el año 2000, Maguire *et al.* demostraron que algunos taxistas londinenses con años de experiencia presentaban un mayor volumen de la región posterior del hipocampo del hemisferio derecho en comparación con individuos control. Este estudio mostró que el hipocampo posterior almacena una representación espacial del entorno en personas con una alta dependencia de las habilidades de navegación.[5] Sería como tener un GPS en el interior del cerebro. Años después, Spiers, Maguire y otros autores analizaron la memoria episódica topográfica en personas sanas y pacientes a los que se les había extirpado el lóbulo temporal derecho o izquierdo. La investigación consistía en mostrar una ciudad creada con realidad virtual. Tras explorarla, la memoria topográfica de los sujetos se puso a prueba al obligarles a desplazarse a lugares específicos de la ciudad. También se evaluó la capacidad de reconocer y dibujar mapas de esta. En la tarea se combinaban tanto elementos episódicos como espaciales. Los resultados mostraron que los pacientes a los que se les había extirpado el lóbulo temporal derecho fueron peores en las pruebas que dependían de la memoria espacial,[6] mientras que a los que se les había extirpado el izquierdo lo fueron en las pruebas que dependían de la memoria episódica.

En 1971, el neurocientífico John O'Keefe y su equipo descubrieron que algunas células del hipocampo de la rata se activaban solo cuando el animal se encontraba en una localización concreta del entorno experimental. A estas células se las denominó «células de lugar» (*place cells*) y se identificaron en la zona del hipocampo de la rata que corresponde a la región posterior del hipocampo en los seres humanos. La activación de las células de lugar del hipocampo parece reflejar dónde cree estar el animal.

De forma añadida a las células de lugar —que se activan cuando el animal se encuentra en una localización particular dentro de un entorno estructurado a nivel espacial—, el hipocampo contiene células de tiempo (*time cells*), que se activan en momentos particulares de un periodo estructurado temporalmente.

Las células de tiempo están controladas por claves temporales (el inicio y el final de un episodio) y por la estructura temporal de una experiencia, al igual que las células de lugar lo están por claves espaciales y por la estructura espacial del entorno. A pesar de que las representaciones de tiempo y lugar pueden medirse de forma separada en los experimentos realizados en animales, todo parece indicar que las mismas neuronas codifican la información temporal y la espacial.[7]

En definitiva, el hipocampo contribuye a la memoria organizando elementos de la experiencia tanto en el contexto espacial como en el temporal. A pesar de que la codificación temporal y espacial sea prevalente en los patrones de actividad de las neuronas hipocampales, un aspecto común en ambas dimensiones es la asociación por proximidad en tiempo o espacio. Las células de lugar y las de tiempo podrían ser el reflejo de una función básica del hipocampo: dar soporte a redes asociativas que representan un amplio rango de relaciones entre los elementos de las memorias (memoria relacional).

El hipocampo, mediante sus conexiones directas o indirectas con otras regiones de la corteza,[8] resulta de cardinal importancia para la formación de la memoria explícita o declarativa a largo plazo. Su lesión, como en el caso de Henry, impide la formación de nuevas memorias.

En los siguientes apartados me centraré en ejemplos de memorias no declarativas.

¿Cómo aprende a conducir el cerebro?

Tal como te expliqué en el capítulo 1, conducir es una conducta complicada. Para ello, primero es necesario establecer conexiones directas entre los circuitos neurales que participan en la percepción (explicados en el capítulo 2, regiones de la corteza sensorial de asociación), en el movimiento (diferentes regiones premotoras, motoras y de asociación implicadas en el control motor) y en funciones superiores como la atención y el control cognitivo (corteza prefrontal y parietal posterior). Esos cruces conectivos entre distintas áreas del cerebro se establecen mediante conexiones que solo implican a la corteza cerebral; son los denominados «circuitos transcorticales».

Echemos la vista atrás y volvamos a cuando aprendíamos a conducir (los que sabemos). Como ya he comentado en el primer capítulo, nos parecía imposible cambiar de marcha mientras estábamos pendientes del peatón que se disponía a cruzar por el paso de cebra e intentábamos entablar una conversación con el copiloto. Asimismo, teníamos que repetirnos mentalmente la secuencia de acciones que debíamos realizar: «Veamos, piso el embrague, muevo la palanca de cambio de marcha a la izquierda y hacia delante, levanto despacio el pie del embrague...».

Conducir nos resultaba extenuante debido a que dedicábamos gran parte de los recursos cerebrales a recordar las reglas y aplicarlas a la conducta. Por eso nos costaba mucho responder a otros estímulos del entorno e intentábamos hacer caso omiso de cuanto nos pudiera distraer. No se nos pasaba por la cabeza escuchar música o las noticias de la radio.

Poco a poco fuimos tomando el control. Con la práctica, conseguimos conducir de manera fluida, sin pensar en cada paso. La neurociencia nos dice que cuando conducir se vuelve automático, se debe a que hemos transferido esta conducta aprendida a unas estructuras llamadas «núcleos o ganglios basales».

Al principio, estas estructuras cerebrales se comportan como observadoras pasivas de la situación: solo reciben datos sensoriales sobre los estímulos presentes y las respuestas que estamos dando (áreas motoras de la corteza frontal). Disponen de toda la información que necesitan para controlar los progresos de alguien que está aprendiendo a conducir.

A medida que la conducta se repite una y otra vez, empiezan a aprender qué tienen que hacer. Al final, acaban por encargarse de casi todos los detalles del proceso. Eso deja libres a los circuitos transcorticales para hacer otras cosas, como escuchar la radio o participar en una entretenida conversación sobre política o fútbol con el resto de los pasajeros. Esta transferencia de la corteza cerebral a los núcleos basales deja el acto de conducir en manos de una especie de piloto automático. Es decir, empezamos a hacerlo de manera más mecánica y fluida, sin pensar en cada paso. Y eso, claro está, descarga cognitivamente distintas regiones cerebrales. No obstante, a veces esta automatización nos juega malas pasadas. ¿Quién no se ha equivocado alguna vez de trayecto y, en lugar de ir a la consulta del dentista ha tomado la ruta del trabajo de forma automática? En el fondo, no es raro que nos quedemos ensimismados y divagando en pensamientos muy variados cuando nos sentamos al volante, centrados en asuntos que no tienen nada que ver con lo que ocurre frente al coche. Esto tiene la ventaja de que nos permite aprovechar el trayecto para pensar en cómo vamos a bregar con los problemas del trabajo o cómo le diremos a nuestra pareja que la relación ya no funciona. El problema surge cuando aparece un estímulo imprevisto durante la conducción (se nos cruza un coche en una salida o aparece un peatón por una esquina y se mete en la calzada) que requiere que salgamos del modo piloto automático y tomemos las riendas de forma activa. Si nos ensimismamos en los pensamientos y la reacción no es lo bastante rápida, podríamos sufrir un accidente.

Mediante el uso de técnicas funcionales de neuroimagen, se ha podido comprobar que el estriado dorsal (una porción de los núcleos basales) se activa cuando los sujetos experimentales llevan a cabo tanto tareas de aprendizaje de formación de hábitos sensomotores (por ejemplo, aprender a conducir) como tareas de aprendizaje de formación de hábitos sin componente motor (cognitivos). A menudo nos referimos a estos aprendizajes como «procedimentales», dado que asimilamos procedimientos motores o de naturaleza cognitiva.

Las personas que presentan alteraciones neurológicas que afectan a los núcleos basales, como la enfermedad de Parkinson[9] o de Huntington,[10] tienen deterioradas diversas tareas de aprendizaje y memoria procedimental. En los años noventa, Knowlton y colaboradores usaron una tarea con cartas en la que los participantes en el estudio debían predecir si iba a llover o haría un día soleado. Algunas manos predecían lluvia el 20 por ciento de las veces, mientras que otras lo hacían el 80 por ciento. Aprender esta asociación llevaba unos cincuenta ensayos de aprendizaje en personas sin ningún tipo de lesión. No obstante, se necesitaban muchos más para que los participantes se dieran cuenta de forma explícita (fueran conscientes) de qué secuencias concretas de cartas predecían cada tipo de tiempo. Es decir, aprendían a predecir la lluvia mucho antes de forma inconsciente (implícita) que siendo conscientes de ello (explícitamente). Las personas con alteraciones en los núcleos basales tardaron más en aprender a predecir el tiempo, dado que no lo hicieron hasta que no fueron conscientes de las asociaciones (aprendizaje explícito); por tanto, no pudieron aprender de forma implícita. Cuando se analizó qué sucedía en el cerebro de las personas sin lesión, se comprobó que, al inicio de la tarea, los núcleos basales mostraban una elevada actividad y, a medida que la tarea iba progresando, disminuía allí y aumentaba en el hipocampo. De esta forma, pacientes con lesiones bilaterales del lóbulo temporal medial, como Henry, ejecutan bien esta tarea en los primeros ensayos (se adquiere a través del aprendizaje implícito) y fallan en los últimos (basados en el aprendizaje explícito). Henry tenía intactos sus sistemas de memoria implícita, pero dañados los de la explícita.

Podemos concluir que el aprendizaje de habilidades motoras y perceptuales depende de los núcleos basales y de diferentes regiones corticales en función del tipo de habilidad.[11]

Memoria emocional

Veamos ahora cómo una estructura crítica para el procesamiento de la información emocional (a saber, la amígdala) también lo es para la memoria. Imaginemos que, antes de comenzar su día de trabajo, un oficinista que presta sus servicios en una compañía financiera se dirige a una entidad bancaria a recoger la documentación que necesita para cerrar una transacción de su compañía. En el banco tiene que hacer cola para ser atendido en la ventanilla por el cajero. Mientras está en la cola entabla conversación con una joven que acaba de ocupar el último lugar. La charla es breve: versa sobre las prisas que tienen ambos. Justo cuando acaban de hablar, dos encapuchados entran en la entidad bancaria pistola en mano amenazando a los clientes y al personal. El atraco concluye con la muerte a tiros por parte de la policía de uno de los atracadores, que se había cobrado la vida de un rehén (una anciana de setenta y dos años que estaba a punto de salir del banco cuando comenzó el atraco).

Meses después, nuestro oficinista es invitado al cóctel que organiza una gran filial de la compañía a la que presta sus servicios. En la fiesta ve a una chica que no reconoce, pero le resulta extrañamente familiar. Ella se acerca al oficinista y comienzan a hablar sobre un tema trivial relacionado con el servicio del cóctel. De repente, él comienza a ponerse nervioso y a sudar de una forma súbita, a la vez que molesta, a pesar de que el aire acondicionado está encendido. Percibe que el pulso se le acelera y le sobreviene una sensación interna muy desagradable que lo incita a correr y abandonar la fiesta. En ese momento, el oficinista se da cuenta de que la mujer con la que está hablando es la misma con la que entabló conversación justo antes del atraco que tuvo lugar meses atrás, en el que se vio involucrado. Al principio ha sido incapaz de reconocer a la chica y relacionarla con el atraco. Cuando ha hablado con ella, su respuesta emocional ha indicado que tiene memoria sobre esa persona: muestra diferentes signos de activación fisiológica que manifiestan que ha establecido una asociación entre la chica y el atraco. Se ha llevado a cabo un tipo de aprendizaje asociativo que ha dejado una memoria emocional, un aprendizaje emocional en el que un estímulo que en un principio podía ser neutro (la joven) adquiere propiedades negativas al asociarse con un estímulo o situación aversiva (el atraco al banco). Este aprendizaje se denomina «condicionamiento clásico de la respuesta de miedo». Se trata de uno de los principales paradigmas experimentales que se han utilizado para investigar el papel que desempeña la amígdala en el aprendizaje emocional implícito, ya que este tipo de condicionamiento opera de igual forma en un amplio rango de especies. Este ejemplo describe un tipo de aprendizaje en el que un estímulo, que al principio resulta ser neutro para el sujeto, adquiere un valor negativo al asociarse a un acontecimiento aversivo. Dentro de los experimentos clásicos de neurociencia cognitiva y psicobiología, el condicionamiento de la respuesta de miedo implica la presentación de un estímulo aversivo (en general, se utiliza una pequeña descarga eléctrica) al final de la presencia de uno bastante neutro, como puede ser una luz o un sonido.

Diversos equipos de investigación han intentado delimitar las bases neurales subyacentes al condicionamiento de la respuesta de miedo. Todos los estudios han conducido a la amígdala como la estructura responsable de la adquisición y expresión de este tipo de aprendizaje. Debemos tener presente que la amígdala necesita recibir información del medio externo para analizarla y determinar si un estímulo específico puede resultar potencialmente peligroso o amenazador para el sujeto. La información puede llegar a la amígdala a través de dos vías separadas y simultáneas: una inferior rápida y una superior lenta (véase la figura 1 del capítulo 4). El equipo de investigación de Joseph LeDoux observó que las lesiones bilaterales de una parte de la amígdala impedían este aprendizaje.[12] Por cierto, permíteme un inciso: no te he explicado que el bueno de Joseph tiene un grupo de rock llamado The amygdaloids. El álbum que más me gusta es *Theory of mind*, que publicaron en 2010. No creo que LeDoux estuviera pensando en el cerebro del asesino cuando lo sacaron, pero, ahora que ya sabes qué es la teoría de la mente, te recomiendo que lo escuches.

LeDoux ha demostrado que la amígdala es necesaria tanto para que se forme este aprendizaje (adquisición) como para que se guarde la memoria (almacenamiento de la traza de memoria).[13]

Tal como hemos visto en el capítulo 5, las investigaciones realizadas en pacientes con lesiones bilaterales de la amígdala sugieren que esta estructura desempeña un papel fundamental en el miedo, dado que los que presentan una lesión son incapaces de aprender las claves que individuos sin ella utilizan para reconocer expresiones faciales de miedo. Las lesiones de la amígdala parecen impedir la capacidad de los pacientes para aprender el condicionamiento del miedo y la posibilidad de emisión de juicios sociales a partir del rostro. De la misma manera, se ha comprobado que la estimulación eléctrica de la amígdala en animales produce sentimientos de miedo y agresión.

Es bastante curioso que los pacientes con lesiones bilaterales de la amígdala —como la paciente S. M., de la que también te hablé en el capítulo 5— puedan mostrar los componentes conductuales, autonómicos y endocrinos de una respuesta de miedo cuando se les presenta un estímulo capaz de provocarla. No obstante, no pueden adquirir ni expresar una respuesta de miedo condicionada (hubieran experimentado miedo en el atraco, pero en la fiesta no habrían mostrado una respuesta emocional de ese tipo). Esto lo sabemos gracias a que se entrenó a la paciente S. M en una tarea en la que se le presentaba un estímulo inicialmente neutro (por ejemplo, un cuadrado rojo) y, justo antes de que este desapareciese, se le administraba un estímulo aversivo (como una leve descarga eléctrica en la mano derecha). Después de llevar a cabo diferentes sesiones de entrenamiento emparejando el estímulo neutro con el aversivo, se hizo la sesión de prueba en la que se administraba el estímulo neutro (cuadrado rojo) o el aversivo mientras se medía uno de los componentes de la emoción de miedo. Así, ante el estímulo aversivo, mostraba un aumento de la respuesta emocional. No obstante, cuando se le presentaba el que al principio había sido neutro, su respuesta emocional no cambiaba. De forma contraria, los participantes control del estudio (sin lesión de la amígdala) mostraban un marcado aumento de la respuesta tanto ante el cuadrado rojo como ante la descarga eléctrica, lo que sugería que habían aprendido la tarea. Lo sorprendente del caso es que, desde los momentos iniciales del entrenamiento, S. M. sabía (conocimiento explícito) que recibiría una descarga eléctrica cuando apareciera el cuadrado rojo (igual que los participantes control). No obstante, esta paciente no era capaz de mostrar los cambios en su respuesta emocional ante el cuadrado rojo que sí demostraban las personas sin lesión de la amígdala.

Probablemente, si te preguntaran qué estabas haciendo cuando te enteraste del atentado de las Torres Gemelas de Nueva York, sabrías describirlo con detalle (siempre y cuando tuvieras una mínima edad para haber registrado esa información en tu memoria). Se trata de una memoria episódica de tipo declarativo (explícita o relacional) que depende del hipocampo. ¿Por qué recordamos qué estábamos haciendo el 11 de septiembre de 2001 y no qué hicimos el 11 de septiembre del año 2000? Esto se debe a las interacciones entre la amígdala y el hipocampo, que posibilitaron que la información contextual y episódica relacionada con el atentado se consolidara de forma muy potente en la memoria. El hipocampo se encarga de almacenar la memoria explícita sobre el atentado del 11 de septiembre de 2001, mientras que, debido a la importancia de ese acontecimiento, la amígdala modula el proceso y hace que la información se consolide con más fuerza.

El hipocampo fija las memorias declarativas, pero no puede almacenar toda la información que nos rodea. Otros sistemas del cerebro le dicen al hipocampo qué es importante y merece la pena guardar. Uno de esos sistemas es el de la amígdala. Cuando se produce un acontecimiento de importancia emocional, esta le pide al hipocampo que guarde la información explícita de ese acontecimiento y, por su parte, la amígdala guardará la implícita (tal como te he explicado con el ejemplo del atraco al banco).

Los pacientes con la amígdala lesionada de forma bilateral, como S. M., tienen preservado el conocimiento explícito de los acontecimientos que han tenido lugar durante el aprendizaje (recordarían qué estaban haciendo cuando se enteraron del atentado de las Torres Gemelas, por ejemplo). No obstante, no muestran condicionamiento en su respuesta (no tendrían miedo al oír las sirenas de los bomberos si hubieran vivido la situación previamente).

Cuando el aprendizaje se llevó a cabo con pacientes que tenían una lesión hipocampal pero la amígdala intacta, se comprobó que mostraban una respuesta emocional normal ante el estímulo inicialmente neutro (cuadrado rojo) que se había asociado al aversivo (descarga eléctrica). No obstante, eran incapaces de determinar si el cuadrado rojo se había presentado junto con la descarga o si habían visto antes el cuadrado rojo (memoria explícita sobre el acontecimiento). Es decir, mostraban los componentes del miedo cada vez que veían el cuadrado rojo, pero no eran conscientes de haber visto primero el cuadrado.[14]

Intentaré dar algunas pinceladas de cómo se activa el aprendizaje emocional en situaciones más complejas. Para ello, vamos a partir de una pregunta: ¿qué sucedería si, en lugar de intentar asociar un estímulo que al principio es neutro (un cuadrado rojo) con la descarga eléctrica, quisiéramos asociar un conjunto de estímulos, como los que configuran un determinado contexto espacial (los que hay en una habitación, por ejemplo) con la presencia de la descarga? Es lo que en neurociencia llamamos «condicionamiento del miedo al contexto», y se caracteriza por el hecho de que el estímulo condicionado no es un estímulo sensorial específico, como una luz o un sonido, sino un conjunto de estímulos entre los que se pueden establecer relaciones. Imaginemos que nos atracan en un parque de madrugada: la amígdala recibe la información sobre el atraco tanto del tálamo como de la corteza sensorial. El hipocampo envía información a la amígdala respecto a las relaciones que existen entre los estímulos que forman ese contexto (en nuestro ejemplo, los que están presentes en el parque). Podemos decir, por lo tanto, que la amígdala participa en la evaluación del significado emocional de estímulos individuales, como asociar un cuadrado rojo a una descarga eléctrica, y de situaciones complejas, como asociar el atraco con el parque, lo que desencadena la respuesta emocional,[15] mientras que el hipocampo se encarga de asociar todos los estímulos contextuales.[16] Por sí sola, la amígdala no tiene la capacidad de asociar los estímulos de una situación compleja, como un parque, y, por ello, necesita del hipocampo.

Criando serpientes en casa

El *hobby* de mantener en cautividad reptiles y anfibios vivos está aumentando y suscitando un interés social cada vez mayor en diferentes países. Imagina esta situación: una chica joven va a una tienda de animales y pasa por delante del terrario de una pitón reticulada en el que los empleados están llevando a cabo tareas de limpieza y mantenimiento. Al ver que el terrario de la pitón está abierto, empieza a ponerse nerviosa y comienza a sentir miedo, así que abandona la tienda de animales a pesar de que no existe ningún peligro, ya que el animal está con los empleados. Lo curioso de la situación es que esta chica tiene en casa cuatro ejemplares diferentes de pitón, cada día toca y coge a sus serpientes y no presenta ante ellas el menor atisbo de miedo o ansiedad. ¿Por qué esta chica a la que le gustan las serpientes tiene miedo de una en concreto? Puede que en el pasado le mordiera una serpiente en la tienda de animales. En ese caso, estaríamos ante un condicionamiento de la respuesta de miedo en el que ese reptil concreto (estímulo condicionado) se ha asociado al mordisco (estímulo incondicionado), lo que ha dado lugar a la aparición de dolor por la mordedura y miedo (respuesta incondicionada), de manera que se ha adquirido la respuesta de miedo hacia la serpiente (respuesta condicionada). Otra alternativa podría ser que tuviera miedo solo a esa pitón reticulada porque ha oído decir que ha mordido en varias ocasiones tanto a cuidadores como a clientes. En este segundo caso, la chica no habría experimentado una situación aversiva directa previa asociada a esa pitón, pero habría atribuido propiedades aversivas a la serpiente de forma explícita. La capacidad de aprender y recordar este tipo de información depende del sistema de memoria explícito y de la formación hipocampal. De esta manera, la respuesta de miedo de esta chica no se basa en que haya tenido una experiencia previa negativa con la serpiente, sino en el conocimiento explícito de las características potencialmente peligrosas de este animal. Este tipo de aprendizaje en el que aprendemos a temer o evitar un estímulo determinado en función de lo que nos han contado o de lo que hemos oído es habitual en el aprendizaje emocional de los seres humanos.

Desde los trabajos de los primeros teóricos del estudio de la emoción, siempre se ha sabido que las situaciones con una gran carga emocional se recuerdan mejor que las neutras. En definitiva, la activación general que se produce en una situación emocional puede modular el aprendizaje y la memoria en diferentes sistemas, y la amígdala tendría un papel cardinal en esta tarea.[17]

Memoria de trabajo

¿Existe algún sistema de memoria que permita mantener y manipular la información durante un periodo temporal específico? Por ejemplo, cuando nos dicen un número de teléfono, somos capaces de mantenerlo en la memoria durante un tiempo para después olvidarlo si no lo volvemos a utilizar. En la vida cotidiana, trabajamos con información que permanece en línea mientras la utilizamos, pero después la olvidamos sin más. Es como si el cerebro operara con un sistema imaginario de pósits que se van borrando de la mente a medida que no los necesitamos.

¿Hay alguna zona del cerebro fundamental para llevar a cabo esta tarea? La corteza prefrontal nos permite mantener y manipular activamente de forma temporal una cantidad de información limitada, de manera que podemos utilizarla en función de las demandas del medio. Esto nos proporciona un sentido de continuidad a lo largo del tiempo y fundamenta la experiencia inmediata consciente que tenemos del entorno en relación con nuestro presente psicológico. Existen diferentes propuestas al respecto, pero de lo que no parece haber duda es de que este tipo de procesamiento tiene una capacidad y una duración limitadas. La posibilidad de mantener y manipular la información de forma activa durante su adquisición puede resultar de gran importancia para el aprendizaje. Diferentes trabajos que han utilizado técnicas de neuroimagen han revelado que la corteza prefrontal se activa cuando los participantes intentan mantener la información relevante de la tarea de aprendizaje. Esta actividad persiste durante los periodos de demora en diferentes tareas evaluadas que se han utilizado para analizar la memoria de trabajo de los sujetos. Otras regiones corticales y estructuras subcorticales muestran una actividad similar durante tareas que implican periodos cortos de demora, de manera que la corteza prefrontal parece formar parte de un sistema neural más complejo implicado en el mantenimiento y la manipulación activa de la información. Este sistema estaría íntimamente relacionado con las funciones ejecutivas.[18]

Tal como he comentado antes, en el laboratorio que dirijo utilizo distintas técnicas de neuromodulación que permiten modificar de forma no invasiva el funcionamiento de la corteza cerebral, lo que aumenta o disminuye la excitabilidad de las neuronas. Mediante el uso de estas técnicas hemos manifestado el papel cardinal de la corteza prefrontal dorsolateral en la memoria de trabajo. En este sentido, diferentes trabajos nuestros y de otros laboratorios han mostrado una mejora de la memoria de trabajo tras la estimulación de la corteza prefrontal dorsolateral y un menor rendimiento después de la reducción de su actividad.[19]

Según hemos visto en apartados anteriores, diferentes estudios han explorado la base anatómica que subyace a la interacción entre las emociones y la cognición. Estos análisis sugieren un impacto opuesto de la importancia emocional, lo que muestra una mejora de la memoria episódica (esto explicaría por qué nos acordamos de qué estábamos haciendo cuando nos enteramos del atentado de las Torres Gemelas de Nueva York) y un deterioro de la memoria de trabajo (por ejemplo, si estamos muy preocupados por algo que nos ha sucedido y olvidamos hacer la lista de la compra).

Los efectos de las emociones sobre la memoria se relacionan con el aumento de la actividad de un grupo de neuronas (red ventral) que incluiría la amígdala, y son importantes para procesar la información emocional. Por otro lado, también se da una disminución de la actividad en un grupo de neuronas (red dorsal) relevantes para el control cognitivo (que incluiría zonas de la corteza como la prefrontal dorsolateral y la parietal lateral). Pero ¿qué es el control cognitivo? Esta capacidad nos permite utilizar las percepciones, los conocimientos y la información acerca de metas y motivaciones para seleccionar una acción dirigida a un objetivo o pensamiento. Para ello, resulta de cardinal importancia mantener durante un tiempo relativamente breve la información que percibimos o la que recuperamos de la memoria a largo plazo.

Te voy a poner un ejemplo para que lo veas más claro: imagina que sales del trabajo después de una larga jornada laboral. Visualízate corriendo para coger el autobús de vuelta a casa. No lo puedes perder, dado que es el último de esa línea. De repente, alguien se cruza en tu camino. Puedes dejar de correr o cambiar de dirección para no chocar con esa persona. En función de distintas variables —tu velocidad, la distancia a la que se encuentra la persona, la motivación para coger el autobús…—, es posible que tengas que seleccionar una de entre varias acciones posibles. Durante la actualización rápida de las acciones, como en este ejemplo, a veces es necesario abortar una acción o poner en marcha conductas alternativas. Varios procesos son importantes en esta circunstancia: la inhibición reactiva y proactiva, el cambio de acción y la memoria de trabajo. En el ejemplo anterior, podrías detenerte cuando la persona se interpone en tu camino, como reacción al cambio rápido e inesperado del contexto (inhibición reactiva). Sin embargo, también podrías actuar de forma preventiva para no correr demasiado rápido de camino a la parada del autobús, ya que la probabilidad de encontrarte con un peatón que se cruce en tu camino es alta, por lo que este enfoque casi garantizaría un resultado exitoso (inhibición proactiva y memoria de trabajo). También existe la opción de hacer algo totalmente distinto, como la decisión de correr en otra dirección y evitar el choque. Estos tres procesos —inhibición reactiva y proactiva, cambio de acción y memoria de trabajo— son funciones clave necesarias para resolver un conflicto repentino y que, al final, puedas subir al autobús. Se utilizan en paralelo para evitar acciones no deseadas y lograr un comportamiento dirigido a un objetivo concreto. Los tres forman parte de un dominio más general que denominamos «control cognitivo».

Ahora que ya sabemos qué es el control cognitivo, vamos a explorar la relación que existe entre estos dos sistemas: ventral y dorsal.

Un arma de doble filo: interferencia de las emociones sobre la memoria de trabajo

A menudo se ha comparado la emoción con un arma de doble filo, dado que puede tanto mejorar como deteriorar diversas características de la conducta y la cognición. De esta forma, tal como hemos visto en apartados anteriores de este capítulo, la información de naturaleza emocional tiende a recordarse mejor a largo plazo. Distintos estudios de neuroimagen que han investigado las interacciones sinérgicas entre emoción y memoria han mostrado que los efectos potenciadores de la emoción sobre la memoria episódica —por ejemplo, acordarnos de qué estábamos haciendo cuando nos enteramos del atentado de las Torres Gemelas— se asocian con un aumento de la actividad del sistema neural ventral de procesamiento emocional (en el que la amígdala es su máximo exponente) y la formación hipocampal. Por otro lado, la información emocional tiende a deteriorar el mantenimiento de la memoria de trabajo (por ejemplo, nos perjudica cuando tenemos que hacer varios cálculos seguidos y necesitamos guardar la información de los cálculos previos). Para que podamos dirigir una conducta y conseguir un objetivo determinado es necesario mantener la información relevante y evitar la interferencia que pudieran tener los estímulos distractores. Los de naturaleza emocional son muy potentes, ya que pueden captar la atención con facilidad, redirigir los recursos en el procesamiento de la información emocional y deteriorar, así, la ejecución cognitiva en marcha. Hoy en día se sabe muy poco sobre los sistemas neurales que median este efecto deletéreo de la emoción sobre la memoria de trabajo.

Este efecto se ha relacionado con diferentes patrones de actividad en regiones cerebrales asociadas con el sistema neural dorsal de control cognitivo y con el sistema neural ventral de procesamiento emocional (de los que ya he hablado en el apartado anterior). Diversos estudios llevados a cabo por el equipo de investigación de Sanda y Florin Dolcos han mostrado que la distracción emocional aumenta la actividad en regiones del sistema ventral, como la amígdala, y la reduce en regiones del sistema dorsal, como la corteza prefrontal dorsolateral.

Desde hace tiempo, diferentes laboratorios de investigación no se ponen de acuerdo sobre si la parte ventrolateral de la corteza prefrontal forma parte del sistema ventral que provoca interferencia cognitiva ante una situación emocional, o bien se trata de una región cerebral que impide la llegada de esas interferencias emocionales. Para intentar dar respuesta a esta cuestión, en nuestro laboratorio nos propusimos aclarar el papel de la corteza prefrontal ventrolateral utilizando la estimulación cerebral no invasiva. Los datos mostraron que, en presencia de distractores emocionales, los aumentos de actividad en esta región cortical perjudican el rendimiento de la memoria de trabajo, mientras que las disminuciones dan lugar a un mejor rendimiento. Los resultados apoyan un papel mediador de la corteza prefrontal ventrolateral entre los sistemas de procesamiento emocional y cognitivo (sistema neural ventral de procesamiento emocional y sistema neural dorsal de control cognitivo).[20]

Espero que este capítulo te haya servido para entender cómo adquirimos la información del entorno y cómo se almacena. En el próximo cambiaremos totalmente de tercio para sacar a colación temas como la identidad de género, la orientación sexual o el enamoramiento.

9

La mujer que percibía su cuerpo como la prisión de su identidad

> No solo de leche vive el ser humano. El amor es una emoción que no hay que alimentar con biberón o cuchara.
>
> Harry F. Harlow, *The nature of love*

Marta se había quedado trabajando hasta muy tarde, y en ese momento su cuerpo parecía no querer despertar de aquel letargo. De la calle subía el atenuado rumor del bullicio urbano y traspasando la cortina se colaban tímidos destellos de luz, que iban dibujando y creando extrañas formas en la penumbra de la habitación. A través de las sábanas, que solo la cubrían hasta la cintura, se esbozaba una hermosa silueta. Con cada respiración, sus redondos pechos afloraban en entrecortados vaivenes, y los pezones se bosquejaban en el camisón. El pelo, entre rizado y acaracolado, reposaba sobre una almohada que parecía hacer equilibrios para no caerse de la cama. Su piel era muy clara, aunque esa mañana se mostraba rosada y tibia por el calor que se había ido acumulando en la habitación a lo largo de la noche. Habitualmente usaba camisones que resbalaban por su cuerpo. La cautivaba el tacto de la seda sobre la piel. Esta destilaba un dulce aroma que parecía armonizar con el color ámbar de sus ojos, como los de su abuelo, pero que en ella cobraban una apariencia tierna y delicada.

El silencio era suave como el terciopelo y no sintió la necesidad de romperlo con ningún ademán o sonido que lo mancillara. Estuvo unos minutos llenándose de esa tranquilidad inquebrantable. Después de dar dos vueltas en el colchón y estirar los brazos con delicada y elegante cadencia de movimientos, se levantó de la cama. Se recogió el pelo y se contempló durante unos instantes en el largo espejo que tenía detrás de la puerta del dormitorio. Marta era alta, delgada y de buena figura. Además, su silueta había sido agraciada con curvas que acentuaban su feminidad. Entró en el lavabo, se quitó el camisón con delicadeza y se metió en la ducha.

Mientras los finos chorros que producía el manguito de la ducha resbalaban sobre su piel, su boca jugueteaba con el agua que iba sorbiendo de manera casi acompasada. Cuando terminó, se embutió hasta las axilas en una toalla de color crema y se secó. Se dio cuenta de que el esmalte de dos uñas se le había saltado, así que decidió quitárselo y volvió a pintárselas de un rojo cereza. Se secó el rizado pelo color trigueño y se fue al dormitorio para vestirse.

Rebuscó en el primer cajón de la cómoda y sacó un conjunto de ropa interior de encaje blanco y unas medias de seda negras. Del armario cogió una falda de lana marrón chocolate y una camisa de colores oscuros y térreos. Antes de vestirse se derramó en el cuello unas gotas de perfume. Se puso unas botas marrones de tacón fino y se fue a la cocina, donde se preparó una taza de chocolate espolvoreada con ralladuras de un grano de café tostado. Se lo bebió saboreándolo y deleitándose con cada gota. Se lavó los dientes, se maquilló y cogió el abrigo y el bolso del armario del dormitorio.

El mes pasado había cumplido veintiocho años, pero para ella solo parecían contar los últimos once. Desde pequeña supo que algo no iba bien: sus padres la llamaron Tomás. En el colegio, los niños se mofaban cuando prefería estar con las niñas saltando una goma elástica en el patio en lugar de dar patadas a un desgastado balón de cuero. La adolescencia se convirtió en un auténtico suplicio. Además de tener que adaptarse a la vida en Alemania y aprender un idioma nuevo y los hábitos y costumbres de otro país, experimentó un conjunto de cambios físicos que llenaron de angustia su existencia. Sentía que su cuerpo se tornaba más musculoso, y advertía que, en la cara, iba aflorando una pelusilla que le recordaba a la piel de un melocotón, pero más oscura. Se sentía una chica, y cada vez que tenía una erección, una profunda pesadumbre atenazaba su alma:

estaba convencida de que ese cuerpo que habitaba no era el que le correspondía.

La madrugada de su decimoséptimo cumpleaños se despertó en un estado de angustia y zozobra. Había estado soñando con unas sombras que parecían cubrir todo su mundo. En un momento concreto, se encontraba boca abajo, con la cara sobre un manto de arena blanca de playa. De repente, empezó a manar a borbotones una sustancia viscosa de color negro brillante, como si fuera una mezcla de brea, aceite, alquitrán y pez. Esa pegajosa y grasienta mezcolanza empezó a cubrir sus pies hasta llegar, en un lento tormento, a su cabeza. No se podía mover, y la sentía caliente y glutinosa sobre la piel. Advertía que se estaba ahogando y que la existencia se le apagaba por momentos. Cuando parecía que solo le quedaba el último hálito de vida, una enorme ola, colmada de burbujeante espuma, lo engulló todo y dejó su cuerpo flotando en unas aguas de un intenso azul cerúleo. Notó que su cuerpo se avivaba y empezó a nadar. Con cada zambullida, el viscoso pringue negro se le fue soltando de la piel hasta que se le despegó. Pero en ese instante todo era diferente: su cuerpo era distinto, se sentía otra persona. Como si hubiera experimentado una metamorfosis.

Se levantó de la cama, entró en el lavabo y vomitó la cena de la noche anterior. Unos escalofríos la recorrieron, y la ansiedad minaba su alma. Cuando se disiparon las náuseas, fue a la cocina y cogió un cuchillo. Se lo puso sobre el pene e inspiró profundamente, cogiendo una gran bocanada de aire. Durante unos instantes contuvo la respiración: quería cercenar aquel miembro que tanta angustia le había producido durante toda la vida. Fue incapaz. Esa fue la última vez que vivió con amargura y aflicción su propia identidad.

Al día siguiente le explicó a su abuela Sofía lo que le estaba sucediendo. Una semana más tarde, ambas concertaron una visita en la unidad de identidad de género de un hospital de Berlín. Después de tres entrevistas y exhaustivos análisis, siguió un periodo de varios meses de psicoterapia, durante el cual empezó a vivir según el rol de chica en las diferentes dimensiones de su vida. A continuación inició el tratamiento hormonal. Tres meses después de empezar la terapia desaparecieron las erecciones espontáneas que tanta pesadumbre y desazón le producían, y su piel parecía mucho más suave y tersa. A los doce meses notó que el vello iba remitiendo y que su cuerpo estaba adquiriendo una forma más femenina: la grasa se había redistribuido, situándose en las caderas y nalgas, y había perdido gran parte de la masa muscular. La forma de la cara se había redondeado y ya no presentaba unos rasgos tan marcados. Los labios parecían más carnosos, y la zona de los pezones se le abultó de manera considerable, acabadas ya en una forma triangular. La aureola se había extendido y presentaba una coloración rosada más intensa. Sentía un suave dolor en el interior de los pechos. Era agradable, en tanto que indicaba que estaba cambiando y que su cuerpo se estaba convirtiendo en el de una mujer desarrollada. El tamaño de sus senos no se acentuó hasta los dos años de terapia hormonal. Cuando cumplió los diecinueve, tuvo lugar la cirugía de reasignación genital y, a partir de ese momento, se sintió una mujer plena.

Cuando decidió comenzar la transición, Sofía se puso de su parte y le ofreció un sostén incondicional. Marta enterró a Tomás en Berlín y se fue a estudiar Biología a la Universidad de Múnich. Al terminar la carrera decidió hacer un máster de bioinformática y bioestadística en Barcelona para mejorar su oxidado español y reencontrarse con la ciudad que la vio nacer. Mientras estaba haciendo el trabajo final del máster, Sofía falleció. En ese momento, Marta se dio cuenta de que ya no había nada que la ligase a Berlín, así que decidió establecerse en la Ciudad Condal. Habían transcurrido once años desde los inicios de su transición, y ya llevaba una vida bastante plena como mujer. Aunque había tenido varias parejas en los últimos años, en ese momento estaba soltera y había decidido centrarse en su carrera profesional.

El caso de Marta es una historia de vida llena desavenencias y bisbiseos nocturnos consigo misma para intentar encajar algo de difícil ajuste: un cuerpo de chico y un cerebro que le decía que era una chica. Amargura, amargura translúcida que se deja adivinar a través de la rabia y acritud por vivir en una prisión corporal. Un viejo y tácito pacto de la biología que ella demolió a golpe del hacha de la perseverancia, conjugado con la comprensión y el amor que le profesaba su abuela Sofía. No todas las personas que pasan por estas vicisitudes disponen del apoyo emocional con el que contó Marta.

El sexo cromosómico de una persona se determina en la fecundación. Sin embargo, este acontecimiento es solo el primero de una serie de pasos que culminan en el desarrollo de las complejas identidades sexuales y de género. El lenguaje que utilizamos para describir nuestro «yo sexual y de género» sigue evolucionando a medida que aprendemos más sobre la naturaleza de la identidad, pero, en general, el término «sexo» suele referirse a las características genéticas o fisiológicas de los miembros femeninos y masculinos de una especie, mientras que la palabra «género» hace referencia a la identidad, los roles y el comportamiento de un individuo influido por la cultura y la sociedad. En este sentido, la identidad de género se refiere a la percepción que alguien tiene sobre su género, que puede coincidir o no con el sexo que le ha sido asignado al nacer. Cuando no coincide, la persona podría sentirse atrapada en su propio cuerpo. Hagamos un sucinto recorrido por el desarrollo sexual.

Todo está programado para que el desarrollo sexual sea femenino

En las etapas tempranas del desarrollo embrionario, el tejido precursor de las gónadas es el mismo para ambos sexos, y se diferenciará en ovarios o testículos. Este tejido tiene la programación genética necesaria para que las células se dividan y migren, de manera que den como resultado la creación de los ovarios. En el cromosoma Y (que, genéticamente hablando, solo está presente en los hombres) hay un gen (SRY) cuya expresión da lugar a la síntesis de una proteína llamada «factor determinante de los testículos» (TDF, por sus siglas en inglés); esta última promueve la diferenciación del tejido gonadal indiferenciado como testículos. La ausencia de TDF lleva a la diferenciación de este tejido en ovarios. ¿Qué pasaría si una mujer genética (XX) que no tiene cromosoma Y contara con la proteína TDF? Si una mujer genética desarrollara esta proteína, su tejido gonadal indiferenciado se convertiría en testículos. De la misma manera, si un hombre genético (XY) no dispusiera de la proteína TDF, desarrollaría ovarios.

Hacia las seis semanas de gestación, los precursores de los órganos sexuales internos están indiferenciados, de forma opuesta a las gónadas, en las que hay un único precursor. Los seres humanos presentamos dos precursores o sistemas diferentes de los órganos sexuales internos: el que dará lugar a los órganos sexuales internos femeninos (llamado «sistema de Müller») y el que generará los órganos sexuales internos masculinos (denominado «sistema de Wolff»). Resulta que, en los testículos, un tipo de células producen testosterona, la hormona que promueve el crecimiento del conducto de Wolff como los órganos sexuales internos masculinos. Al mismo tiempo, otras células de los testículos producen una hormona llamada «antimülleriana» (AMH), que promueve el retroceso y la desaparición del conducto de Müller y, por lo tanto, evita que se presenten los órganos internos femeninos. En las mujeres genéticas, como las células de los ovarios no producen testosterona ni AMH, el conducto de Wolff tiende a la regresión de manera natural, y el conducto de Müller se desarrolla en forma de oviducto, útero y parte interna de la vagina. Por tanto, podemos decir que la tendencia de la naturaleza es crear mujeres, ya que, en ausencia de señales, se desarrollan los órganos sexuales femeninos.[1]

El desarrollo de los órganos sexuales externos se genera a partir de la diferenciación del tubérculo o eminencia genital, una protuberancia situada frente a la cloaca del embrión. En respuesta a las hormonas testiculares,[2] el tubérculo genital se diferencia en glande, tallo del pene y escroto. En ausencia de estos estímulos hormonales, se diferencia en clítoris, parte externa de la vagina, labios menores y labios mayores. ¿Qué ocurriría si, en un embrión genéticamente masculino, se diera un déficit de estas hormonas testiculares? En la República Dominicana, muchos bebés nacen con apariencia sexual de tipo femenino y son educados como niñas, aunque en realidad se trata de niños con órganos sexuales internos masculinos y testículos, pero tienen órganos sexuales externos de tipo femenino debido a que las hormonas testiculares no han podido ejercer su efecto.[3] Estas personas experimentan una masculinización de los genitales externos en la pubertad, cuando hay un marcado pico de testosterona.

Por otro lado, cuando se habla de los caracteres sexuales secundarios, se hace referencia a los aspectos del desarrollo sexual que aparecen en la pubertad. La disposición del tejido adiposo en el cuerpo, el crecimiento diferencial de la masa muscular y los pechos, la aparición de barba o el cambio de la voz constituyen algunos de los caracteres secundarios de la maduración sexual. A lo largo de la pubertad, las gónadas liberan diferentes hormonas responsables de los cambios mencionados durante la maduración sexual del sujeto.[4]

En definitiva, tanto los órganos reproductores como las características secundarias se diferencian por medio de distintos mecanismos genéticos y hormonales. Es lo que denominamos «dimorfismo sexual». Quédate con esta palabra, dado que la repetiré más adelante.

Hormonas sexuales

Tanto las gónadas como la glándula que se encuentra por encima de los riñones (adrenal) secretan las conocidas como «hormonas sexuales». Un tipo de estas hormonas sexuales, los estrógenos, se segrega sobre todo en los ovarios. Estas hormonas, además de influir en la conducta reproductora y sexual, y el desarrollo de los caracteres sexuales secundarios, son capaces de actuar en el metabolismo del agua (fomentan la retención de líquidos) y el calcio (regeneración y crecimiento óseo), entre otras muchas funciones. Entre los estrógenos, destaca el estradiol.

Los andrógenos son las hormonas sexuales segregadas por la glándula adrenal, los testículos y, en una pequeña cantidad, los ovarios. Entre los andrógenos, destaca la testosterona.

Hoy existen muchas pruebas de que el comportamiento sexual del ser humano, como el de otros mamíferos, se ve influido por las hormonas sexuales que liberan las gónadas. Estas hormonas tienen efectos activadores de la conducta sexual y, casi con toda seguridad, también efectos organizadores. Esto quiere decir que activan la conducta sexual en la edad adulta y quizá participan en la organización de la conducta sexual durante el desarrollo. Si las hormonas tienen efectos organizativos sobre el comportamiento sexual humano, deben ejercerlos y afectar al desarrollo del cerebro. Aunque existen pruebas fehacientes de que la exposición prenatal a los andrógenos influye en el desarrollo del cerebro humano, las consecuencias de esta exposición aún no se conocen del todo.

Me centraré, en primer lugar, en los efectos activadores, y después pasaré a hablar de los efectos organizadores.

Aunque las hormonas ováricas no son las únicas que controlan la actividad sexual de la mujer, pueden influir en su interés sexual, su comportamiento y su fisiología. Por ejemplo, se ha comprobado en varios estudios que las mujeres informan de un aumento de la conducta sexual durante la fase fértil del ciclo menstrual.

¿Es posible que las mujeres experimenten cambios físicos durante el periodo fértil de su ciclo menstrual que puedan ser identificados por otras personas? En un estudio realizado en 2004, Roberts y sus colegas tomaron fotos del rostro de un grupo de mujeres durante las fases fértil y no fértil de su ciclo, y descubrieron que, tanto los hombres como las mujeres, juzgaban más atractivas las fotos tomadas durante el periodo fértil que las que se hicieron durante el periodo no fértil.

Otros estudios han encontrado mayores índices de atractivo en la forma de la cara, la voz, el olor corporal y la manera de andar de las mujeres durante las fases fértiles. Además, la atracción de las mujeres por los rasgos masculinos parece variar a lo largo del ciclo menstrual.

Las hormonas ováricas influyen en el interés sexual de las mujeres. En un estudio de 2001 se analizó en qué momento del ciclo los hombres y las mujeres tomaban la iniciativa para comenzar la actividad sexual. Se comprobó que ellos iniciaban la actividad sexual más o menos al mismo ritmo durante todo el ciclo de la mujer, mientras que ellas lo hacían cuando se acercaban a la ovulación, ya que los niveles de estradiol son más altos. También descubrieron que era más probable que las mujeres comenzaran la actividad sexual y tuvieran más fantasías sexuales justo antes y durante el aumento de la hormona luteinizante, que estimula la ovulación.

Aunque, tal como acabamos de señalar, las hormonas ováricas pueden afectar al interés sexual de una mujer, su comportamiento también se ve influido por otros factores. Por ejemplo, si no quiere quedarse embarazada y no confía del todo en su método anticonceptivo, puede evitar las relaciones sexuales en la mitad del ciclo, hacia el momento de la ovulación, aunque, en potencia, su interés sexual esté en su punto álgido. Por otro lado, es más probable que las mujeres que desean quedarse embarazadas inicien las relaciones sexuales los días que tienen más probabilidades de concebir.

Parece que el interés de las mujeres en las relaciones sexuales varía a lo largo del ciclo menstrual. Durante el periodo fértil, que se da alrededor de la ovulación, como existe una mayor probabilidad de concepción, tienden a ser más selectivas al elegir pareja. En concreto, se sienten más atraídas por las características que podrían indicar una alta aptitud genética, como ciertos olores o la simetría corporal.

Por otro lado, varios estudios sugieren que el interés sexual de las mujeres puede verse estimulado por los andrógenos. Sin embargo, por sí mismos —en ausencia de estradiol— no estimulan directamente el interés sexual de la mujer, sino que parecen amplificar los efectos del estradiol.

En el caso de los hombres, la testosterona parece tener un claro efecto activador de la conducta sexual. Pero esta hormona no solo afecta a la actividad sexual, sino que también se ve afectada por ella, incluso al pensar en ella. Este efecto se produce tanto en hombres como en mujeres. Ellas también pueden experimentar un aumento del nivel de testosterona en la anticipación de la actividad sexual. En una investigación de 2010, se estudió a un grupo de mujeres que mantenían relaciones a larga distancia y veían a su pareja de forma intermitente. Los investigadores descubrieron que los niveles de testosterona en la saliva aumentaban el día antes de reunirse con su pareja, en previsión del reencuentro. Un año después, otros científicos demostraron que, en las mujeres que imaginaban un encuentro sexual con una persona atractiva, aumentaban los niveles de testosterona, pero solo entre las que no tomaban anticonceptivos hormonales.

Otros estudios han mostrado que ser padre reduce los niveles de testosterona. Cuanto más afectuoso sea, más se reducen.

Sabemos que la testosterona deforma las valoraciones sociales y emocionales, y aumenta la propensión a juzgar como amenazadora una expresión facial neutra a nivel emocional. Por otro lado, esta hormona predispone a las personas a mostrar un exceso de confianza en juegos de apuestas, dado que las vuelve menos cooperativas. La testosterona potencia la amígdala para que asuma más riesgos, aumenta la impulsividad y hace que seamos menos generosos y empáticos con los demás, convirtiéndonos en personas más egocéntricas.

Ya te he hablado de los efectos activadores de las hormonas sobre la conducta sexual, así que en el próximo punto nos centraremos en sus efectos organizadores.

Cerebro de mujer y cerebro de hombre

Existen conductas y procesos cognitivos sexualmente dimórficos en muchas especies (incluido el ser humano): la conducta sexual, la conducta parental, la agresividad y territorialidad, la regulación de la ingesta y el peso corporal, las conductas sociales, el aprendizaje y la memoria... Estas diferencias fisiológicas, conductuales y cognitivas entre machos y hembras resultan, como mínimo en parte, de la diferenciación sexual del sistema nervioso.

Varios estudios han mostrado pequeñas diferencias anatómicas y funcionales entre mujeres y hombres en la amígdala, el hipocampo, la corteza prefrontal y el cuerpo calloso —un conjunto de axones que, como te he explicado en el capítulo 1, comunica los dos hemisferios cerebrales—, entre otras estructuras y regiones del cerebro. No obstante, la mayor parte de las diferencias se encuentran en los núcleos del hipotálamo, más importantes en la regulación de la conducta sexual. Este dimorfismo sexual del cerebro humano parece ser el resultado de una exposición diferencial a los andrógenos en los momentos anteriores y posteriores al nacimiento (efectos organizadores de las hormonas sexuales). Además, podrían producirse cambios adicionales en la pubertad, cuando se da otro aumento importante de andrógenos. Asimismo, el dimorfismo sexual en el cerebro humano también podría ser el resultado de diferencias en los entornos sociales de mujeres y hombres.

Volvamos al caso con el que hemos iniciado este capítulo: Marta. ¿Qué sucede con la identidad de género? Diversas investigaciones han comenzado a explorar estructuras cerebrales relacionadas con la identidad de género. En este sentido, en un estudio llevado a cabo en 1995 se demostró que el tamaño del núcleo del lecho de la estría terminal[5] era mayor en ellos que en ellas. En las mujeres transgénero, el tamaño de este núcleo coincidía con el de las cisgénero. La medida era la misma en los hombres, sin que su orientación sexual fuera determinante. Asimismo, cinco años más tarde, otros científicos mostraron que el tamaño de esta región en hombres transgénero y cisgénero era igual. La medida de este núcleo, por lo tanto, parece estar relacionada con la identidad de género, no con el sexo asignado al nacer ni con la orientación sexual. En 2008 se pudo comprobar que el núcleo uncinado del hipotálamo era casi el doble de grande en los hombres que en las mujeres. Su tamaño era el mismo en mujeres transgénero y cisgénero. Estos resultados sugieren que estos dos núcleos formarían parte de un circuito neuronal que podría ser importante en la identidad de género.

La organización funcional del cerebro de las personas transgénero sigue sin estar clara. Resulta harto complejo concluir que alguna de las regiones cerebrales mencionadas esté directamente implicada en la identidad de género. Por lo común, los efectos de las hormonas sexuales en etapas críticas del desarrollo pueden explicar algunas de las diferencias encontradas entre las mujeres y los hombres transgénero y las mujeres y los hombres cisgénero, pero no podemos destacar la influencia de muchos otros factores ni la de la modulación que los factores sociales y culturales pueden tener en la identidad de género y la orientación sexual.[6]

En los apartados posteriores analizaré otros aspectos que nos ayudarán a entender mejor la conducta sexual.

Feromonas

Otro aspecto muy interesante de la conducta sexual es el de las feromonas. En el cine, este tema se ha abordado en numerosas ocasiones. Por ejemplo, en la cinta de Steven Soderbergh *Ocean's Thirteen*, Linus Caldwell (personaje interpretado por Matt Damon) utiliza una potente loción de feromonas para seducir a la secretaria personal (Ellen Barkin) del despiadado dueño de un hotel-casino, Willy Bank (Al Pacino). El concepto de feromona fue creado en 1959 por M. Lüscher y P. Karlson para designar los mensajes químicos que suelen afectar al desarrollo, la reproducción y el comportamiento.

Las feromonas son moléculas no volátiles secretadas por glándulas epiteliales especializadas que proporcionan señales entre machos y hembras de muchas especies. Estas sustancias desarrollan diversas funciones sociales, como la comunicación entre madres y crías, la demarcación del territorio o la atracción entre individuos. En modelos animales, se ha comprobado que las feromonas son detectadas por receptores sensoriales ubicados en una región del sistema olfativo denominada «órgano vomeronasal».[7]

¿Afectan las feromonas a los seres humanos? En 1989 se hizo un experimento que tenía como escenario la sala de espera de una consulta odontológica. La experiencia consistió en aplicar una sustancia hormonal masculina, el androstenol (que suele estar diluido en el sudor axilar de los hombres), sobre una silla de la sala. Para establecer un control de la situación experimental, se cambió sistemáticamente la posición de la silla, con lo que se evitaron preferencias por su situación en el espacio concreto de la consulta. Se observó que la mayoría de las mujeres escogían para sentarse el asiento que contenía androstenol.

Algunos estudios han descrito que las mujeres que pasan más tiempo juntas tienen una mayor probabilidad de menstruar al mismo tiempo. Por ejemplo, en 1971, McClintock describió que las que dormían en la misma habitación en una residencia universitaria tenían los ciclos menstruales sincronizados. En 1998, Stern y McClintock vieron que aplicar sudor de otras mujeres en una tira y acercársela a la base de la nariz de unas voluntarias alteraba el ciclo menstrual de estas últimas, que se sincronizaban con las primeras. Diferentes estudios de neuroimagen han demostrado que la administración de sustancias estrogénicas y androgénicas a hombres y mujeres heterosexuales genera un patrón diferencial de activación hipotalámica. Ambos tipos de compuestos provocan, tanto en ellas como en ellos, la misma experiencia olfatoria (si es un estímulo agradable o desagradable, la intensidad del olor, las sensaciones olfativas que genera...). No obstante, los andrógenos inducen una activación en el hipotálamo anterior solo en las mujeres, y los estrógenos activan el hipotálamo posterior en los hombres.

Antes se pensaba que los seres humanos no tenían órgano vomeronasal, pero se ha podido comprobar que está presente en el sistema olfativo humano. Sin embargo, no hay evidencias sobre el papel y la funcionalidad de este órgano en la conducta sexual.

La historia de Amaia y Raúl

Raúl había salido a tomar un café de la máquina expendedora ubicada en el pasillo del departamento de programas de I+D+i. Llevaba años en el mismo puesto y disfrutaba con su trabajo. Tenía una vida tranquila, le gustaba lo que hacía y, en sus momentos libres, se escapaba a la montaña para fruir de toda la solitud que le proporcionaba aquella naturaleza que permanecía relativamente ajena al impacto y las alteraciones que el ser humano ejerce en todo lo que lo rodea. Raúl se embriagaba de sus olores, de la sensación del viento al rozarle la cara, del sonido de las hojas que, al moverse, parecían cobrar vida, esbozando caprichosos bailes sobre el verdinoso y pardo manto que cubría el bosque.

—¡Hola, Raúl! —exclamó en voz alta la secretaria de la directora del departamento, arrancándolo de su ensimismamiento—. Tienes mala cara —sentenció.

—Hola, Clara —dijo Raúl conduciendo sus palabras con cierta monotonía—, no te he visto venir. Estoy pasando unas semanas complicadas —continuó.

—¿Mucho trabajo?

—No, la verdad es que el volumen es escaso estos días. Es algo personal — zanjó Raúl para no dar más explicaciones.

—¿Mal de amores? —continuó ella, que no se daba por vencida.

—Mira, Clara, sabes que te aprecio, pero no me apetece hablar del tema.

—No quería ofenderte con mis preguntas, pero desde hace unos días no pareces tú. Y eso me inquieta —aclaró ella dejando entrever un semblante de marcada preocupación.

Clara recogió una bolsa de frutos secos de la máquina contigua a la de café y, esbozando una suave sonrisa, asintió con la cabeza a guisa de despedida. Raúl permaneció unos minutos con el vaso de cartón en las manos, mirando cómo las burbujas de color crema de diferentes tamaños se iban aglutinando en los bordes mientras un aroma térreo y afrutado emergía del café.

De un tiempo a esta parte, Raúl era incapaz de concentrarse, estaba prisionero de sus pensamientos. Parecía deambular en una eterna procesión del trabajo a casa y de casa al trabajo, sin prestar atención al devenir de la vida. Días atrás, Amaia le había dicho que su relación no podía continuar, pues se había dado cuenta de que el amor que sentía no era lo bastante fuerte para sustentarla. Llevaban pocos meses juntos, pero Raúl se había enamorado profundamente de ella. Cuando esta le dio la noticia, él intentó mostrar fortaleza, pero, al igual que los colores de una puesta de sol se resisten a desaparecer con la oscuridad, es casi imposible esbozar una sonrisa cuando lloras por dentro. Su historia fue la de un amor apenas vivido ni sometido a prueba. Raúl pensó que no había tenido la oportunidad de mostrarle a Amaia lo mucho que la quería. Nadie es especial, pero todos podemos parecerlo a los ojos de la persona adecuada. Ella era especial para él. ¡Cuán pasmosa es la soltura y disposición que tenemos para labrar y construir relaciones, y demolerlas en un santiamén!

Todo comenzó con Tinder. Raúl llevaba casi un año separado y quería volver a enamorarse. En el trabajo siempre se encontraba con las mismas personas: cada una con su vida, su historia y su familia. Fuera se rodeaba de los amigos de toda la vida, que, en materia sentimental, ya tenían el futuro encaminado. Por eso decidió crearse una cuenta en una de las aplicaciones de citas más notoria del mundo. Al principio fue un desastre. Cada día se preguntaba qué hacía en esa app, hasta que un día apareció Amaia y la conexión fue inmediata.

Al principio se limitaron a utilizar el chat de la aplicación. Las conversaciones fluían. Él dio el primer paso y le envió su número de teléfono. Después empezaron a hablar por WhatsApp. Raúl comenzó a mandarle audios y luego pasaron a las conversaciones telefónicas. Parecía que habían encontrado a la persona hecha a su medida. Un día decidieron quedar para cenar. Mientras servían los platos, las conversaciones y miradas se dotaban de complicidad. Los silencios no resultaban incómodos, y los completaban con sonrisas francas. Eran capaces de mirarse a los ojos y saber qué revelaban sin palabras. El tiempo pasó volando y, cuando se dieron cuenta, ya iban a cerrar el restaurante. Pasearon hacia el coche de Amaia, aparcado en la puerta del piso de Raúl. Este le cogió la mano mientras un escalofrío recorría la espalda de ella, como si una suave ráfaga de viento campara a sus anchas sobre su piel. No querían que acabase la noche. Una vez en la puerta, delante del vehículo, él le preguntó si quería subir, y ella aceptó.

Nada más entrar en el piso, sus cuerpos se entrelazaron y se fundieron en un profundo beso que parecía haber estado esperando una eternidad. Hicieron el amor y vieron el interior de sí mismos a través del cuerpo. Cada caricia, cada abrazo profundo, cada torso contra torso destapaba un trocito de ellos que se plasmaba en una perfecta comunión, profesándose el mismo amor, el mismo sentimiento de plenitud. Raúl enlazó los dedos con los de Amaia y, con extrema suavidad, penetró su vagina con el pene, mientras ella presionaba fuertemente los labios sobre el cuello de él. El tiempo se detuvo. No existía nada ni nadie más. Solo estaban ellos, rodeados de consonancia y complicidad. Parecía el preludio de una bonita historia de amor, que escribirían juntos, sumando y completándose, fundiéndose como dos gotas de agua para formar una más grande. Durmieron toda la noche, sintiéndose y soñando cada uno con la piel del otro. A partir de ese día, una profunda marca quedó anclada en el corazón de Raúl y no se marchó jamás.

Amaia vivía en una pequeña población del Delta del Ebro y Raúl, en una ciudad dormitorio de Barcelona, así que la relación estaba separada por más de doscientos kilómetros. A pesar de ello, cada fin de semana uno se desplazaba para pasarlo junto al otro. Quizá por la distancia, quizá porque a veces el amor es caprichoso —irrumpe con efervescencia y se despide por la puerta de atrás—, la llama se fue apagando en Amaia. Por desgracia, en Raúl era cada vez más viva.

Un día, ella decidió llamarlo después de decirle por mensaje que estaba con mucha ansiedad.

—Hola, Amaia —contestó Raúl esbozando una tierna sonrisa—. ¿Estás mejor?

—La verdad es que no, Raúl. Llevo dos noches durmiendo muy poco, pensando en nuestra relación. La ansiedad ha ido en aumento. A veces me cuesta respirar.

—¿Qué puedo hacer? —preguntó Raúl, preocupado, intentando acompañar sus palabras con un tono que denotara empatía.

—Nada... El problema es que... —Amaia hizo una pausa para tomar aire— he estado pensándolo mucho y tengo la certeza de que eres la persona que está hecha a mi medida. Si pidiera al cielo que me trajese a alguien que se ajustara a mis necesidades, mi forma de ver la vida y mis creencias, serías tú. Pero el amor que siento por ti se ha ido apagando, Raúl.

—¿Ya no me quieres? —preguntó él con los ojos vidriosos.

—Te quiero, pero no como te mereces ni como necesitas —contestó Amaia con la voz trémula—. No siento un amor lo suficientemente grande como para sustentar esta relación.

—Pero ¿así?, ¿de un día para otro? —preguntó él con la expresión demudada.

—No, es algo que siento desde hace tiempo —confesó Amaia—, pero hasta ahora había puesto la razón por encima de las emociones. A nivel racional me decía: «Raúl es la persona que está hecha para mí», pero mi corazón no sentía lo mismo.

—Aun así... —dijo Raúl sin saber cómo continuar.

—A veces las emociones y la razón no van de la mano, y nos hacen ver cosas diferentes —explicó ella con voz compungida.

—Es cierto que estas semanas no hemos podido intimar —replicó Raúl, recomponiéndose—, las circunstancias no han facilitado que tuviéramos tiempo para nosotros, pero tomar esta decisión así, por teléfono, sin hablar en persona... —se quejó arrastrando las palabras.

—Raúl —lo interrumpió Amaia con voz conciliadora a la par que firme—, lo he pensado mucho y la decisión está tomada: no vamos a seguir juntos como pareja. Quizá algún día la vida nos vuelva a juntar y podamos ser amigos.

Raúl, sollozando, incapaz de seguir con la conversación, colgó el teléfono. Para él fue como si todo se derrumbara, como si su castillo de expectativas, ilusiones y anhelos fuera cayendo sobre sí mismo. Sentía que se moría por dentro. Quería escapar, huir lejos, pero notaba que el cuerpo se le apelmazaba como mosca caída en un tarro de miel.

¿Qué nos sucede cuando nos enamoramos? ¿Cómo cambia el cerebro para hacernos sentir como Amaia y Raúl? ¿Las relaciones sexuales ayudan a crear un vínculo entre dos personas? ¿Hay alguna química cerebral que pueda explicarlo? ¿Podemos experimentar ansiedad cuando no sentimos lo que el otro espera que sintamos en una relación? El dolor que nos produce descubrir que la otra persona ya no nos quiere, ¿se parece al que sentimos cuando dañamos el cuerpo? Intentaré arrojar algo de luz a estas cuestiones en los siguientes apartados.

Je t'aime de tout mon cœur

¿Amaia y Raúl se amaban con el corazón? A estas alturas del libro, seguro que ya sabes que la cognición y los estados mentales dependen del sistema nervioso. El amor es un estado mental en el que se produce una confluencia de emociones, cogniciones y cambios fisiológicos. Por lo tanto, del corazón, nada de nada, todo está en el cerebro. Si a Raúl se le desbocaba el corazón cuando estaba a punto de besar a Amaia era porque el sistema nervioso daba la orden.

Al igual que en la historia de esta pareja, cuando nos enamoramos, el mundo parece cambiar. Percibimos de otro modo todo lo que nos rodea. Es como si viéramos la vida con otro filtro. Somos capaces de pasarnos horas hablando con la persona de la que estamos enamorados, como si el tiempo y el mundo se detuvieran a nuestros pies. Nos amartelamos a la orilla de un río, la vida transcurre fuera, pero se genera una burbuja en la que solo parecen existir los enamorados. El tiempo se detiene, todo fluye, todo cambia. Los demás factores y estímulos parecen perder interés, y lo único que nos importa es interactuar con la persona amada.

El amor podría recordarnos a las drogas: el adicto a una sustancia puede llegar a perder el interés por otros factores de su vida y centrarse solo en lo que concierne a la droga. No obstante, entre el amor y las drogas existen diferencias notables, aunque ambos generan cambios en el cerebro relacionados con los mecanismos de plasticidad.

Cuando nos enamoramos, cambia nuestra visión del mundo. Pequeñas cosas, nimios estímulos que en circunstancias normales no suscitarían nuestro interés, parecen evaluarse de otra forma. La manera de interpretar una situación o contexto concretos varían mucho en función del estado en el que nos encontremos. Un enamorado puede prestar atención a detalles que en otro estado sería bastante improbable que tuviera en cuenta, como el rocío en una flor, la puesta de sol durante el atardecer o el olor de un determinado estímulo. ¿Qué sucede en el cerebro para que la percepción se vea modificada de esa forma?

La pasión del amor nos provoca sentimientos de euforia y felicidad que suelen ser difíciles de describir. Desde un punto de vista cerebral, las áreas que se activan como respuesta a los sentimientos románticos se asocian con regiones que contienen altas concentraciones de dopamina. Tal como he explicado en apartados anteriores, la dopamina desempeña un papel crucial en el refuerzo y la adicción. De esto te hablaré en el capítulo 10.

Además de este neurotransmisor, otras dos sustancias relacionadas con el amor romántico son la oxitocina y la vasopresina. El hipotálamo parece ser una de las regiones cerebrales críticas para regular estas tres sustancias.

Tanto en el hombre como en la mujer, durante el orgasmo se liberan en la sangre oxitocina y vasopresina. La concentración de estas sustancias aumenta durante la fase de apego romántico y el emparejamiento. Estas hormonas refuerzan los vínculos entre los hombres y los machos de diferentes especies, entre madre e hijos o entre los dueños y sus perros. Asimismo, las mujeres las liberan durante el parto y cuando alimentan al bebé mediante la lactancia materna. Además, parece que estas sustancias también se distribuyen en las regiones del cerebro que se activan con el amor maternal.

En el caso del hombre, la vasopresina se ha relacionado con la conducta social, es decir, el establecimiento de jerarquías de dominancia social. En las especies en las que los machos participan de la crianza, facilita el apego y el establecimiento de los vínculos de pareja y, por ende, también en la monogamia. En este sentido, se ha podido comprobar que los individuos monógamos son genéticamente más propensos a disponer de mayor concentración de receptores de vasopresina en una región importante para los mecanismos de recompensa del cerebro: nuestro amigo, el núcleo accumbens.

Tal como te decía, la vasopresina se libera durante las relaciones sexuales. Si la experiencia con la hembra ha sido placentera para el macho, es más probable que este permanezca con la hembra. Asimismo, si el número de receptores para esta hormona aumenta en el núcleo accumbens, los machos polígamos se vuelven monógamos.

Por supuesto, en los seres humanos todo es más complejo, dado que intervienen otros factores de índole diversa. Por ejemplo, la cognición social desempeña un papel muy importante. En este sentido, se ha demostrado que la oxitocina aumenta la probabilidad de que seamos amables y prosociales con los demás. Pero esto no sucede con todo el mundo: con personas de otras razas o culturas, o con nuestros oponentes en un juego, la oxitocina no tiene ningún poder para sacar nuestra cara amable: no funciona con los que no son «de los nuestros».

El amor es una locura muy sensata, una hiel que ahoga, una dulzura que conserva

He querido titular este apartado con una cita del mismísimo William Shakespeare. En la primera escena del segundo acto de *Romeo y Julieta*, en un diálogo entre Benvolio y Mercucio, ambos se preguntan a dónde ha ido Romeo, y Mercucio se burla de su amor.

BENVOLIO. ¡Romeo! ¡Mi primo Romeo!

MERCUCIO. No es tonto: por mi vida, se ha escabullido de su casa para buscar su lecho.

BENVOLIO. Se ha corrido por este lado y saltado el muro del jardín. Llámale, amigo Mercucio.

MERCUCIO. Haré más, voy a mezclar su nombre con sortilegios. ¡Romeo! ¡Capricho, locura, pasión, amor! Aparece bajo la forma de un suspiro, recita un verso y me basta. Haz oír un solo «¡Ay!». Pon siquiera en rima, pasión y pichón: dirige a mi comadre Venus una dulce palabra, un apodo a su ciego hijo, a su heredero, el tierno Adam Cupido, el que tan bien disparó cuando el rey Cophetua se enamoró de la joven mendiga. No oye [está sin acción, no se mueve. El pobrecillo está muerto y tengo a la fuerza que evocarle]. Yo te conjuro por los brillantes ojos de Rosalina, por su frente elevada, por sus purpúreos labios, por su lindo pie, su esbelta pierna, su regazo provocador, por cuanto más este guarda, que te nos aparezcas en tu forma propia.

BENVOLIO. Si te oye, se enfadará.

MERCUCIO. Lo que digo no puede enfadarle. Enfado le causaría el que se hiciera surgir algún espíritu de extraña naturaleza en el círculo de su adorada y que allí se le mantuviera hasta que ella, por medio de exorcismos, le volviese a la profundidad. Esto sería una ofensa; pero mi invocación es razonable y honrosa: yo solo conjuro en nombre de su dama o para que él mismo aparezca.

BENVOLIO. Ven, se ha hecho invisible entre esos árboles, para unificarse con la húmeda noche. Su amor es ciego y se halla más a gusto en las tinieblas.

MERCUCIO. Si el amor es ciego, no puede dar en el blanco. Nuestro hombre se sentará ahora al pie de algún níspero y deseará que su amada sea esa especie de fruta que llaman manzana las jóvenes, cuando a solas se ríen. ¡Romeo, buenas noches! Voy en busca de mi colchón: esta cama de campaña es, [para dormir], harto fría. Ea, ¿nos vamos?

BENVOLIO. Sí, marchémonos; pues es inútil buscar aquí al que no quiere ser hallado.

El amor, en sus estadios iniciales, podría parecer una locura u obsesión que monopolizase el pensamiento; recordemos la historia de Amaia y Raúl. Se ha podido demostrar que, en esos momentos, se da un decremento de los niveles de serotonina similares a los encontrados en pacientes con trastornos obsesivos. Asimismo, en estos estadios iniciales también parece haber una correlación entre el enamoramiento y el factor de crecimiento nervioso, puesto que las personas que se acaban de enamorar presentan niveles más elevados de esta sustancia que las que no lo están o aquellas que mantienen una relación estable duradera. La concentración de esta sustancia parece correlacionarse significativamente con la intensidad de los sentimientos románticos.

Tanto en relación con los sentimientos románticos como con el placer y la activación sexual, se activa el hipotálamo y mengua la actividad en regiones de la corteza frontal, quizá para disminuir el peso del razonamiento en todo ese cóctel de estados emocionales y cognitivos. La pasión que se observa durante el enamoramiento está relacionada con una suspensión temporal o con la laxitud de los criterios que utilizamos para evaluar a los demás, funciones que dependen de la corteza frontal. Una cara atractiva, la activación sexual y la experiencia visual de un estímulo hermoso, como una puesta de sol en primavera, parecen activar la corteza orbitofrontal. Por su parte, la cara de la persona amada y estímulos con alto contenido sexual activan dos regiones corticales: la corteza cingulada anterior y la ínsula. Además, se ha podido comprobar que tanto las caras atractivas como el rostro de la persona amada reducen la actividad de la amígdala y la corteza prefrontal derecha. Esto sugiere que no solo se presenta un juicio menos severo cuando se está ante la persona amada, sino también cuando se está ante personas atractivas. El hecho de que alguien sea atractivo genera un juicio más positivo por parte de los demás, ya que, desde un punto de vista neural, quedan suspendidos los signos de evaluación de desconfianza a partir del rostro de la persona.

La corteza orbitofrontal se halla conectada a diferentes áreas corticales y subcorticales[8] implicadas en el enamoramiento. Belleza y amor se encuentran íntimamente relacionados con el deseo erótico. Se ha de tener presente que un amor intenso suele implicar un alto deseo sexual. Por otro lado, la atribución de la belleza está muy relacionada con el procesamiento de la información emocional.

¿Los hombres y las mujeres procesan la belleza del mismo modo a nivel neural?

Un equipo de científicos compuesto por miembros de varias universidades ha demostrado que la capacidad para apreciar la belleza difiere entre mujeres y hombres por lo que se refiere al encéfalo. Estos investigadores han puesto de manifiesto que, cuando las mujeres evalúan diferentes estímulos en relación con su belleza, se activan regiones en el lóbulo parietal de ambos hemisferios cerebrales, mientras que en el caso de los hombres esa activación se da preferentemente en el derecho. Es decir, los hombres solo utilizan la mitad del cerebro para apreciar la belleza. Las diferencias encontradas entre mujeres y hombres en relación con la apreciación de la belleza podrían reflejar disparidades en las estrategias asociadas con la división de las labores en los ancestros homínidos: las mujeres estaban más orientadas a la recolección, mientras que los hombres se centraban en la caza. Un hombre cazador necesitaba interpretar las relaciones espaciales entre los estímulos de una forma determinada. Además, la atención se tenía que centrar en el animal al que se pretendía dar caza. Mientras tanto, la mujer tenía que encargarse de las labores de recolección y el cuidado de la progenie. Las capacidades espaciales y atencionales que esta debía poner en marcha diferían notablemente de las del cazador.

Elección de la pareja

Uno de los aspectos en los que la plasticidad puede desempeñar un papel importante es en la conducta sexual y en sentimientos complejos como el amor. Desde un punto de vista antropológico, durante mucho tiempo el ser humano desconoció que el acto sexual tenía como finalidad la reproducción. Esta separación del propósito originario de esta conducta puede constituirse como un rasgo característico de la plasticidad.

Cuando elegimos pareja, ¿en qué nos fijamos? ¿En el físico, la forma de ser, la personalidad? Diferentes trabajos han demostrado que el ser humano presenta preferencias claras a la hora de elegir la pareja con la que realizar el acto sexual. Parecen estar relacionadas, entre muchos otros factores y variables, con distintos rasgos morfológicos, como la razón existente entre la cintura y la cadera en el caso de las mujeres, y la altura y el índice de masa corporal en el de los hombres.

Tal como hemos visto en apartados anteriores, el deseo sexual y la preferencia por una pareja puede verse influida por las hormonas sexuales. En 2005, Pawlowski y Jasienska pusieron de manifiesto que las preferencias sexuales de las mujeres parecían depender de la fase del ciclo en la que se encontraban durante el estudio y de la duración esperada de la relación, y que tendían a preferir a los hombres más altos cuando se encontraban en la fase folicular del ciclo menstrual (cuando son muy fértiles) y si las parejas se elegían para relaciones a corto plazo. De esta forma, estos resultados apuntan a que las mujeres que se encuentran en una fase potencialmente fértil del ciclo y que eligen a una pareja con la que sería menos probable embarcarse en la aventura de tener hijos seleccionan los genes de hombres más altos. Otros trabajos han demostrado que existe la tendencia biológica a elegir pareja en función de la simetría corporal. Parece que a las personas más simétricas se las considera más atractivas: una mayor simetría indica una menor probabilidad de errores genéticos y de fertilidad.

Muchas veces pensamos que elegimos pareja en función de la personalidad, la apariencia, las aficiones comunes, etcétera. Quizá nunca nos hayamos planteado que el olor corporal desempeñe un papel en esa elección y que esto pueda tener ciertas implicaciones adaptativas.

Vayamos a África oriental. Los masáis son un pueblo de unos novecientos mil individuos que habitan en la Tanzania septentrional y la Kenia meridional. Para comunicarse, utilizan un lenguaje nilótico llamado *maa*, aunque algunos hablan en suajili o en inglés. En relación con el tema del que estamos hablando, lo curioso del asunto es que se untan en el pelo orina de vaca. En el seno de esta cultura se da mucha importancia a las vacas, hasta tal punto que los hombres si impregnan con su olor para potenciar así el atractivo. En el capítulo 2 vimos que hay evidencias históricas de que en la época isabelina algunas mujeres se colocaban un trozo de manzana pelada bajo la axila para que se impregnase de su olor y después entregaban la fruta a su amante como muestra de su amor. En nuestra cultura utilizamos caros perfumes que compramos en tiendas especializadas como complemento de la imagen que queremos dar y con la intención potencial de aumentar el atractivo personal. Muchas de las preferencias que consideramos naturales en realidad las aprendemos debido a nuestros mecanismos de plasticidad. El amor y la selección de la pareja no son excepciones.

Diversos estudios han demostrado que el olor corporal puede ser un factor importante para la elección de la pareja, ya que proporciona claves sobre la calidad genética de la pareja sexual, su estatus reproductivo e incluso su salud. En los animales, un rasgo clave en la elección de compañero por parte de las hembras para tener relaciones sexuales es la dominancia que muestra el macho. Hace unos años, Havlicek *et al.* demostraron que las mujeres que se encuentran en la fase fértil del ciclo se inclinan por el olor corporal de hombres más dominantes. Su preferencia varía según la situación en la que se halla la mujer, de forma que es mucho más fuerte en mujeres fértiles con relaciones estables que en las solteras.

Cada vez son más las evidencias que sugieren una correlación entre la elección de la pareja, la preferencia por un olor determinado y la similitud genética en el complejo mayor de histocompatibilidad (MHC), un grupo de genes que desempeñan un importante papel en el reconocimiento inmunitario de los tejidos propios y ajenos.

Diferentes evidencias experimentales sugieren que muchas especies animales utilizan el olor corporal como una guía para identificar posibles parejas con un MHC determinado. La preferencia por una pareja con un MHC diferente al del propio genotipo aumenta la heterocigosis (tener versiones diferentes de un mismo gen) de la progenie y, por ello, favorece una mayor variabilidad genética. Las posibles ventajas adaptativas están claras: este mecanismo nos ayuda a evitar la endogamia y posibilita que la variabilidad genética confiera una mejor capacidad para responder a nivel inmunológico a la presencia de virus, bacterias y otros microorganismos. El MHC parece influir tanto en el reconocimiento de uno mismo como en las preferencias por la elección de la pareja. Este último efecto se ha demostrado en roedores, peces, pájaros, reptiles e incluso en el ser humano. Muchos mamíferos utilizan el olor corporal para proporcionar y obtener una gran variedad de información relacionada con el sexo, el tipo de especie, la edad, la colonia o la familia de procedencia, el estatus reproductivo y social, el estado maternal... En ratones, por ejemplo, se ha demostrado que los genes del MHC parecen estar implicados en el reconocimiento de los miembros de una misma familia y en el altruismo que los individuos muestran hacia los sujetos que pertenecen a su estirpe.

En los seres humanos se ha comprobado que las mujeres tienden a preferir el olor corporal de las personas que presentan una variante genética diferente del MHC (el denominado «antígeno leucocitario humano» o HLA, por sus siglas en inglés). Parece que, en los seres humanos, la clave no está en potenciar al máximo las diferencias genéticas para el MHC, sino en optimizarlas. Al respecto, en 2002, Jacob *et al.* demostraron que las mujeres tienen tendencia a preferir el olor de los hombres que presentan un número intermedio de coincidencias en el HLA con el suyo, más que el de los que tienen un HLA demasiado similar o diferente. Para llevar a cabo las pruebas olfatorias, estos científicos seleccionaron a cuarenta y cinco mujeres solteras que nunca habían estado embarazadas. Para obtener los olores corporales, los hombres debían llevar la misma camiseta interior dos noches consecutivas. En el momento de elegir las camisetas, las mujeres tenían que olerlas sin conocer su procedencia. Otros investigadores han hallado que cuando las mujeres evalúan el olor del sudor de los hombres, el nivel de dificultad para decidir si les parece agradable o desagradable aumenta a medida que el HLA resulta más similar entre hombre y mujer.

Para concluir este capítulo me gustaría destacar que la conducta sexual humana y la orientación y la identidad sexual son extremadamente complejas y responden a múltiples factores de diversa índole: educativos, sociales, biológicos, culturales, etcétera. Por ello, no he pretendido reducirlas a términos biológicos, sino arrojar un poco de luz a lo que, mediante las investigaciones en neurociencia, se ha podido descubrir en los últimos años. En el próximo, tal como te he adelantado, te hablaré de un tema relacionado: el placer.

10

La máquina que podía producir más placer que el de un orgasmo

> Drogas. Donde la dopamina aplasta la razón para crearnos un deseo irrefrenable de autodestrucción.
>
> Daniel Z. Lieberman y Michael E. Long, *Dopamina*

En la comedia futurista de Woody Allen *El dormilón* (*Sleeper*, 1973), el protagonista queda congelado por un error yatrogénico al acudir al hospital para ser intervenido de una sencilla operación de extracción de las amígdalas y despierta doscientos años después en un mundo futuro en el que las féminas son incapaces de sentir placer por sí mismas. Para llegar al orgasmo necesitan que su pareja entre en una máquina llamada «orgasmatrón». Allen retrata una sociedad que solo es capaz de sentir placer a través del uso de la ingeniería, de lo artificial. Otros artilugios similares han aparecido en numerosas ocasiones en el cine: *Barbarella* (1968), *Flash Gordon* (1974), *Demolition Man* (1993), *Caraconos* (*Coneheads*) (1993), *Orgazmo* (1997)... Por ejemplo, en *Barbarella* se muestra cómo puede usarse la manipulación de un determinado aparato para torturar a las personas mediante el placer, induciendo en la víctima un deleite y goce sexual lo suficientemente fuertes e intensos como para causarle la muerte por orgasmo. En *Demolition Man*, Marco Brambilla describe una sociedad en la que se considera anticuado y repulsivo realizar el acto sexual por los métodos tradicionales. Para llegar al orgasmo, la pareja tiene que estar conectada a un dispositivo electrónico, sin tocarse. En la cinta de Trey Parker, *Orgazmo*, el «orgazmorator» era un dispositivo construido en forma de pistola de agua que generaba múltiples y sucesivos orgasmos en el hombre. Estos y otros son ejemplos de lo que el placer, tan ligado al sexo y la tecnología, ha preocupado a la industria del celuloide. La sociedad actual vive inmersa en un continuo bombardeo de estímulos que buscan provocar el placer en las personas a través de la comida, el sexo e incluso el bienestar físico y la relajación del cuerpo.

Imagina que caminas por un centro comercial y te detienes en una tienda de chocolates. La dependienta, muy amable, te da a probar una cremosa *fondue*. Notas cómo se deshace en tu boca, sientes su dulce y amargo sabor en el paladar; el olor del chocolate te embriaga por completo, y esa negra y espesa textura parece atraer toda tu atención. Las propiedades organolépticas del chocolate son captadas por tus cinco sentidos, de manera que te produce placer mientras te lo comes e incluso de forma anticipatoria. Al salir de la tienda te acercas a un establecimiento de masajes y relajación corporal. Te tumbas en una especie de camilla que empieza a vibrar según una programación establecida y eso te produce un relax delicioso. Cada vibración estimula partes diferentes de tu cuerpo. El sistema somatosensorial recibe información que se interpreta en el cerebro como algo placentero, deleitoso e incluso sensual. Has salido de casa con la mera intención de pasear por una de las grandes superficies de las afueras de la ciudad y has acabado tomando contacto con estímulos que te han producido gran placer.

Ahora imagina que tienes un mando parecido al de una consola de videojuegos. Cada vez que pulsas el botón principal, una oleada de inmenso placer te recorre el cuerpo, como si tuvieras un orgasmo, pero multiplicado con creces. Con un artefacto así en su poder, el ser humano podría dejar de lado otras conductas necesarias para la supervivencia y perpetuación de la especie, e inevitablemente se «engancharía» a esa puerta directa a la máxima expresión del placer. Quizá generaría un problema social a gran escala que llevaría a prohibir ese voluptuoso mando.

¿Podría algún día llegar a ser real? Lo cierto es que estamos mucho más cerca de lo que puedas imaginarte. En la década de 1950, James Olds y su alumno Peter Milner estaban investigando los procesos de aprendizaje y memoria en las ratas. Partían de la hipótesis de que la estimulación eléctrica de ciertas regiones del cerebro podía facilitar la memoria de esos animales. Para comprobarlo, implantaron electrodos en diferentes zonas del cerebro de las ratas y las estimularon eléctricamente después del aprendizaje de una determinada tarea. En uno de los animales vieron que cada vez que recibía una corriente de estimulación eléctrica se quedaba muy quieto. Cuando no había estimulación, volvía a la zona del habitáculo experimental donde la había recibido antes. Por tanto, era como si le gustase la corriente eléctrica que recibía en el cerebro y regresara a por más. Entonces, Olds y Milner idearon un dispositivo para comprobar si la corriente producía placer a las ratas. Dispusieron en el habitáculo una pequeña palanca conectada eléctricamente al dispensador de corriente eléctrica del electrodo que llevaba implantado el animal, de forma que cada vez que la rata pulsara la palanca se autoadministrara la corriente estimulante. El procedimiento experimental se llamó «autoestimulación eléctrica intracraneal» (AEIC). Resulta que la rata parecía volverse loca con la palanca. La pulsaba una y otra vez, sin importarle nada de lo que sucedía a su alrededor. Por desgracia, el cerebro de este animal se perdió, y no pudieron comprobar dónde se había localizado la punta del electrodo que generaba la corriente eléctrica; quizá había quedado emplazada en el hipotálamo (una estructura que, como hemos visto, está en la base del cerebro). Estos investigadores demostraron por casualidad que la estimulación eléctrica cerebral podía producir placer. James Olds escribió:

> Administré una corriente eléctrica siempre que el animal entraba en una esquina del recinto. El animal no permaneció lejos de la esquina, sino que regresó apresuradamente a ella después de una

> momentánea salida que siguió a la primera estimulación, y volvió a ella incluso más velozmente después de una salida todavía más breve que siguió a la segunda estimulación. Cuando se administró la tercera estimulación eléctrica parecía, sin lugar a duda, que el animal volvía por más.

La estimulación eléctrica de algunas zonas del cerebro puede resultar placentera tanto para diferentes especies de animales como para el ser humano. En la década de 1960, un grupo de investigación de la Escuela de Medicina de la Universidad Tulane demostró que, aplicada a diferentes áreas del cerebro humano, tenía propiedades reforzantes, un fenómeno que ha sido muy útil para entender los mecanismos cerebrales del refuerzo, es decir, los que se activan con relación al placer que se siente al tener un orgasmo, comer un alimento que deleita el paladar o incluso recibir un agradable masaje en el cuerpo.

El descubrimiento de Olds y Milner se convirtió en el punto de partida para entender que si estimulamos el cerebro podemos producir placer debido a que tenemos unos circuitos neurales sobre los que actúan los diferentes estímulos que nos producen placer, como son la comida, el sexo, la música o incluso las drogas.

La autoestimulación eléctrica intracraneal se ha convertido en un método empírico muy útil para intentar explicar procesos como la motivación, la emoción, el aprendizaje y la memoria, así como para identificar los circuitos neurales implicados en el efecto reforzante de diferentes sustancias de abuso.

En definitiva, en la década de 1950, dos investigadores ya habían comprobado empíricamente lo que veinte años después fue un tópico tratado con prodigalidad en *El dormilón* de Woody Allen y trabajos posteriores de otros directores de cine. Autores como Nora D. Volkow (2019) sugieren que existe la necesidad inherente a todos los seres sensibles de buscar cosas de valor en el entorno o evitar las que pueden hacernos daño, una fórmula universal que ha evolucionado para maximizar la capacidad de adaptación y las posibilidades de supervivencia y perpetuación de las especies.

A lo largo de la evolución han surgido una serie de mecanismos, como la regulación del equilibrio interior del cuerpo (concepto al que me referiré a lo largo del capítulo como «homeostasis»), la percepción sensorial, el aprendizaje y la memoria, las emociones y la toma de decisiones (funciones que ya he detallado en capítulos anteriores), para buscar lo positivo y evitar lo negativo, lo que maximiza la capacidad de aprovechar las características previsibles del entorno y adaptarse a las imprevisibles de la mejor manera posible. Hay similitudes sorprendentes entre las especies por lo que se refiere a la respuesta que dan a estímulos positivos —como la alimentación y el sexo— y negativos —como el dolor y las amenazas ambientales—. Esta representación común se refleja a menudo en el plano neurobiológico: diferentes especies recurren a estrategias estructurales, neuroquímicas y funcionales del cerebro similares para enfrentarse a problemas parecidos.

Llegados a este punto, podría decirse que el refuerzo es un objeto o una situación determinada que genera un acercamiento por parte de la persona, una conducta consumatoria (entendida en su sentido más amplio) que posibilita el aprendizaje de esa conducta, implica unos resultados y unas consecuencias ventajosas y puede provocar emociones positivas y sentimientos hedónicos. Basándonos en esta definición general del refuerzo, hay que tener presente que, en esta categoría no solo se incluirían estímulos de naturaleza sexual o alimentaria (refuerzos primarios), sino también de otro tipo, como el dinero, la música, atributos estéticos como una deleitosa poesía o una puesta de sol en el mar Mediterráneo, e incluso estados mentales, como encontrar la solución a un problema concreto.[1]

Poderoso caballero es don Dinero

«Poderoso caballero es don Dinero» es una letrilla satírica muy conocida del autor español Francisco de Quevedo, escrita en el siglo XVII.

Esta frase es una crítica a la sociedad de su época en la que se enfatiza la influencia y el poder que el dinero tiene sobre las personas y cómo puede eclipsar otros valores como la honestidad, la bondad o la nobleza.

El dinero es un reforzador muy efectivo que adquiere valor por las interacciones sociales. Se ha comprobado que, en general, las personas prefieren los refuerzos que se reciben de manera inmediata sobre aquellos que se demoran. Por ejemplo, casi todo el mundo prefiere recibir cien euros hoy que ciento diez la semana que viene. No obstante, si a alguien se le pregunta si prefiere recibir cien euros dentro de cincuenta semanas o ciento diez en cincuenta y una, quizá opte por la segunda opción. En ambos casos hay una semana de diferencia, pero la continuidad temporal es distinta. Estudios recientes demuestran que cuando las personas tienen que elegir entre dos cantidades de dinero que se recibirán en momentos diferentes, la elección que implica que se obtenga el dinero hoy activa dos regiones del cerebro: el estriado ventral (donde se encuentra un conocido nuestro que ya ha salido varias veces, el núcleo accumbens) y la corteza prefrontal. No obstante, todas las personas no se comportan de la misma forma ni son igualmente tolerantes respecto a esperar la llegada de un posible refuerzo. En esta línea, se ha podido comprobar que aquellas a las que no les gusta esperar para recibir el dinero muestran una menor activación en el núcleo accumbens con los refuerzos futuros.

La relación que mantiene una persona con un refuerzo concreto puede variar a lo largo del tiempo. Imagina que una conocida marca de informática anuncia que va a sacar al mercado un nuevo y maravilloso dispositivo telefónico. Transcurren los meses y no sale, así que tu deseo aumenta cada día que pasa. Al final, la empresa comercializa el aparato a un precio bastante alto, pero te lo compras. Semanas después tienes el móvil en el escritorio del estudio, pero casi no le prestas atención. ¿Qué ha sucedido, si era un refuerzo importante para ti? ¿Por qué ha disminuido el deseo en cuanto lo has comprado y lo has tenido en tu poder? En realidad, el tipo de relaciones que se dan en este caso son muy complejas e implican diferentes factores motivacionales e incentivos que configuran el acercamiento hacia determinado estímulo en un momento dado. Recientes trabajos llevados a cabo con técnicas de neuroimagen parecen mostrar que existe una región en el cerebro que podría explicar este cambio: la corteza prefrontal.

Los refuerzos son capaces de inducir sentimientos subjetivos de placer y generar emociones positivas, de forma que incluso los estímulos que los preceden quedan marcados[2] con un valor positivo. Esto sugiere que el procesamiento de la información relacionada con el refuerzo puede ayudar a establecer un sistema de valores y referencias para la toma de decisiones. En la vida diaria, las personas realizan diferentes juicios de valor cuando deciden si se comerán un bocadillo en vez de una ensalada o si saldrán a pasear en bicicleta en lugar de ir al cine en un soleado día de primavera. Se trata de seleccionar un curso de acción de un conjunto de varios posibles según valores asociados y refuerzos anticipados. Las circunstancias, además, pueden cambiar las preferencias personales. Si, por ejemplo, estás pasando por un bache económico, estoy seguro de que destinarás el dinero a comprar artículos de primera necesidad en vez de adquirir un caro teléfono móvil.

En los últimos años, entender cómo el sistema nervioso incorpora los valores en la toma de decisiones se ha convertido en una de las áreas de interés de la neurociencia cognitiva. En esta línea, se ha comprobado que hay una región cerebral (la corteza prefrontal ventromedial) que se activa según las preferencias subjetivas que muestran las personas cuando optan por un producto determinado en el momento de la compra.[3]

En términos generales, podemos decir que, aunque la corteza prefrontal y el núcleo accumbens son partes críticas del cerebro, la complejidad de las relaciones que existen entre los procesos de percepción, predicción y valoración de los estímulos con propiedades motivacionales y reforzantes requiere que existan muchas estructuras cerebrales. Todas ellas conforman lo que en neurociencia denominamos «sustrato nervioso del refuerzo».

Motivación homeostática y motivación incentiva

Al amanecer hacía fresco, pero, a medida que avanzaba el día, el sol había ido templando el ambiente y se podía experimentar poco a poco todo el fulgor de la primavera. Javier había quedado con Mónica a las once y media de la mañana en una cafetería de la calle de la Princesa. Como llegó antes, decidió dar un paseo por la Ciudadela.

Le gustaba perderse en ese parque de Ciutat Vella. Le atraía pasear entre semana, a primera hora de la mañana, cuando aún podía encontrar cierta privacidad y sosiego entre sus diferentes caminos. Una de las cosas que más le llamaba la atención era una clase de árbol que crecía dentro del lago del parque. Se trataba de un espécimen de la familia de las taxodiáceas originario del sudeste de Estados Unidos conocido como «ciprés de los pantanos». Su presencia confería al lago del parque de la Ciudadela cierta apariencia exótica y desconocida.

Se sentó en un desvencijado banco delante del lago. Desde su posición podía contemplar nueve barcas de madera pintadas de color azul, numeradas con toscos trazos de pintura blanca. Las embarcaciones descansaban sobre un agua verdosa que se mantenía en un estado de auténtica quietud, solo perturbado por el suave viento, que producía mansas ondulaciones en la superficie. Los rayos de sol trazaban dos regueros de luz sobre el agua que se juntaban justo antes de llegar a la orilla en la que se hallaba Javier. Al fondo había cipreses con el tronco sumergido en el agua, mientras que ya en tierra firme se agolpaban varias palmeras encabalgadas, tan habituales en los distritos de la fachada marítima de Barcelona. A primera línea, a escasos metros del banco y antes de tocar el agua, la primavera parecía haberse materializado en un profuso arbusto adornado con cientos de flores de color rojo brillante. No había nadie por los alrededores, la temperatura era agradable y el contexto invitaba a cerrar los ojos e intentar descansar del devenir de los pensamientos que tanto le preocupaban sobre cómo se estaban sucediendo los hechos hasta ese momento. Se dejó llevar por la situación e intentó no pensar en nada ni en nadie.

Cuando vio que se acercaba la hora caminó hacia el sudoeste y salió del parque por la puerta que daba al paseo Picasso, entre el rojizo y modernista Castell dels Tres Dracs y la imponente estructura de hierro y cristal del Hivernacle. Cruzó el paseo, cogió la calle de la Princesa y caminó hasta el número 51. La cafetería ocupaba la esquina de un viejo edificio ubicado entre esa calle y la del Comercio, antes de llegar al convento de San Agustín, muy cerca del Museo del Chocolate.

Buena parte del perímetro del local estaba dotado de grandes ventanales, levantados hasta casi medio metro del suelo, donde se encajaban en gruesas planchas de madera. El sol no se proyectaba directamente debido a la estrechez de las calles y la orientación de la cafetería. No obstante, gracias a las numerosas ventanas, la luz llegaba a todos los rincones del bar y no necesitaba iluminación artificial. El interior del recinto estaba distribuido en tres alturas. En el centro se erguían cinco columnas de hierro fundido de los hermanos Vissa. La parte derecha del local estaba cerrada con madera y cristal hasta la techumbre. La madera, de color roble, se veía muy envejecida por el paso de los años. La parte inferior había adquirido una coloración ennegrecida que dificultaba distinguirla del suelo. Era como si el armazón de madera y cristal se embutiese en el piso. Para acceder a la parte alta de la cafetería, era necesario utilizar una moderna escalera de hierro forjado que contrastaba con el aire anticuado y rancio que desprendía el lugar.

Mónica se encontraba en una mesa del fondo. El camarero le acaba de servir un café con leche y, en un arrebato de excesiva simpatía, comenzó a elogiar el color ámbar de sus ojos. Ante la zalamera y pegajosa actuación del chico, Mónica había reaccionado con una sonrisa forzada y un marcado rubor en las mejillas. En cuanto Javier entró, esta dio un respingo de alivio y sintió que su nerviosismo remitía a medida que él se acercaba a la mesa. Mónica llamaba mucho la atención, y estaba acostumbrada a que los hombres se le acercasen e intentasen entablar conversación, pero cuando percibía que la situación resultaría muy incómoda, procuraba evitarla a toda costa.

Javier la saludó con un beso en la mejilla, pidió un café muy corto y se sentó. Solía dar la mano. Cuando tenía que dar un beso porque la situación lo requería, lo daba en las dos mejillas, pero sin apenas tocar con los labios. Era más un roce de mejilla contra mejilla que un beso. En esa ocasión, fue un solo beso, y sus labios impactaron de lleno en el centro de la mejilla de Mónica. Incluso a él le sorprendió su forma de actuar. La calidez del beso reconfortó a la mujer.

Pasaron unos minutos en los que estuvieron hablando acerca de lo fácil que era encontrar en Barcelona sitios de ambiente bohemio y decadente. Para ella, sin duda, el bar que se llevaba la palma era el Marsella. Una vez se cruzaba el dintel de madera, coronado por un viejo extractor de aire y ataviado con polvorientos visillos de color verdoso a cada lado, se accedía a un nostálgico mosaico descolorido y recargado de espejos, botellas y muebles de madera carcomida. «Un día tengo que llevar a Javier a tomar una copa al Marsella —pensó Mónica lanzando su reflexión por un instante a la espiral de recuerdos memorables que tenía del lugar—. Seguro que le gusta, le pega mucho».

Ese mismo día, después de salir del trabajo, Mónica se fue a su piso. De camino al dormitorio, a través de los amplios ventanales que daban a la terraza, contempló el sol, que se deshacía en rojizos brochazos en un cielo que despedía al día. «¡Qué maravilla tener estas vistas! —pensó—. Son extraordinarias...». Al llegar al cuarto se quitó la ropa y la guardó con cuidado. Se puso un camisón turquesa y una especie de kimono de un tono parecido, abierto por delante y ceñido con un cinturón.

En la cocina se preparó dos lomos de salmón al vapor y los acompañó con una mezcla de canónigos y rúcula regada con sutiles hilos de aceite de trufa. Después de cenar consultó la previsión del tiempo para el día siguiente. «Lluvia y frío... —murmuró para sí—.

¡Menuda jornada nos espera!». Abrió un Somontano, un vino con denominación de origen producido en Huesca. La botella era de 2001, una añada excelente.

Sacó una manta de lana del armario del pasillo, fue a por el iPod, que estaba en el estudio, y volvió a la cocina para coger la botella de vino y una copa de fino cristal, con cáliz redondeado más estrecho en la boca para facilitar la oxigenación del vino y evitar la pérdida del aroma. Se tapó con la manta y se sentó entre los cojines que se amontonaban, sin aparente orden, en uno de los sofás de mimbre marrón de la terraza. Seleccionó el álbum *Diamonds On The Inside*, de Ben Harper, y cerró los ojos.

La luna bañaba el pequeño jardín que albergaba la amplia terraza del piso, creando extrañas sombras junto a las ruinas invernales de las flores a las que ella había ofrecido todos sus cuidados durante meses. Mientras tanto, Mónica chasqueaba la lengua con placer al saborear el vino.

Miró con displicencia una hoja deslizada por el viento y arrojada contra el postigo de uno de los ventanales, a la par que su pensamiento se fugaba hacia el encuentro que había tenido con Javier. Se preguntó si se estaba enamorando. Después de unos instantes, absorta y ensimismada, encendió una vela aromática para evocar aromas que la transportaran a mejores momentos de su pasado. Aquel pabilo humeante inventaba formas negras y grises, y, poco a poco, la esencia de jazmín la llevó al verano que pasó en Cadaqués con su madre. Como si de una consumación se tratara, por unos momentos la extinta ilusión parecía volver a irradiar su espíritu. Recordó cómo lloraba la luna, resplandeciente, brillante, iluminando el firmamento tachonado de estrellas sobre el negro mar. Le sobrevino una memoria dulce, mezcla de nostalgia y ternura, de lo que le decía su madre: «Mónica, recuerda que las estrellas fugaces son las lágrimas de la luna. Siempre que estés triste o perdida, que ellas sean tu consuelo».

En otras circunstancias, no se hubiera permitido derramar una lágrima, pero estas se le agolpaban en los ojos mientras los recuerdos se enredaban como rabos de cerezas y visitaban su pensamiento en una sucesión espontánea. Eran lágrimas de alegría. De repente, el pasado pareció desvanecerse como una torre de naipes que se desmorona al mínimo roce, y el presente volvió a aferrarse a su existencia. Elevó los ojos llorosos y descubrió a la oscuridad de la noche la forma que adoptaba su mirada. Sus lágrimas la aliviaban y parecían temperar cualquier atisbo de desazón que pudiera sobrevenir. Comenzó a llover; el agua caía fría del firmamento, arrancando un penetrante olor a tierra mojada. Mónica apuró los últimos resquicios de vino, apagó la vela y entró en casa.

Dejemos la terraza de Mónica y volvamos a la neurociencia. Antes he definido el refuerzo, y en la explicación he incluido tanto los estímulos de naturaleza sexual o alimentaria (refuerzos primarios) como los de otro tipo, como el dinero (refuerzos secundarios). Vamos a profundizar un poco más para introducir un nuevo concepto: «motivación homeostática» y «motivación incentiva».

En la historia que acabo de describir vemos diferentes refuerzos primarios. Por un lado, el sexo que podría llegar a consumarse entre Mónica y Javier, o aquellos acercamientos que lo provocasen (como lo sucedido en la cafetería entre ellos, o lo que podría haber sucedido si hubieran visitado el Marsella), es un refuerzo muy potente. Si has visto la película de 2023 *La sociedad de la nieve*, dirigida y escrita por J. A. Bayona, basándose en el libro homónimo de Pablo Vierci, serás consciente de que si no comemos, podemos morir por inanición. También podemos morir por deshidratación si no bebemos. Recordemos el filme *Chinatown*, estrenado el año que yo nací (1974). Esta película se iba a titular *Water and Power*, que es el nombre del servicio de aguas de la ciudad, dado que recoge muy bien los juegos de poder alrededor del agua, pero al final se optó por *Chinatown*, quizá porque resultaba más atractivo, dado que la película no se desarrolla en ese barrio a excepción de una corta escena. No obstante, nadie muere por no tener actividad sexual.

Podemos decir que el sexo es un refuerzo primario, una motivación incentiva en lugar de homeostática, es decir, una conducta cuyo objetivo no es satisfacer una necesidad vital de la persona, sino que persigue el placer por el placer. Es cierto que, tras esa búsqueda de placer ligada a la conducta sexual, la biología ha escondido magistralmente un propósito: la reproducción para perpetuar la especie y transmitir la carga genética.

La ingesta de alimento y agua constituyen refuerzos primarios, además de homeostáticos, en tanto que pretenden satisfacer necesidades vitales del organismo. Además, en torno a estas conductas, los seres humanos hemos añadido factores que incrementan su poder reforzante. No es lo mismo ingerir un trozo de salmón hervido de la zona menos magra, sin ningún tipo de aderezo, que los lomos que Mónica acompañó con una mezcla de canónigos y rúcula regada con sutiles hilos de aceite de trufa. Enfundarse en una manta, cuando los receptores sensibles a la temperatura avisan a su cerebro, también puede ser una motivación homeostática dirigida a guarecerse del frío y mantener la temperatura corporal sin tanto gasto metabólico.

En general, podemos decir que la motivación homeostática, como el hambre, la sed o evitar el frío, es impulsiva y consistente, y se reduce o desaparece cuando ingerimos comida, bebemos agua o nos tapamos con una manta.

Estos mecanismos nos permiten conservar estables los nutrientes y el agua que requiere el organismo, además de la energía necesaria para mantenernos en óptimas condiciones.

Por su parte, otros estímulos se constituyen como reforzadores primarios o secundarios, pero sin naturaleza homeostática. Este tipo de refuerzos no van dirigidos a corregir alteraciones de la homeostasis. Dentro de estos estímulos hay un conjunto con una capacidad muy marcada para activar el sustrato nervioso del refuerzo: las diferentes drogas que podemos ingerir de forma recreativa. Recuerda el vino que Mónica vertió en una copa de fino cristal, con cáliz redondeado más estrecho en la boca para facilitar su oxigenación y evitar la pérdida del aroma y cómo chasqueaba la lengua con placer al saborearlo. Más adelante hablaremos de ellas, dado que la relación entre las drogas y el sistema nervioso es bastante compleja: comienza generando motivación incentiva, pero acaba usurpando diferentes circuitos cerebrales que vuelven al cerebro dependiente, lo que la convierte en una motivación homeostática.

Volvamos a la terraza de Mónica. Cuando esta escucha el álbum *Diamonds On The Inside*, de Ben Harper, también se activa el sustrato nervioso del refuerzo. Recuerda lo que expliqué en el capítulo 2 cuando te comentaba que la música es gratificante para el ser humano. Se trata de un refuerzo ligado con la motivación incentiva en tanto que se busca el placer por el placer, con independencia de las necesidades básicas del organismo. La motivación incentiva puede ser muy impulsiva, y su búsqueda se agota con celeridad si eso requiere un esfuerzo considerable. Asimismo, no se termina con su satisfacción, como la satisfacción de la homeostática: la sed desaparece cuando bebemos, pero las ganas de escuchar música no desaparecen cuando terminamos el álbum de Ben Harper (con las veces que ha salido este cantante en el libro, supongo que te imaginarás que a mi sistema nervioso le gusta escuchar su música).

Los refuerzos y la motivación también se asocian a diferentes procesos cognitivos, como la atención o la memoria. Recuerda el aroma de esencia de jazmín que llevó a Mónica a aquel verano en Cadaqués, con su madre. Para Javier, un lugar como el parque de Ciutat Vella podría convertirse en un refuerzo secundario de motivación incentiva si es capaz de inducirle sentimientos subjetivos de placer y generarle emociones positivas, de manera que incluso los estímulos que lo preceden quedan marcados con un valor positivo.

A partir de diferentes estudios de neuroimagen, se ha comprobado que tanto la exposición a los refuerzos vinculados a la motivación homeostática como la exposición a los refuerzos vinculados con la motivación incentiva provocan un aumento de la actividad en diferentes regiones de la corteza prefrontal, sobre todo en la zona ventromedial. Tanto los refuerzos de tipo sensorial (la comida) como los abstractos (el dinero) inducen activaciones en la corteza frontal, de manera que las regiones posteriores tienden a activarse ante refuerzos sensoriales y las mediales, ante refuerzos abstractos.

En el procesamiento de la información de refuerzo, el aprendizaje asociativo es muy importante: posibilita que un estímulo determinado informe sobre la ocurrencia de un refuerzo, su ausencia o la aparición de un castigo. Recuerda, por ejemplo, cuando sonaba el timbre del instituto que indicaba el fin de la jornada de estudio. De esta forma, esos estímulos proporcionan a la persona la información necesaria para anticipar la llegada de un refuerzo. Al mismo tiempo, se fortalecen las respuestas que han llevado previamente a la consecución efectiva de un refuerzo para el individuo. Imagina cuando, por experiencia previa, decides meterte en un callejón, dado que cuando lo has hecho en el pasado siempre has encontrado sitio para aparcar.

La corteza prefrontal medial muestra un descenso de la activación cuando no se obtiene un refuerzo esperado, y un aumento si se obtiene un refuerzo esperado, sobre todo con relación a refuerzos abstractos como el dinero. Sería como un radar de los premios conseguidos y no conseguidos cuando se esperan. Es decir, detecta lo grande que puede ser el premio y lo probable que será su aparición.

¿Cómo sopesamos los factores que nos hacen tomar la decisión de comprar algo concreto?

Cuando vamos a comprar y algo nos gusta mucho, se activa el núcleo accumbens. No obstante, si le damos la vuelta a la etiqueta del precio y vemos que es excesivo, se activa la ínsula (una región cerebral que te he explicado cuando te hablaba de las emociones) y se desactiva la parte medial de la corteza prefrontal medial antes de tomar la decisión de comprar.

En la tienda nos encontramos con la atenta mirada del vendedor, que nos escruta y examina con cuidado nuestras reacciones.

En su caso, la actividad de esta región cortical se vería bastante aumentada como respuesta a los precios altos si al final decidimos comprar el producto.

Cuando compramos algo, el deseo que mostramos depende, entre otras cosas, de cuánto tardará y de qué esfuerzo implica conseguirlo. No es lo mismo comprar algo por internet y que nos llegue a casa mañana que recibirlo en dos semanas. Por ese motivo, muchas empresas que venden todo tipo de productos por internet reducen la demora de la llegada al hogar de los compradores. Por supuesto, si lo compramos en una tienda física, es muy probable que lo consigamos de forma inmediata, pero ello implica desplazarnos hasta el establecimiento, buscar el producto, comprarlo y llevarlo a casa: el esfuerzo es mayor. El éxito de algunas tiendas de comercio virtual se basa en poner a disposición de los clientes todo tipo de productos que, a veces, es difícil encontrar en los comercios físicos, y realizar el envío con una exagerada rapidez.

Por norma general, las personas prefieren los refuerzos que se obtendrán de forma inmediata sobre los que se conseguirán con demora. Hay gente a la que no le gusta esperar. En estas personas, la actividad de la parte medial de la corteza prefrontal y el núcleo accumbens se ve reducida con la demora. En contraste, las zonas laterales de la corteza prefrontal se activan de forma similar delante del refuerzo, sin importar el tiempo que tenga que esperar para recibirlo. Cuando uno se enfrenta a una decisión que lo lleva a elegir entre un refuerzo inmediato y uno demorado, el aumento en la actividad del estriado ventral y la corteza prefrontal medial quizá dará como resultado una preferencia por el refuerzo inmediato. En cambio, la corteza prefrontal lateral permitiría centrar la toma de decisión en la valoración de la magnitud del refuerzo más que en su proximidad temporal.

La capacidad de sopesar una recompensa frente al esfuerzo necesario para obtenerla es fundamental en la toma de decisiones. Parece que la actividad tanto del núcleo accumbens como de las zonas mediales de la corteza prefrontal puede ayudar a explicar el esfuerzo que está dispuesta a hacer una persona para conseguir algo.[4]

Aprender con la dopamina

La dopamina es un neurotransmisor que desempeña un papel crucial en el sistema de recompensa del cerebro, y está involucrada en diversas funciones cognitivas y de comportamiento, incluido el aprendizaje.

Imagínate que una persona va por la selva amazónica buscando comida. Por casualidad, se topa con un arbusto de flores grandes y rojas que no parecen ser comunes por esa zona. Lo explora y observa que detrás de las hojas hay unos frutos ovalados de color canela que resultan ser deliciosos al paladar. La próxima vez que esa persona recorra la selva y encuentre el arbusto de flores rojas correrá a recoger sus frutos. Ha aprendido a asociar un estímulo que al principio era neutro (la presencia del arbusto con flores rojas) con un refuerzo (el fruto delicioso al gusto que apaga rápidamente la sensación de hambre por su gran aporte calórico). Por lo tanto, en este tipo de aprendizaje se relaciona un refuerzo con un estímulo (al principio, de valoración neutra para la persona) o con la conducta realizada para obtenerlo.

Supongamos que en los últimos meses se han dado lugar cambios drásticos en el pH del suelo que afectan a la disponibilidad de ciertos nutrientes para las plantas y esto, a su vez, a la producción de pigmentos que determinan el color de la flor. Por tanto, las flores rojas de los arbustos que ocultan frutos con gran valor nutricional se han tornado de color azulado, mientras que otros arbustos sin frutos que antes tenían las flores azules ahora las presentan rojas. En esta nueva situación, debemos aprender que los arbustos con flores de color rojo ya no tienen fruto, mientras que los que presentan las flores de color azul sí. Es decir, debemos actualizar la información aprendida. Para esta actualización, resulta de crítica importancia la dopamina.

El grupo de investigación de Wolfram Schultz, de la Universidad de Cambridge, ha descubierto que un grupo de neuronas, que utilizan el neurotransmisor dopamina para comunicarse,[5] modifican su patrón de actividad respecto a la información reforzante. Imagínate a un mono que ha de aprender la siguiente tarea: se posiciona al primate delante de una palanca de forma que cuando se le presenta un estímulo que inicialmente es neutro para él (como una luz), tiene que aprender a pulsar la palanca para recibir un estímulo reforzante (por ejemplo, un zumo de frutas). A medida que el mono practica va adquiriendo poco a poco este condicionamiento operante, de manera que cuando se presenta la luz, al instante pulsa la palanca para obtener el zumo. Lo interesante de esta situación es que el equipo de Schultz ha demostrado que cuando el animal no tiene experiencia en esta tarea, la actividad de las neuronas dopaminérgicas se ve incrementada cuando recibe el refuerzo (el zumo de frutas). A medida que el mono va aprendiendo la tarea, la actividad de estas neuronas se va anticipando, de forma que cada vez responde menos al zumo y más al estímulo que lo predice (la luz). Es decir, estas neuronas serían capaces de dejar de responder ante el fruto de color canela y hacerlo ante el arbusto de flores rojas.

De forma añadida, estos investigadores también han podido comprobar que cuando el animal espera la llegada de un refuerzo y este no aparece, la actividad de las neuronas dopaminérgicas se ve reducida a su línea basal. En el ejemplo anterior, sería cuando nos damos cuenta de que el arbusto de flores rojas ya no tiene los frutos deliciosos.

También se ha demostrado que la actividad de las neuronas dopaminérgicas es proporcional a la probabilidad y magnitud del refuerzo, y a sugerir que la actividad de las neuronas dopaminérgicas podría constituirse como un índice del error en la predicción del refuerzo, entendido como la diferencia entre el refuerzo esperado y el que realmente se obtiene. Esta señal dopaminérgica podría generalizarse a otro tipo de estímulos, como a aquellos importantes para el individuo (los neurocientíficos la llamamos «saliencia») o a los que implican novedad.

The Drugs Don't Work

«The Drugs Don't Work» es una canción de la banda británica The Verve, lanzada en 1997 como parte de su álbum *Urban Hymns*. El tema, escrito por el líder de la banda, Richard Ashcroft, trata sobre su experiencia personal con las drogas y la adicción, y en él reflexiona sobre cómo estas, que alguna vez le proporcionaron alivio y consuelo, ya no son efectivas. Expresa una sensación de resignación y desesperanza; sugiere que las drogas no pueden curar la angustia emocional o la pérdida, y que su uso no es la solución a los problemas emocionales o existenciales. En lugar de proporcionar consuelo o escape, pueden empeorar la situación y llevar a un sufrimiento mayor.

El consumo de sustancias de abuso, legales e ilegales, constituye un problema social con importantes repercusiones en diferentes campos y ámbitos. Cuando se intenta definir la adicción desde una perspectiva neurobiológica, se habla de un estado determinado por el uso compulsivo de una sustancia en el que se carece de un control eficaz para adecuar la conducta a las demandas del medio, de manera que se persiste en el consumo pese a conocer las consecuencias y a todas las tentativas iniciadas para controlar su administración.

En la película escocesa *Trainspotting*, de 1996, Danny Boyle describe las vivencias de un grupo de adictos a la heroína en Edimburgo. El filme, que fue catalogado como una de las cinco mejores cintas británicas de todos los tiempos, muestra los efectos del consumo de heroína y ofrece una visión bastante acertada de cómo el uso de una determinada sustancia puede pasar de ser un aspecto prescindible y colateral en la vida de una persona a ocupar el centro de su existencia. En *Trainspotting*, los protagonistas son capaces de dejar de lado dimensiones tan esenciales como la conducta sexual, la alimentación o la propia higiene personal para embarcarse en los «viajes» proporcionados por la heroína. ¿Cómo es posible que se dé tal persistencia en la utilización de una droga a pesar de todas las consecuencias negativas que puede implicar? ¿Modifican las drogas el cerebro de alguna forma que imposibilite una vuelta atrás? En esta cuestión hay dos elementos que confluyen y que, necesariamente, deben analizarse: el cerebro y el proceso de adicción. La relación entre drogas y cerebro, ¿es unidireccional y asimétrica? ¿Podría ser bidireccional y simétrica?, es decir, ¿los posibles cambios producidos en el cerebro bajo el proceso de adicción podrían modificar las pautas conductuales del individuo con respecto a las drogas y a otro tipo de refuerzos, como la comida o el sexo?

Uno de los ejes vertebrales para contestar a estas cuestiones es la descripción de los posibles cambios plásticos que pueden producir las sustancias de abuso en el cerebro y que ayudarán a demarcar la relación existente entre este y la adicción. Además, este ámbito de estudio está relacionado con la correspondencia que existe entre adicción y mecanismos de aprendizaje y memoria.

La guerra del usurpado

Si has leído la saga de libros Canción de Hielo y Fuego, del escritor estadounidense George R. R. Martin, seguramente recordarás la rebelión de Robert Baratheon y sus partidarios contra el Trono de Hierro y la Casa Targaryen, conocida como la «guerra del usurpador». Robert usurpó el Trono de Hierro y se proclamó rey de los Siete Reinos, bajo el nombre de Robert I. Esto implicó el fin de la dinastía Targaryen y la práctica extinción de esta, hasta que la madre de los dragones, Daenerys Targaryen, lo recuperó después de que casi no saliera vivo ni el apuntador.

Algo parecido podría suceder con las drogas. Algunos investigadores sugieren que la adicción representa una usurpación patológica de los mecanismos neurales implicados en aprender cómo conseguir estímulos o situaciones importantes como la comida o el sexo, entre otras... Esta forma de aprendizaje se denomina «aprendizaje relacionado con el refuerzo», dado que estos estímulos o estas situaciones promueven la conducta apropiada que nos permite conseguirlos. Para sobrevivir y adaptarnos a las incesantes demandas de un medio cambiante, los seres humanos aprendemos en qué situaciones y estímulos es posible obtener agua, comida, encontrar una pareja para establecer relaciones sexuales, etcétera. En la adicción se usurpan esos mecanismos de aprendizaje, y orientamos todos los esfuerzos y deseos hacia la droga, haciendo que se dé un uso compulsivo y persistente de la misma.

Las drogas producen placer y generan en el individuo el deseo de la propia sustancia, lo que activa estrategias e intentos de búsqueda de esta. En esos intentos tiene lugar un aprendizaje muy rápido y eficaz sobre las claves y los estímulos que predicen la presencia de la droga, y sobre las conductas que hay que poner en práctica para obtenerla. Estudios en personas adictas y en modelos animales de adicción han mostrado que la exposición crónica a sustancias de abuso genera adaptaciones moleculares y celulares similares a las que producen mecanismos de aprendizaje y memoria.

En el apartado anterior te he puesto el ejemplo de una persona que caminaba por la selva amazónica en busca de comida y se encontraba con un arbusto de flores rojas y frutos ovalados deliciosos y altamente nutricionales. La próxima vez que recorra la selva, su sistema de atención será muy selectivo al buscarlos, dado que ha tenido lugar un aprendizaje en el que se asocia un estímulo inicialmente neutro para ella (arbusto con flores rojas y llamativas) con un estímulo importante (un fruto delicioso y muy nutricional). Se trata de un aprendizaje en el que se asocian ambos estímulos con la conducta que hay que implementar para encontrar las flores y obtener el fruto. Numerosos estudios demuestran que se aprende con gran rapidez cuáles son los estímulos y las claves contextuales que predicen la disponibilidad de una droga. Una vez llevado a cabo este tipo de aprendizaje, los estímulos son capaces de motivar por sí mismos la búsqueda activa de la droga: aumentan con la experiencia, tienden a persistir a largo plazo y superan los obstáculos que se pongan en su camino. Asimismo, si el adicto tiene la posibilidad de elegir entre la droga y otros reforzadores naturales, preferirá la sustancia de abuso. El poder gratificante de la droga explicaría su uso inicial, pero no la pérdida de control sobre su uso ni la persistencia que muestra.

En muchas ocasiones, personas adictas a una determinada sustancia que llevan mucho tiempo sin consumirla regresan a sus contextos sociales usuales y vuelven a tomar la droga. Esto se debe a que, en su núcleo común de consumo, vuelven a exponerse a claves que se encontraban inicialmente asociadas con la droga. Hoy sabemos que los cambios que se producen en la plasticidad sináptica en regiones cerebrales clave son tan poderosos y firmes que pueden producirse recaídas y despertar en el individuo el deseo persistente de la sustancia de abuso.

Una noche de martes en Barcelona

Era una noche de martes en Barcelona. Ramón se encontraba muy mal: habían aparecido los primeros síntomas de la abstinencia[6] y sentía la imperiosa necesidad de meterse un chute de heroína. Aquel día le había costado conseguir el dinero. Tras acostarse con un par de clientes, había obtenido la cantidad necesaria para adquirir su preciada y salvadora porción de vida, y se fue a casa de su camello. Ramón siempre se administraba la droga en su apartamento, utilizando su propio material. Era muy meticuloso con toda la parafernalia y le gustaba recrearse con la preparación. Siempre experimentaba el éxtasis y la embriaguez a la que lo llevaba la droga cómodamente tumbado en un viejo sofá azul. Año tras año, había repetido ese patrón de conducta. Pero aquel día no fue así. Ese día, el deseo de recibir a su estrella superó las maneras, y no tuvo más remedio que inyectarse la droga en casa de su camello. El placer fue desmedido, pero acabó pagándolo con el precio de su vida. Un par de brazos fuertes lo sacaron de la casa y lo dejaron tirado, sin amago de vida, junto a la basura rebosante de un viejo y oxidado contenedor.

¿Qué fue lo que acabó con su vida? ¿La droga que le administró su camello era más pura de lo habitual? Diferentes factores pueden dar cuenta de lo que sucedió esa noche de martes en Barcelona. No obstante, analizando los antecedentes del caso, podríamos decir que fue el lugar lo que lo mató. Durante años, Ramón se administró la heroína en el mismo contexto: su apartamento. Cuando una persona se administra una sustancia de forma repetida, el cuerpo intenta sobreponerse a sus efectos y busca reacciones compensatorias que minimicen el efecto de la droga (es lo que se denomina «tolerancia»). Así, cuando se da un consumo repetido, un adicto necesita aumentar la dosis para sentir el mismo placer. ¿Podría la tolerancia asociarse a un lugar?

Para contestar a esta pregunta, en 1982, Siegel y colaboradores administraron a un grupo de ratas heroína de manera continuada y a dosis crecientes, siempre en el mismo contexto experimental. En la fase de prueba, se dividió la muestra en dos subgrupos y se administró la misma cantidad a cada rata; sin embargo, en uno de los subgrupos se hizo en el sitio habitual y, en el otro, en un nuevo entorno. Los autores observaron que, en un nuevo contexto, murieron muchas más ratas que toleraban la heroína administrada. Basándose en estos trabajos, se comprobó que los efectos de tolerancia llegan a su máximo nivel de manifestación cuando la sustancia de abuso se administra siempre en el mismo contexto. A este tipo de tolerancia se la denominó «tolerancia condicionada» y, en palabras del propio Siegel, «a las respuestas opuestas a los efectos de la droga, respuestas de compensación condicionadas». Así pues, según esta teoría, si se usa una droga de forma repetida en un determinado ambiente (situación), el contexto de uso suscita de manera gradual una serie de respuestas en el organismo cuya finalidad es contrarrestar los efectos de la sustancia y generar un estado de menor sensibilidad a la droga.

Por tanto, podemos afirmar que, con la adicción, aparecen adaptaciones a corto y largo plazo en el organismo. Un consumo reiterado puede generar diferentes adaptaciones relacionadas con la dependencia (por ejemplo, la tolerancia) y los síntomas asociados a la retirada de la sustancia (abstinencia). No obstante, el hecho de que una droga sea adictiva no solo está determinado por su capacidad de generar tolerancia o abstinencia. Por otro lado, como se ha comentado, el consumo de la droga también puede producir adaptaciones y cambios en los mecanismos de plasticidad sináptica en diferentes regiones y circuitos neurales inervados por las neuronas dopaminérgicas mesencefálicas. Los estímulos asociados a la droga[7] adquieren gradualmente más control sobre la conducta de la persona.

Volviendo a la canción «The Drugs Don't Work» como reflexión melancólica sobre la realidad de la adicción y la búsqueda de soluciones a los problemas personales, pienso que este tema ofrece una visión sombría pero honesta de los efectos devastadores de la dependencia de las drogas y la incapacidad de estas para proporcionar una verdadera curación o consuelo. Muchas veces se recurre a ellas como herramientas para paliar algunos déficits en los mecanismos de regulación emocional o para minimizar el impacto del estrés, pero producen todo lo contrario: la relación entre las drogas, la regulación de las emociones y la respuesta de estrés es muy marcada, de manera que un momento de mayor estrés o un episodio vital que afecte a cómo regulamos las emociones nos puede precipitar a este oscuro mundo en el que «The Drugs Don't Work». En el siguiente capítulo te hablaré de la respuesta de estrés.

11

El caso de Óscar y el del gladiador

> En nuestra privilegiada vida, hemos sido los únicos del mundo animal con la suficiente inteligencia como para inventarnos ciertos agentes estresantes y los únicos lo bastante estúpidos como para permitir que dominen nuestra vida.
>
> ROBERT M. SAPOLSKY,
> *Por qué las cebras no tienen úlceras*

Imagínate esta situación e intenta ponerte en la piel de su protagonista: Óscar es un padre de familia de cuarenta y dos años que trabaja como representante comercial de una multinacional noruega en la sede que la compañía tiene en Barcelona. Lleva doce años casado, tiene una hija de siete y unos gemelos de tres. Vive en un adosado del extrarradio por el que pagaron un precio muy por encima del estipulado en la actualidad; durante los últimos meses, la cuota mensual de la hipoteca se ha visto incrementada en un 60 por ciento. Sumando su salario y el de su mujer, no alcanzan a cubrir los gastos mensuales. Óscar está sometido a mucha presión en el trabajo, ya que la empresa no está en su mejor momento y se están llevando a cabo reajustes continuos. No se puede permitir perder el empleo, así que trabaja a destajo. Una noche, a las tres de la madrugada, está en vela: piensa en cómo hacer frente a los gastos de ese mes y en una importante reunión que tiene al día siguiente en la oficina.

Por la mañana se despierta fatigado y decaído. La situación se repite las noches sucesivas. Aumenta la sensación de agotamiento y afloran de forma intermitente molestos dolores de cabeza que cada vez son más recurrentes. Se encuentra mal, así que decide ir al médico. Este le dice que cree que «está sometido a mucho estrés» y le da la baja laboral por una semana. A pesar de que Óscar se siente muy culpable por no ir a trabajar en un momento en que hay una miríada de tareas en la oficina, accede someterse a la prescripción médica de descanso. Al segundo día de estar en casa, cuando parece que había podido desconectar de los compromisos laborales, cae enfermo de gripe debido a que la situación prolongada por la que pasa ha conseguido mermar su capacidad de defensa contra la infección, el sistema inmunitario.

Supongamos que nos trasladamos en el tiempo al anfiteatro de los Flavios en la Roma imperial: el célebre Coliseo. Este espacio arquitectónico, comenzado por Vespasiano y concluido por Domiciano, constituía el alma del recreo y esparcimiento de la urbe romana. En él se ofrecían luchas de gladiadores y demás entretenimientos públicos, sobre todo sangrientas escenas circenses. Invito al lector a que recuerde el filme *Gladiator*, de Ridley Scott, llevado a la gran pantalla, en concreto una escena en la que un grupo de esclavos espera su salida a la arena del anfiteatro tras una desvencijada compuerta de madera. A través de las irregulares aberturas de la madera, es posible entrever tenues resquicios de luz y oír el griterío de la multitud, que se desgañita ante la presencia de unos gladiadores que ya están fuera, esperando la salida del grupo de prisioneros. Estos no saben qué se van a encontrar en la arena.

Magistralmente, la cámara es capaz de captar el estremecimiento y la agitación anticipatoria de la situación que muestran los esclavos, uno de los cuales, entre sollozos entrecortados y con una respiración profunda e irregular, se orina encima. Imaginemos a un prisionero de guerra que ha sido adiestrado para el espectáculo. Tiene ante él a cuarenta mil espectadores sentados y cinco mil de pie. Sabe que si vence en la contienda, podrá preservar la vida, pero si pierde, quedará a merced del humor del público, quien decidirá a su antojo si le concede el perdón o lo condena. Los músculos de este prisionero tienen que funcionar a la perfección y deberán resistir un elevado ritmo de trabajo durante un cierto tiempo. Para ello, necesitan abastecerse de energía de forma inmediata. Por lo tanto, su cuerpo comienza a movilizar la glucosa y la lleva a los músculos críticos al instante. Asimismo, aumentan el ritmo cardiaco y la presión sanguínea, y la tasa respiratoria se modifica para optimizar el transporte de oxígeno y nutrientes con mayor efectividad. La digestión se detiene y los sentidos se aguzan. El estado de activación y alerta es pasmoso.

En cuanto comienza la lucha, parece que los movimientos se van sucediendo casi de forma automática con una gran precisión y contundencia. De repente, el prisionero es herido de gravedad en el brazo. A pesar de que la sangre le brota a borbotones, no siente el más mínimo dolor, como si su percepción hubiera quedado embotada. Sigue concentrado en las reacciones de su oponente sin apartar los sentidos de los mandobles de su arma. Su volumen de sangre disminuye peligrosamente debido a la hemorragia, hecho que puede poner en riesgo la capacidad de suministrar glucosa y oxígeno a los músculos y el cerebro de forma eficiente. No obstante, su cerebro envía un mensaje a los riñones para que detengan el proceso de formación de orina y la sangre pueda reabsorber el agua. Al final, logra vencer en la disputa. A pesar de que la herida ha sido aparatosa y de difícil pronóstico, consigue sanar. Esto no es raro, ya que algunos de los componentes de su sistema inmunitario empezaron a verse reforzados durante los primeros minutos de la batalla.

Podemos decir que ambas situaciones ficticias presentan un eje vertebral común: el estrés. En la primera, Óscar se ha enfrentado a un conjunto de agentes estresantes psicológicos y sociales: los gastos mensuales, la presión en la oficina, la hipoteca... Ese escenario hace meses que no cambia. Durante ese tiempo ha puesto en marcha un conjunto de respuestas fisiológicas que le han permitido mantener un alto rendimiento en el trabajo y preocuparse de forma anticipada por las posibles consecuencias negativas futuras, como quedarse sin sustento económico.

En la segunda situación, un hecho muy estresante (la lucha a vida o muerte) exige una adaptación fisiológica inmediata para que el gladiador pueda enfrentarse a su oponente al máximo de sus posibilidades y, de esta forma, vencer en el combate.

En el primer caso nos encontramos ante una respuesta a largo plazo que no ha resultado adaptativa para Óscar, en tanto que ha supuesto un aumento del riesgo de contraer una enfermedad al comprometer la integridad funcional de algunos de los sistemas del organismo. Se han activado un conjunto de respuestas fisiológicas que han evolucionado para responder a emergencias agudas físicas, no para hacerlo de forma sostenida ante presiones psicológicas y sociales. En el segundo caso, la respuesta ha sido adaptativa, dado que se ha activado un complejo de sistemas fisiológicos diseñados y ajustados a la perfección para enfrentarse a una emergencia física a corto plazo, en este caso, la lucha por la vida en la arena del Coliseo. No solo ha posibilitado que el gladiador contara con un estado físico óptimo para la batalla, sino que ha facilitado su recuperación posterior.

En una situación aguda como la vivida por el gladiador en el Coliseo, la energía se moviliza de forma rápida desde donde está almacenada para que los músculos reciban la energía necesaria de forma inmediata. Asimismo, se evita que se siga almacenando. También aumenta la tasa respiratoria, se aceleran los latidos del corazón y aumenta la presión sanguínea para posibilitar un transporte de oxígeno y nutrientes con gran celeridad. De igual forma, la percepción del dolor queda notablemente reducida, y los sentidos del gladiador se aguzan, de manera que mejoran la atención y la capacidad para almacenar la información. Ante una emergencia como esta lucha a vida o muerte, se suprimen todos los procesos que supongan un gasto energético innecesario (por eso la digestión del gladiador se paraliza). Si la situación de estrés se mantuviera en el tiempo, los efectos que tendría en el organismo quedarían explicitados de forma clara en una disminución de la actividad reproductora, el cese del crecimiento y la supresión del sistema inmunitario, como sucede en el caso de Óscar.

Te invito a que te plantees qué sucedería si todos los días los viviéramos como si hubiera una emergencia. Vivir bajo una presión continua puede hacer que, al final, tengamos que pagar un enorme precio: la reservas energéticas se verán mermadas y aumentará el riesgo de desarrollar enfermedades, nos costará poner en marcha los procesos de recuperación tisular e incluso, en el caso de los niños, correremos el riesgo de inhibir el crecimiento. Tendremos más probabilidades de sufrir diabetes, hipertensión y aterosclerosis, y de inducir daños al sistema cardiovascular. Por otra parte, disminuirá el impulso sexual y se verán afectadas las conductas reproductoras, aumentará el riesgo de sufrir trastornos gastrointestinales, se resentirán el sueño y el estado de ánimo, el sistema inmunitario dejará de funcionar bien y se verán alteradas ciertas regiones del cerebro encargadas de procesar la información.

Lo que ha de quedar claro de antemano es que, si la respuesta de estrés se activa de manera crónica o si no puede desactivarse de la forma apropiada cuando desaparece el agente que la provoca, eso puede posicionarnos en un complicado escenario en el que nos resulte difícil evitar algunos problemas serios de salud.

Partiendo del análisis de las dos situaciones presentadas, seguramente te habrás dado cuenta de la complejidad que implica la respuesta de estrés. Asimismo, cabría cuestionarse cómo es posible que el estrés pueda afectar a la salud, y que ese efecto sea diferencial en función de algunos aspectos, como el tipo de agente que desencadena la respuesta, la duración de la situación de estrés, el manejo y la capacidad de afrontamiento de la persona, la percepción de control de la situación, etcétera. En los próximos apartados intentaré arrojar algo de luz a estas cuestiones.

Una pequeña capibara y una inmensa anaconda

Antes de comenzar a ver qué constituye el núcleo del estrés, vamos a detenernos en los estímulos que lo pueden producir: los agentes estresantes. Supongamos que una pequeña capibara (*Hydrochoerus hydrochaeris*) pasta en los Llanos de Venezuela. De repente se percata de la presencia de una anaconda verde (*Eunectes murinus*) que nada por debajo del agua. La capibara se mantiene inmóvil mientras el corazón le late desbocado, bombeando rápidamente la sangre a los músculos y al cerebro. Para ella, la anaconda es un agente estresante de tipo físico que se ha presentado de forma aguda.

Ahora pongámonos en la piel de la anaconda. Supongamos que entramos en la época de sequía y los acuíferos de los Llanos de Venezuela empiezan a quedarse sin agua. La anaconda se desplaza a lo largo de kilómetros buscándola e intenta sobrevivir enterrándose en un lodazal. Si las lluvias no llegan, el lodo se secará por completo y la supervivencia de la serpiente se verá comprometida. Para ella, la sequía es un agente estresante físico que se ha presentado de forma sostenida (crónica). En ambos casos, la respuesta de estrés ayuda a adaptarse a la situación que presenta unas demandas específicas. En el caso de la capibara, posibilita que el organismo se encuentre en una disposición fisiológica tal que le permita evitar el potencial peligro que asoma entre las aguas de los Llanos. En el de la anaconda, sus respuestas conductuales y metabólicas se adecuan a la situación de sequía y facilitan que busque entornos más húmedos y economice sus recursos hídricos.

Ahora bien, otro tipo de agentes estresantes son los de naturaleza psicológica y social. Volvamos al caso de Óscar. Durante un tiempo sostenido, este representante comercial ha estado sometido a agentes estresantes de esta índole, lo que ha activado las respuestas fisiológicas diseñadas para responder a agentes estresantes de tipo físico y, a la larga, ha comprometido su capacidad para hacer frente a la situación, y eso ha afectado a su estado de salud.

A priori, podríamos definir un agente estresante como el estímulo físico, psicológico o social que es capaz de alterar el equilibrio de un organismo. De esta forma, la respuesta de estrés sería su intento de restablecerlo. No obstante, la cosa no es tan sencilla. En primer lugar, es harto complicado delimitar a los agentes estresantes en las categorías mencionadas. Un estímulo puede ser de naturaleza física y provocar alteraciones en la dinámica social en la que se encuentra la persona, o incluso en sentido contrario. Otro aspecto que no recoge esta definición es el tiempo que ha durado la presencia del agente estresante. ¿Se trata de un agente agudo o se ha mantenido en el tiempo, cronificándose? Además, ¿es necesario que el agente esté presente para que se ponga en marcha la respuesta de estrés? ¿Podría activarse de forma anticipatoria ante la expectativa de la aparición de un estresor? Asimismo, cabría cuestionarse qué configura una alteración del equilibrio.

En 1929, el fisiólogo Walter Cannon sacó a relucir el término de «homeostasis» para referirse al conjunto de procesos que se ponen en marcha con el fin de mantener el medio interno del organismo estable ante los estímulos que puedan desequilibrarlo. Este concepto hacía referencia a un estado que puede variar, pero que permanece bastante constante. Con el tiempo, se ha ido trabajando en el concepto, y ya a finales de los años ochenta Sterling y Eyer lo ampliaron con el principio de alostasis. Se trata de un proceso mediante el cual el organismo alcanza un nuevo punto de ajuste estable fuera de la posición de equilibrio homeostática normal que implica que se activen y se integren diferentes señales en todo el organismo, con los parámetros de todos los sistemas fisiológicos, que se modifican para establecer un reajuste en una nueva posición de equilibrio con el propósito de promover la supervivencia del individuo.

El principal problema de la implementación del concepto de «homeostasis» en el contexto del estrés es que parte del hecho de que algo ha de dejar de funcionar para corregirlo, sin posibilidad de anticipación. Con la alostasis, podemos hablar de expectativas del agente estresante y de la aparición de diferentes componentes de la respuesta para restablecer el equilibrio. En el capítulo 5 te he explicado que una emoción (respuesta) presenta componentes endocrinos, autonómicos y conductuales. Lo mismo sucede con la respuesta de estrés.

El sistema nervioso recibe información del cuerpo y el entorno en el que se encuentra el sujeto. Este órgano procesa la doble entrada de datos (información de origen interno y externo) para controlar y coordinar las respuestas fisiológicas y conductuales que le permitan ajustar los desequilibrios producidos por cambios acaecidos interna o externamente. Estos ajustes pueden promover la adaptación —por ejemplo, al calibrar el trabajo cardiovascular y la resistencia vascular periférica— con el fin de proporcionar un soporte hemodinámico y metabólico correcto a los músculos que lo necesitan para una acción inmediata o anticipada, como es el caso de nuestro gladiador en la arena del Coliseo. Algunos de los principales sistemas biológicos que promueven esta adaptación son el endocrino, el nervioso autónomo, el metabólico, el inmunitario, el intestinal y renal, etcétera. Los mediadores de estos sistemas operan en una compleja red funcional interactiva, dinámica y no lineal en la que se regulan en función de diferentes factores, como su concentración, su localización o los patrones temporales a los que están sujetos.

La alostasis es esencial para el mantenimiento de la homeostasis y para hacer frente a las demandas internas o externas detectadas por el cerebro. No obstante, la adaptación alostática puede tener un precio, ya que, a largo plazo, puede promover la aparición de secuelas negativas, como es el caso de Óscar. Por norma general, los sistemas alostáticos que fomentan la adaptación a las experiencias estresantes muestran una acción óptima cuando se movilizan y terminan con rapidez (por ejemplo, lo que sucede en el caso del gladiador). Si estos sistemas se prolongan en el tiempo, o no cesan cuando deberían concluir (como le sucede a Óscar), pueden provocar alteraciones importantes en el estado físico y mental de la persona, al inducir, entre otras cosas, diversas modificaciones en el sistema nervioso. El cerebro es un órgano clave en la respuesta de estrés, en tanto que la regula, y esta, a su vez, puede afectar a la morfología y función del tejido nervioso.

En definitiva, si ampliamos la definición que te he dado antes, la respuesta de estrés es el intento del organismo de restablecer el equilibrio alostático y adaptarse a unas situaciones biológicas, psicológicas o sociales que consiste en un conjunto de cambios en los ámbitos fisiológico (alteraciones de diferentes sistemas del organismo) y psicológico (alteraciones en las percepciones y cogniciones), donde interactúan los sistemas nervioso, endocrino e inmunitario. La respuesta de estrés puede ponerse en marcha no solo ante una lesión física o psicológica, sino también ante su expectativa, y, asimismo, puede influir en el rendimiento de la persona y su estado general de salud.

La respuesta de estrés puede modularse gracias a un conjunto de variables cognitivas y personales del sujeto, así como a una serie de factores de ámbito social. Desde el punto de vista adaptativo, el estrés permite la movilización inmediata de las reservas energéticas del organismo; además, a largo plazo, posibilita un ahorro de energía, ya que inhibe los sistemas fisiológicos que no poseen la finalidad inmediata de la supervivencia del sujeto.

La respuesta de estrés

Tal como he comentado en el apartado anterior, la respuesta de estrés posee un alto valor adaptativo, ya que genera cambios en el organismo con el propósito de facilitar el enfrentamiento de una situación de amenaza, pero en ocasiones puede tener consecuencias negativas en casi la totalidad de los sistemas del cuerpo.

En general, podemos decir que, en la respuesta de estrés, se producen unos cambios a corto plazo (rápidos) y otros que se sostienen en el tiempo, lo que implica la actuación coordinada de dos sistemas fundamentales: nervioso autónomo y neuroendocrino.

Empezaré con los cambios autonómicos en respuesta al estrés, que se producen como consecuencia de la activación del sistema simpático adrenomedular. En capítulos anteriores ya te he presentado al sistema nervioso autónomo y, dentro de este, al simpático, que, como te he comentado, inerva diferentes órganos internos. Una de las cosas que inerva es la parte interna (médula) de la glándula adrenal, liberando adrenalina al torrente sanguíneo. Esta liberación provocará un aumento del riego sanguíneo en los órganos que necesitan responder con rapidez ante la situación estresante (como el corazón, los músculos o el cerebro) e inducirá una serie de cambios fisiológicos generales. Ante un estímulo estresante, el sistema simpático aumenta la secreción de noradrenalina y estimula la médula de la glándula adrenal a fin de que segregue adrenalina, lo que pone en marcha diferentes procesos metabólicos que proporcionan la energía necesaria para hacer frente a la situación estresante.[1]

En segundo lugar, los cambios neuroendocrinos en respuesta al estrés se producen como consecuencia de la activación de un eje endocrino, el eje hipotálamo-hipofisario-adrenal (para los amigos, HPA, por sus siglas en inglés). La activación de este eje tiene como resultado final liberar hormonas en la glándula adrenal (situada encima de los riñones), principalmente cortisol, un glucocorticoide.[2] ¿Cómo sabe el cerebro cuándo tiene que detener la secreción de cortisol? El cortisol llega al cerebro y detiene la respuesta. A esta forma de actuar de las hormonas la llamamos «retroalimentación negativa».[3]

Estrés y enfermedad

En los apartados anteriores he defendido que el estrés es una respuesta adaptativa del organismo destinada a movilizar recursos energéticos a corto o largo plazo para dar respuesta a una demanda del medio. No obstante, no es oro todo lo que reluce, ya que los recursos energéticos son limitados. De esta manera, cuando se necesita una respuesta sostenida en el tiempo, el estrés a largo plazo «apaga» sistemas que requieren mucha energía y no son necesarios para esa demanda del medio que exige nuestra implicación: el sistema de defensa contra la infección, la respuesta sexual, el crecimiento, etcétera. Imagina que estás trabajando en una empresa en la que haces muchas horas y tienes mucha presión. Este tipo de situación te exige una miríada de recursos energéticos durante un tiempo considerable, de manera que se activa el sistema de estrés a largo plazo y empieza a responder liberando cortisol, una hormona que moviliza los recursos energéticos y los destina a los sistemas que se usan para trabajar (es decir, los que están activos de forma continua), y eso deprime otros sistemas que, pese a ser necesarios, no resultan críticos para desarrollar el proyecto con eficiencia. Una situación de esta índole puede mermar la respuesta sexual y deprimir el sistema inmunitario, lo que facilita que caigas enfermo.

El estrés también depende de cómo el organismo percibe y reacciona ante esos estímulos, y esto, a su vez, está condicionado por el cerebro. Por ejemplo, muchas personas sienten ansiedad o miedo al tener que hablar en público; sin embargo, otras pueden encontrar placentera esta actividad.

Debemos tener en cuenta que no hay un único estado fisiológico específico del estrés. Está ampliamente aceptado que una elevación de los niveles de glucocorticoides, en especial el cortisol, es un indicador del estado de estrés, aunque con muchas actividades placenteras —comer, hacer ejercicio, el sexo...— también aumentan los niveles de estas hormonas.

Por otro lado, la percepción de control que tenemos del agente que produce el estrés parece ejercer una profunda influencia en el impacto de una experiencia aversiva sobre la conducta y fisiología de un organismo. El elemento de control —y del concepto relacionado de «predictibilidad»— determina la magnitud de la respuesta de estrés y la susceptibilidad de que pueda generar secuelas conductuales y fisiológicas en el individuo. Ampliaré este concepto en el capítulo 13.

Para que el estrés tenga consecuencias sobre la salud, la experiencia deberá percibirse como aversiva. Dicho de otro modo, si tuviera la oportunidad, el sujeto evitaría o atenuaría la intensidad del agente estresante. Además, el estrés requiere una alta excitabilidad cerebral. No obstante, aumenta tanto en las actividades aversivas como en las placenteras.

Numerosas investigaciones han demostrado que las personas sometidas a estrés crónico tienen una mayor probabilidad de presentar problemas de salud en las etapas posteriores de su vida que otras de la misma edad y situación socioeconómica que no han pasado por circunstancias crónicas estresantes. Las patologías que afectan en mayor medida a la sociedad son las que generan un daño acumulativo y pausado, como las enfermedades neurodegenerativas y cerebrovasculares, la obesidad, la diabetes, las patologías cardiacas y el cáncer. El efecto que pueden tener sobre la persona depende de muchos factores, como la genética, la bioquímica y la fisiología, e incluso también de los patrones de personalidad que muestre y de cómo sea capaz de afrontar el estrés emocional y social. En el último capítulo del libro aportaré algunas pistas que nos ayudarán a minimizar el impacto que el estrés puede tener sobre la salud.

El curioso caso del salmón del Pacífico y los ratoncitos australianos

Tanto en modelos del reino animal como en el ser humano se han encontrado importantes diferencias individuales relacionadas con la liberación de glucocorticoides en estado de reposo. En la vejez, se tiende a presentar un nivel elevado de glucocorticoides en sangre. Parece ser que esto podría derivar de una alteración en la regulación del eje HPA relacionada con la muerte neuronal en el hipocampo, dado que es una de las regiones del cerebro que «apaga» la respuesta de estrés después de iniciarse.

Con la edad, una de las estructuras cerebrales que sale peor parada es el hipocampo. A menos neuronas, menos receptores a los que se puede unir el cortisol para inhibir la respuesta de estrés, lo cual deriva en un aumento de los glucocorticoides en sangre. Además, estas sustancias pueden destruir las neuronas del hipocampo, lo que deteriora todavía más el sistema de control del eje endocrino y acelera el proceso de envejecimiento. Es el pez que se muerde la cola.

Hablando de peces, examinemos un caso curioso, el del salmón del Pacífico. Los salmones nacen en el inicio de un río y nadan hacia su desembocadura para vivir en agua salada. Cuando maduran sexualmente, remontan el río que los vio nacer y desovan en la parte alta. El salmón del Pacífico muere tras esta larga migración y el subsiguiente desove en su río natal. Numerosas evidencias sugieren que la mortalidad posterior al desove constituye una muerte programada debida a los efectos deletéreos de un nivel excesivo de glucocorticoides. En los años sesenta, Robertson y Wexler relacionaron los altos niveles de cortisol en los salmones maduros con la importante degeneración en diferentes órganos y glándulas del pez. Asimismo, se demostró que este efecto también aparecía al administrar cortisol de forma exógena a salmones inmaduros. Si se toman en su globalidad, estas observaciones indican que los niveles excesivos de glucocorticoides pueden inducir una degeneración sistémica general, lo cual implica, en última instancia, una muerte programada. De forma añadida, y para complicar más la cosa, Maldonado *et al.* demostraron en el año 2000 que estos salmones mostraban en el cerebro importantes acúmulos de una proteína característica de la enfermedad de Alzheimer: la ß-amiloide.

A principios de los años ochenta, Bradley, McDonald y Lee establecieron una relación entre el estrés y la mortalidad en los pequeños ratones marsupiales de Australia (*Antechinus stuartii* y *Antechinus swainsonii*), lo que demostraba que el aumento en la concentración de los glucocorticoides en sangre provocaba inmunosupresión y la muerte de los machos después de copular. En 1986, estos mismos autores pusieron de manifiesto que este efecto se debía a un deterioro en la capacidad para detener la respuesta de estrés,[4] lo cual llevaba a un aumento desmesurado de la concentración de glucocorticoides en plasma, y que eso generaba unos fuertes efectos de supresión del sistema inmunitario, responsables de la muerte de los animales.

Problemas con el azúcar

Cambiemos de tercio y toquemos el tema de la nutrición. Cuando ingerimos alimentos, los nutrientes se almacenan y movilizan (si necesitamos energía) de manera diferencial: las proteínas se depositan como tales, pero, ante una situación estresante, son movilizadas como aminoácidos. El almidón, los azúcares y otros carbohidratos se almacenan como glucógeno en los músculos y el hígado, pero se movilizan en forma de glucosa ante una situación de emergencia. Las grasas se depositan como triglicéridos, pero, ante la respuesta de estrés, se movilizan como ácidos grasos y otros compuestos. La mayor parte de las reservas energéticas del cuerpo se almacenan como grasas (triglicéridos), y una pequeña cantidad lo hará como glucógeno o proteínas.

En una situación de estrés, se proporcionan cantidades ingentes de energía y se bloquea la absorción de nutrientes por parte de algunos tejidos.[5] Recordemos al gladiador: lucha a vida o muerte en la arena del Coliseo. Sus músculos necesitan glucosa instantánea para combatir al máximo de sus posibilidades. Pero ¿todos los músculos la necesitan? En este caso, es adaptativo que la reciban los músculos que tienen que responder en esta situación de emergencia, no el resto. Diferentes investigadores postulan la existencia de una señal local que facilitaría la derivación de los recursos energéticos de los músculos en reposo y de las células adiposas a los músculos que se encuentran activos, los que necesita el gladiador para esgrimir la espada y deshacer los ataques de su adversario.

Todos estos mecanismos funcionan a las mil maravillas cuando tenemos que movilizar cantidades ingentes de energía para dar una respuesta puntual a un hecho que la requiere. Pero ¿qué sucedería si siempre operásemos así (como en el caso de Óscar)? En resumidas cuentas, facilitaríamos la resistencia a una hormona llamada «insulina». Esta dejaría de funcionar correctamente y, a la larga, aumentaría el riesgo de sufrir diabetes juvenil; si la tuviéramos previamente, podría precipitar su progreso. En el caso del adulto, la diabetes es uno de los problemas acuciantes de la sociedad. Nuestros hábitos de vida (alimentación, ejercicio...) nos han posicionado en una situación en la que la diabetes se ha convertido en una enfermedad crítica para acortar la vida y reducir su calidad. El estrés crónico, que moviliza de forma continua la glucosa y los ácidos grasos, en cuanto bloquea la secreción de insulina y hace a las células adiposas menos sensibles a esta, va minando el sistema metabólico de forma que nos sitúa en una posición de riesgo para contraer diabetes.

Farinelli y el crecimiento

Otra de las relaciones que se han establecido respecto al estrés es con el crecimiento. Hay que tener presente que crecer requiere energía. En este sentido, varias hormonas poseen la función de movilizar tanto la energía como los materiales necesarios para que se expanda el cuerpo. La hormona del crecimiento (GH)[6] controla el proceso de crecimiento, ya que actúa directamente sobre las células del cuerpo y activa la secreción de unas sustancias denominadas «somatomedinas», que se ocupan de fomentar la división de las células y, por ende, del crecimiento. Dos hormonas de la tiroides, la T3 y la T4 —ojo, ¡no son terminales del aeropuerto!—, activan la secreción de GH y sensibilizan los huesos frente a la acción de las somatomedinas. Por su parte, los estrógenos contribuyen al crecimiento de los huesos largos y aumentan la secreción de GH, y la testosterona, igual que el estradiol, facilita el crecimiento de los huesos largos y potencia el crecimiento muscular. A partir de la adolescencia dejamos de crecer, dado que los finales de los huesos largos se acoplan y comienzan a ligarse. De todas formas, se ha comprobado que la administración de testosterona durante la adolescencia reduce la estatura y su ausencia la aumenta.

Quizá recuerdes la película de 1994 *Farinelli*, que relata la vida de Carlo Broschi, uno de los más famosos *castrati*, niños a los que, tras demostrar sus dotes especiales para el canto, los sometían a una extirpación del tejido testicular —intervención que hoy llamamos «orquiectomía»— para intentar que conservasen su voz aguda (soprano, *mezzosoprano* o contralto). Esta práctica gozó de gran popularidad en la Italia de los siglos XVII y XVIII. Los *castrati* se granjearon gran reputación y fama, llegando a cobrar cantidades escandalosas de dinero por sus actuaciones. Estos cantantes de ópera, además de por su voz, eran conocidos por su forma corporal: tenían el tronco prolongado y luengo, y los miembros muy desarrollados.

Ya sabemos cómo se produce el crecimiento. Preguntémonos ahora si el estrés puede influir en él. Para contestar a esta pregunta, primero debemos intentar entender qué sucede con la GH en una situación de estrés. Al inicio de la respuesta de estrés, se elevan los niveles de la GH, dado que esta hormona puede contribuir a la movilización de energía, y esto resulta adaptativo en un escenario de emergencia. No obstante, se podría pensar que, si al aumentar la GH también facilitamos el crecimiento y la recuperación de los tejidos —y teniendo presente que estos procesos gastan mucha energía—, ¿no sería peor el remedio que la enfermedad? Resulta que las somatomedinas, tal como hemos visto, median la acción de la GH sobre el crecimiento, con lo cual la solución está clara: si nos cargamos las somatomedinas, bloqueamos el efecto de la GH sobre el crecimiento y podemos utilizarla solo para movilizar la energía necesaria para la respuesta de estrés. Pues esto es lo que sucede: el estrés reduce los niveles de las somatomedinas y la sensibilidad de los tejidos a ellas. De todas formas, este sistema de control está limitado en el tiempo, en tanto que el organismo solo puede utilizar la GH durante un cierto periodo para movilizar la energía sin potenciar el crecimiento y la división celular. Por este motivo, los niveles de la GH se reducen cuando la respuesta de estrés perdura, ya que se quiere minimizar el gasto energético y movilizar y utilizar la energía para los órganos implicados en las reacciones del organismo hacia el agente estresante.

Al inicio de la respuesta de estrés, tener los niveles adecuados de la GH es adaptativo, ya que ayuda a movilizar la energía sin potenciar el crecimiento y los procesos de recuperación tisular a largo plazo, pues los niveles de somatomedinas y la sensibilidad de los tejidos a ellas se ven drásticamente reducidos. No obstante, cuando el agente estresante perdura en el tiempo, los niveles de la GH se ven mermados de manera contundente. Por tanto, la respuesta a la pregunta de si el estrés puede afectar al crecimiento es que sí. Un ejemplo de ello es un estudio llevado a cabo en dos orfanatos estatales alemanes. Con la culminación de la Segunda Guerra Mundial, dos grupos de niños quedaron bajo la supervisión de dos cuidadoras: una tenía mucho contacto afectivo con ellos mientras que la otra lo reducía al máximo, limitándose a resolver sus necesidades biológicas. El estudio demostró que los niños de la primera cuidadora tenían un índice de crecimiento muy superior al de los de la segunda. Por cuestiones administrativas, la segunda cuidadora fue trasladada al primer orfanato, y las tasas de crecimiento mostradas por los niños bajo este nuevo régimen de cuidados no dejaron lugar a dudas: el crecimiento de su antiguo orfanato había aumentado en su ausencia, mientras que en el nuevo se había visto muy reducido. Este estudio muestra que la atención que recibe un niño puede ser muy importante para su desarrollo.

Las hormonas del crecimiento también participan en la reparación del tejido óseo: el estrés a largo plazo aumenta el riesgo de osteoporosis, y podría causar atrofia esquelética.[7]

Supongamos que estamos en 1938, en plena guerra civil española. Una mujer embarazada se ha quedado aislada en un pueblecito junto a su anciana madre y dos criaturas de tres y seis años. Su marido ha muerto en combate, y ella se ve al frente de una familia a la que tiene que proporcionar los cuidados básicos en un contexto terriblemente estresante. La hambruna acecha al pueblo, y el acceso a los nutrientes mínimos es arduo y está lleno de inconvenientes. La cansada mujer no puede ingerir las calorías necesarias y, por lo tanto, tampoco lo hace el feto que se está formando en su vientre. ¿Qué sucede? Si al final la mujer da a luz, el recién nacido habrá desarrollado un sistema metabólico ahorrativo.

El sistema nervioso controla casi todas las funciones del organismo de una forma flexible y plástica, para adaptarse, en la medida de lo posible, a las demandas cambiantes del medio en el que se encuentra. A través de complejos mecanismos de plasticidad, el cerebro ayuda a configurar un sistema metabólico que no despilfarre: si los recursos son exiguos, es adaptativo vivir con menos y no gastar en caros procesos. Hasta aquí todo parece muy adaptativo, pero ¿qué ocurre con ese niño nacido en plena guerra civil en épocas de mayor bonanza económica en las que puede tener acceso ilimitado a la comida? Supongamos que estamos a principios de los noventa del siglo pasado y ese niño ya ha cumplido los cincuenta y seis años. Como su metabolismo ha sido programado para ser ahorrativo, cuando la hambruna no está presente y los recursos alimenticios están disponibles sin restricciones, tendrá un mayor riesgo de obesidad y presentará más posibilidades de padecer enfermedades cardiovasculares o sufrir diabetes.

Los niveles elevados de azúcar en sangre pueden llevar a alteraciones en la morfología cerebral y a la presencia de problemas en el procesamiento cognitivo. Diferentes estudios realizados en pacientes con diabetes de tipo 2 han demostrado una reducción del volumen del hipocampo en las personas con mayores niveles de hemoglobina glucosilada (indicadora de los niveles de glucosa en sangre). Asimismo, el deterioro cognitivo asociado al envejecimiento debido a una reducción del volumen hipocampal también se ha relacionado con niveles elevados de hemoglobina glucosilada. Hoy en día sabemos que uno de los tratamientos que pueden prevenir la diabetes de tipo 2 es la actividad física regular. Erickson *et al.* (2009) han demostrado que el ejercicio físico se relaciona con un hipocampo más grande, como te explicaré en el capítulo 13.

Otro aspecto importante es el desarrollo del cerebro: cada vez contamos con más evidencias que manifiestan que experimentar estrés en etapas tempranas del crecimiento afecta al funcionamiento de diferentes sustancias que desempeñan un papel cardinal en el desarrollo del cerebro, la generación de redes neuronales implicadas en funciones cognitivas diversas, el procesamiento de la información emocional y el estado de ánimo,[8] lo que modifica la sensibilidad del individuo en la edad adulta hacia el estrés y aumenta su vulnerabilidad a sufrir psicopatologías relacionadas con este, como la depresión o la ansiedad.[9]

Un conejo en las Ramblas de Barcelona

Como respuesta al estrés, en el organismo se produce un aumento del gasto cardiaco y una redistribución del flujo sanguíneo con el fin de preservar las funciones cerebrales y cardiacas, y aumentar el aporte de sangre hacia los músculos.[10]

Volvamos a nuestro gladiador. Si ha sufrido una herida durante la contienda, la hemorragia habrá hecho que pierda mucha sangre. ¿Cómo podemos aumentar la presión sanguínea a unos niveles óptimos para transportar con rapidez el oxígeno y los nutrientes a los músculos activos y el tejido nervioso? Con el fin de mantener constante el volumen de sangre, se necesita agua, pero gran parte de la que se acumula en el cuerpo sufre un proceso de eliminación al formar la orina. Así, el cerebro enviará información a los riñones para que detengan el proceso y el agua pueda ser reabsorbida por la sangre. La sustancia implicada en esta vía de señalización es una hormona llamada «vasopresina» que, además de aumentar la presión sanguínea, bloquea el proceso de producción de orina (diuresis).

Hace años, en las Ramblas de la Ciudad Condal se podían ver puntos de venta de animales que compartían mercado con tiendas de flores. Por suerte para su bienestar, ya no es posible encontrar este tipo de tiendas. Supongamos que, en el pasado, estamos caminando por las Ramblas y, en uno de los puestos de animales, nos paramos y le pedimos al dependiente que nos deje tocar uno de los conejos enanos expuestos. Observamos que el gazapo parece estar muy estresado por el contacto y, de repente, se orina encima. El dependiente se excusa al instante y nos dice que el pobre animal se ha estresado y por eso se ha hecho pis.

¡Cuántas veces hemos oído la expresión «mearse de miedo»! ¿Para qué perder esa cantidad de líquido si, en una respuesta de estrés, es adaptativo tener la capacidad de suspender el proceso de formación de orina y que el agua pueda ser reabsorbida por la sangre para evitar que, ante una posible hemorragia, no contemos con los mecanismos necesarios que nos aseguren un transporte rápido de nutrientes y oxígeno a la sangre? Resulta que la orina que ha perdido el conejo es la que ya estaba en la vejiga y, como tal, no podía ser reabsorbida en la sangre. En este caso, es un peso muerto que el animal lleva encima. Deshacerse de ese peso lo ayudará a moverse con mayor ligereza. En definitiva, orinarse es una reacción adaptativa, dado que nos quita un peso muerto que, en situaciones de emergencia, puede facilitarnos la huida. En el caso del ser humano, un varón adulto tiene una capacidad vesical de quinientos a seiscientos mililitros. Imagínate a un antílope perseguido por una leona en pleno desierto del Serengueti. La capacidad vesical de este herbívoro artiodáctilo es muy superior a la del ser humano, y vaciar la vejiga de forma automática puede ser determinante para que pese menos y active una huida más eficiente ante la hambrienta felina.

¿Qué ocurre si dejamos al conejo en la jaula o el antílope consigue escapar de la leona? Cuando desaparece el agente estresante, la activación del sistema nervioso parasimpático disminuye el ritmo cardiaco y, poco a poco, la respuesta va aminorando. El problema lo tenemos cuando los agentes estresantes están presentes de forma crónica. Supongamos que formamos una larga fila de personas en las Ramblas para tocar y manipular al conejo del ejemplo. Cada vez que alguien se acercara al animal, su sistema cardiaco se aceleraría por la acción del sistema nervioso simpático. No obstante, al no derivarse consecuencias negativas del toqueteo de la gente hacia el pobre animal, la reacción se iría habituando paulatinamente y la respuesta sería menor.

La respuesta de estrés hace que tanto el corazón como los vasos sanguíneos trabajen durante más tiempo, con lo que se genera un mayor desgaste fisiológico. De hecho, con el estrés se produce un incremento en la fuerza motora del flujo sanguíneo, lo que aumenta la probabilidad de aparición de pequeñas lesiones en los vasos si se mantiene la respuesta a largo plazo. Las grasas, la glucosa y las células sanguíneas de coagulación (plaquetas) que circulan por la sangre se adhieren a la capa dañada del revestimiento interno de los vasos sanguíneos y generan un engrosamiento de esta. Así, los vasos empiezan a obstruirse y, en consecuencia, disminuye el flujo de sangre. Tanto la adrenalina como el cortisol agravan la formación de estas obturaciones, denominadas «placas ateroscleróticas». Ante una situación de estrés, el corazón consume más glucosa y oxígeno y, por lo tanto, necesita una vasodilatación; la presencia de estas placas provocará vasoconstricción.

Cada vez son más las evidencias de que el estrés crónico puede aumentar la probabilidad de sufrir enfermedades cardiovasculares. No obstante, parece que tanto la personalidad como la capacidad que mostramos para afrontar el estrés pueden explicar la gran variabilidad encontrada en cómo afecta a la salud cardiovascular.[11]

Es probable que recuerdes el filme de los años noventa *Un día de furia* (*Falling Down*), dirigido por Joel Schumacher y protagonizado por Michael Douglas. En la película, un ciudadano trabajador normal y corriente queda atrapado en un atasco, y esta situación de lo más estresante desata en él una reacción de hostilidad y violencia hacia su entorno y las personas con las que se topa. La dinámica en las grandes ciudades y la presión en el trabajo son algunos de los factores que pueden constituirse en agentes estresantes en toda regla. Diferentes investigaciones han relacionado la presión laboral con un aumento de la presión sanguínea. Por ejemplo, Markovitz *et al.* (2004) mostraron que el incremento de presión en el trabajo estaba asociado con la presencia de hipertensión.

¿Qué región cerebral podría mediar los efectos del estrés sobre el sistema cardiovascular? Algunos estudios de neuroimagen funcional en seres humanos sugieren que la amígdala podría ser la estructura responsable.[12] Gianaros *et al.* (2010) probaron que las personas cuya amígdala manifiesta una mayor reactividad ante estímulos socialmente amenazantes también muestran unos niveles más altos de aterosclerosis preclínica. Además, las que tienen un menor nivel de aterosclerosis manifiestan cambios en cómo la amígdala se conecta a nivel funcional con una región de la corteza del cerebro, la cingulada anterior.[13] La actividad de esta zona cortical podría protegernos de alteraciones cardiovasculares.

¿Problemas de estómago?

Como ya hemos visto, durante la respuesta de estrés suele activarse el sistema nervioso simpático e inhibirse el parasimpático (este último sería la rama del SNA mediadora de la digestión). Veamos un caso histórico. El rey Federico II de Sicilia (1272-1337) quiso comprobar si el estrés podía alterar la digestión. Para ello tomó a dos presos de constitución similar y les proporcionó una suculenta comilona. Cuando acabaron, a uno lo puso a echarse una plácida siesta tras el banquete mientras que al otro lo sometió a una persecución por las inmediaciones de la corte. Después hizo que abrieran en canal a los presos para examinar su sistema digestivo: el que había gozado de los deleites de la siesta había hecho mejor la digestión tras la copiosa comilona.

En 1943 se publicó un trabajo que recogía las observaciones de Wolf y Wolff sobre un sujeto neoyorquino (Tom) que, cuando tenía nueve años, se quemó el esófago comiendo sopa. Desde entonces se alimentaba poniendo la comida en el estómago mediante una fístula. Este accidente sirvió a los científicos para que observaran los cambios que se generaban en la mucosa estomacal mientras Tom experimentaba diferentes estados emocionales. Con el estudio, pusieron de manifiesto que las reacciones emocionales pueden repercutir sobre los cambios en los sistemas fisiológicos corporales. Basándose en todos estos datos, al principio se pensó que el estrés era el principal factor para explicar la aparición de las úlceras gástricas. No obstante, hoy sabemos que una bacteria, la *Helicobacter pylori*, está detrás de estas enfermedades del sistema digestivo. De todas formas, parece que la presencia de la bacteria es insuficiente para explicar esta dolencia, y que serían necesarios otros factores. Varios autores creen que el estrés podría ser uno de ellos.

Los centinelas del cuerpo

De pequeño me fascinaba *Érase una vez el cuerpo humano*, una serie televisiva que seguramente contribuyó a mi pasión por conocer el funcionamiento del cuerpo . En ella aparecían los llamados «centinelas del cuerpo», unas células del sistema inmunitario denominadas «linfocitos». Como se ha podido comprobar, el estrés altera la formación de nuevos linfocitos, así como su secreción al torrente sanguíneo.

Varios estudios han puesto de manifiesto que la respuesta de estrés reduce la creación de anticuerpos como reacción a un agente infeccioso. Asimismo, la comunicación entre los linfocitos por medio de la liberación de mensajeros permanece muy disminuida frente a estímulos estresantes.[14]

En *Érase una vez el cuerpo humano*, cuando Maestro inicia a Hemo y Globina en el más misterioso de los órganos (el cerebro), se explica que este se puede comunicar con otros sistemas, como el inmunitario. Unas moléculas, llamadas «citocinas», posibilitan la comunicación entre el sistema nervioso y el inmunitario. Entre los efectos que tienen las citocinas sobre el cerebro, estas sustancias estimulan el eje HPA, con el resultante incremento de la liberación de glucocorticoides. Dado que estas hormonas presentan un efecto inmunosupresor, algunos autores sugieren que la activación del eje HPA por parte de las citocinas podría constituir una forma de control de la función inmune que ejerce el sistema nervioso, que reduciría la funcionalidad del sistema inmunitario si pudiera llegar a ser perniciosa y poner al organismo en peligro.[15]

¿Por qué suprimir al sistema inmunitario? Si hemos leído hasta este punto con detenimiento, vemos muy clara la respuesta: mantener el sistema inmunitario implica mucho gasto energético y, en una situación de estrés, debemos minimizar el gasto para movilizar los órganos que han de responder en la situación de emergencia. No obstante, volvamos a nuestro gladiador del Coliseo. Dado que ha sobrevivido a la contienda, la herida que le ha infligido su adversario puede habérsele infectado. Si su sistema inmunitario no funcionara bien, no habría muerto por la espada, pero quizá lo hiciera por infección. En esta circunstancia, no sería adaptativo mermar las defensas contra la infección.

En los primeros momentos de respuesta de estrés, muchos componentes del sistema inmunitario se ven reforzados, en especial los que participan en la inmunidad innata. Parémonos a pensarlo: tiene sentido que, en situaciones agudas de estrés, reforcemos inicialmente la inmunidad innata, dado que se trata de una respuesta muy rápida e inespecífica a la lesión del tejido mediante la que se incrementa la circulación sanguínea, se produce una respuesta inflamatoria y se intenta destruir a los posibles patógenos. Con esta respuesta, podemos frenar su acceso al organismo y erradicarlo, o bien detener su desarrollo en los tejidos invadidos.

En una situación de emergencia aumentan las probabilidades de sufrir una lesión y que, con ella, los microorganismos penetren por las barreras de defensa y lleguen al interior del organismo. En el caso del gladiador es obvio, pero no en el de Óscar y su preocupación por la hipoteca. Si el estrés se prolonga, se suprime el sistema inmunitario y se vuelve a unos niveles normales de respuesta, con lo que se evita que haya un exceso de reactividad del sistema que pueda llevar a una enfermedad autoinmune, es decir, que el sistema esté tan reactivo que llegue a atacar a sus propias células.

Supongamos que unos manifestantes inician una protesta pacífica y se concentran en un sitio determinado. Las autoridades, para evitar problemas mayores, envían algunas unidades policiales. La marcha transcurre sin problemas, y los efectivos de la policía solo controlan que no se altere el orden público. Ahora imaginemos que, en vez de enviar algunas unidades, deciden mandar muchas al lugar de los hechos. Estas unidades acordonan y rodean a la multitud, lo que crispa los ánimos. En esta segunda situación hay más probabilidades de que se produzca un enfrentamiento, e incluso, en los casos más graves, que se dé una carga policial contra los manifestantes. Para complicarlo aún más, supongamos que la policía va armada y que tiene órdenes de hacer uso de las armas ante cualquier indicio de agresión. El resultado puede alcanzar cotas catastróficas.

Con el sistema inmunitario puede suceder algo parecido: si potenciamos la función inmune muy por encima de la línea basal de respuesta, podemos encontrarnos con células del organismo y diferentes sustancias que, en condiciones normales, las protegerían de posibles invasores, pero en esta situación ponen en marcha un ataque contra algunos de los componentes del cuerpo. Diversos datos recientes parecen apuntar que si se activa la respuesta de estrés de forma temporal pero frecuente, aumenta el riesgo de que la carga policial irrumpa contra la multitud, es decir, de sufrir una autoinmunidad. Las subidas y bajadas de la función inmune que se producen en intervalos temporales contiguos y de forma reiterada facilitan que la reacción del sistema esté por encima del nivel basal normal, lo que posibilita que haya mucha policía armada hasta los dientes.

Pero aparquemos las manifestaciones y cargas policiales. Supongamos que el agente estresante se cronifica. En ese caso, cuesta mucha energía mantener despierto al sistema inmunitario en condiciones normales de respuesta, y no nos lo podemos costear para garantizar la movilización de recursos en relación con la respuesta de estrés sostenido. Por eso se da una inmunosupresión que deja al sistema de defensa por debajo de sus niveles basales.

Resumiendo, la aparición aguda de un agente estresante favorece la función inmunitaria. Si perdura en el tiempo, se ponen en marcha mecanismos que deprimen al sistema inmunitario y dejan su funcionalidad a niveles basales para, así, evitar la autoinmunidad. Si la aparición del agente estresante se cronifica, el sistema inmunitario se deprime, se queda a unos niveles por debajo de lo que sería su respuesta normal y aumenta el riesgo de enfermar.

Diversos trabajos han demostrado que una amplia variedad de estímulos estresantes puede aumentar la susceptibilidad a sufrir ciertos procesos patológicos, como las enfermedades infecciosas (por ejemplo, el resfriado común). Distintas investigaciones han demostrado que algunos virus que están latentes en el organismo durante un tiempo tienen más probabilidades de despertarse en situaciones de estrés. Esto se ha podido demostrar en el caso del virus del herpes, que tiene la capacidad de migrar al sistema nervioso[16] y queda latente durante tiempo. Sin embargo, es sensible a los niveles de glucocorticoides, así que cuando estos aumentan hasta un determinado punto, besan a la bella durmiente para que despierte de su largo letargo. Es una estrategia muy astuta: quedarse dormido y calladito en un rincón hasta estar seguro de que el sistema inmunitario está por los suelos, para entonces aflorar y actuar, por ejemplo, contra el tejido nervioso.

El estrés y la función cognitiva

En el capítulo 8 he descrito cómo la amígdala y las hormonas del estrés pueden modular los mecanismos de aprendizaje y memoria, y provocar, por ejemplo, que sea más fácil acordarnos de unos episodios de nuestra vida que de otros.

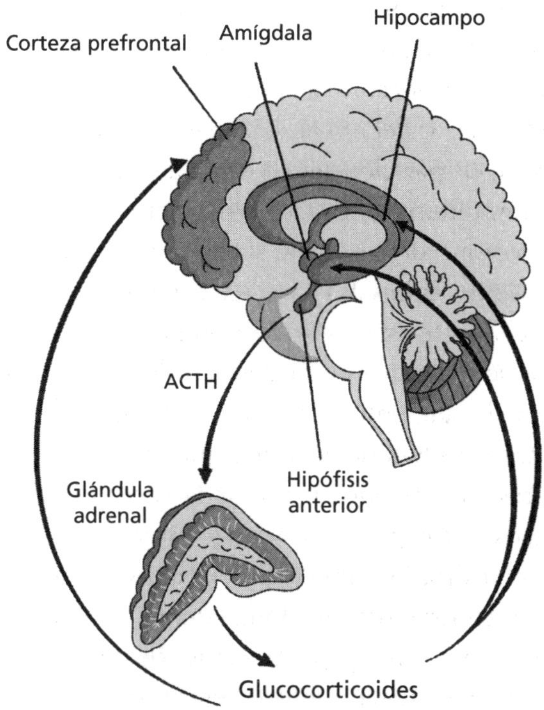

Figura 9. Los glucocorticoides que libera la glándula adrenal llegan al encéfalo y actúan sobre receptores que se encuentran en la corteza prefrontal, la amígdala y el hipocampo.

No obstante, sabemos que el estrés crónico tiene efectos deletéreos sobre el funcionamiento del hipocampo. Acordémonos de Henry Molaison (capítulo 8) y de la importancia de esta región para consolidar la memoria. Resulta que son múltiples las evidencias que demuestran que el estrés genera una atrofia de las dendritas en el hipocampo y que puede inhibir la formación de nuevas neuronas en la edad adulta (proceso denominado «neurogénesis»). Asimismo, estas hormonas tienen un efecto contrario en la amígdala: generan una hipertrofia de las dendritas de sus neuronas.

Diferentes estudios han demostrado que pacientes que sufren depresión mayor o trastorno de estrés postraumático muestran reducciones en el volumen de esta estructura del lóbulo temporal medial. Además de estos análisis clínicos, otros trabajos realizados en población sana han evidenciado una relación importante entre la exposición a agentes estresantes crónicos y las modificaciones en la morfología hipocampal. En 2007, Gianaros *et al.* estudiaron a varias mujeres posmenopáusicas. Estos autores comprobaron que las que presentaban altos niveles de estrés crónico percibido mostraban una reducción del volumen de la sustancia gris en el hipocampo. Un año más tarde, Ganzel *et al.* observaron que, tres años después del atentado de las Torres Gemelas, las personas que vivían en los edificios colindantes mostraron una reducción significativa del volumen de la sustancia gris en el hipocampo.

Ante una situación estresante, la amígdala actúa con rapidez y asigna un valor e importancia conductual y emocional a los elementos de ese hecho. Por ejemplo, si la amígdala detectara una serpiente venenosa en un camino o un atracador en una esquina, al instante los categorizaría como estímulos importantes desde un punto de vista emocional, con relevancia para la conducta, en este caso, como una amenaza contra la supervivencia o el bienestar físico. Para ello, necesita integrar la información sensorial de diferentes modalidades que le llega de distintas fuentes más o menos procesada. Una vez ha integrado y operado con esta información, una parte envía señales con el objetivo de poner en marcha diversos ajustes fisiológicos y cambios conductuales para que el organismo se adapte a esa situación (siguiendo con el ejemplo anterior, se promovería un estado que permitiera evitar el camino o la esquina donde esperan la serpiente y el atracador, respectivamente).

Si analizamos la implicación funcional de la amígdala, es lógico pensar que un estrés repetido podría modificar la organización de esta estructura para acrecentar la respuesta y los ajustes fisiológicos del organismo. Si un agente estresante se repite en el tiempo, lo adaptativo sería que la amígdala estuviera más reactiva para promover al instante los diferentes ajustes conductuales y fisiológicos que requiera la situación. Pues bien, parece ser que, desde un punto de vista estructural, el estrés tiene efectos opuestos sobre el hipocampo y la amígdala. En este contexto, diversos estudios llevados a cabo en animales han demostrado que los mismos agentes crónicos que causan retracción de las dendritas del hipocampo —con el consiguiente deterioro en las funciones cognitivas que dependen de esta estructura— producen crecimiento neuronal en la amígdala basolateral y facilitan procesos cognitivos que dependen de esta (por ejemplo, el condicionamiento del miedo que te expliqué en el capítulo 5).

Estoy estresado y mi cerebro va lento

¿Te ha sucedido alguna vez que, en una época de estrés, te cueste más rendir a nivel cognitivo? Es posible que, cuando te estreses, se te olviden las tareas que tienes que realizar, te cueste más tomar decisiones efectivas, tu atención esté muy dispersa y te resulte más complicado encontrar soluciones si tienes un problema. Todas estas situaciones dependen del correcto funcionamiento de la corteza prefrontal, y sabemos que el estrés agudo puede deteriorar su funcionalidad.

Te voy a contar el caso de Andrés, piloto de una línea aérea comercial que se había formado en un centro de estudios superiores de aviación en Madrid. No era un gato originario, pero llevaba cuarenta años en la capital. «Gato no naces, gato te haces», se repetía Andrés cuando se daba cuenta de que tenía impreso el espíritu invisible de una ciudad que cada vez hacía más mella en él, con un gran calado en distintas dimensiones de su vida.

Era amante de la montaña. Siempre que podía se escapaba al Pirineo aragonés para coronar alguna de sus cimas de suave pendiente. Lo que le atraía del monte no era consumar difíciles y arduos ascensos valiéndose de su pericia y fuerza física, dado que su complexión no era la más propicia para ello. Lo que le llenaba era perderse en la inmensidad de la naturaleza y respirar ese olor gredoso de montaña. Cuando el cálido sol arrancaba pálidos brotes de la tierra mientras la primavera emergía, disfrutaba sobremanera al cerrar los ojos en la cima de un collado o la ladera de una montaña y dejar que el silencio, solo quebrado por el viento, sofocase su enérgico temperamento. Saboreaba cada instante de quietud mientras el soplo de los vientos del oeste le lamía la piel desnuda de la cara y los brazos. Debido a sus correrías montañeras, tenía el rostro castigado por el sol, lo que confería a su piel una apariencia de cuero viejo, hendido y desgastado. Tenía los ojos como pequeñas pasas, y era de mirada un tanto altanera a la par que risueña. Su aspecto era deleitable, capaz de infundir complacencia y alegría en quien lo mirara a los ojos. Su cara era la antítesis de un rostro velado y ceniciento, lo que lo dotaba de cierto atractivo y le proporcionaba una fachada que generaba confianza. No obstante, en el fondo de su mirada desprendía un furor latente, como si una amalgama de emociones bullese en su interior, lo que iba en consonancia con la pasión que imprimía a todos sus actos y con cómo exprimía la vida hasta obtener el último resquicio posible de jugo.

La montaña y muchos de los hábitos de su vida lo ayudaban a afrontar el estrés que le generaba su profesión: tensión al volar, cambios de ciudad y husos horarios…

Andrés iba en dirección a Moscú. Por un conjunto de despropósitos, un grupo de terroristas tomó el avión y consiguió meterse en la cabina de la aeronave. Otros miembros de la tripulación fallecieron durante la tentativa de secuestro, y él era la única persona con la formación suficiente para pilotar y hacer aterrizar el avión. Era un avezado piloto con muchas horas de vuelo a sus espaldas, pero, a pesar de ello, durante el aterrizaje, cometió varios errores de cálculo que hicieron que el avión se estrellase en los alrededores del Aeropuerto Internacional de Moscú-Sheremétievo. ¿Cómo pudo equivocarse y cometer graves equivocaciones, si había aterrizado en muchas ocasiones sin cometer el más mínimo fallo? El estrés puede alterar la capacidad cognitiva y hacer que se cometan errores mentales que, en circunstancias normales, serían harto improbables, incluso en personas como Andrés, con mecanismos para afrontar y paliar las consecuencias deletéreas de la respuesta de estrés.

Diferentes estudios de los años setenta han demostrado que la exposición a un agente estresante puede deteriorar la ejecución de los sujetos en tareas que requieren la puesta en marcha de habilidades y pensamiento flexible y complejo, pero que, a su vez, puede mejorar la ejecución en tareas simples o bien ensayadas. Hoy sabemos que el tipo de tareas que quedan deterioradas por el estrés depende de la corteza prefrontal, mientras que las que no se ven afectadas —o que incluso pueden verse potenciadas— dependen de los circuitos de los núcleos basales.

Contaminación y estrés

Hemos visto la historia de una lucha a vida o muerte en la Roma imperial. Una cuestión histórica que suscitó un gran interés fue la vinculada a los factores que produjeron la caída del Imperio romano, con su consecuente desmoronamiento. Autores como Woolley (1984) sugirieron que pudo estar relacionada con un envenenamiento por plomo. El plomo es un metal pesado que mimetiza las acciones del calcio. En ratas se ha comprobado que la administración de plomo genera un importante déficit de la función atencional que depende de la corteza prefrontal, lo que emula los síntomas del trastorno de déficit de atención con hiperactividad (TDAH) en los seres humanos. Cecil *et al.* (2008) demostraron que algunos niños expuestos a este metal de adultos presentaban una disminución relevante de la sustancia gris de la corteza prefrontal. Wright *et al.* (2008) relacionaron la exposición al plomo en edades tempranas del desarrollo con problemas de control de los impulsos, sociopatía y conductas criminales. En Estados Unidos, por ejemplo, el envenenamiento con plomo está correlacionado con las tasas de violencia y delitos criminales.

En el Imperio romano, las clases acaudaladas comían alimentos preservados en plomo. Asimismo, usaban utensilios de este metal para ingerir la comida. Por eso se ha sugerido que el envenenamiento por plomo pudo ser una de las causas del desmoronamiento del imperio. El plomo afecta a la funcionalidad de la corteza prefrontal y favorece la aparición de conductas impulsivas y un patrón de toma de decisiones pobre e inapropiado. Si estas consecuencias se dieron en las clases que tenían la capacidad de gobernar y tomar decisiones, no es de extrañar que contribuyera a su decadencia.

Resulta sorprendente descubrir que factores capaces de alterar la regulación de las vías de la respuesta de estrés y debilitar la estructura y la función de la corteza prefrontal pueden socavar y minar las conductas civilizadas de culturas enteras. Antaño, la romana y, hoy en día, la de las sociedades occidentales, donde la contaminación por plomo y muchas otras sustancias es uno de los problemas apremiantes relacionados con los hábitos de consumo.

En los últimos años, cada vez hay más investigaciones que relacionan los contaminantes medioambientales y el funcionamiento cerebral con las capacidades cognitivas. En este sentido, hay hipótesis muy interesantes que nos ayudarán a entender, por ejemplo, la relación entre contaminación y condiciones patológicas, como los trastornos de atención.

A modo de conclusión, me gustaría destacar que la respuesta de estrés, en tanto que mecanismo adaptativo que nos ayuda a ajustarnos a las demandas de un medio cambiante, bajo determinadas circunstancias puede afectar seriamente a la salud, la calidad de vida y el rendimiento profesional.

A lo largo de este capítulo he explicado que los sistemas fisiológicos que se ponen en marcha durante la respuesta de estrés no solo regulan diferentes funciones periféricas en el organismo —como el metabolismo y la inmunidad—, sino que también pueden tener efectos importantes en el funcionamiento del cerebro. De hecho, uno de los retos actuales es conocer mejor el papel que desempeña el cerebro en la puesta en marcha y regulación de la respuesta de estrés, y describir cómo puede modificar la estructura y el funcionamiento del sistema nervioso.

Ahora vamos con un tema que podría estar relacionado con este: el sueño. Cuando nos estresamos, nos cuesta dormir. Intentaré arrojar algo de luz para que entiendas el porqué.

12

El hombre que se enfrentaba a sus miedos durante el sueño

> Si es bueno vivir, todavía es mejor soñar, y lo mejor de todo, despertar.
>
> Antonio Machado, *Nuevas canciones*

Fue una noche como otra cualquiera de las que se sucedían desde hacía más de cinco años: se despertó a las tres de la mañana envuelto en sudor frío, con un temor opresivo que le impedía respirar. Se dejaba doblegar por una angustia que no parecía tener una causa aparente, lo que provocaba que, una vez despierto, no pudiera volver a conciliar el sueño. Había ido al psicólogo, al neurólogo y a un especialista de medicina alternativa; había probado distintos medicamentos, tratamientos de hipnosis e incluso una sesión de sanación espiritual. Nada había funcionado, y la resignación lo había impulsado a convivir con sus temores.

Antes de despertar, Jaeger se hallaba justo donde se cruzaban dos carreteras polvorientas de aspecto similar. La intersección quedaba ante un grupo de casas modulares de madera unidas por un confuso tendido de cables y cajas metálicas que constituía una suerte de conducción eléctrica. El paso del tiempo quedaba patente en el óxido que cubría los clavos que aseguraban las estrechas tablas de los paramentos exteriores de las viviendas. La madera estaba agrietada y seca, y la pintura solo se mantenía en los arañazos alargados que se levantaban como duras escamas. No había nadie; solo estaba él enfrente de lo que parecía ser un recuerdo desvanecido de la ciudad que fue antaño. De forma súbita, se dio cuenta de que no estaba en la calle, sino en el interior de una de las casas; desde una ventana entreabierta, Jaeger podía contemplar el punto exacto de la carretera en el que había estado instantes atrás. La habitación le resultaba extrañamente familiar; su cerebro había recreado en el sueño una extensión ilusoria que emergía como una versión bosquejada de la habitación en la que había pasado buena parte de su infancia. En un rincón, entre la penumbra que dejaban las escasas líneas de luz que se internaban con timidez a través de la ventana, bajo una mesa rectangular, estaba su madre, encogida y acurrucada por el miedo. Jaeger parecía ser capaz de oler su temor; sentía el dolor y la turbación que estaba viviendo. Corrió hacia la mesa, pero tenía una sensación de entumecida pesadez, como si se revolviera en la nieve. Antes de ser capaz de alcanzarla, toda la escena se había evaporado y había sido sustituida por una densa niebla de confusión.

Los sueños como el de aquella noche le provocaban una lenta y pesada sensación de náusea que lo anegaba por dentro. Sueños teñidos de la misma angustia indefinida que consumía las horas que pasaba en vigilia. Sueños dominados por la desesperación que se constituían como una acreción de miserias que iban impregnándose en su alma cual sedimentos deformados arrancados del fondo de los océanos, para acumularse lentamente donde la tierra se sumerge dentro del agua. Cada noche, la oscuridad traía consigo una carga ominosa que se añadía al pesado equipaje con el que tenía que cargar durante el día.

A lo largo de este capítulo veremos que el sueño es una conducta que, a excepción de unos movimientos que se producen en los ojos en una de sus fases, no se caracteriza por la presencia de acción, sino que sobreviene como una necesidad imperativa de la motivación de dormir. Mientras dormimos, puede darse una gran actividad mental y cognitiva, y aparecer sueños como los de Jaeger, que pueden convertirse en una carga y, en otros casos, en un alivio. Voy a analizar algunos de los rasgos fundamentales de esta conducta tan preservada y manifiesta en el mundo animal.

La vida es sueño

La vida es sueño es una obra teatral escrita por el dramaturgo español Pedro Calderón de la Barca en el siglo XVII, y ya el título de la obra sugiere una conexión entre la vida y el sueño. El autor utiliza el sueño como metáfora para representar la fugacidad y transitoriedad de la vida humana. Como en una experiencia onírica —donde todo parece real, pero puede ser efímero e ilusorio—, los personajes de la obra se enfrentan a la incertidumbre de la naturaleza de la realidad y la verdad.

Dormir no es el resultado de una simple disminución de la actividad cerebral y del resto del cuerpo. Se trata, por el contrario, de un estado fisiológico que se encuentra bajo un control muy preciso de diferentes mecanismos y sistemas. Por qué dormimos es una cuestión que hoy no está resuelta. No obstante, existen diversas hipótesis que intentan responderla. Al principio se plantearon tres grupos de teorías. Por un lado, aparecieron las circadianas, que partían de la argumentación de que el sueño ha seguido unas pautas evolutivas y se ha constituido como un mecanismo para mantener al animal en un estado de inactividad cuando no es adaptativo realizar otro tipo de conducta o interacción con el medio que promueva su supervivencia (búsqueda de alimento, reproducción, etcétera). Así, dormir permite conservar los recursos energéticos cuando no son necesarios para realizar actividades indispensables para la supervivencia y disminuir la susceptibilidad a sufrir algún daño. En la línea de estas teorías, cabe destacar que los seres humanos y otros animales que duermen por la noche son muy dependientes de la información visual del entorno para encontrar comida y evitar a los depredadores. Esto permitiría explicar por qué duermen durante las horas de oscuridad. El segundo grupo, las teorías de la recuperación, se centraban en que la vigilia produce una serie de modificaciones en la homeostasis corporal que se han de corregir de alguna forma para restaurar el cuerpo y volver a los niveles basales. Así, dormir permite recuperar el equilibrio interno. El tercer grupo de teorías se centra en la conservación energética, sin importar si tiene implicaciones reparadoras o evolutivas en relación con los ritmos circadianos (ciclos rítmicos de unas veinticuatro horas de duración). De este modo, la función del sueño podría orientarse a recuperar los niveles de glucógeno perdidos durante las horas de vigilia. De forma añadida, en los periodos de oscuridad, por lo general se da un descenso de la temperatura. En este contexto, si quisiéramos estar activos de noche, necesitaríamos más energía para mantener el equilibrio interno con relación a la temperatura corporal. Hoy sabemos que esta sigue un ciclo de unas veinticuatro horas que alcanza un nivel mínimo por la noche y reduce la pérdida de calor corporal. Como podría esperarse, según esta teoría el metabolismo medido por el consumo de oxígeno disminuye durante la noche. No obstante, esta teoría no podría explicar, por ejemplo, por qué algunos mamíferos como las ratas muestran actividad nocturna y duermen durante las horas de sol.

Un mamífero como el león se encuentra con muy pocos peligros en su hábitat natural. Solo a veces su tranquilidad puede verse afectada por el hombre o animales como el elefante. Esta disposición hace que sea capaz de dormir tranquilamente tras un festín sin poner en riesgo su supervivencia. Según las teorías circadianas, el hecho de que un león duerma dos o tres días seguidos después de una comilona se explica porque no le hace falta realizar actividades necesarias para la supervivencia, y tampoco es susceptible de sufrir daños probables, con lo que puede dormir donde le apetezca.

Las serpientes son animales ectodermos, es decir, toman la temperatura del medio. La regulación corporal no se da por un proceso metabólico, como en el caso de los mamíferos, sino por una actividad específica: la búsqueda de calor de fuentes externas. De forma añadida, una serpiente puede estar semanas sin probar bocado. Son animales muy inactivos que pasan muchas horas durmiendo. Según las teorías de la recuperación, duermen para recuperar el equilibrio homeostático interno. No obstante, las teorías circadianas argumentarían que duermen como estrategia para mantenerse inactivas si no precisan intervenir en actividades necesarias para la supervivencia y, de esta forma, conservar los recursos energéticos de una manera más eficiente.

El delfín del río Indo de Pakistán (*Platanista minor*) carece de cristalinos, de manera que es ciego, ya que la visión no le sirve de mucho en las aguas enturbiadas por el arrastre de tierras del río Indo. Aunque está capacitado para diferenciar la intensidad y la dirección de la luz, nada y caza por ecolocalización. Este mamífero marino no puede dejar de nadar. Por ello, dormir representa un grave peligro para él; sin embargo, el sueño se ha conservado en esta especie. Estos animales duermen unas siete horas diarias en intervalos de entre cinco y cincuenta segundos.

Otros mamíferos marinos (como el delfín mular, que solemos encontrar en las aguas mediterráneas) presentan un sueño unihemisférico, alternando los hemisferios. Esto quiere decir que primero duerme una mitad del cerebro y después la otra, y, así, van alternando.

Dormir es una conducta conservada evolutivamente en animales que van desde la mosca de la fruta hasta el propio ser humano. El sueño es un fenómeno universal entre los vertebrados. Casi todos los mamíferos y aves duermen, así como los reptiles. Otros animales, como peces y anfibios, entran en periodos de inactividad que podrían equivaler al sueño. Sin embargo, solo los mamíferos y las aves, vertebrados de sangre caliente, presentan durante el sueño periodos caracterizados por falta de tono muscular y movimientos oculares rápidos.

El sueño es necesario para la supervivencia. Su privación en mamíferos produce pérdidas de peso, fallos en la regulación de la temperatura, alteraciones de la respuesta inmunitaria, reducción de las capacidades cognitivas, alteración del estado de ánimo, alucinaciones e incluso la muerte.

En aras de la simplicidad, en el capítulo 13 sintetizaré las funciones del sueño en un decálogo vinculado a las herramientas que podemos esgrimir para mejorar el sueño. En los próximos apartados profundizaré en algunas de ellas y sacaré a colación otras relacionadas.

Fases del sueño

La atmósfera viciada por el humo del tabaco que había fumado la noche anterior desprendía un hedor dulzón. Un atisbo de luz se colaba por las ranuras de una persiana desvencijada y creaba tenues ondulaciones que parecían moverse despacio por la habitación, mientras cientos de partículas de polvo se difundían a través de ellas. Fuera, el sol ascendía perezoso y amarillento. Mientras sonaba el repiqueteo, metálico y estridente, de un antiguo despertador, Juan se arrebujaba entre las roídas mantas.

Acababa de tener un sueño que lo había transportado al siglo XVIII, en el que se encontraba inmerso en cierto baile licencioso con una mujer ataviada con ostentosos ropajes. Con la acusada y halagüeña ilusión de ser el centro de atención de todas las miradas, desplegaba un conjunto de pasos perfectamente orquestados en la pista según lo requerido por la música. Había sido un sueño de contenido narrativo en el que varios personajes habían desfilado en una correría nocturna por un palacete de Venecia, en un periodo de tiempo pretérito.

La tela del pijama de franela parecía haber absorbido la agria exhalación de sudor que había producido durante la noche y haberse convertido en parte casi tangible de su propia piel. Su rostro estaba congestionado, y sus mejillas abotagadas y con manchas rojas. La exigua mata de pelo se había desplazado hacia un lado y los delgados y sucios mechones se arracimaban en torno a la oreja. La expresión de su cara era desabrida y huraña, y las bolsas plomizas bajo los ojos empequeñecían su mirada y le conferían un aire bobo y simplón. Se sentó en la orilla de la cama y se calzó unas zapatillas de grueso paño que tuvieron que aguantar su oneroso peso. Al incorporarse trastabilló al darse con la mesita de noche, golpeándose con su esquina a la altura de la rodilla derecha. Soltó una imprecación, seguida de un murmullo doliente, apenas inteligible. Pese a su redonda y enjundiosa figura, tenía las piernas largas, delgadas y blanquecinas. Encima de un viejo armario de melamina, un halcón peregrino disecado contemplaba la escena con sus ojos negros. Tenía completamente extendidas las alas y con una de sus patas oprimía el pecho de una paloma muerta, clavando sus afiladas uñas negras en un tronco pelado de pino. Pese a la majestuosidad de la representación taxidérmica, de cerca denotaba una evidente fragilidad consecuencia del apetito insaciable de las polillas. La luz había desteñido las plumas, que originalmente habían gozado de un color gris pizarra con barras oscuras indistintas, y el polvo se había adherido por toda la superficie del animal.

Con un andar envarado, Juan se dirigió hacia el lavabo y, tras un carraspeo estentóreo, lanzó un esputo de coloración pajiza en la pila. Había pasado una mala noche, y eso repercutía de forma perceptible en cómo se encontraba: sentía un nudo en el estómago y un acusado reflujo gastroesofágico.

A continuación se desvistió y empapó una toalla en agua para refregarla por su velloso cuerpo. Su figura restaba cualquier asomo de gallardía y elegancia. Se secó y se vistió con la ropa arrugada que colgaba detrás de la puerta desde el día anterior. Tras afeitarse, regar el cutis con una loción de olor penetrante y untarse el pelo con una pasta sacada de un bote metálico oxidado, se dirigió a la cocina. Abrió la nevera, cogió una botella de plástico de leche entera y, al abrirla, se esparció un efluvio rancio y penetrante. Sin reparar en el dudoso estado del lácteo, echó un trago, dejando que unas gotas patinasen por las comisuras de sus labios. Se comió con fruición un bollo rancio con un pegote de mermelada de albaricoque. Cuando dormía mal, al día siguiente le apetecían alimentos ricos en grasas y azúcares.

A renglón seguido, se lavó las manos y se embutió en un pesado abrigo de lana de color marrón. Cogió su desgastado portafolio de cuero y salió a la calle.

Llegó al trabajo veinte minutos antes de lo acostumbrado. Sin el menor cuidado, tiró el portafolio encima de la mesa, colgó el abrigo en un perchero de madera y se dirigió a la sala de la máquina de café. Sacó uno doble y se sentó a leer la edición del periódico del día. Esa era su rutina. Necesitaba recurrir a excitantes para despertarse.

Llevaba tiempo sin dormir bien: le costaba iniciar el sueño, y mantenerlo era una odisea, dado que se levantaba en muchas ocasiones. Le habían hecho varios estudios del sueño y habían encontrado alteraciones en sus fases. Juan había seguido algunos tratamientos farmacológicos, pero nada parecía funcionarle, y sus hábitos de higiene del sueño no eran muy afortunados, pese a las recomendaciones de los psicólogos a los que había acudido.

La mala calidad del sueño le estaba afectando en el trabajo y la vida personal. Su colega, Manuel, lo observó con un esbozo de desaliento en la mirada y respondió con un ademán de mudo asentimiento. Juan se terminó el café y lanzó el vaso de papel plastificado a la papelera amarilla de envases, aunque acabó en el suelo. Con un vigor más propio de un anciano, se agachó a recogerlo. Su voluminoso vientre chocó con las rodillas y casi le hizo perder el equilibrio al arrancar un brusco movimiento del brazo para arrojar el vaso al interior de la papelera. Jadeante por el esfuerzo, se frotó afanosamente las manos manchadas de café y se remetió los extremos de la arrugada camisa dentro del pantalón.

En los siguientes apartados desgranaré algunas de las funciones del sueño que te ayudarán a entender los elementos que vemos en Juan y el calado que dormir poco puede tener en la salud. Surgen, de forma añadida, un conjunto de preguntas que iré resolviendo en este y en el próximo capítulo: ¿qué condiciones son necesarias para dormir bien?, ¿cómo afecta la falta de sueño al funcionamiento cognitivo?, ¿en qué fase de la noche aparecen los sueños narrativos, como el de la experiencia onírica veneciana de Juan?

Empezaré hablándote de las fases del sueño. Si nos basamos en las características observadas en diferentes parámetros electrofisiológicos, el sueño de los mamíferos y las aves puede subdividirse en sueño REM (siglas de *rapid eye movement*, movimientos oculares rápidos) y NREM (sin estos movimientos).

Espero que tu imaginación no vuele hacia la influyente banda estadounidense de Michael Stipe, Peter Buck y Mike Mills. El sueño REM también ha recibido el nombre de «sueño paradójico» porque muchas de las características que lo definen se parecen más al estado de vigilia que al de sueño. En este sentido, por ejemplo, el registro de la actividad eléctrica del cerebro muestra un patrón de actividad rápido y desincronizado[1] que recuerda a la actividad cerebral de la persona cuando está despierta. Por otra parte, y como indican sus siglas, el registro de la actividad ocular se caracteriza por la presencia de movimientos oculares rápidos en buena parte de este estadio. Otra particularidad esencial del sueño REM es la parálisis temporal de la musculatura asociada al esqueleto de casi todo el cuerpo (excepto de algunos de los músculos que controlan el movimiento de los ojos). Se trata de una actividad que protege al organismo de posibles lesiones, ya que impide que se representen los sueños vívidos característicos del sueño REM. Imagínate que estás soñando que juegas un partido de baloncesto. De no contar con ese mecanismo, podrías despertarte con la lámpara de la mesita de noche en las manos intentando encestar en la cómoda de tu cuarto. Por lo que se refiere al umbral para despertar (la cantidad de jarana exterior necesaria para despertarnos), es alto (es decir, se necesita mucha jarana), aunque para los estímulos con significado emocional es más bajo.

A modo de resumen, y siguiendo a Francisco Claro (2017), amigo y experto en la fisiología del sueño, las características principales del sueño REM serían: (1) el metabolismo cerebral aumenta hasta alcanzar niveles similares a los de la vigilia (en esta fase, gastamos lo mismo durmiendo que despiertos); (2) aumentan la tensión arterial y las tasas cardiaca y respiratoria; (3) se producen erecciones parciales del pene y la tumefacción del clítoris; (4) no hay tono muscular, a excepción de la musculatura necesaria para respirar y de la extrínseca del globo ocular; (5) pueden aparecer sacudidas en las piernas (relacionadas con el desarrollo del sistema motor); (6) suelen aparecer ensoñaciones vívidas de carácter narrativo con personajes, uno mismo incluido, espacios y sensaciones alucinatorias (sueños narrativos); (7) el sueño REM solo se ha encontrado en aves y mamíferos, animales que autorregulan la temperatura corporal; (8) los mamíferos altriciales —los que nacen inmaduros y necesitan tiempo y cuidados para desarrollarse, como los carnívoros o los primates—, dedican más tiempo a la fase REM que los precociales, que nacen más desarrollados, como los herbívoros.

Tal como he explicado, los cetáceos (las ballenas y los delfines), mamíferos que pasan toda la vida en el agua y que se mueven durante la mayor parte del tiempo, no muestran la alternancia típica entre sueño REM y NREM. En su lugar, tienen sueño NREM en un solo hemisferio cerebral que se va alternando, mientras mantienen abierto el ojo contralateral para ver. Por el contrario, los lobos marinos (*Arctocephalus*) son mamíferos que pasan una parte de la vida en el agua y otra en tierra. Cuando están en el medio acuático muestran un patrón de sueño NREM de un solo hemisferio que se alterna y ausencia de sueño REM, similar al de los cetáceos. No obstante, cuando están en tierra, cambian al instante a un patrón de sueño NREM en los dos hemisferios al mismo tiempo y alternancia con el sueño REM, similar al de los mamíferos terrestres.

El sueño NREM tiene como principal característica la subdivisión en cuatro estadios (I, II, III y IV) a lo largo de los cuales se muestra progresivamente más profundo. El sueño del estadio I es muy ligero, y, por lo general, no se tiene la sensación de estar durmiendo. En él abundan los movimientos corporales en forma de cambios de posición o contracciones de las extremidades o el cuerpo entero. En este estadio también es frecuente encontrar alucinaciones hipnagógicas, como la sensación de caer al vacío. El sueño del estadio II es más profundo que el del I, y el umbral para despertar es más alto (necesitamos más jarana que en el estadio I, pero sin pasarse). Desaparecen los movimientos oculares lentos que caracterizan el I, y el tono muscular se reduce aún más. Los estadios III y IV se conocen como «sueño de ondas lentas» (SOL) por la abundancia de un patrón de actividad cerebral denominado «ritmo delta». Se trata de un ritmo de baja frecuencia y alta intensidad que se produce como resultado de la actividad conjunta de muchas poblaciones de neuronas en momentos temporales concretos. Es como si las neuronas cerebrales se pusieran de acuerdo para responder de forma sincrónica. No hay indicios de movimientos oculares, mientras que el tono muscular es el más bajo de todo el sueño NREM. Con relación al umbral para despertar, este es todavía más elevado que el de los estadios precedentes (la jarana ha de ser muy fuerte para que nos despertemos).

Como resumen, y siguiendo otra vez a Francisco Claro (2017), las características principales del sueño NREM serían: (1) el sueño comienza siempre por la fase NREM; (2) el metabolismo cerebral disminuye y el cerebro gasta menos energía que durante la vigilia; (3) las tasas cardiaca y respiratoria son bajas y regulares; (4) durante la fase II de sueño ligero a veces se experimentan ensoñaciones de duración corta y un carácter más conceptual que emocional; (5) se han encontrado formas de sueño NREM en especies que pertenecen a distintas categorías del reino animal.

Autores como Siegel (2003) sugieren que el sueño NREM podría servir para activar mecanismos de recuperación celular y eliminar los radicales libres —unas moléculas muy reactivas que contienen uno o más electrones no emparejados en su capa externa: una auténtica bomba de relojería de la que nos tenemos que deshacer— asociados a la alta actividad metabólica de la vigilia. Esta hipótesis se encuentra respaldada por datos que proponen que la privación de sueño genera un aumento de radicales libres en el tejido nervioso, lo que causa estrés oxidativo en las células.

El sueño REM se ha relacionado con el desarrollo cerebral, dado que la mayor proporción de este tipo de sueño en el ser humano tiene lugar durante las etapas de desarrollo del sistema nervioso. No obstante, las personas adultas (con el cerebro completamente desarrollado) también tienen sueño REM, con lo que su función no solo se ha de centrar en los procesos de desarrollo, como veremos en los siguientes apartados y en el próximo capítulo.

Otra cuestión que nos podemos plantear es si dormimos de manera global o lo hacemos de una forma más local. Las teorías iniciales sobre el sueño sugerían que este ocurría a un nivel que implica a todo el organismo (el sujeto está dormido o despierto), de manera que el sueño se halla regulado por mecanismos de control central. Una hipótesis más reciente propone que el sueño es local y que depende del uso; es decir, la regulación del sueño no se da de forma global en el organismo, sino que se da en algunas regiones cerebrales como respuesta a su utilización. Esta teoría se encuentra respaldada por evidencias que sugieren que partes concretas del cerebro pueden estar despiertas mientras otras permanecen dormidas.

Por ejemplo, tal como he señalado antes, los cetáceos no muestran ondas delta (características del SOL en el sueño NREM) en todo el cerebro de forma simultánea, sino que lo hacen de manera alterna en cada uno de los hemisferios cerebrales. Otras especies de ballenas, focas y pájaros también muestran un sueño unihemisférico. En los seres humanos, por ejemplo, se ha demostrado que las ondas delta aumentan antes en la corteza frontal que en otras regiones corticales posteriores. De igual forma, Braun *et al.* (1997) encontraron diferencias regionales en el flujo sanguíneo cerebral tanto durante el sueño NREM como durante el REM. En los monos, por ejemplo, se ha comprobado que, durante la transición entre la vigilia y el sueño, algunas neuronas de la corteza visual muestran un patrón de actividad característico del sueño NREM incluso cuando el animal está realizando una tarea de discriminación visual.

Un cerebro para la vigilia y el sueño

En el cerebro existen diferentes sistemas que promueven que estemos en vigilia, es decir, despiertos. Por un lado, el momento del día es de crítica importancia. Parece que existen diferentes estímulos que recibimos del entorno y utilizamos para regular un conjunto de ritmos diarios denominados «circadianos», ciclos biológicos que tienen una duración aproximada de veinticuatro horas que regulan una serie de funciones fisiológicas en organismos vivos, incluyendo los seres humanos. Algunas de las funciones que siguen ritmos circadianos son el ciclo de sueño y vigilia, la temperatura corporal o la secreción de hormonas como el cortisol, la hormona del crecimiento o la melatonina.

Estos ritmos se ven influidos, principalmente, por señales ambientales, como la luz. Cuando esta incide en una parte de la retina, llega a una zona del hipotálamo[2] para indicarnos que debemos estar despiertos (vigilia). Por la noche, el sistema neural hace que la glándula pineal —una especie de cono pequeñito, del que Descartes habló largo y tendido— libere melatonina y marque el inicio del sueño. En modelos animales se ha podido observar que la lesión de esta parte del hipotálamo[3] altera el patrón circadiano del ciclo sueño-vigilia sin modificar la cantidad de sueño.

¿Qué pasa si, antes de dormir, nos ponemos a navegar por internet con la tableta? La luz que emite el dispositivo presenta una longitud de onda que parece activar esta región del hipotálamo, lo que puede alterar el ritmo biológico, dado que le estamos diciendo al cerebro que es de día y no toca dormir.

Dentro del ciclo sueño-vigilia existe un conjunto de sistemas neurales que promueven la alerta y la vigilia. Entre ellos destacan las neuronas que utilizan, por ejemplo, serotonina, noradrenalina e histamina para comunicarse. Son los sistemas de arousal. Cuando se activan, estamos muy despiertos y estimulados. Por otra parte, en el hipotálamo hay un grupo de neuronas[4] que utilizan unas sustancias neurotransmisoras llamadas «hipocretinas» u «orexinas» relacionadas con la motivación para estar despiertos, entre otras muchas funciones.

A lo largo del día, los sistemas de alerta y vigilia van perdiendo su nivel de activación (cuanto más nos acercamos a la hora de dormir, más se «apagan») y en el cerebro se va acumulando una sustancia llamada «adenosina», fruto, entre otras cosas, de la actividad celular. Esta sustancia va activando de manera progresiva una región del hipotálamo denominada «área preóptica ventrolateral» (para los amigos, APOvl) que, dicho sea de paso, inhibe los sistemas de alerta (y estos a ella). Las neuronas de los sistemas de alerta, junto con las neuronas hipocretinérgicas, nos mantienen despiertos, mientras que la activación del área preóptica ventrolateral del hipotálamo nos introduce en el sueño NREM.

Recuerda cuando tenías ocho años (como los que tiene mi hija mientras escribo estas líneas) e ibas al parque. Allí podías encontrar un balancín, esa fantástica barra de metal apoyada en equilibrio en su punto medio, de manera que las niñas y los niños que se sentaban en sus extremos subían y bajaban alternativamente. ¡Cómo me gustaba el balancín! Pues resulta que, en un extremo, en lugar de una niña, está la APOvl, mientras que en el otro se encuentran los tres sistemas de arousal —serotonina, noradrenalina e histamina—. Al inicio del día la APOvl está en la parte baja del balancín, dado que no está activa ni tiene fuerza para hacer subir su lado y cambiar las tornas. El otro extremo está en lo más alto, ya que los sistemas de arousal están muy activos, llenos de energía (acaban de merendar un buen bocadillo de Nocilla). A medida que avanza el día, la madre de APOvl le va dando zumo de naranja (adenosina) y esta va cobrando fuerza. Poco a poco consigue subir el balancín y gana terreno a los sistemas de arousal, que ya están exhaustos. Al final del día, la APOvl consigue subir a lo más alto y entonces entramos en el sueño NREM.

Dado que las neuronas de estas regiones —que controlan la activación y vigilia y promueven el sueño— se inhiben unas a otras, en condiciones normales no es posible que las neuronas de ambos sistemas estén activas al mismo tiempo (no podemos dejar el balancín en equilibrio).

Esta inhibición recíproca se ha denominado «modelo *flip-flop*»: el organismo solo puede estar en uno de dos estados en un momento concreto: encendido (*on*) o apagado (*off*), como un interruptor.

Durante la vigilia, las neuronas hipocretinérgicas reciben una señal excitadora del reloj biológico que controla los ritmos de vigilia y sueño. Estas neuronas estabilizarían el mecanismo *flip-flop*, tomando partida por un bando, a través de sus conexiones excitadoras con las neuronas de la vigilia, lo que inclinaría la actividad del interruptor hacia el estado de vigilia. Son como esos amigos pesados que no han llegado a tiempo al balancín y toman partido por un extremo (en este caso, por el de los sistemas de arousal) dificultándole el proceso a nuestra amiga APOvl. Lo que estos advenedizos no saben es que el zumo de mamá irá haciendo efecto y le proporcionará la suficiente activación para ganarles la partida a todos. Así, la adenosina va activando progresivamente la APOvl, y esta inhibe las neuronas hipocretinérgicas, de manera que se puede iniciar el sueño.

¿Cómo pasamos del sueño NREM al REM? Los estudios más recientes sugieren que la alternancia entre el REM y el no REM también está regida por un mecanismo *flip-flop* similar al que controla la alternancia entre el sueño NREM y la vigilia. El *flip-flop* del NREM y vigilia determina cuándo se despierta y se duerme la persona, y, una vez dormida, el *flip-flop* del REM controla los ciclos de sueño NREM y REM. Una región del tronco del encéfalo[5] contiene neuronas iniciadoras del REM (la llamaremos «REM-*on*») y otra cercana[6] tiene las que inhiben el sueño REM (que llamaremos «REM-*off*»). Las regiones REM-*on* y REM-*off* están interconectadas a través de neuronas inhibitorias.[7] Puesto que ambas se inhiben entre ellas, funcionan como un interruptor: solo una región puede estar activa en un momento dado. Durante la vigilia, la REM-*off* recibe aferencias excitadoras de las neuronas hipocretinérgicas, y esta activación inclina el *flip-flop* del REM al estado *off*. Cuando el *flip-flop* del NREM y vigilia cambia a la fase de sueño, comienza el NREM. La actividad de los sistemas de arousal que impulsan la región REM-*off* comienza a disminuir, y el *flip-flop* del REM cambia al estado *on*, de manera que se inicia el sueño REM.[8]

¡Menudo lío de nombres de estructuras cerebrales! Lo más importante es quedarnos con la idea de que hay estructuras del cerebro que controlan los ritmos biológicos, otras que promueven la vigilia, una que pone en marcha el sueño NREM y dos que parecen regular el REM, pero todo ello íntimamente interconectado y dependiente. Cuando algún elemento no funciona, como en el caso de Juan, los efectos pueden tener un gran calado sobre el sueño.

Sueño y memoria

Imagínate la siguiente situación. Un estudiante de Medicina se descarga en el móvil un audio con los apuntes de la asignatura Fisiología humana. Se pone los auriculares, selecciona el capítulo referente a la fisiología del sistema nervioso y se mete en la cama para disponerse a dormir. ¿Le servirá de algo el uso de las nuevas tecnologías para evitar quedarse a estudiar por la noche? El estudiante en cuestión cree que si escucha durante el sueño la lección sobre la fisiología del sistema nervioso, podrá retener y asentar la información sin tener que sentarse delante del libro, ya que ha leído que el sueño ayuda a consolidar la memoria. Por desgracia, no funciona así. Es cierto, como ahora explicaré, que el sueño ayuda a consolidar la memoria, pero, antes de hacerlo, esta tiene que haberse adquirido, y para ello no hay más remedio que enfrentarnos de forma activa al tratado de fisiología durante la vigilia.

Diferentes trabajos experimentales en modelos animales y seres humanos han demostrado que el sueño podría tener especial importancia para el aprendizaje y la memoria. Una hipótesis muy reciente (llamada «hipótesis de la homeostasis sináptica») intenta conjugar las teorías que otorgan al sueño una funcionalidad de conservación energética con las que lo relacionan con el aprendizaje y la memoria. Sabemos que la actividad que se produce en las neuronas durante el día aumenta el número de contactos que se establecen entre ellas (las sinapsis de las que hablé en el capítulo 1). Según esta hipótesis, el sueño disminuiría estas conexiones. ¿Qué sentido tiene? Pues resulta que los contactos entre las neuronas más fuertes requieren más energía y espacio, y, según esta hipótesis, la atenuación sináptica ayudaría a conservar tanto la energía como el espacio en el cerebro.[9] Muchas formas de aprendizaje se producen gracias al fortalecimiento de las conexiones entre las neuronas, y esto hace que el aprendizaje y la memoria se constituyan en mecanismos que suponen un gran gasto energético para la persona. Las sinapsis más fuertes consumen más energía y espacio, y requieren mayor sustento por parte de la célula (aumento en la superficie de contacto, mayor cantidad de mensajeros químicos...). Se estima que las neuronas utilizan más de un 80 por ciento de su energía en el envío y la recepción de las señales eléctricas, proceso que conlleva el fortalecimiento de las conexiones sinápticas, pero no puede darse de forma indefinida. ¡Sería inviable! Hay estudios que, por eso, sugieren que es necesaria una reducción global del número y la intensidad de las conexiones entre las neuronas.

Por si fuera poco, esto está relacionado con la cantidad de actividad que realizamos durante el día. En este sentido, el equipo de investigación de Paul Shaw, de la Universidad de Washington, ha demostrado que las experiencias sociales que se tienen a lo largo de la jornada aumentan la necesidad de sueño y, de forma añadida, el número de sinapsis entre las neuronas. Durante el sueño se reducen las conexiones entre ellas, dejando únicamente las más efectivas.[10]

Mientras dormimos, la reducción tanto del número de conexiones entre las neuronas como de su fuerza podría ayudar a mantener el espacio y la energía en el cerebro, mientras que al mismo tiempo podrían fortalecerse las sinapsis en circuitos neurales específicos para robustecer y colaborar en la consolidación de las memorias recién formadas.[11] Diversas investigaciones han relacionado con el sueño los mecanismos que estabilizan y potencian las memorias a lo largo del tiempo.

Hoy sabemos que el sueño es importante para la consolidación de la memoria, y que la formación de la memoria a largo plazo está modulada por mecanismos circadianos. De hecho, en 2007, Ji y Wilson mostraron algo realmente interesante: lo que sucede en el cerebro mientras estamos despiertos se repite durante el sueño para almacenarlo mejor. Estos autores demostraron que la actividad de las neuronas que se produce durante las experiencias que tienen lugar en la vigilia se repite en el hipocampo y la corteza de forma coordinada durante el sueño NREM, lo cual puede ser un mecanismo importante implicado en la consolidación de las memorias recién formadas en la vigilia.[12] Hoy en día son muchos los estudios que están demostrando que las experiencias recientes que vivimos mientras estamos despiertos se reactivan durante el sueño.

Encontrar un mismo patrón de actividad neuronal[13] durante el sueño en las mismas regiones del cerebro que se utilizan en una tarea de aprendizaje podría indicar que los circuitos cerebrales implicados se reactivan mientras dormimos, lo que explicaría por qué los participantes en los estudios realizan las tareas con mayor precisión después de una noche de sueño.[14]

En definitiva, podemos decir que, mientras estamos despiertos, se produce un incremento en los contactos neuronales y en su fuerza de conexión. Cuando dormimos, se fortalecen los contactos importantes y se reducen los que no lo son. Asimismo, durante el sueño se genera un patrón de activación en las neuronas que posibilita que se consolide lo aprendido durante el día y pase a almacenarse de forma más efectiva a largo plazo.

No puedo dormir

Hasta el momento he intentado responder a la pregunta de por qué dormimos y he analizado la importante relación entre sueño y memoria. Pero ¿qué sucede cuando no podemos dormir?

Diferentes trabajos de privación de sueño en seres humanos han demostrado que la falta de sueño no deteriora las capacidades motoras de los individuos. No obstante, sí que parece afectar a las capacidades cognitivas y perceptivas de las personas que han experimentado esa privación. Estos deterioros suelen ser más frecuentes en tareas cognitivas monótonas, pasivas y simples. Tras la fase de privación, los participantes en los estudios aumentan la cantidad de horas de sueño durante la primera o la segunda noche, pero sin recuperar el total perdido al privarse de él.[15]

Hoy en día sabemos que la privación de sueño puede considerarse un agente estresante. También hemos descubierto que los agentes estresantes (sobre todo si son de tipo psicológico y social) pueden deteriorar la cantidad y la calidad del sueño. Pensemos en Óscar. ¿Cuántas noches se habrá quedado en vela preocupado, preguntándose cómo afrontar los gastos que se le avecinan? Este efecto parece depender de las hormonas liberadas en la respuesta de estrés. Además, suele decantarse por el SOL, dado que, cuando las personas están estresadas durante la vigilia antes del sueño o se les administran glucocorticoides mientras duermen, presentan un SOL menos efectivo. En muchos estudios se ha podido comprobar que la falta de sueño induce un aumento en los niveles de glucocorticoides, lo cual podría redundar negativamente en los mecanismos de consolidación de la memoria.

¿Qué ocurre en la gente que, por su trabajo, es víctima de constante privación de sueño, soporta cambios de turno o experimenta desfases horarios pronunciados? En 2001, Kwangwook Cho publicó en la prestigiosa revista *Nature Neuroscience* un estudio en el que comparaba a los auxiliares de vuelo de dos compañías de aviación que realizaban trayectos transcontinentales. En una de las empresas, los trabajadores disponían de dos semanas de descanso tras un vuelo transcontinental con gran desfase horario, mientras que en la otra solo les daban cinco días. Los auxiliares de vuelo que contaban con menos tiempo para recuperarse presentaron unos niveles más altos de cortisol. El estudio demostró que las elevaciones prolongadas de cortisol implican un lóbulo temporal (donde se encuentra el hipocampo) más pequeño y alteraciones de memoria y aprendizaje espacial. Además, esos déficits cognitivos resultan más aparentes después de cinco años de exposición a los altos niveles de este glucocorticoide.

En el próximo capítulo cambiaré de tercio y pasaré revista a lo que puedes hacer en tu vida para tener una buena salud cerebral y, en el caso de que sobrevenga alguna condición que afecte a la estructura o al funcionamiento de tu cerebro, el impacto sea menor.

13

¿Qué podemos hacer para tener una buena salud cerebral?

> Nuestras convicciones más arraigadas, más indubitables, son las más sospechosas. Ellas constituyen nuestro límite, nuestros confines, nuestra presión.
>
> José Ortega y Gasset, *La deshumanización del arte*

A lo lejos se podía entrever la gruesa figura de Josefina, cuyo abultado vientre le confería una silueta de pera bergamota, platicúrtica y ensanchada por los lados. La calle se encontraba poco transitada, y las personas fluían a cuentagotas, dotando al ambiente de un cariz de aburrimiento, a excepción de las inmediaciones de la Chocolatería Giner, donde los clientes arracimados intentaban hacerse hueco para encontrar un sitio en el que aposentarse.

Dos enamorados, Silvia y Santiago, ajenos a todo lo que acontecía y perdidos en su burbuja inmóvil de un tiempo detenido para ellos, se amartelaban a la orilla del río.

Josefina se detuvo en el escaparate de una tienda de ropa, y de allí vio salir a Marta con su hija Laura, sus vecinas. Sin mediar palabra, Josefina se acercó a ellas y, a modo de recibimiento, estampó sobre Laura dos besos sonoros, cremosos, alastosos, como dos bizcochos de nata azucarada que arrojas a cada mejilla. La niña rompió a llorar al ver invadido su espacio vital, su intimidad, su capacidad de decidir si quería o no besar a otra persona.

Con una mirada rotunda y censuradora, Marta reconvino a Josefina por lo que acababa de hacer. Los ojos furibundos y el rostro apretado indicaban una respuesta emocional de enojo que rayaba en la más profunda irritación. Josefina, muy buena reconociendo las emociones en el rostro de los demás, cambió el color del semblante y, con expresión demudada, intentó disculparse. Sin mucho esfuerzo, la conversación se desflecó, deshilachándose las ideas, segmentadas por momentos de silencio que impregnaban de un marcado discontinuo, y en los que la entrecortada corriente verbal arrastraba sin brío ni empuje cuestiones de poca monta, evasivas y una orquestada excusa para facilitar la huida de esa tensa situación.

Absorbida por sombrías cavilaciones, Josefina reemprendió la marcha, no sin decirse que era una safrisca, una metete con pocas habilidades sociales para con los demás.

Esta descripción novelada podría darse en la vida de cualquiera. ¿Quién no ha experimentado alguna vez una situación tensa porque alguien no ha sido capaz de anticipar las consecuencias de su conducta en los otros, o ha actuado sin un buen equilibrio entre razonamiento y emoción, o sin ser un hábil timonel de los entresijos de la cognición social? No hace falta recurrir a los pacientes o la lesión cerebral para ver los factores cardinales que he desgranado en cada uno de los capítulos que conforman este libro; los podemos reconocer en la vida diaria.

En ellos, al describir los casos de pacientes, me he centrado en lo que perdieron, que les impidió tener un buen funcionamiento cerebral. Ahora voy a intentar centrarme en qué podemos tener en cuenta o hacer para lograr una buena salud cerebral. ¿Qué hemos de evitar y qué deberíamos potenciar?

En este capítulo veremos las claves para promover un funcionamiento y un estado cerebral saludable. Recogeré muchas de las ideas que se han analizado en el resto del libro y las integraré en pautas concretas que podamos aplicar en nuestro día a día para anticiparnos y velar por un funcionamiento cerebral óptimo y el buen envejecimiento de este maravilloso órgano.

Sin control

En la película de Mikael Håfström *Sin control* se nos presenta la historia de Charles Schine, un publicista que se ve envuelto en una enmarañada trampa que hace que vaya perdiendo el control de aspectos fundamentales de su vida. Por mucho empeño que le ponga, ninguna de sus acciones parece ser apropiada ni suficiente para evitar o afrontar los hechos de una forma adecuada. ¿La pérdida del control sobre una situación negativa podría afectar al funcionamiento del sistema nervioso y a cómo procesamos la información?

Cuando un individuo es capaz de controlar un estímulo negativo (por ejemplo, al tener la posibilidad de prevenir su aparición o evitarlo cuando ya se ha presentado), las consecuencias conductuales y fisiológicas de la exposición a esta circunstancia no son las mismas que cuando es expuesto al mismo estímulo negativo, pero sin la capacidad de controlarlo. En este sentido, Jay Weiss, de la Universidad Rockefeller, mostró en 1968 que las ratas que tenían la posibilidad de evitar o escapar de la administración de descargas eléctricas presentaron una menor pérdida de peso, desarrollaron menos úlceras estomacales y mostraron menos miedo en una situación negativa que las que, habiendo recibido la misma cantidad de descargas, no tenían la posibilidad de evitarlas o escapar de estas. Un trabajo publicado diez años antes había obtenido resultados aparentemente opuestos a los de Weiss. En ese estudio, conocido como el «Experimento del mono ejecutivo», Joseph Brady, Robert Porter, Donald Conrad y John Manson encontraron en cuatro parejas de monos que los animales que podían evitar las descargas eléctricas desarrollaban alguna patología gastrointestinal severa y al final morían, mientras que los que recibían la misma cantidad de descargas, pero no podían realizar respuesta alguna para evitarla, no desarrollaban ningún trastorno.

¿Cómo es posible que experimentos tan similares puedan llegar a conclusiones contrarias? En el caso del trabajo de Brady *et al.*, los monos que podían evitar la descarga (ejecutivos) no fueron seleccionados al azar, sino que, después de una sesión de entrenamiento previa, en cada pareja, el mono que respondió con una tasa más alta de respuesta fue seleccionado como el animal ejecutivo, mientras que el que mostró una tasa menor siempre fue el animal control. Una segunda posibilidad sería la presencia de señales de aviso e indicaciones de la descarga eléctrica. En los estudios iniciales de Weiss, en los que los animales que podían ejercer una respuesta de afrontamiento para evitarla desarrollaron menos sintomatología que sus controles (sin capacidad de respuesta), la descarga siempre era precedida por una señal de aviso (un tono). Por tanto, esta predecía la ocurrencia de la descarga eléctrica y era utilizada por el animal como señal para responder en el momento apropiado. En el experimento de Brady *et al.*, la descarga no era precedida de una señal. En esta situación, el mono podía posponer la presencia de la descarga eléctrica con cada respuesta, pero carecía de la información de una señal externa que lo informara de su inminencia. De esta forma, los monos ejecutivos tenían que llevar a cabo una discriminación temporal para tener la posibilidad de predecir cuándo podría sobrevenir la descarga eléctrica y responder adecuadamente.

Estos experimentos muestran que tener que sostener una respuesta de afrontamiento en una circunstancia en que se carece de información predictiva podría ser más estresante que ser incapaz de llevar a cabo cualquier respuesta efectiva para evitar la descarga eléctrica. A todos nos sucede que, cuando tenemos información sobre algo, nos cuesta menos bregar con las dificultades. No es lo mismo ir a una entrevista de selección de una empresa para un empleo y que sepamos el tipo de pruebas a las que seremos sometidos que llegar sin ningún tipo de información previa.

¿Tan importante resulta la capacidad de predicción? Supongamos que estamos volando de Toronto a Barcelona. Hace un par de horas que hemos salido del aeropuerto de Pearson, y los miembros de la tripulación están a punto de servirnos la cena. De repente, el avión comienza a agitarse de forma estrepitosa. Las perturbaciones y el movimiento son muy fuertes. Por la ventana podemos observar bajo el avión una estampa bastante desalentadora: unos negros nubarrones con la presencia de rayos que surgen de forma intermitente y parecen fragmentar el oscuro cielo. La tripulación deja los carritos de la comida anclados en los pasillos, y cada uno toma asiento con agilidad. No recibimos ningún comunicado del comandante, y las turbulencias cada vez van a peor.

Ahora imaginemos la siguiente situación: estamos haciendo el mismo trayecto en avión, pero, cinco minutos antes de que aparezcan las perturbaciones, la comandante al mando informa a los pasajeros de que, en unos minutos, el avión pasará por una zona de fuertes turbulencias. A la mayoría de las personas nos disgusta e incluso nos asusta experimentar fuertes sacudidas a treinta mil pies de altura. No obstante, si nos avisan antes de que aparezcan las turbulencias, la situación se hace más llevadera. Esto es lo que denominamos «tener capacidad de predecir una situación». Ahora bien, ¿podría esta capacidad hacer que los agentes negativos tengan un menor impacto sobre el funcionamiento del sistema nervioso?

En 1970, Jay Weiss analizó en cuatro experimentos diferentes los efectos de la predictibilidad de un agente estresante en un conjunto de aspectos: presencia de ulceraciones estomacales, concentraciones de glucocorticoides en sangre y modificaciones del peso corporal. Este autor mostró que los animales que recibían el agente estresante (descarga eléctrica) sin tener capacidad de predicción mostraban mayores secuelas en comparación con los que recibían el mismo número de descargas pero podían predecir la ocurrencia del agente estresante a través de una señal de aviso.

En sus experimentos, Weiss demostró que un mismo estímulo negativo produce diferentes efectos dependiendo de si el sujeto tiene o no la capacidad para predecir su ocurrencia. Por tanto, podemos contestar afirmativamente a la pregunta anterior. Podríamos pensar que la respuesta de estrés (véase el capítulo 11) queda reducida en tanto que, cuando el animal recibe una señal de aviso, sabe que se presentará el agente estresante. Martin Seligman sugirió en 1968 que la respuesta de estrés se ve reducida ante señales predictivas debido a que el animal puede determinar con ellas cuándo tendrá lugar el agente estresante en cuestión, sugiriendo que está menos asustado (menos estresado) si se señaliza el agente estresante, dado que la ausencia de señal se asocia a la ausencia del agente estresante y, por lo tanto, a un periodo de seguridad. Basándonos en esta hipótesis de Seligman, lo más importante para reducir el estrés sería la seguridad que proporciona la capacidad de predicción.

En 1971, Weiss analizó los efectos que tenía en los animales el control en diferentes condiciones de señalización. El científico separó en tripletes a los sujetos experimentales. En cada uno de ellos, una rata podía evitar o escapar de la descarga eléctrica (tenía capacidad de control del agente estresante), la segunda recibía las mismas descargas eléctricas que la primera pero no tenía el control de la situación (no podía evitar las descargas) y la tercera no recibía descargas eléctricas. Las ratas que recibían las descargas también tenían capacidad de predicción, dado que recibían las mismas señales de aviso de la administración de la descarga. En la primera condición de señalización, un tono predecía la administración de la descarga. En la segunda, no había ningún tipo de señal y, en la tercera y última, la señal que precedía a la descarga era una serie de tonos que iban aumentando de frecuencia y amplitud de forma progresiva. En este trabajo, Weiss mostró que las ratas que tenían control de la situación (podían posponer, evitar o escapar de la descarga) desarrollaron menos úlceras que las que carecían de este, a pesar de recibir el mismo número de descargas de la misma intensidad. No obstante, la capacidad de predecir su llegada reducía la ulceración tanto en los sujetos que tenían el control de la situación como en aquellos que carecían de este.

En definitiva, tener control e información de las situaciones negativas nos ayuda a reducir su impacto en el organismo.

¿Qué sucede si perdemos la capacidad de predicción ante estímulos que pueden ser importantes para la persona? Imaginemos la siguiente situación: supón que, a final de cada mes, la empresa para la que trabajas ingresa en tu cuenta corriente el salario correspondiente. Ahora imagina que, en vez de ello, ingresa el dinero a través de pequeños pagos durante distintos momentos, de forma que no sabes cuándo tendrás el dinero en tu cuenta. Al final, la cantidad ingresada es la misma en ambas situaciones. No obstante, la incertidumbre que genera la segunda hace que prefiramos cobrar puntualmente la cantidad total a final de mes.

En ratas, se ha podido comprobar que si aplicamos al animal un programa de refuerzo en el que siempre le proporcionamos comida a intervalos temporales regulares, de forma que puede llegar a predecir cuándo recibirá el refuerzo, y un determinado día se nos ocurre cambiar el patrón de alimentación, proporcionándole la misma cantidad de comida en momentos elegidos al azar (de forma que pierde la capacidad de predecir cuándo llegará la comida), aumenta el nivel en plasma de glucocorticoides. Por tanto, perder la capacidad de predicción de la ocurrencia de algo importante puede llegar a ser estresante. En definitiva, tanto el control como tener información (capacidad de predicción) son dos factores relevantes para el buen funcionamiento del sistema nervioso y una buena salud mental.

Glass y Singer mostraron la importancia de la percepción de tener control a pesar de que se carezca de él. En este sentido, se sometió a un grupo de personas a ruidos estridentes e intensos. A pesar de que ninguna conducta de los participantes podía disminuir la probabilidad de la presencia del ruido, las personas que disponían de un botón, tanto si lo pulsaban como si no, se mostraban menos hipertensas que las que no tenían ese botón. Luego, la percepción que uno tiene de control (tanto si lo ejerce como si no) parece ser un factor importante para modular los efectos deletéreos de estímulos negativos.

¿Qué podría ocurrir si le proporcionamos a alguien control de la situación y después se lo quitamos? Imaginemos a un ejecutivo que trabaja para una corporación que reúne a varias empresas farmacéuticas. Él se ocupa de dirigir un grupo que se encarga de la gestión de residuos de las diferentes plantas de fabricación de la organización. Cada día ha de tomar diversas decisiones y tiene el control del ritmo de trabajo y el desarrollo de las situaciones diarias a las que se enfrenta su grupo. A veces, este tipo de control puede ser contraproducente, puesto que podría generar presión en la persona. Supongamos que a este ejecutivo no se la provoca y él percibe que, con su posición laboral, ejerce control sobre la situación que vive. En esta tesitura, si la corporación destinara a este ejecutivo a otra posición en la que no tuviera capacidad de maniobra ni pudiese tomar las decisiones de su puesto actual, eso podría ser estresante para él, a pesar de cobrar el mismo sueldo y gozar de las mismas prestaciones laborales.

Volvamos a los experimentos de Weiss. Si cogiéramos al grupo de ratas que tenían la posibilidad de evitar o escapar de la administración de descargas eléctricas (por ejemplo, moviendo determinada palanca) y, después de varias sesiones en esta dinámica, desconectáramos la palanca del sistema (de manera que lo que hiciera el animal no pudiera evitar la aparición de la descarga), la respuesta de estrés sería muy alta. Las ratas pasarían de tener el control a una situación incontrolable. Lo peor sería que los animales percibirían que determinada acción puede acabar con el agente estresante, aunque no sucede así.

Con las personas pasa algo parecido. En el ámbito de la psicología se habla del «locus de control» en relación con la expectativa de conexión entre características personales, acciones y resultados experimentados. Este concepto fue propuesto en 1965 por Rotter y Murly, y se basaba en la teoría del aprendizaje social del primero (1954). El locus de control interno se refiere a un rasgo caracterizado por la percepción de la persona de que los sucesos tienen lugar como resultado de sus acciones. En otras palabras, valora su esfuerzo, capacidades y responsabilidades en tanto que percibe que es capaz de controlar su vida. Lo contrario sería el locus de control externo, caracterizado por la percepción de que los sucesos tienen lugar como resultado de las decisiones de otros, el destino, el azar... Se trata de una percepción basada en la creencia de que no hay una relación entre capacidad, esfuerzo y desempeño y resultado obtenido. Ante una situación incontrolable, las personas con tendencia al locus de control interno presentan unas respuestas de estrés más elevadas que las que tienden al locus de control externo.

En el trabajo de Pruessner *et al.* se ha podido comprobar que las diferencias en el locus de control de las personas que modifican la evaluación que se lleva a cabo en relación con los estímulos negativos que se experimentan se han asociado a cambios en el volumen hipocampal (véase el capítulo 8) y a la capacidad para regular el eje HPA (véase el capítulo 11), tanto en personas jóvenes como ancianas. Atribuir la falta de control a causas internas aumentará los efectos deletéreos sobre el buen funcionamiento del sistema nervioso. Estos datos abren las puertas a nuevas aproximaciones para minimizar el efecto que diferentes estímulos negativos puedan tener sobre el cerebro. El desarrollo de técnicas que ayuden a las personas a modificar su estilo de evaluación cognitiva en situaciones negativas podría minimizar los efectos deletéreos de estas en el tejido nervioso.

La proposición

En la película *La proposición* (*The Proposal*), de 2009, hay una escena que nos ayudará a introducir el concepto cardinal de este apartado. En este filme, dirigido por Anne Fletcher y protagonizado por Sandra Bullock y Ryan Reynolds, se nos presenta de forma convencional aunque bastante ágil la historia de una poderosa editora canadiense de éxito, Margaret (Sandra Bullock), que va a ser deportada a su país por problemas con su visado estadounidense. Para evitarlo, decide presionar a su ayudante, Andrew (Ryan Reynolds), para que se case con ella. La escena se refiere a una discusión entre Andrew y su padre. Después de pelearse acaloradamente, Andrew coge un hacha y, para desahogarse, se pone a tallar una canoa de madera que lleva años haciendo. La forma enérgica de tallar la madera denota que ha experimentado la situación como algo aversivo, y que lo hace para canalizar la rabia que siente tras discutir con su padre. Su madre, en cuanto lo ve con el hacha en la mano, sabe que algo no va bien, y que es probable que tenga que ver con una disputa entre padre e hijo. Todos tenemos salidas a la frustración y buscamos escapes que nos ayudan a desfogarnos de algo que nos ha hecho sentir mal. En el caso de Andrew, ese escape es tallar la madera con fuerza y derroche de energía.

En una investigación de Weiss, se vio que las ratas a las que se les daba la posibilidad de roer una barra de madera tras administrarles una serie de descargas eléctricas presentaron menor pérdida de peso, desarrollaron menos úlceras estomacales y mostraron menos miedo en una situación estresante que las que, habiendo recibido la misma cantidad de descargas, no tenían la posibilidad de morder el trozo de madera. Lo mismo ocurría si después de las descargas se les permitía correr en una rueda giratoria. Basándonos en estos resultados, entendemos lo importante que podía resultar para Andrew tallar la madera con el hacha.

Los seres humanos siempre buscamos salidas a la frustración. Algunos de estos escapes pueden ser imaginarios. Supongamos que una persona está en huelga de hambre. Tras varios días sin comer, comenzará a imaginarse y a soñar despierto con la comida. Imaginará que cocina suculentos manjares, que está en un restaurante degustando menús que deleitan su paladar. Lo mismo puede ocurrir con una persona que vive en una gran ciudad, en un apartamento de cuarenta metros cuadrados: soñar despierto con la decoración de una casa e imaginarse cómo ornamenta y guarnece un jardín puede convertirse en su vía de escape o salida a la frustración de vivir en un espacio minúsculo.

En el caso de muchas especies de primates no humanos, se dan una jerarquía y un orden social muy férreo, de manera que hay animales que se encuentran en la cima y otros, supeditados al escalafón más bajo, que experimentan una elevada respuesta de estrés de manera continua. ¿Qué sucede con los que están en una posición intermedia? Supongamos que uno de ellos sufre un altercado con un animal más fuerte y pierde estrepitosamente la pelea. Lo que puede suceder a continuación es que el primate vencido y frustrado por la pérdida busque una salida a su frustración, desplazando la agresión inducida por estrés al atacar a otro animal que esté por debajo en la jerarquía social. Esta temática ha sido acogida en muchas ocasiones en la gran pantalla: un hombre frustrado por su trabajo y sus relaciones sociales, e insatisfecho con su vida, llega a casa y lo paga con conductas agresivas con su mujer o sus hijos.

Red de apoyo

En la segunda parte de la novela de Carmen Mola *Infierno*, se habla de la gran borrachera del amor y de que existen otros caminos para alcanzar emociones de mayor intensidad. Todos sabemos que el amor puede alterar la percepción de la realidad, pero existen otros caminos para lograrlo. Te voy a explicar una historia, la de María y Darío, en la que te hablaré de una de esas otras vías, a saber, el apoyo y soporte incondicional que puede suponer la pareja en una relación psicológicamente sana.

La historia se inicia en el mirador de San Nicolás, donde la vista era lúcida y esplendente: enhiesta y orgullosa, se asentaba la ciudadela de la Alhambra sobre una verde colina que ya antaño se conocía como cerro de la Sabika. El sol golpeaba con suavidad los muros de la alcazaba, los Palacios Nazaríes y la torre de Comares, de forma que parecía emerger de la piedra un destellante tono rojizo que inundaba de luz el cerro formado por detritus de cuarzos y esquistos. Aquella majestuosa arquitectura se erigía en una mole orientada hacia la ciudad de Granada. La complejidad de las grandes dimensiones de su estructura brotaba como una fina mezcolanza de influencias variadas. Esa riqueza plástica, por su abigarramiento, reflejaba un pensar en esencia islámico.

Desde aquella posición era maravilloso contemplar la sucesión de franjas de colores que dibujaban una panorámica brillante y llena de hermosos matices para el ojo humano: el verde del cerro, el rojo de la piedra, el blanco de las montañas de Sierra Nevada, que podían observarse al sudoeste de la Alhambra, y un azul brillante que se desprendía de un cielo primaveral, a pesar de haber cerrado hacía poco las puertas del invierno. Colina y palacios se levantaban como un fastuoso pedestal triangular que, a modo de cimitarra, parecía cortar en dos las edificaciones blancas de techumbre tostada de la capital granadina. Al norte discurría el río Darro, formando una carrera donde se podían contemplar las iglesias de Santa Ana y San Pedro del siglo XVI, unos baños árabes del siglo XI y restos de lo que, en el siglo XIII, formaba parte del puente del Cadí.

La noche anterior, María y Darío se habían dejado llevar por la magia del lugar y habían caminado despacio a la vera del Darro hasta llegar al paseo de los Tristes, donde habían pasado largas horas observando la iluminada Alhambra, que, sobre sus cabezas, emergía de la oscuridad de la noche como un vértice de hielo que surge inesperadamente del agua. En ese momento se encontraban varios metros más arriba, en un mirador del corazón del Albaicín, contemplando, a plena luz del día, lo que fue el mayor exponente del arte islámico en Occidente.

La Alhambra dominaba unos ciento treinta mil metros cuadrados de terreno abrazados por más de dos mil metros de murallas y casi una treintena de torres. En ella se conjugaban con suma calidez la aceptación de un arte aplicado al hombre, el uso de los materiales sin redundancias plásticas y la seducción del agua como elemento vital, todo ello bajo maestros juegos de luz. Un auténtico vergel artístico donde finura, ingravidez, firmeza, asimetría y organicidad combinaban propiedades que daban como resultado una construcción digna de albergar el blasón de cualquier reino.

Parecían retroceder a un pasado donde se les abría una rica historia aparentemente complicada, pero de caleidoscópica integridad. En muy poco tiempo estaban experimentando oleadas de sentimientos que sobrepasaban como hordas la quietud de la sosegada vida que llevaban. Darío siguió a María con la mirada mientras esta le tocaba en el hombro para que se levantara del muro de piedra que reforzaba el mirador. Daba igual que se hubieran topado con una amalgama tan rica de sensaciones; daba igual que estuvieran ebrios de luces y contrastes, olores sedosos de oleáceas, como el jazmín que reinaba en Granada; se entendían sin palabras. La complicidad era tal que la cadencia de movimientos no necesitaba ninguna orden verbal para que ambos jugaran a lo mismo.

Se encaminaron hacia la plazoleta que moría en el mirador y se sentaron en la terraza de un bar que desprendía un fuerte pero agradable olor a mar que parecía desgajarse de las propias escamas de los pescados que se exhibían en viejas vitrinas de madera y grueso cristal. Pidieron dos cervezas y, con la bebida, el camarero les llevó un abundante plato de pescado frito. Con la frescura de la bebida dieron rápidamente cuenta de la generosa tapa.

Pasaron toda la tarde hablando de mil cosas, de nada en particular, de todo, de ellos. Eran dos almas solitarias que habían encauzado sus vidas con porfiada determinación para soñar juntos con ilusiones que a otros podrían parecerles de espuria procedencia o de una rancia pastosidad insufrible. Pero a ellos no: era su mundo, el mundo de María y Darío. Se apoyaban en todo y veían el devenir de la vida desde un cristal de un color diferente al de otras personas. Crecían y se desarrollaban personal y conjuntamente, viéndose fortalecido el vínculo que tenían de una forma muy marcada a cada día que pasaba.

En cuanto las sombras fueron anochecidas, poco a poco fue entrando el dominio del crepúsculo. La oscuridad reinaba, y la tenue luz que producían las farolas parecía moverse, pestañeando como el destello de la luna, sinuoso sobre el agua que salpicaba la fuente del mirador. El firmamento se fue enjoyando a la vista de ambos, y una redonda y brillante luna fue coronando la panorámica que dejaba a sus pies una Alhambra iluminada por focos que parecían arrancar de sus entrañas la misma pasión que el propio astro sol.

En la historia de María y Darío, el apoyo desempeña un papel crítico, incluso para ver la vida de otro modo, para contemplar las maravillas de Granada de forma distinta. Para mí, esta ciudad siempre ha tenido un viso especial: el amor refulge en cada rincón, cada olor, cada murmullo del agua que mana de sus fuentes. Una experiencia como la narrada puede embriagarnos y hacer que interpretemos una vivencia amorosa con mayor intensidad, como cuando nos dejamos llevar por la música y escuchamos una canción triste tras una ruptura amorosa. No obstante, para que una relación se fundamente, necesita disponer de apoyo: el que encontramos en el cónyuge que nos acompañará gran parte de la vida. Se trata de respaldo en diferentes ámbitos (emocional, asistencial, físico…) que redunda en el bienestar y la calidad de vida de las personas que lo experimentan y fortalece los vínculos, la resiliencia y el desarrollo personal y conjunto.

Cada vez son más las evidencias de que disponer de una relación basada en el apoyo puede minimizar la respuesta de estrés, tener una mejor actividad sexual y alargar la vida. Podemos fomentar el apoyo en una pareja, al igual que María y Darío, con una comunicación abierta sobre necesidades, expectativas y sentimientos (propios y de la otra persona). Resulta muy importante ser capaz de ponerse en el lugar del otro y entender su perspectiva. Asimismo, si dedicamos tiempo de calidad a disfrutar juntos, se fortalece la conexión emocional, como les ocurre a María y Darío, que eran capaces de pasar toda la tarde hablando de mil cosas, de nada en particular, de todo, de ellos. También resulta crítico mostrar gratitud y reconocer los esfuerzos y aportes del otro.

Los seres humanos nos esforzamos por encontrar una compañera o compañero, dado que es uno de los núcleos fundamentales de la red social de apoyo, un apoyo que desempeña un papel crítico incluso para ver la vida de otro modo. Todos somos conscientes de la importancia del apoyo social de la familia, el cónyuge o los amigos. Se ha podido comprobar que el contacto social reduce la respuesta cardiovascular al estrés en perros, gatos, caballos y conejos. En trabajos de laboratorio se ha demostrado que vivir en grupo retrasa la senescencia reproductiva en hembras de rata y aumenta la longevidad. Asimismo, la presencia de otros animales amortigua la respuesta de estrés inducida a nivel experimental en ratas, ratones y otras especies.

En primates no humanos se ha podido comprobar que si se expone una cría a un agente estresante y esta se encuentra con otros animales conocidos, la respuesta de estrés se minimiza. No obstante, si los animales son extraños para ella, la respuesta se amplifica. Asimismo, se ha demostrado que los niveles basales de cortisol disminuyen cuando las hembras de monos ardilla (*Saimiri sciureus*) son estabuladas con sus congéneres, y que el aislamiento social aumenta la aterosclerosis de las arterias coronarias en hembras de macaco cangrejero (*Macaca fascicularis*). Estos monos tienden a afiliarse a un ritmo muy rápido cuando la condición social se vuelve inestable, y este hecho parece estar relacionado con un aumento de la reactividad del sistema inmunitario.

En poblaciones de machos adultos de papión o babuino amarillo (*Papio cynocephalus*), la integración social se relaciona con niveles basales de cortisol marcadamente reducidos. Por otro lado, el acicalamiento reduce la tasa cardiaca e induce la liberación de ß-endorfinas (moléculas que alivian el dolor y provocan sensación de placer) en diferentes especies de primates no humanos. De forma similar, la tasa de conductas autodirigidas y el ritmo cardiaco que se correlacionan con medidas fisiológicas de la respuesta de estrés se ven reducidos cuando las hembras se reconcilian con antiguas oponentes. Diversos autores sugieren que establecer contacto social cercano con otros miembros del grupo podría proporcionar a las hembras y sus crías beneficios materiales directos, como la protección contra el acoso, y facilitarles el acceso a recursos valiosos para su supervivencia. En esta línea, las hembras adultas de papión amarillo que pasan más tiempo con otros animales de su línea familiar tienen más afiliados en las disputas agonísticas. A las hembras de papión que pasan más tiempo con machos adultos, ellos las protegen tanto a ellas como a sus crías del acoso de otros machos.

En 1992, Ray y Sapolsky analizaron profusamente la relación entre la dominancia y la fisiología de los machos de papión oliva (*Papio anubis*) que vivían en libertad en un parque nacional de África. Encontraron que, en jerarquías estables, estos primates muestran perfiles distintivos de secreción de glucocorticoides y testosterona. Según estos autores, estos rasgos endocrinos no se constituyen como un marcador específico de dominio social, sino que solo se encuentran entre los machos dominantes con determinados estilos de conducta social. De esta forma, encontraron que los machos que con mayor frecuencia se veían implicados en conductas de cortejo mostraban niveles basales más bajos de cortisol y una menor respuesta de esta hormona al estrés. Asimismo, vieron que el grado de afiliación social (mostrar conductas de acicalamiento e interacción con hembras no receptivas a nivel sexual y sus crías) resultaba ser un rasgo crítico. Por tanto, los machos que se encontraban muy afiliados presentaron concentraciones basales más bajas de cortisol y una respuesta de esta hormona atenuada en situaciones de estrés.

¿Qué sucede en el caso de las hembras? En hembras de primates no humanos, se ha mostrado que los vínculos sociales aumentan la supervivencia de las crías, un componente cardinal de variación en la adaptabilidad a lo largo de la vida de una hembra. Se sabe que las hembras establecen fuertes lazos con parientes y otros miembros del grupo social, y que estos vínculos parecen tener un gran valor adaptativo para ellas. En 2003, Silk, Alberts y Altmann presentaron en la prestigiosa revista *Science* los datos conductuales recogidos durante dieciséis años sobre una población de papiones amarillos. Estos animales son altamente gregarios, y viven en amplios grupos de machos y hembras. Ellas permanecen en sus grupos natales durante toda la vida, mientras que los machos emigran del grupo que los ha visto nacer cuando alcanzan la madurez sexual. Las hembras establecen jerarquías de dominancia en las que sus parientes ocupan rangos adyacentes, y establecen relaciones fuertes y bien diferenciadas con otras hembras adultas de sus grupos. Esas relaciones se caracterizan por la presencia de un frecuente acicalamiento, proximidad espacial y actos de apoyo social y alianzas. Las relaciones sociales entre ellas parecen tener un gran valor adaptativo en tanto que aumentan la posibilidad de obtener alianzas y apoyo en las contiendas dentro del grupo, y la tolerancia por parte de otros miembros más poderosos de este. Asimismo, estos vínculos proporcionan un contexto beneficioso para la socialización de las crías.

Las relaciones sociales entre las hembras y los machos adultos también benefician a las hembras, dado que los machos apoyan a sus crías en interacciones agonistas, incluso protegiéndolas de predadores o ataques infanticidas por parte de otros machos. Estos autores demostraron los efectos directos de la sociabilidad sobre la adaptabilidad biológica de las hembras, de forma que la sociabilidad de las hembras adultas se asociaba positivamente con la supervivencia de las crías. Los resultados mostraron que este efecto era independiente del rango de dominancia, la tipología de pertenencia al grupo y las condiciones del ambiente. Así, las hembras que tenían más contacto social con otros adultos del grupo eran más aptas que otras hembras para cuidar de sus crías de forma satisfactoria.

¿Qué sucede en los seres humanos? El apoyo social presenta amplios beneficios para la salud y el bienestar a lo largo de la vida de una persona, mientras que el aislamiento social aumenta el riesgo de enfermedades, accidentes e, incluso, alteraciones mentales. Diferentes trabajos han relacionado algunas dimensiones de las relaciones sociales con la longevidad y diversos aspectos de la salud mental y física. En este sentido, teniendo presente el estado general de salud, el estilo de vida (dieta, actividad física, tabaquismo, adherencia terapéutica...), la edad, el género, el nivel socioeconómico y otras variables que podrían enmascarar los resultados, las personas con un número menor de relaciones sociales presentan más probabilidades de fallecer que las que gozan de numerosas relaciones.

En este sentido, se ha comprobado que mujeres con cáncer de mama y pocas relaciones sociales presentan una menor reactividad en uno de los componentes del sistema inmunitario que se encarga del control tumoral. Asimismo, enfermos de sida aislados socialmente despliegan una reducción importante de un tipo específico de linfocitos. En 1993, Collins *et al.* mostraron que, entre las mujeres de bajos ingresos, las que presentaban unas redes sociales más extensas daban a luz a niños más sanos. Todos estos datos ponen de manifiesto la gran valía de las relaciones sociales en la edad adulta, y la importancia que cobra el contacto y el apego en las primeras etapas del desarrollo, por encima, incluso, del cuidado nutricional.

Que una persona tenga apoyo social la hace más resiliente para que su cerebro pueda controlar la respuesta de estrés. En esta línea, Taylor *et al.* (2008) descubrieron que las personas que mostraban menos cortisol delante de un agente estresante también tenían menor reactividad de la amígdala ante estímulos amenazantes y mayor actividad reguladora en la corteza orbitofrontal. Estos patrones en los niveles de actividad fueron observados en personas que contaban con un alto nivel de apoyo social en su vida.

Otra dimensión de las interacciones sociales es la integración social. Diversos estudios epidemiológicos la han relacionado con el deterioro cognitivo que se asocia a envejecimiento, riesgo de demencia, severidad de trastornos cardiovasculares, riesgo de accidente cerebrovascular e, incluso, cáncer. En los modelos animales, el aislamiento social reduce la formación de nuevas neuronas en el hipocampo. En los seres humanos, el aislamiento social que perciben que tienen las personas se asocia con alteraciones en las regiones cerebrales que procesan el placer y la atención.

Un grupo de la Universidad de Iowa ha demostrado que los pacientes con falta de apoyo social muestran una concentración de noradrenalina intratumoral mayor. Teniendo presente la importancia de esta sustancia en el crecimiento de este tipo de tumor, su trabajo ha puesto de manifiesto la relevancia de la relación entre la falta de apoyo social y la progresión de una enfermedad.

Todos estos trabajos son consistentes con la evidencia de que el apoyo social, la integración social y evitar el aislamiento social no solo modulan la respuesta del sistema nervioso ante estímulos negativos, sino que tienen efectos beneficiosos en la salud humana: bienestar a lo largo de toda la vida.

Cerebro adolescente

En el apartado anterior te he explicado la importancia del apoyo social. Un estudio llevado a cabo en 2010 por Maslova, Bulygina y Amstislavskaya demostró que el aislamiento social prolongado y la exposición a un contexto social inestable en ratas adolescentes tiene importantes secuelas fisiológicas y conductuales inmediatas y a largo plazo. El cerebro adolescente puede ser especialmente vulnerable.

Te invito a que recuerdes tu adolescencia. ¡Qué época tan bonita y complicada! En esa etapa compleja y convulsa, llena de sensaciones y descubrimientos, pudiste encontrar tu primer amor; empezaste a buscar experiencias y a asumir algún que otro riesgo; la montaña rusa de las emociones subía y caía en picado más rápido que la atracción Shambhala en PortAventura World; buscabas tu individualidad y destacar en un entorno que no parecía entenderte y, a la par, la conformidad de tus iguales; te oponías a las normas, pero te dejabas llevar por modas o corrientes que poco se distinguían de preceptos orquestados para que acomodaras tu conducta. Si a todo ello le sumas el cóctel de hormonas que corría por tus venas, no te costará mucho imaginar por qué nos referimos a esa época como una edad complicada y difícil. ¿Qué sucedía en tu cerebro? Te voy a ofrecer algunas pinceladas de los conocimientos que la neurobiología nos ha proporcionado sobre el cerebro adolescente. No obstante, si quieres recabar más información sobre el tema, te recomiendo que leas *El cerebro del adolescente* (2022), el libro de un buen amigo mío, David Bueno, que escribió sobre esta temática.[1]

Al inicio de esta etapa, el cerebro se asemeja bastante al que será en la edad adulta: la organización de los circuitos es muy parecida, la densidad de neuronas y sinapsis es similar, y el proceso de recubrimiento de los axones (mielinización) ya está cerrado. Esto es así excepto en una región que no termina su proceso madurativo hasta los veinte o veinticinco años: la corteza prefrontal.

En cuanto a la cantidad de conexiones entre las neuronas, lo que sucede es bastante curioso: al inicio de la adolescencia, ¡la corteza prefrontal tiene más conexiones! Durante esta etapa, y extendiéndose hasta el inicio de la edad adulta, se produce un proceso de poda de esas conexiones. Acordémonos de la metáfora de Cajal para referirse a las neuronas como los árboles de un bosque. ¡Me gusta mucho la imagen! Pues bien, se eliminan (podan) las conexiones erróneas, inútiles o superfluas, pero se mantienen las correctas, útiles y que aportan valor al funcionamiento de esta región cortical. Se han llevado a cabo estudios que comparan personas en el inicio de la edad adulta con adolescentes para medir el rendimiento en tareas cognitivas que dependen del funcionamiento de la corteza prefrontal. A pesar de tener un rendimiento similar, los adolescentes han de movilizar la mayor parte de la corteza prefrontal para igualarlo.

En el capítulo 6 hemos visto la importancia de la corteza prefrontal en el control de los impulsos, la anticipación de las consecuencias de nuestra conducta, la búsqueda de soluciones alternativas para un problema o la toma de decisiones, entre otras. En la adolescencia no se ha acabado el proceso madurativo ni la conectividad entre ella y otras regiones cerebrales del sistema límbico (implicadas en la regulación de las emociones y en los procesos cognitivos antes mencionados), sino que se está modificando en un tira y afloja harto complejo. ¿Qué implicaciones puede tener que la corteza prefrontal de un adolescente no sea plenamente funcional? ¿Qué podemos pedir a un joven y de qué podemos responsabilizarlo?

Por otro lado, la cuestión que nos podríamos plantear es por qué la corteza prefrontal tarda tanto en acabar su proceso madurativo. Tal como te expliqué en ese capítulo, la corteza prefrontal nos permite adquirir los valores normativos y éticos de la sociedad en la que vivimos, y esto requiere cierta flexibilidad para adquirirlos y asentarlos de forma correcta.

Para tener un buen funcionamiento cerebral futuro es importante saber que las experiencias que tengamos durante la adolescencia y el principio de la edad adulta son de crítica importancia. La corteza cerebral prefrontal es la región menos moldeada por los genes y más moldeada por el entorno en el que se desarrolla la persona. Esto convierte la adolescencia y el inicio de la edad adulta en una etapa crítica de la vida en la que los factores positivos y negativos para el funcionamiento cerebral podrían tener un mayor calado.

Hacer terapia

Tal como te expliqué en el capítulo 3, el cerebro humano puede cambiar funcional y estructuralmente como resultado de la experiencia con el entorno. Estamos ante un cerebro cambiante. ¿Podría cambiar mediante la terapia psicológica? Y esa terapia, ¿podría reducir los efectos negativos a los que nos exponemos en la vida diaria? Bastantes trabajos comparativos han demostrado que la terapia puede ser tan beneficiosa como la medicación para tratar algunas afecciones, como la depresión. En 2008, De Lange *et al.* mostraron que tanto la terapia como la medicación parecían afectar a mecanismos neurales compartidos. De forma añadida, ese mismo año, DeRubeis *et al.* comprobaron que el mismo tipo de terapia generaba cambios en la morfología cerebral similares a los inducidos por la actividad física en pacientes con síndrome de fatiga crónica. Asimismo, en distintos trabajos se ha puesto de manifiesto que un programa de estimulación cognitiva puede ser igual de efectivo que un tratamiento farmacológico para modificar la morfología de regiones críticas del cerebro[2] y disminuir los síntomas de niñas y niños con TDAH.

Numerosos estudios han demostrado que las intervenciones psicológicas pueden reducir los niveles de estrés y ansiedad. Estos cambios se asocian con una modificación de la actividad en áreas del cerebro implicadas en la respuesta al estrés y la ansiedad, como la amígdala, la corteza prefrontal y el hipocampo (véase la figura 9, en el capítulo 11). Cada vez son más las evidencias que ponen de manifiesto que las intervenciones psicológicas pueden promover cambios en la estructura y función del cerebro a través de procesos de plasticidad cerebral. Por ejemplo, estudios con resonancia magnética funcional han encontrado que la terapia psicológica cognitivo-conductual puede modificar la conectividad funcional entre regiones cerebrales asociadas con el procesamiento emocional y cognitivo. Asimismo, diversas intervenciones psicológicas dirigidas a entrenar a los pacientes en el manejo de estrategias para regular las emociones modifican la actividad en regiones del cerebro implicadas en la regulación emocional, como la amígdala, la corteza prefrontal o la corteza cingulada anterior.

Otros estudios han demostrado que determinadas intervenciones psicológicas efectivas en el tratamiento del dolor crónico modifican la excitabilidad cortical en regiones relacionadas con el procesamiento del dolor, como la ínsula y la corteza cingulada anterior (véase el capítulo 2). Esto podría redundar positivamente en el manejo del dolor en personas que no pueden recibir tratamiento farmacológico o cuando este no es efectivo.

En definitiva, la terapia psicológica puede modificar el funcionamiento del sistema nervioso y esto, a su vez, generar diversos efectos, como la reducción del estrés y la ansiedad, modificaciones en la plasticidad cerebral, ayudar a la regulación emocional y mejorar del funcionamiento cognitivo y el alivio del dolor.

Postura del perro boca abajo

La meditación ha sido objeto de numerosos estudios científicos que han examinado sus efectos sobre el funcionamiento y la estructura del sistema nervioso. ¿Podría ayudarnos la meditación a tener un buen desempeño cerebral? En 2011, Wang y colaboradores analizaron los cambios en el funcionamiento cerebral en relación con dos prácticas de meditación diferentes realizadas por los mismos individuos. Estos autores encontraron cambios en estructuras cerebrales importantes para controlar la respuesta de estrés y para diferentes funciones cognitivas, lo que demuestra la importancia de la meditación para minimizar la respuesta de estrés y mejorar el funcionamiento cognitivo. Asimismo, cuanto mayor era la profundidad del estado de meditación en el que entraban los participantes del estudio, mayores eran los cambios. También encontraron que muchos de ellos persistían en el tiempo.[3] Un año antes, Davanger y colaboradores habían encontrado que una parte de la corteza prefrontal[4] se mostraba significativamente más activa durante la práctica de un tipo de meditación que al ejecutar tareas cognitivas que inducían un estado elevado de concentración. Esta actividad no se habituaba a lo largo del tiempo y aumentaba en intensidad a medida que se repetía la meditación. Engström *et al.* (2010) descubrieron que meditar aumenta la actividad de una región crítica para consolidar la memoria: el hipocampo. Ese mismo año, Newberg y colaboradores estudiaron las diferencias basales en la función cerebral de meditadores con dilatada experiencia comparados con no meditadores. Estos autores pudieron comprobar que el flujo sanguíneo en diferentes regiones cerebrales[5] fue bastante más alto en los meditadores. Estos cambios asociados a los efectos de la meditación a largo plazo aparecieron en regiones cerebrales implicadas en la atención y regulación de las emociones.

¿Podría la meditación inducir cambios en la estructura cerebral? Son diversos los estudios que los han encontrado en algunas partes del cerebro tras la meditación.[6]

En definitiva, meditar modifica el funcionamiento y la estructura del cerebro, además de potenciar algunas funciones cognitivas como la atención y la memoria, lo que nos ayuda a regular las emociones y minimizar el impacto del estrés sobre la salud cerebral.

La música en la percepción del mundo

Jacobo estuvo tumbado toda la tarde en el sofá de su apartamento. Había intentado comer arroz hervido con pescado, pero, en las dos ocasiones que probó la almidonada y pastosa mezcla, el resultado fue el mismo: correr hacia el lavabo para arrojar con violencia lo poco que le quedaba en el estómago. La última vez fue muy desagradable, dado que algunos granos de arroz se habían despistado en la nasofaringe y habían llegado hasta las fosas nasales, haciendo que vomitara no solo por la boca, sino también por la nariz. Las horas postreras las había pasado bebiendo suero glucosado con sabor a naranja, lo único que aguantaba. Estaba entumecido y casi no podía moverse; le dolían todos los centímetros de su cuerpo, y sentía la piel acartonada y caliente, como si estuviera a punto de arder. El pulso y la respiración se mostraban desacompasados, con una frecuencia más alta de lo normal.

El tiempo había transcurrido con extrema lentitud, como una larga letanía en la que el único desahogo era atinar con la posición que le permitiera no encontrarse tan mal. Enervado por el proceso patológico, su cuerpo cayó rendido y su mente se adentró en un confuso duermevela.

La ansiedad lo había sacado de su turbado sueño en varias ocasiones. A pesar de que en su estado febril le costaba pensar, Jacobo trató de valerse de lo que hacía cuando estaba muy nervioso y se despertaba en mitad de la noche: imaginar un escenario exento de peligro que disipara la angustia y le permitiera volver a dormirse. Casi siempre con éxito, se sumergía en una zona recóndita y reservada de sus recuerdos en la que ningún daño parecía poder alcanzarlo; ese rincón seguro de su mente se encontraba en la Verbier de su infancia, junto a sus padres y su hermana pequeña, Rosmarie. La imagen de su madre sirviéndole una taza de chocolate caliente con vainilla y Rosmarie con las comisuras de los labios y las mejillas manchadas era para Jacobo el elixir que conseguía aplacar cualquier temor que le reportase la oscuridad. «Allí, todo podía ir bien», se decía. Cuando, esgrimiendo sus recuerdos de Verbier, lograba apaciguar la angustia y aquietar la desazón que abrigaba en su interior, conseguía dormirse.

Pese a que sus memorias le ayudaron a romper la inquieta vigilia en varias ocasiones a lo largo de la noche, los sueños ocurrieron sin cadencia y con patrones que Jacobo percibió muy desproporcionados: unas veces sobrevenían con extrema rapidez imágenes que se iban sucediendo sin cesar, conformando una secuencia desordenada y disparatada, como interludios perturbados y faltos de conexión; otras, el sueño parecía estancarse en un espacio oscuro carente de materia en el que el tiempo se detenía y una grávida sensación instigaba a su cuerpo a desplomarse en una atmósfera pesada en la que apenas podía moverse ni enlazar sucesos o imágenes.

Se despertó bañado en sudor, con la cara abotargada y los ojos caídos y vidriosos: parecía haber bebido. Jacobo intentó sacudirse las impresiones inconexas que, como pesada losa, se abalanzaban sobre él embotando su pensamiento. Una vez interrumpido el sueño, todas las imágenes que habían ido desfilando como una sucesión de acontecimientos oníricos parecían retales disgregados, ilusorios y carentes de sentido. Se asemejaban a pedazos perdidos de memorias difíciles de escrutar una vez despierto, cuyos detalles se desdibujan cuanto más perseveras en el intento de retenerlos.

Antes de incorporarse permaneció un breve espacio de tiempo, que le dio la sensación de haberse prolongado excesivamente, sentado en la cama, con la cabeza sujetada entre las manos y los codos encima de las rodillas. La falta de lucidez y claridad se mantuvo hasta que pudo arrastrarse hacia la ducha y dejar caer sobre el rostro un generoso chorro de agua gélida. A medida que el agua iba resbalando sobre la piel, Jacobo sentía que se reactivaba la circulación de la sangre por todo el cuerpo. El agua fría parecía tener la capacidad de lavar la nebulosa sensación en la que había estado sumido desde que había despertado, hasta hacerla desaparecer.

A renglón seguido, se puso un pijama limpio y se enfundó en una bata de franela de cuadros grises y negros; se sirvió un tazón de caldo, demasiado caliente para acercárselo a la boca, y se dirigió al inmenso ventanal que daba a la calle. Al arrimar el recipiente humeante al cristal comenzaron a formarse manchas de empañamiento. Sin apartar la mirada de la calle, con un pequeño mando a distancia que tenía en el bolsillo de la bata, conectó el equipo de música de la sala de estar. Con asombrosa calidad de sonido, empezó a reproducirse la canción «I Shall Not Walk Alone», de Ben Harper, envolviéndolo todo en una atmósfera que inducía una tranquilidad inusitada en comparación con el transcurso de las horas previas. Jacobo vio a un empleado municipal aventando las hojas del suelo con un potente soplador portátil. A su lado pasó un ciclista cargado con una voluminosa mochila a la espalda, mientras que, por la acera, una mujer de mediana edad arrastraba un pesado carro de la compra de lona roja. En una de las ramas superiores del árbol que quedaba enfrente de la ventana, una atrevida ardilla observaba inmóvil y expectante a Jacobo. Este cerró y abrió los ojos lentamente, intentando capturar el momento y llenarse de él. Con la música, todas aquellas banalidades y situaciones cotidianas que desfilaban ante la mirada de Jacobo cobraban un viso especial: contemplado desde la música, todo parecía tener otra perspectiva.

La música cambia la percepción que podemos tener del mundo que nos rodea. En el capítulo 2 ya te hablé del vínculo entre la música, las emociones y las funciones cognitivas. Se han publicado investigaciones que ponen de manifiesto que la música ayuda a reducir la respuesta de estrés, focalizarnos dirigiendo los pensamientos hacia aspectos que requieren más carga cognitiva y encontrar soluciones para solventar problemas complejos. Sabemos por qué la música nos emociona, y también cómo activa el sustrato nervioso del refuerzo; no obstante, faltan investigaciones que nos ayuden a entender mejor el nexo entre música y cognición.

No solo escuchar música puede ser positivo para la salud cerebral, sino también tocar un instrumento. En 2024, Liebscher y colaboradores demostraron que hacerlo durante toda la vida se relaciona con una mayor conectividad funcional en reposo entre la corteza prefrontal medial y otras regiones cerebrales implicadas en procesos cognitivos y motores de orden superior, lo que indica que la salud cerebral es buena y que contamos con un buen funcionamiento cognitivo. Estos autores demostraron también que, en personas ancianas con antecedentes de actividad musical, una conectividad funcional preservada o, incluso, mejorada podría contribuir a una mejor salud cerebral y a un menor impacto si sobreviniese una enfermedad neurodegenerativa como el alzhéimer. Más adelante profundizaré en esta idea explicando un famoso estudio realizado en monjas.

En definitiva, cada vez son más las evidencias científicas que apoyan la idea de que tanto escuchar música como tocarla cambia la manera en que se conectan las neuronas de circuitos clave para diferentes funciones cognitivas, lo que promueve una buena salud cerebral, un buen envejecimiento cerebral y una mayor resistencia cognitiva si sobreviene una enfermedad neurodegenerativa.

Otro aspecto importante es cómo percibimos el curso de las situaciones que vivimos en el día a día y cómo influyen en nuestra capacidad de resiliencia. Veámoslo.

Percepción del curso de la situación y la inestabilidad

Supongamos que Pedro trabaja para una multinacional y tiene un contrato de cuarenta horas semanales. Cierto día, tras una reorganización interna y amplias negociaciones con la patronal, la empresa decide reducir la jornada del viernes de sus trabajadores a la mitad de las horas, pero con el mismo sueldo y los mismos beneficios sociales. Así, los viernes Pedro solo tendrá que trabajar en horario de mañana y podrá dedicar la tarde a otros asuntos personales. Ahora supongamos que Ramón trabaja para otra multinacional con un contrato de idénticas características. La única diferencia es que los viernes no tiene que ir a trabajar. Tras una reorganización interna y negociaciones con la patronal, la empresa decide que los trabajadores deberán acudir a sus puestos de trabajo el viernes por la mañana. Ramón todavía puede disponer de la tarde para el ocio personal. Pedro y Ramón tienen contratos muy parecidos con sueldos y prestaciones salariales similares. Además, trabajan las mismas horas y pueden dedicar la tarde del viernes a sus asuntos personales. No obstante, teniendo presente la situación en su globalidad, no es equivalente para ambos: en el caso de Pedro, la situación laboral ha mejorado, mientras que en el caso de Ramón, se ha visto empeorada. Tener la percepción de que la situación empeora puede constituirse como un factor psicológico que modula el bienestar y la satisfacción personal con la situación que nos toca vivir. Asimismo, también puede regular la actividad del sistema nervioso ante distintos estímulos negativos.

Los primates dominantes en jerarquías sociales estables de diferentes especies suelen mostrar niveles basales de cortisol (principal hormona del estrés) más bajos si se comparan con los individuos subordinados. Esta característica parece perderse durante los periodos de inestabilidad social, debido, probablemente, al estrés psicológico que esta produce. En 1992, Sapolsky estudió una población de machos de papión oliva y mostró que, ante un mismo nivel de inestabilidad social, los papiones cuya posición en la jerarquía desciende muestran niveles elevados de cortisol, pero los que ascienden en el escalafón no muestran este aumento.

La inestabilidad puede afectar al funcionamiento cerebral. Lucía ha trabajado durante cuatro años para una empresa de publicidad. Hace tiempo que terminó la carrera y tiene una gran experiencia en el ámbito del marketing. Tras consultarlo durante largas noches con la almohada, ella y su marido, Daniel, deciden mudarse a una población más pequeña, dado que creen que ha llegado el momento de tener hijos y prefieren vivir en un sitio más tranquilo, con más zonas verdes y menos agitación. Mañana, Lucía comienza en su nueva empresa. Se trata de una pequeña compañía de publicidad orientada a un mercado más reducido. Su cometido será prácticamente el mismo que el que llevaba a cabo para su antigua empresa. A pesar de ello, está muy nerviosa: es un entorno nuevo para ella, nuevos compañeros, nuevo jefe. Este cambio podría generar en Lucía una percepción de inestabilidad y falta de control de la situación.

Diferentes trabajos han puesto de manifiesto que la respuesta de estrés también es sensible a la inestabilidad y los cambios en los que no hay percepción de control de la situación. Por ejemplo, en ratas, se ha comprobado que la exposición de los animales a una situación no familiar provoca una elevación importante de la principal hormona del estrés en sangre, la corticosterona, que resulta tan elevada como la producida por la administración de una descarga eléctrica. En los seres humanos, esta respuesta a los cambios y la inestabilidad parece depender de las características específicas de cada uno para relacionarse con el ambiente. Si la persona percibe la situación como inestable y de falta de control, aumenta la respuesta de estrés y se ve reducido el funcionamiento cognitivo.

En definitiva, para un buen funcionamiento cerebral, es importante potenciar la percepción de control de la situación cuando esta se vuelve inestable y, en caso de no conseguirlo, buscar vías de escape que nos ayuden a tener percepción de control en alguna dimensión de la vida. En este sentido, si hemos bajado escalones en la jerarquía de nuestra empresa y el trabajo es nuestro centro vital, esto pasará factura a la salud cerebral. No obstante, si se percibe el trabajo como un medio para ganarse la vida y al salir nos convertimos en la entrenadora del equipo de baloncesto de nuestro hijo o formamos parte de un club de lectura, tendremos percepción de control en otras dimensiones de la vida, y esto favorecerá la salud cerebral.

El cerebro de Frankenstein: trasplante y formación de nuevas neuronas

Durante más de cien años, en el ámbito de la neurociencia, uno de los dogmas centrales había sido que en el cerebro adulto no se generan nuevas neuronas. Se asumía que su producción solo se daba durante el desarrollo y que finalizaba con la pubertad del individuo. A finales del siglo XIX, la idea de que el cerebro adulto de los mamíferos permanece estructuralmente constante fue aceptada por distinguidas figuras del momento, como Kölliker, His o incluso Santiago Ramón y Cajal, tal como lo exponía en su obra *Estudios sobre la degeneración y regeneración del sistema nervioso*. Kölliker, His y otros científicos habían descrito con sumo detalle los procesos que configuraban el desarrollo del sistema nervioso del hombre y otros mamíferos. Estos autores comprobaron que la estructura del cerebro permanecía muy estable casi desde el momento del nacimiento, por tanto, era inverosímil pensar que pudieran generarse nuevas neuronas en un cerebro adulto. De manera parecida, Ramón y Cajal hizo un análisis descriptivo muy apurado de los mecanismos que operaban durante el desarrollo del sistema nervioso sin encontrar muestras de formación de nuevas neuronas en el cerebro adulto.

En la primera mitad del siglo XX, algunos investigadores encontraron indicios de que algunos vertebrados, como pájaros y ranas, parecían experimentar un restablecimiento notable y una reinervación de sus conexiones tras una lesión. Lo que no quedaba claro es si esa reparación del tejido dañado se acompañaba de la formación de nuevas neuronas. A pesar de todo, en esta época solía aceptarse que en el cerebro de los mamíferos, una vez desarrollado, no aparecían nuevas neuronas.

En los años sesenta, un grupo de investigadores de Boston, encabezados por Joseph Altman, descubrieron el crecimiento de nuevas neuronas en el cerebro de diversas especies de animales adultos. Parecía ser la primera evidencia experimental de que, en el cerebro adulto, se habían añadido nuevas neuronas para reemplazar algunas pérdidas (por ejemplo, tras una lesión) o para aumentar su número en una determinada región (mecanismo que podría tener un papel importante en los procesos de aprendizaje y memoria). No obstante, todavía quedaban pruebas adicionales que llevar a cabo para asegurarse de la existencia de este fenómeno, y la comunidad científica de la época permanecía escéptica.

En la década de los setenta del pasado siglo, diferentes trabajos pusieron de manifiesto la formación de nuevas neuronas en el cerebro adulto de algunas especies de peces y pájaros. En el caso de las aves, este fenómeno parecía darse en diferentes regiones del cerebro, no obstante, las estructuras responsables de la percepción y vocalización del canto parecían ser las candidatas principales. Este tipo de trabajos apoyaron la idea de que en el cerebro de los machos de los pájaros cantores existe una pérdida y una adición de neuronas en las estructuras responsables del canto. En algunas especies, este fenómeno parecía darse de forma continua, mientras que en otras se presentaban ciclos de pérdida y regeneración en función de la época de apareamiento, debido al control de las hormonas sexuales. Algunos autores especularon que las nuevas neuronas que se formaban podrían ser el sustrato que proporcionara flexibilidad a la adquisición o producción de los cantos. En la actualidad, hay evidencias que demuestran que diferentes especies de aves que experimentan la formación de nuevas neuronas en las regiones responsables del canto muestran poca flexibilidad en sus cantos una vez que estos se han aprendido, aunque se añadan nuevas neuronas de forma paulatina. Estas nuevas neuronas se integran en circuitos existentes y desempeñan funciones consecuentes con su contribución a la percepción y producción del canto. No obstante, un número significativo muere antes de que se puedan diferenciar de manera completa, lo que sugiere la existencia de factores limitantes de la tasa de formación de nuevas neuronas.

Parecía que, en aves o peces, la formación de nuevas neuronas en el cerebro adulto era una idea que cobraba cada vez más importancia. Pero ¿qué sucedía en el caso del cerebro de los mamíferos? Hasta finales de la pasada década de los noventa no empezó a demostrarse la formación de nuevas neuronas en el cerebro adulto de diferentes especies de mamíferos, incluido el ser humano.[7]

En una persona adulta, la mayoría de los tejidos cuentan con poblaciones definidas de células indiferenciadas, también conocidas como «células madre», que presentan la capacidad de renovarse mediante divisiones celulares, lo que posibilita su reemplazo periódico o regeneración si se origina una lesión o daño en el tejido. La piel, por ejemplo, sufre un continuo desgaste en el día a día, así que necesitamos contar con células que se encarguen de regenerarla y evitar, de esta forma, una lesión en la misma.

Hasta hace muy poco se creía que un cerebro adulto carecía de este tipo de células. Hoy sabemos que el cerebro de una persona adulta puede proporcionar un entorno favorable que mantenga disponibles células madre para que, en un momento dado, se conviertan en neuronas maduras que reemplacen las que hemos perdido o aumenten las poblaciones existentes como respuesta a estímulos que impliquen la necesidad de contar con más neuronas para llevar a cabo una tarea determinada (por ejemplo, para dar soporte al aprendizaje o la formación de las memorias). Este fenómeno recibe el nombre de «neurogénesis».

En el cerebro de los mamíferos se ha demostrado neurogénesis en dos lugares: el bulbo olfatorio, donde comienza a procesarse la información relacionada con los olores, y en el hipocampo,[8] una estructura crítica para el aprendizaje y la formación de las memorias.[9]

Recordemos algunas obras cinematográficas, como el filme *El cerebro de Frankenstein* (1969), donde Terence Fisher nos relata magistralmente la ofuscación del doctor Frankenstein con un médico experto en trasplantes de cerebro. En la película, el médico es herido de muerte y Frankenstein, en el intento de preservar su cerebro, pretende trasplantarlo en otro cuerpo sano. Fruto del cine fantástico independiente de Terence Fisher, esta obra podría tener ciertas bases reales. Las neuronas nacidas en la edad adulta pueden integrarse en circuitos existentes presumiblemente para preservar, reemplazar o potenciar una determinada función cerebral. No obstante, tras una lesión, el reemplazo neuronal parece ser más bien gradual, no una reconstrucción del tejido a gran escala. Aunque el cerebro humano presente una capacidad limitada para reemplazar neuronas en la edad adulta, este mecanismo nos abre las puertas a posibilidades que hace años parecerían haber salido de una película de ciencia ficción.

Existen algunas evidencias que sugieren que, bajo las condiciones adecuadas, el reemplazo de neuronas podría utilizarse para reparar el tejido cerebral dañado. En el ser humano, algunas regiones[10] proporcionan las condiciones y el entorno óptimo para albergar a las células madre que darán lugar al nacimiento de nuevas neuronas. No obstante, tal como hemos visto, este alumbramiento parece ocurrir solo en el hipocampo y en bulbo olfatorio, sin afectar, por ejemplo, a la corteza cerebral. ¿Cómo es posible utilizar la neurogénesis para ayudar a pacientes con lesiones cerebrales o afectados por trastornos degenerativos? De momento, las aplicaciones terapéuticas para este tipo de alteraciones se encuentran en vías de desarrollo. De cualquier forma, con pacientes de párkinson se han logrado algunas mejoras, aunque con efectividad limitada.

Cada día se generan miles de nuevas neuronas en el cerebro adulto del ser humano. Algunas llegan a integrarse en circuitos funcionales del cerebro, pero la mayoría mueren antes de añadirse. Las que se integran en el hipocampo ejercen un papel crucial en la consolidación de la memoria y la regulación de las emociones.

Tal como he descrito en el capítulo 11, el estrés repetido causa la remodelación de las neuronas y las conexiones en tres regiones del cerebro: la amígdala, la corteza prefrontal y el hipocampo. ¿Qué ocurre con la formación de nuevas neuronas en el cerebro adulto? Parece que la exposición a estrés crónico o a niveles altos de glucocorticoides (las principales hormonas del estrés) suprimen el nacimiento de nuevas neuronas en el hipocampo.[11]

¿Podemos hacer algo para reducir el efecto negativo del estrés sobre el cerebro? Está de moda hablar de resiliencia o estrategias de afrontamiento, y contamos con numerosas evidencias científicas que demuestran que este tipo de estrategias inducen cambios en el cerebro que podrían compensar los efectos deletéreos del estrés.[12] En 2009, Parihar y colaboradores, y un año más tarde Lyons y colaboradores, mostraron que la puesta en marcha de estrategias de afrontamiento aumentaba la formación de nuevas neuronas en el hipocampo y mejoraba el aprendizaje en ratas y monos ardilla, respectivamente. En seres humanos, también contamos con evidencias que apuntan en la misma dirección.

El nacimiento de nuevas neuronas en el hipocampo, además de vincularse con la consolidación de la memoria, también se ha relacionado con la regulación de las emociones. En este sentido, se ha podido comprobar que los pacientes con depresión mayor presentan alteraciones en la neurogénesis hipocampal. Diferentes estudios realizados en primates no humanos han mostrado que el tratamiento farmacológico que reciben los pacientes con depresión aumenta la formación de nuevas neuronas en el hipocampo.

En definitiva, podemos decir que las estrategias diseñadas para promover el afrontamiento y la resiliencia de la persona aumentan la formación de nuevas neuronas en el cerebro, lo que nos ayuda a mejorar la consolidación de la memoria, minimiza los efectos negativos del estrés y posibilita una mejor regulación del estado de ánimo.

Ejercicio físico

A finales de los años noventa se llevaron a cabo varios experimentos que analizaban el efecto que podría tener vivir en ambientes ricos en estimulación cerebral. De esta manera, se vio que las ratas adultas que se encontraban estabuladas en ambientes con gran cantidad de estímulos (ruedas de ejercicio, toboganes, tubos de plástico..., todo un Walt Disney World Resort para roedores) generaban un 65 por ciento más de nuevas neuronas en el hipocampo que las que habitaban en jaulas estándar. Dicho esto, ya nos podemos imaginar a un estudiante enriqueciendo y decorando su habitación con un sinfín de objetos y estímulos con gran prodigalidad. Antes de dar rienda suelta a la imaginación, es necesario tener presente que este efecto encontrado en los ambientes enriquecidos parece depender de la actividad física y el ejercicio. Dicho de otro modo, no es la profusión de estímulos lo que induce el nacimiento de nuevas neuronas en el hipocampo, sino el ejercicio que se lleva a cabo, puesto que la actividad de la rata es mucho mayor, ya que interactúa con los diferentes objetos emplazados en la jaula: corre por la rueda de ejercicio, baja por los toboganes, etcétera. Tal como he explicado en diversas ocasiones, el hipocampo es fundamental para la formación de nuevas memorias, con lo cual estos datos pueden aportar nuevas posibilidades en personas que quieran mejorar su memoria.

El ejercicio no solo es ventajoso para fomentar el nacimiento de nuevas neuronas, sino que también ayuda a mantener un equilibrio y un entorno óptimo en el cerebro. Cuando salimos a correr o descendemos por una pista de alta montaña, el corazón bombea la sangre a mayor velocidad, lo cual, a la larga, fortalece la circulación, que proporciona oxígeno y nutrientes al cerebro. El cerebro es un órgano que consume miríadas de energía. De igual forma, está compuesto por un tipo de tejido muy susceptible a la falta de oxígeno: impedir durante unos breves instantes que el oxígeno llegue a las neuronas puede tener consecuencias nefastas para estas. De forma añadida, el ejercicio también estimula la liberación de una molécula importante para hacer efectivas las reorganizaciones que se dan en el cerebro en relación con la experiencia.

Estudios recientes muestran que el ejercicio moderado puede tener efectos beneficiosos sobre el cerebro y los sistemas metabólico y cardiovascular. En el capítulo 11 señalé que los niveles elevados de azúcar en sangre pueden conllevar alteraciones en la morfología cerebral y problemas en el procesamiento cognitivo. Hoy sabemos que uno de los tratamientos que pueden prevenir la diabetes de tipo 2 es la actividad física regular. Por lo tanto, el ejercicio físico es beneficioso para tener un buen funcionamiento cerebral y para que el metabolismo sea más saludable.

En 2004, Colcombe *et al.* estudiaron los cambios en la actividad cerebral a lo largo de un programa de ejercicio aeróbico de seis meses, y descubrieron que las personas ancianas que lo realizaron mostraron una mejora marcada de la atención y el control ejecutivo, asimismo, la actividad de regiones prefrontales y parietales se asemejaba a la mostrada por participantes mucho más jóvenes. Dos años después, el mismo grupo de investigación encontró que los ancianos que siguieron un programa de ejercicio, que incluía caminatas regulares, mostraron un aumento del volumen de la sustancia gris en la corteza prefrontal y temporal. Estos cambios no se pusieron de manifiesto en los participantes del grupo control, ni siquiera en personas mucho más jóvenes. Otro estudio mostró que las personas de mediana edad que habían completado un programa de ejercicio aeróbico de tres meses tenían un incremento del volumen sanguíneo cerebral que relacionaron con una mejora en la capacidad cardiorrespiratoria y con el aprendizaje y la memoria verbal. Erickson *et al.* (2009) encontraron que el ejercicio físico se relaciona con tener un hipocampo más grande.

En definitiva, podemos concluir que el ejercicio tiene efectos beneficiosos sobre la neuroplasticidad en regiones cerebrales que no solo son importantes para los procesos cognitivos, sino también en la regulación de las emociones y el control de la respuesta de estrés. En situaciones estresantes crónicas, se puede experimentar una remodelación estructural considerable de algunas partes del sistema nervioso, capaz de modificar diferentes procesos cognitivos. Un elevado estrés percibido a lo largo de la vida se asocia a una reducción en el volumen del hipocampo, mientras que la actividad física se relaciona con un mayor hipocampo y una mejor memoria. Si antes hemos visto que las estrategias de afrontamiento aumentan la formación de nuevas neuronas —y, por ende, la mejora de la memoria y la eficacia de la regulación de las emociones—, ahora tenemos que añadir el ejercicio físico. Para que sea efectivo, no es necesario matarnos durante horas en el gimnasio o correr un maratón; caminar treinta minutos al día, sobre todo al aire libre, será suficiente para generar estos efectos.

En el capítulo 10 expliqué que la dopamina desempeña un papel crucial en la atención, la novedad y el refuerzo, y que ayuda a mantener los mecanismos plásticos a través de diferentes sistemas. Mantenernos estables en una ubicación, quietos y sin practicar ejercicio físico, parece reducir significativamente los niveles de este neurotransmisor. Luego, es otro argumento a favor del ejercicio como factor beneficioso para la salud cerebral. No obstante, para que tenga un efecto beneficioso, debemos llevarlo a cabo de forma voluntaria. ¿Qué pasaría si nos obligaran a correr en una cinta? ¿Ese ejercicio nos ayudaría a desconectar? En el año 2000, Moraska y colaboradores mostraron que si dejamos que un animal haga ejercicio de forma voluntaria, aumenta su tasa de generación de nuevas neuronas en la formación hipocampal y se reducen los niveles de estrés. No obstante, si lo obligamos a realizar la misma cantidad de ejercicio, se produce una intensiva respuesta de estrés y se reduce la formación de nuevas neuronas en esta estructura. Por tanto, un factor que también puede modular el impacto de los estímulos negativos sobre el funcionamiento del sistema nervioso es tener la voluntad o la determinación de hacer algo.

Las diez funciones del sueño

Darío y María subieron con pasos calmados por la cuesta de María de la Miel y doblaron a la derecha por el Camino Nuevo de San Nicolás hasta llegar al número seis de la calle de la Atarazana Vieja, paralela a la barbacana del mirador de San Nicolás, en el barrio del Albaicín, barrio que dominaba una colina que se alzaba con magnificencia sobre la vega de Granada. La colina estaba orientada al este, y se encontraba conformada por la porción occidental del cerro de San Miguel y la vertiente sur del cerro de San Cristóbal.

—¿Aquí es donde me traes a cenar? —preguntó Darío esbozando una sonrisa acorde con el brillo que chispeaba de sus ojos.

—Seguro que te sorprende —contestó María con un tono de marcada seguridad en la voz—. Te prometí que pasarías una velada inolvidable.

—Me intriga saber qué me tienes preparado.

El irregular muro encalado de piedra, lleno de prominencias y depresiones, quedaba interrumpido por una obertura donde se emplazaba una puerta de dos hojas con un dintel que soportaba una veintena de hileras de tejas de barro cocido curvas, a modo de semicírculo. El blanco níveo de la cal viva realzaba el verde brillante de las tejas. En el lateral derecho del muro se disponía un cartel de cerámica pintada que rezaba: EL HUERTO DE JUAN RANAS. A través de la puerta se entreveía un patio al aire libre poblado por diferentes tipos de plantas —la mayoría geranios y hortensias de variados colores—, desde donde se podía contemplar el cerro de la Sabika, coronado por la imponente Alhambra, que descollaba entre la vegetación. Entretanto, y más al fondo, en el perfil de la sierra destacaba el pico Veleta, todavía con vestigios de nieve ligeramente visible a la luz de la luna. El curso del río Darro separaba el Albaicín de la Alhambra, quedando ambas colinas confrontadas, como si se miraran. A resultas de ello, el restaurante estaba dotado de una de las vistas más bellas del mundo, aunque fuera en opinión de María.

Una vez pasado el patio, bajaron unas escaleras y llegaron a una sala con suelo de gres de color pardo brillante y travesaños de madera envejecida en la techumbre. En la pared orientada hacia el sur se abría un acceso que daba paso a una terraza. Este tenía un arco de medio punto peraltado y angrelado, con silueta de campana. Sobre él se disponía una decoración de red de rombos, a modo de yesería calada; recordaba a la arquería que da paso a la sala de Comares, en el patio de los Arrayanes de la Alhambra. Adyacente a la puerta, y separado por una columna, se abría un enorme vano que hacía las veces de ventanal, y que prácticamente llegaba hasta el suelo. La camarera los invitó a sentarse a una mesa redonda que quedaba emplazada en medio del amplio ventanal.

—La estampa que se contempla desde aquí es sobrecogedora —señaló Darío con los ojos como platos, intentando adueñarse de toda la información que desfilaba delante de él.

—Ahí tienes la Alhambra iluminada. ¡Qué bella es!

—Es como si estuviera metida en la tierra y emergiera como una planta más entre el resto del follaje.

—Si te fijas —explicó María—, hoy que la noche no está cerrada, es posible ver nieve en algunas cimas de Sierra Nevada.

—A la luz de la luna, la nieve parece morada en lugar de blanca —observó Darío mientras daba un pequeño bocado al pan de aceite con azafrán.

—A mí me parece más bien un blanco azulado. Por cierto, ¿está bueno el pan?

—Exquisito. Creo que nunca había probado un pan tan rico. —Cortó un trozo y, con delicadeza, lo llevó a los labios de María, mientras esta le sonreía y le dedicaba una tierna mirada.

—Ya verás el resto de la comida. Te encantará —afirmó María.

Durante casi dos horas estuvieron degustando un menú compuesto por seis platos de la cocina tradicional andaluza de creación propia. A pesar de que las raciones no eran muy grandes, tenían el estómago bastante lleno y decidieron volver caminando a su hotel.

La noche era templada y el olor de jazmín, que impregnaba el ambiente imponiéndose sobre otros aromas, le confería un frescor dulzón que apaciguaba cualquier resquicio de nerviosismo en el estado de ánimo de María. Durante unos instantes, esta se detuvo a pensar en las noches de Granada, cuando florecía la planta al final de la primavera; se detuvo a pensar en los muros de los Cármenes y en cómo se descolgaba el jazmín, inundando la calle con su fragancia, tras trepar con fuerza desde el otro lado. Ese olor que le producía tal relajación que podía llegar, incluso, a inducirle el sueño.

Ya en la cama, María cogió la mano de Darío y cerró los ojos. Por los resquicios de la persiana se entreveía una luz titilante que centelleaba con un ligero temblor en los ojos de Darío, que seguía despierto mirando a María, sin soltarle la mano. En la habitación se proyectaba una sombra, a modo de trampantojo, que generaba la ilusión de ser las gigantescas manos de una figura protectora que los abrigaba y resguardaba de la inseguridad de la noche.

Existen diferentes estímulos que pueden inducirnos a dormir. Una comida copiosa, como la degustada por María y Darío, actúa en el cerebro e inhibe las mismas neuronas que promueven la vigilia y, por ende, facilitan el inicio del sueño. Se ha podido comprobar también que existen olores que pueden ayudar a relajarnos y, por lo tanto, favorecen que nos durmamos. La temperatura desempeña igualmente un papel importante: no es lo mismo la noche templada que arrullaba a María y a Darío que una noche de pleno agosto en la capital nazarí. Nuestro estado mental y los pensamientos que nos inundan pueden dificultar o facilitar el sueño: resulta harto diferente que María piense en los muros de los Cármenes de Granada, en el jazmín trepando o en la romántica velada que ha pasado con Darío y que recuerde el trabajo que tiene pendiente o cómo pagará la hipoteca este mes. En esa misma línea, un ambiente tranquilo y silencioso, como en el que se encontraba nuestra pareja, es propicio para el sueño. Asimismo, Darío, antes de acostarse, tenía la rutina de leer un libro. Esto ayuda a sincronizar los ritmos cerebrales y facilita la entrada en el sueño NREM. El cerebro utiliza las rutinas para indicarnos que es hora de ir a dormir. Por otro lado, la actividad física habitual puede regular el sueño; María y Darío habían estado paseando todo el día por Granada, y esto seguro que aportó su granito de arena para fomentar un buen descanso. Eso sí, es mejor evitar el ejercicio intenso justo antes de acostarse, ya que puede tener un efecto estimulante. Además de eso, la exposición a un ambiente tenue y oscuro, como el de la habitación de María y Darío, indica que es hora de dormir, mientras que la exposición a la luz, especialmente la azul de las pantallas, puede alterar la producción de melatonina, lo que dificulta el inicio del sueño NREM. Otra de las cosas que facilita el sueño es el contacto humano; el ser humano es un animal social por naturaleza, y el contacto físico con otros nos da seguridad y ayuda a que nos dejemos llevar en manos de Morfeo. A María le costaba dormir sin cogerse de la mano de Darío.

Tal como expliqué en el capítulo 12, el sueño es un estado reversible que se distingue por una desconexión del entorno y una falta de respuesta hacia este. Se caracteriza típicamente, aunque no de forma necesaria, por el hecho de que la persona yace acostada, quiescente, con los ojos cerrados, además de todos los demás indicadores conductuales habitualmente asociados al dormir. Hasta la fecha, no se dispone de una definición fisiológica del sueño, aunque sí de una descripción neurofisiológica. ¿Para qué sirve? ¿Dormir es bueno para la salud cerebral?

En 2009, Siegel sugirió que el sueño podría entenderse como una variante de los distintos estados de inactividad o dormancia observados en el reino animal. El sueño, que compartiría con esos estados la inmovilidad y la escasa respuesta sensorial y motora a los estímulos externos, se diferencia en que es rápidamente reversible: es posible pasar del sueño al estado de vigilia y atención al entorno en unos segundos. Según esta teoría, el sueño permitiría, por un lado, optimizar la distribución del comportamiento en el tiempo diario al mantener a los animales diurnos —y de forma simétrica a los nocturnos— activos durante las horas del día (o de la noche) en las que pueden llevar a cabo con mayor probabilidad de éxito las actividades dirigidas a la exploración, alimentación, reproducción…, necesarias para su supervivencia, e inactivos y a salvo de peligros durante el resto del tiempo. Por otro lado, el sueño permitiría ahorrar energía durante estos periodos de inactividad al disminuir el tono muscular, el metabolismo y la temperatura corporal.

Teniendo en cuenta esta teoría, las dos primeras funciones del sueño (y no por orden de importancia) serían optimizar la distribución del comportamiento —exploración, alimentación, reproducción— y ahorrar en torno a un 10 por ciento de energía; con el sueño se reduce su consumo cuando conseguir alimento es más complicado: si no hay luz. Estas dos funciones estarían vinculadas con impulsar la vigilia necesaria para llevar a cabo las actividades orientadas a la supervivencia y la reproducción durante el día en algunas especies, y durante la noche en otras, dejando el otro periodo para el sueño y el descanso (proceso circadiano).

La tercera función sería recuperarse del desgaste producido durante las horas de vigilia (proceso homeostático). Así, durante el sueño se darían funciones de mantenimiento del sistema nervioso y limpieza de los desechos metabólicos que se han ido acumulando durante el día (se cree que sucede durante el sueño NREM). Se relaciona con una hipótesis elaborada por el grupo de investigación de Maiken Nedergaard, que sugiere que el cerebro utiliza el tiempo de sueño para eliminar los productos de desecho y las toxinas acumuladas durante el día a través del sistema glinfático.[13] Diferentes estudios han demostrado que el correcto funcionamiento del drenaje glinfático durante el sueño podría contribuir a eliminar placas amiloides y de otras sustancias características del alzhéimer y, por ende, a promover una buena salud cerebral.

La cuarta sería reparar los tejidos. La hormona del crecimiento (GH) se secreta por la noche, cuando estamos durmiendo, para reparar los tejidos y promover el crecimiento. La síntesis de proteínas musculares también aumenta durante el sueño.

La quinta está relacionada con el metabolismo. Sabemos que dormir poco aumenta la secreción de grelina y disminuye la de leptina, dos sustancias que inician y detienen la ingesta, respectivamente. Asimismo, suben los niveles de endocannabinoides (que regulan apetito y dolor). Todo ello nos lleva a ingerir más cantidad de alimentos y preferir aquellos con más contenido calórico. Además, dormir poco genera menos ganas de hacer ejercicio físico y se constituye como un riesgo de la diabetes tipo 2, lo que puede generar un deterioro de las células para captar la glucosa. Asimismo, también existen evidencias de que dormir poco altera la microbiota intestinal, es decir, el conjunto de microorganismos que habitan en el cuerpo. Estos se reparten por todo el organismo, pero la mayor parte se localiza en el intestino grueso. La función de la microbiota es defensiva y metabólica, y actúa en tres sistemas: nervioso, endocrino e inmunitario. Evidencias recientes demuestran que dormir poco altera la composición y las funciones de la microbiota.

También se ha relacionado con la respuesta sexual (sexta función). Sabemos que dormir poco en los hombres reduce los niveles de testosterona y activa el sistema nervioso simpático (lo que dificulta el inicio de la respuesta sexual). En las mujeres, se reducen los niveles de las hormonas gonadotrópicas (controlan la función ovárica y la liberación de las hormonas sexuales, fundamentalmente el estradiol).

La séptima función del sueño es regular el sistema inmunitario de la persona. Se ha podido comprobar que, durante el sueño, el cuerpo produce unas proteínas llamadas «citocinas», moléculas clave en la respuesta inmune del cuerpo. Algunas citocinas, como las interleucinas, son importantes para la respuesta inflamatoria y la defensa contra infecciones. El sueño adecuado de calidad ayuda a regular la producción de estas citocinas, lo que fortalece la capacidad del sistema inmunitario para combatir infecciones. La falta de sueño, o si este es de mala calidad, puede alterar el funcionamiento del sistema inmune. La privación del sueño puede disminuir la producción de citocinas y la actividad de ciertas células del sistema inmunitario, lo que puede provocar que el cuerpo sea más susceptible a enfermedades infecciosas. Además, la falta de sueño crónica se ha asociado con un mayor riesgo de enfermedades crónicas, como la diabetes tipo 2 y las enfermedades cardiovasculares (tal como he señalado en el punto anterior), que pueden afectar a la función inmunológica de manera indirecta. Además, para una correcta comunicación entre el sistema inmunitario y el nervioso se necesitan estas citocinas.

Dormir es necesario para la función cognitiva (octava función) tal como te he explicado en el capítulo anterior. El sueño se ha relacionado con el desarrollo del sistema nervioso, los mecanismos de plasticidad y el funcionamiento de diferentes procesos cognitivos (el sueño, por ejemplo, nos ayuda a fijar lo aprendido).

Por otro lado, como novena función, también parece ser relevante para regular las emociones. En este sentido, se ha visto que cuando tenemos pesadillas con un alto contenido emocional, estamos entrenando al cerebro para que estructuras clave en la regulación emocional —como la amígdala— aprendan a controlar su respuesta, de manera que si en la vigilia se produce una respuesta parecida, se activen con menor intensidad. Esto es de suma importancia: muchos de los trastornos de ansiedad se dan por una activación excesiva de la amígdala.

Pensemos en la película *The Matrix*. Una vez que Neo decide unirse a la lucha contra las máquinas, Morpheus y su equipo lo someten a un riguroso entrenamiento físico y mental que incluye prácticas de combate, acrobacias, manejo de armas y técnicas de supervivencia en el mundo virtual. Durante el entreno, Neo se enfrenta a varios desafíos diseñados para poner a prueba sus habilidades y determinación. Estas incluyen enfrentamientos con agentes de Matrix, programas de entrenamiento simulados y situaciones de combate. En nuestro sueño, las pesadillas serían como los programas de entrenamiento de Matrix: nos ponen en una situación emocional para que aprendamos a relajar la amígdala.

Ligado con el procesamiento de las emociones, recientemente se ha podido comprobar que dormir poco hace que ayudemos peor al prójimo, lo cual podría tener consecuencias importantes en la cognición social y la cooperación que continuamente establecemos los seres humanos.

Para que nos salgan las cuentas redondas, te presento la décima función: se ha comprobado que dormir poco altera la expresión genética. Los 1.855 genes identificados que se expresan siguiendo un patrón circadiano, si dormimos menos de seis horas, se reducen a 1.481. Dormir poco también puede provocar un mayor acortamiento de los telómeros, lo que podría estar relacionado con el envejecimiento prematuro.

La siesta

En definitiva, no cabe duda de las virtudes y beneficios que tiene dormir sobre la salud cerebral. Llegados a este punto, nos podríamos preguntar acerca de la siesta. ¿Es bueno echarse una siesta? ¿Cuánto tendría que durar?

Diversos estudios han demostrado que el aprendizaje de capacidades motoras y visuales puede mejorar mucho gracias una siesta. En un estudio, los individuos aprendieron una tarea motora. Después, algunos se quedaron despiertos, mientras que otros durmieron una siesta de entre sesenta y noventa minutos. Al repetir la tarea más tarde aquel mismo día, el grupo que había dormido demostró una mejora en el aprendizaje de un 16 por ciento en comparación con el que se había quedado despierto. En otro estudio, los individuos realizaron una tarea de aprendizaje visual: el rendimiento fue superior en los participantes que se habían echado una siesta de entre sesenta y noventa minutos.

Luego, dormir una siesta de entre sesenta y noventa minutos[14] puede ayudarnos a mejorar significativamente el aprendizaje.

Los alimentos que comemos

Darío se despertó por el fresco sol del crepúsculo matutino que se internaba a través del estrecho tragaluz de la habitación, arrancando los reflejos refulgentes y dorados de los tejados de las casas delirantemente ladeadas en la cuesta donde se emplazaba el apartamento en el que se había alojado, en pleno corazón del Albaicín. Se dirigió al comedor y abrió el hermoso ventanal de madera vieja que partía en dos una pared que recorría la estancia en diagonal, denotando la extraña forma de la fachada de la vivienda. La casa era de gruesa piedra, enlucida en su parte exterior con cal. Extrañas formas de forja se engarzaban a las ventanas, y robustas vigas marrones reforzaban su estructura. La vivienda desprendía un fuerte olor gredoso. En la parte interior había un hermoso patio con magníficas vistas a la Alhambra. En sus muros se podían vislumbrar manchas semejantes a los lunares que produce el liquen sobre la roca. Los tiestos de geranios bermellones y rosados se agolpaban formando desordenadas hileras que abarrotaban el camino hacia una pequeña fuente colocada sobre el ajado muro oeste del patio.

La mañana parecía despuntar muy fría. Sobrevenía una perlada neblina procedente de las entrañas de la sierra; por el lado opuesto, no obstante, el claro del día parecía cobrar lentamente una fuerza casi primaveral. En diez minutos, la niebla dio paso a espesos celajes de matices variados. Con rapidez, el aspecto del cielo fue haciéndose más uniforme, y las nubes, ya de tenue corpulencia, se fueron disipando en el albor del nuevo día. Corría el invierno, pero el aire era templado y ligeramente perfumado.

Darío pudo contemplar, a través de la ventana, una alharaca de gorriones que abrigaban la esperanza de dar cuenta de las migas de un viejo mendrugo que yacía en medio de la empedrada cuesta. No se arredraban ante la presencia de un gato con un orondo vientre, que parecía observarlos con ladinas intenciones, desde el muro contiguo. Denodadamente, uno a uno golpeteaban con el pico las migajas que corrían entre las piedras. Uno de los pájaros, que no parecía ser mal avisado, permanecía inmóvil, como exánime o a la espera de utilizar alguna añagaza para obtener la mayor parte del botín. Cuando el mendrugo fue lo bastante menudo para levantarlo al vuelo, el paciente gorrión se abalanzó imperiosamente sobre el pan, impeliéndolo por encima de las cabezas de los que todavía intentaban hacerse con los minúsculos pedazos del suelo. Darío pensó que acababa de recibir una lección entusiasta de cómo la perseverancia y la entereza pueden convertirse en el mejor ardid, aun cuando las circunstancias parecen requerir una actuación expeditiva.

Cuando Darío acababa de salir de la ducha, sonó el teléfono. Su mente estaba despejada, pero sus labios, todavía exangües, se movían en muda oración, hasta que finalmente, tras un ronco y áspero sonido, pudo emitir las primeras sílabas. Era María, que iba a desayunar con él.

Darío acostumbraba a hacerlo de forma copiosa. Para él, era la principal comida del día: arándanos, cereales, yogures y pan integral eran algunos de los alimentos que no faltaban en su primera comida.

Tanto los gorriones, que se peleaban por el mendrugo, como Darío, inmerso con María en un suculento ágape, estaban ingiriendo las calorías necesarias para empezar el día en condiciones.

Todos los alimentos que ingerimos aportan energía al cerebro, pero ¿tienen el mismo efecto sobre la salud? Hoy sabemos que la nutrición juega un papel importante en la salud cerebral. Se ha descubierto que existe una relación estrecha entre la salud de la microbiota —la comunidad de microorganismos que habita en distintas partes del cuerpo humano, incluyendo el tracto gastrointestinal— y la salud cerebral. Creemos que los microorganismos del tracto gastrointestinal pueden influir en su función al regular la inflamación y la producción de neurotransmisores. Además, se ha descubierto que la comunicación entre el sistema nervioso entérico y el nervioso central, conocido como «eje encéfalo-intestino», tiene un papel relevante en esta relación.

Algunas de las herramientas que podemos utilizar para mejorar la relación entre la microbiota y el cerebro son la dieta, el ejercicio físico, el sueño y el manejo de la respuesta de estrés. De todas te he hablado antes, menos de la dieta.

¿Qué alimentos son esenciales para el correcto funcionamiento del cerebro? Varios estudios científicos han identificado ciertos alimentos y nutrientes que pueden ser especialmente beneficiosos para la salud cerebral. En primer lugar, tenemos los ácidos grasos omega-3, en especial el ácido docosahexaenoico (DHA). Se ha demostrado que los omega-3 tienen efectos positivos en la función cognitiva, la memoria y la salud mental. Su suplementación mejora la función cognitiva en adultos mayores y en personas con trastornos neurocognitivos. Añadir semillas de lino a la comida o degustar un puñado de nueces puede ayudarnos a tener una buena salud cerebral.

Otro grupo de alimentos son los antioxidantes, que ayudan a proteger las células del encéfalo contra el estrés oxidativo y el daño causado por los radicales libres, lo que puede prevenir el envejecimiento cerebral y el desarrollo de enfermedades neurodegenerativas. Algunos estudios han sugerido que antioxidantes como las vitaminas E y C pueden tener efectos protectores sobre la función cognitiva. Pues eso, a comer frutos rojos, que, dicho sea de paso, me chiflan.

Los polifenoles son compuestos vegetales que se encuentran en una gran variedad de alimentos, como algunas frutas y verduras, frutos secos y semillas y en bebidas como el té, el café y el cacao. Yo no podría pasar un día sin mi café acompañado de una porción de chocolate con un 99 por ciento de cacao. Me van los gustos amargos. Diferentes trabajos han propuesto que los polifenoles pueden tener efectos neuroprotectores y mejorar la función cognitiva al reducir la inflamación, favorecer el flujo sanguíneo cerebral y promover la plasticidad neuronal.

Por último, quiero destacar que las vitaminas del complejo B —que incluyen la vitamina B12, el ácido fólico y la vitamina B6— son importantes para la salud cerebral y el funcionamiento del sistema nervioso. Estas vitaminas desempeñan un papel crucial en la producción de neurotransmisores y en el mantenimiento de la mielina, la capa protectora que rodea los axones de las neuronas. La deficiencia de vitamina B puede estar relacionada con problemas de memoria y función cognitiva.

En definitiva, seguir una dieta equilibrada que incluya alimentos ricos en ácidos grasos omega-3, antioxidantes, vitaminas del complejo B y polifenoles podría ser beneficiosa para el correcto funcionamiento del cerebro y cognitivo. Sin embargo, es importante tener en cuenta que la evidencia científica sobre los efectos específicos de los nutrientes en la salud cerebral sigue siendo un área de investigación activa y en evolución muy rápida.

El estudio de las monjas

El «Estudio de las monjas» fue una investigación longitudinal realizada por el doctor David Snowdon, un epidemiólogo y profesor de neurología estadounidense, sobre el envejecimiento y la salud cerebral en un grupo de 678 hermanas católicas de la Orden de Notre Dame, en Mankato (Minnesota), cuyas edades rondaban entre los setenta y cinco (la más joven) y los ciento siete años (la más anciana). El estudio se inició porque era curioso que, pese a la avanzada edad de muchas de las hermanas, la incidencia de la enfermedad de Alzheimer fuera muy baja. El doctor Snowdon y su equipo recolectaron datos sobre diversos aspectos de la vida de las monjas, incluyendo su educación, actividades cognitivas, salud física y hábitos de vida. Además, después del fallecimiento de algunas de las hermanas que participaron en el estudio, se realizaron autopsias cerebrales para examinar la presencia de placas y ovillos neurofibrilares, rasgos patológicos característicos de la enfermedad de Alzheimer.

Snowdon mostró que algunas de estas monjas, pesa a tener los rasgos característicos de la enfermedad, no la habían desarrollado. ¿Cómo era posible? Desde hace más de una década se sabe que a más del 25 por ciento de las personas de edad avanzada le sucede lo mismo que a estas hermanas. El primer estudio que mostró estos interesantes hallazgos fue una investigación *post mortem* llevada a cabo por Katzman en 1988. Se analizó el cerebro de 137 personas, la mayoría diagnosticadas de demencia en vida. Así, el diagnóstico definitivo confirmó en la mayoría que había tenido la enfermedad de Alzheimer. Sin embargo, entre los casos que no habían padecido demencia en vida —y que, por lo tanto, se mostraban cognitivamente normales—, diez personas presentaban las mismas lesiones cerebrales que los pacientes con esta enfermedad. De este y otros estudios se puede extraer la idea de que dos personas pueden cumplir los criterios anatomopatológicos de la enfermedad de Alzheimer y, sin embargo, una mostrar los síntomas clínicos —y, por lo tanto, un declive cognitivo— y la otra permanecer cognitivamente sana.

¿Qué características diferencian a estas dos personas? ¿Qué fenómeno puede responder a esta observación? ¿Existen diferencias individuales respecto a la tolerancia a los procesos patológicos? Y si es así, ¿qué marca estas diferencias? En el estudio anterior se evidenció que quienes cumplían con los criterios de esta enfermedad pero no la desarrollaban tenían un mayor tamaño cerebral, lo que sugiere que tenían más neuronas, lo cual les habría protegido de la expresión de los síntomas clínicos. Esta ventaja en cuanto a la capacidad de tolerar un mayor grado de patología cerebral fue denominada «reserva cerebral». Un determinado daño cerebral puede causar déficits cognitivos en una persona pero en otra no. Este concepto puede aplicarse a cualquier situación clínica siempre que no exista una correspondencia directa entre determinado cambio cerebral y la función cognitiva.

El concepto de «reserva cognitiva» surgió para explicar la falta de correspondencia directa entre un grado de lesión cerebral y las manifestaciones clínicas o cognitivas asociadas, es decir, entre tener las lesiones de una enfermedad y desarrollar sus síntomas. La capacidad del cerebro para contrarrestar los efectos nocivos del envejecimiento o la enfermedad se asocia con la exposición a variables ambientales o estilos de vida como los que hemos estado comentando: los entornos cognitivamente estimulantes, el sueño, la actividad física, la reducción del estrés y la socialización, entre otros. Pensemos en las hermanas de la congregación de Notre Dame: llevaban una vida estimulante desde un punto de vista cognitivo, con poco estrés, hábitos saludables de sueño, mucha socialización y apoyo social entre ellas y una marcada actividad física. Todos estos factores son de crucial importancia para tener un buen desarrollo y envejecimiento cerebral.

Apuntes finales

En 2017 se inició un estudio llamado «The Barcelona Brain Health Initiative» que tiene como objetivo comprender y caracterizar los determinantes del mantenimiento de la salud cerebral en adultos de mediana edad. Para ello, se estableció una muestra de 4.686 individuos de entre cuarenta y sesenta y cinco años libres de cualquier enfermedad neurológica o psiquiátrica. Los investigadores recogieron amplia información demográfica y socioeconómica, junto con medidas de salud autopercibida y estilos de vida: salud general, actividad física y cognitiva, socialización, sueño, nutrición y plan vital. De los 2.353 participantes que completaron el seguimiento de un año, 73 habían sido diagnosticados de nuevas enfermedades neurológicas y neuropsiquiátricas.

Con este estudio observacional longitudinal y otros trabajos que se han ido realizando en los últimos años, podemos decir que los factores protectores para tener una buena salud serían los siguientes: tener una marcada actividad cognitiva a lo largo de la vida; practicar ejercicio físico moderado; seguir una nutrición adecuada; tener un propósito vital; no descuidar los aspectos integrales de la salud (cuidar de la salud física, pero también de la emocional y la social); disponer de un buen apoyo e integración social; dormir las horas suficientes y tener una buena calidad del sueño.

Algunos de estos factores —el ejercicio físico, el plan vital, el apoyo y la integración social— minimizan los efectos nocivos del estrés. Otros, como las relaciones sexuales, actúan de variables mediadoras.

A lo largo del libro he ido pasando revista a algunos casos en los que estos factores no llegan a realizar su cometido para tener una buena salud cerebral. Hemos visto casos de pacientes con alteraciones en los sistemas perceptivos y diferentes procesos cognitivos que pueden impactar en su funcionamiento cognitivo global. Asimismo, he explicado la relación inversa entre la respuesta de estrés y el ejercicio físico sobre la generación de nuevas neuronas en la formación hipocampal y la importancia de tener un plan de vida y un apoyo social para minimizar los efectos deletéreos de la respuesta de estrés. También he hablado de diferentes aspectos que pueden agravar la respuesta de estrés a través de relaciones de índole diversa, y he pasado revista a los sistemas de refuerzo que pueden llegar a explicarnos por qué algunas personas no siguen la dieta que más les conviene a largo plazo. Hemos tratado el tema de la nutrición y de cómo algunos aspectos —como sufrir hambrunas o dormir poco— nos pueden jugar malas pasadas, así como de la regulación de las emociones y la cognición social.

Los casos presentados nos han servido para entender la importancia de un estado de salud integral en el que no solo cuente la salud física, sino también la emocional y la social, y he puesto de manifiesto que, en algunas lesiones cerebrales, la socialización de las personas puede fallar y hacer mella en diferentes funciones cognitivas y los estados mentales de los pacientes. También he hablado de las relaciones sexuales y de cómo pueden redundar positivamente sobre la salud cerebral como variable intermedia o mediadora. Por último, me he centrado en el sueño y en las múltiples relaciones que tiene con la cognición y la salud cerebral.

En definitiva, en todos los capítulos del libro he intentado seguir un mismo eje vertebral, centrando la atención en lo que se pierde cuando sobreviene la patología para arrojar un rayo de esperanza con este capítulo, al describir qué podemos tener en cuenta o hacer para lograr una buena salud cerebral.

Todo lo que te he contado —utilizando a veces casos de pacientes con descripciones reales y en ocasiones tomándome algunas licencias para novelarlos, inspirándome en los pacientes o las situaciones— subraya la importancia de que existan diferentes factores necesarios para mantener la salud cerebral, y muchos de ellos son estilos de vida que podemos modificar.

Notas

Introducción

1. En anatomía, la palabra «cerebro» se usa para designar el telencéfalo. No obstante, debido a que en la literatura anglosajona está ampliamente aceptada la utilización del término *brain* para referirse al encéfalo y debido a que su traducción a nuestro idioma sería «cerebro», a lo largo del libro se emplearán los términos «encéfalo» y «cerebro» como sinónimos.

1. Las mariposas del alma: pinceladas sobre el funcionamiento del sistema nervioso

1. Los tejidos básicos son el epitelial, el conjuntivo o conectivo, el muscular y el nervioso. El tejido epitelial está conformado por células epiteliales (como no podría ser de otra manera) que pueden presentar una gran diversidad de formas relacionadas con la función que llevan a cabo. El epitelio cubre la superficie externa del cuerpo y la de los órganos, y crea las glándulas endocrinas y exocrinas. Su función principal es la de protección, aunque además se encarga de transportar agua, nutrientes, hormonas y otras sustancias. El tejido conjuntivo, también denominado «conectivo», está compuesto por células, una matriz extracelular y fibras extracelulares. Cada tipo de tejido conectivo está asociado a una clase distinta de matriz extracelular, de manera que su naturaleza determina la función del tejido. Así, los principales tipos de tejidos conectivos son el laxo, el denso, el de soporte (huesos y cartílagos) y el fluido (sangre y linfa). El tejido muscular se encuentra en la mayor parte de los animales, y es el más común. Su aparición fue un hito clave en la evolu-

ción de los animales, dado que junto con el sistema nervioso no aparecen en otro linaje del árbol de la vida. Por último, el tejido nervioso está compuesto por células nerviosas (neuronas) y células de glía.

2. De este modo, por ejemplo, el intestino delgado está compuesto por tejido nervioso, muscular, conectivo y epitelial. Lo mismo ocurre con el cerebro y otros órganos.

3. Los iones con carga positiva se conocen como «cationes», mientras que los que tienen carga negativa se denominan «aniones».

4. En reposo, una neurona prototípica presenta una diferencia de potencial a través de su membrana de unos 60-70 milivoltios (mV). Esta diferencia refleja una distribución desigual de la carga eléctrica a ambos lados de la membrana, de manera que se concentra un exceso de cargas negativas en el interior celular y un exceso de cargas positivas en el exterior de la célula, por lo que se dice que el potencial de reposo es negativo (–60 o –70 mV).

5. Estas hiperpolarizaciones y despolarizaciones de la membrana reciben el nombre de «potenciales locales». Las hiperpolarizaciones son potenciales locales conocidos como «potenciales inhibitorios postsinápticos» (PIP), mientras que las despolarizaciones son llamadas «potenciales excitatorios postsinápticos» (PEP).

6. El potencial de acción se origina en el segmento del axón que se encuentra próximo al soma (denominado «cono axónico»). Cada neurona tiene un umbral a partir del cual el potencial de membrana se convierte en potencial de acción. Este umbral se conoce como «umbral de excitación». El inicio del axón presenta el umbral de excitación más bajo de la neurona, de modo que, cuando las señales eléctricas alcanzan esta parte del axón, si la suma total en un mismo momento hace que se sobrepase el umbral de excitación, se genera un potencial de acción, lo que se constituye como una rápida inversión del potencial de membrana, y este adopta un valor positivo de unos +50 mV, siguiendo la ley del todo o nada (se produce o no se produce).

7. El flujo de un ion con carga positiva, como el calcio, dentro de la neurona despolariza la membrana postsináptica de la región dendrítica.

8. En el inicio del cono axónico se produce un proceso de integración neural de las señales excitatorias e inhibitorias que llegan a la neurona de otras neuronas. La integración, por lo tanto, consiste en la suma de todos los potenciales locales que alcanzan el segmento inicial del axón. Este proceso de sumación tiene lugar de manera simultánea en los planos espacial y temporal. Dicho de otra forma, se produce la suma de todos los potenciales

locales (excitatorios e inhibitorios) que llegan en el mismo momento y lugar a una neurona. Si el resultado de la suma de estos potenciales locales hace que el potencial de membrana en el segmento inicial del axón esté por encima del umbral de excitación, entonces y solo entonces se pone en marcha el potencial de acción. Es importante tener presente que el número de contactos sinápticos que puede recibir una neurona en el sistema nervioso humano puede variar de uno a cien mil.

9. El potencial de acción se propaga a lo largo del axón de la neurona de forma activa a través de canales iónicos que se abren y se cierran en función del voltaje (los denominados «canales dependientes de voltaje»), de manera que este llega hasta el botón terminal (segmento final del axón). Se ha de tener presente que las moléculas de neurotransmisor se encuentran almacenadas en el interior de vesículas del botón terminal, esperando a que llegue un potencial de acción para liberarlas a la hendidura sináptica. Una vez que el potencial de acción llega al botón terminal, en la membrana se abren canales iónicos dependientes del voltaje que dejan pasar calcio dentro del botón. El calcio hace que las vesículas sinápticas se fundan con la membrana presináptica y vacíen, así, su contenido en la hendidura sináptica. Bajo circunstancias fisiológicas normales, las neuronas son células que se encuentran anatómica y funcionalmente polarizadas, de manera que las señales eléctricas viajan en una única dirección.

10. En un electroencefalograma (EEG), las distintas bandas espectrales se refieren a las diferentes frecuencias de ondas cerebrales que pueden detectarse. Cada una tiene sus propias características y se asocia con diversos estados mentales y funciones cerebrales. Estos son los principales tipos de bandas espectrales en el EEG: delta (0,5-2 Hz), theta (3,5-6 Hz), alfa (8-12 Hz), beta (18-30 Hz) y gamma (> 45 Hz).

11. A pesar de que los potenciales de acción estén generados por un flujo de iones a favor de su gradiente electroquímico, es necesario que se usen proteínas de transporte que operan en contra del gradiente y gastan energía (ATP, la moneda energética de las células) para restaurar las concentraciones de iones a ambos lados de la membrana tras generar los potenciales de acción.

12. Por ejemplo, se ha comprobado que pueden expresar canales dependientes de voltaje en sus membranas, así como receptores para neurotransmisores.

13. Ganglios, nervios craneales y nervios espinales.

14. En el ámbito anatómico de la médula espinal encontramos los nervios espinales. Estos tienen dos componentes claramente diferenciados: el aferente, que envía la información sensorial de los receptores distribuidos en la piel, los músculos, las articulaciones y los órganos internos hacia el SNC; y el eferente, que conduce la información elaborada en el SNC a los mecanismos eferentes, como los músculos y las glándulas. El soma de las neuronas sensoriales se localiza en el ganglio de la raíz dorsal, mientras que el de las neuronas eferentes está en la médula espinal. Un esquema conceptual similar se puede extrapolar a la organización de los nervios craneales, situados al nivel del encéfalo. En el SNP encontramos tanto fibras eferentes somáticas y viscerales —que llevan la información desde el SNC hasta la musculatura esquelética (somáticas), la musculatura lisa, el corazón y las glándulas (viscerales)— como fibras aferentes somáticas y viscerales que transmiten información al sistema nervioso central referente a los órganos de los sentidos, los receptores de la piel y los músculos (somáticas), y los órganos internos (viscerales).

15. El SNS recoge la información sensorial mediante neuronas sensoriales cuyo soma se localiza en ganglios cercanos a la médula espinal y al tronco del encéfalo de los distintos receptores dispersos por la superficie del cuerpo, los órganos de los sentidos y la musculatura. Asimismo, el SNS también proyecta los axones de las neuronas motoras, cuyo soma está situado en el SNC para inervar la musculatura esquelética.

16. El SNA cuenta con axones aferentes que informan al SNC del estado del interior del organismo. Los cuerpos de las neuronas de esas fibras aferentes se ubican en los ganglios de las raíces dorsales y los nervios craneales. De esta manera, los axones entran en la sustancia gris intermedia de la médula espinal y en el núcleo del tracto solitario del tronco del encéfalo, respectivamente. Por otro lado, los axones eferentes inervan la musculatura cardiaca, la musculatura lisa y las glándulas endocrinas. Las fibras eferentes implican dos neuronas: una cuyo soma se encuentra en el SNC (neurona preganglionar) y otra cuyo soma está en un ganglio autónomo (neurona posganglionar). El soma de la neurona preganglionar se localiza en el asta lateral de la médula espinal (segmentos torácicos, tres primeros lumbares para la división simpática y segmentos sacros intermedios para la división parasimpática) y en núcleos del tronco del encéfalo (división parasimpática). Por esa razón, la rama simpática solo utiliza nervios espinales, mientras que la parasimpática usa tanto nervios espinales como craneales.

17. El encéfalo contiene cuatro ventrículos: dos laterales dentro de cada hemisferio que se comunican con el tercero mediante los agujeros interventriculares (o foramen de Monro), y un cuarto comunicado con el tercero mediante el acueducto cerebral o de Silvio. En el cuarto ventrículo existen unas aberturas pequeñas a través de las cuales el líquido cefalorraquídeo pasa del sistema ventricular al espacio subaracnoideo.

18. La médula espinal posee una forma cilíndrica, alargada y bilateralmente simétrica situada en el interior del canal vertebral. Se origina en el bulbo raquídeo del tronco del encéfalo y termina formando el *conus medullaris* en el extremo opuesto de la columna vertebral (véase la figura 2). La médula espinal es un tanto más corta que la columna vertebral, dado que ocupa dos tercios de su volumen luminal, y su ápice caudal finaliza a la altura de las vértebras lumbares más rostrales. A partir de este punto, el interior del canal vertebral está ocupado por la «cola de caballo», compuesta por nervios torácicos, lumbares y sacros que discurren en paralelo a lo largo del eje longitudinal de la columna. Debido a esta discrepancia entre la longitud de la médula espinal y la longitud de la columna vertebral, cada segmento vertebral no está físicamente emparejado con su respectivo segmento medular.

19. Tal como hemos ido señalando, el SNA es el responsable de regular muchas de las funciones del cuerpo, como la frecuencia cardiaca, la respiración, la digestión y la temperatura corporal, entre otras. Esta parte del sistema nervioso está dividida en dos ramas principales: el sistema nervioso simpático y el sistema nervioso parasimpático. Ambos sistemas trabajan juntos para mantener un equilibrio homeostático en el cuerpo, pero en muchas funciones tienen efectos opuestos. Por otra parte, la rama simpática usa solo nervios espinales (por lo tanto, involucra a la médula espinal), mientras que la parasimpática utiliza tanto los nervios espinales como los craneales (luego involucra tanto al tronco del encéfalo como a la médula espinal). En la cabeza, el SNA regula diversas funciones importantes, como la dilatación o constricción de los vasos sanguíneos, la producción de saliva, el flujo sanguíneo cerebral y la respuesta pupilar. Por tanto, hay funciones que ocurren en la cabeza que también pueden depender de las neuronas que envían la información desde la médula espinal.

20. Si se mira la superficie de un cerebro, la mayor parte de la corteza es neocorteza, es decir, la que aparece en las etapas más tardías de la evolución filogenética del sistema nervioso. La paleocorteza cubre partes restringidas de la base del telencéfalo, mientras que la arquicorteza está conformada por

regiones del sistema límbico, como el hipocampo. Por otro lado, las células de la neocorteza están organizadas en seis capas. A este tipo de corteza también se la denomina «isocórtex» o «corteza homogenética». Durante el desarrollo, la paleocorteza y la arquicorteza nunca pasan por un estado de seis capas de células (presentan solo tres o cuatro), y por ello se las conoce como «alocórtex» o «corteza heterogenética».

21. La neocorteza se organiza en seis capas celulares dispuestas de forma horizontal y en ellas se observa una distribución desigual de diversos tipos celulares. Las neuronas corticales de proyección son las células piramidales: tienen un soma en forma de pirámide del que se proyectan un axón y dos ramificaciones dendríticas (una a cada lado) en la parte basal del soma, y una ramificación dendrítica en la parte apical. También existen células no piramidales, como las fusiformes, las de Martinotti, las estrelladas o granulares y las horizontales de Cajal-Retzius. La capa I, molecular o plexiforme es la que queda en la superficie de la corteza. Es de naturaleza receptora y en ella se pueden localizar muchas fibras procedentes de las aferencias recibidas de diferentes regiones corticales, subcorticales y troncoencefálicas. En esta capa se pueden encontrar neuronas horizontales de Cajal-Retzius, y hacia ella se proyectan las dendritas apicales de las neuronas piramidales para establecer contactos sinápticos. La capa II o granular externa es receptora y efectora. En ella se encuentra el soma de neuronas piramidales que envían las dendritas apicales a la capa I y sus axones a la sustancia blanca. La capa III o piramidal externa es efectora, y en ella se ubica el soma de neuronas piramidales de tamaño medio que envían las dendritas apicales a la capa I y sus axones a la sustancia blanca. La capa IV (receptora) está compuesta por células granulares o estrelladas, por lo que también se denomina «capa granular externa». La capa V o piramidal interna es efectora, y está formada por los somas de neuronas piramidales de tamaño variable que envían las dendritas apicales a la capa I; sus dendritas basales se establecen de forma horizontal dentro de esa capa, y sus axones alcanzan la sustancia blanca (fibras de proyección). También se encuentran células fusiformes, estrelladas y de Martinotti. La capa VI o polimórfica es la más interna, con lo cual queda adyacente a la sustancia blanca. Esta capa está conformada por diferentes tipos celulares, como las células fusiformes y las de Martinotti. Sus axones envían fibras de proyección, por lo que se trata de una capa efectora. Además de esta organización horizontal, también se da una organización vertical a modo de columnas funcionales. A través de la neocorteza, los bloques de construcción básicos pa-

recen columnas muy pequeñas, de unos 50 μm de diámetro, constituidas por unas cien neuronas. En el caso del sistema visual, docenas de estas columnas de pequeño diámetro se unen por medio de conexiones intracorticales horizontales para constituir unos módulos funcionales más extensos denominados «hipercolumnas». En relación con los tres grandes bloques de regiones corticales: a) áreas sensoriales, que se localizan en los lóbulos parietal, temporal, occipital y de la ínsula; desde el punto de vista citoarquitectónico, se caracterizan por tener una capa granular interna (IV) muy prominente, y una capa piramidal interna (V) muy delgada; b) áreas motoras, que se localizan en el lóbulo frontal y regiones adyacentes al surco central; a nivel citoarquitectónico, se caracterizan por tener una capa granular interna (IV) bastante reducida y una capa piramidal interna (V) muy gruesa; y c) áreas de asociación propiamente dichas, o áreas de asociación polimodal, relacionadas con funciones de integración superior (intelectuales, procesos como el lenguaje o los mecanismos de aprendizaje y memoria). Citoarquitectónicamente, estas regiones presentan poca densidad celular en las capas IV y V y un gran número de células en las capas que reciben y envían sus terminales a otras regiones corticales (capas II y III).

22. La formación hipocampal es una porción de corteza (alocórtex) con una forma curvilínea localizada en el interior del lóbulo temporal medial. Las secciones coronales nos permiten distinguir tres zonas bien diferenciadas: la circunvolución dentada, el hipocampo (también conocido como «asta de Ammon» —*cornu ammonis* (CA)—) y el subículo.

23. Las estructuras subcorticales se disponen circundando el diencéfalo y alrededor de los ventrículos laterales.

24. El cuerpo estriado abarca el núcleo caudado, el putamen y el globo pálido. Los dos últimos conforman el núcleo lenticular, mientras que los núcleos caudado y putamen constituyen el neoestriado (el globo pálido corresponde al paleoestriado).

25. La amígdala en los primates queda conformada a partir de un conjunto heterogéneo de doce núcleos localizados en el polo rostral medial del lóbulo temporal. A su vez, estos pueden agruparse en tres grupos de núcleos muy conectados entre sí y con un patrón específico de proyecciones con otras regiones cerebrales: los núcleos basolaterales, los mediales y los centrales. La amígdala recibe y envía información a través de dos vías principales: la vía de la estría terminal y la vía amigdalofugal ventral. Además de estas dos, la amígdala (núcleos mediales) recibe información desde estructuras del lóbulo

temporal, y, a través del tracto olfatorio lateral, de la corteza olfatoria y el bulbo olfatorio. Además, la amígdala envía y recibe proyecciones de extensas áreas corticales en el lóbulo temporal (como la formación hipocampal) y de áreas corticales implicadas en el procesamiento de la información sensorial.

26. Los núcleos septales se encuentran en la cara medial del ventrículo lateral, adyacentes al fórnix, mientras que el núcleo de la estría terminal se ubica en la región ventral del ventrículo lateral.

27. El diencéfalo presenta una ubicación central en el prosencéfalo, dado que está cubierto dorsal y lateralmente por los hemisferios cerebrales. En relación con el sistema ventricular, el diencéfalo se posiciona bajo los ventrículos laterales y alrededor del tercero, y se extiende en sentido anteroposterior desde el agujero interventricular (de Monro) y el límite del tercer ventrículo (la lámina terminal) hasta el tronco del encéfalo (mesencéfalo).

28. El tálamo está constituido por núcleos heterogéneos y cada uno participa en una función concreta. El papel principal de los núcleos sensoriales talámicos es controlar la información que llega a la corteza cerebral y dar forma a las representaciones neurales de ese mensaje. Son núcleos denominados también «de relevo» o «de primer orden», que solo proyectan a áreas corticales primarias concretas en función de la información sensorial que procesan. El tálamo motor ocupa la parte anterior del grupo ventral, territorio que corresponde al núcleo ventral anterior y al lateral. Forma parte del circuito de los núcleos basales y es intermediario entre estos y la corteza motora. También recibe información motora del cerebelo. Además de su implicación en la integración de las funciones sensoriales y motoras, el tálamo apoya a la corteza cerebral en el control dinámico de funciones superiores como la memoria, la atención, la ejecución o el lenguaje. Los núcleos talámicos son críticos en la regulación del flujo de información que se dirige a regiones implicadas en funciones cognitivas como la corteza, el hipocampo y los ganglios basales. La mayor parte de las conexiones moduladoras que recibe el tálamo alcanzan a este grupo de núcleos talámicos de orden superior. De forma recíproca, las áreas prefrontales reciben una densa proyección desde los núcleos dorsomedial, anterior y pulvinar talámico. Tradicionalmente, a los núcleos intralaminares y a los de la línea media se los consideró núcleos talámicos inespecíficos por sus difusas conexiones corticales. En la actualidad, se incluyen como parte importante del sistema reticular de activación junto con el tronco encefálico, que modula la activación cortical durante el ciclo sueño-vigilia, el grado de consciencia y la percepción del dolor. Todos los nú-

cleos del tálamo, excepto el reticular, proyectan axones a la corteza cerebral y, en su mayoría, reciben proyecciones recíprocas formando las denominadas «radiaciones talámicas». Este flujo de información es cambiante y dependerá de las demandas conductuales. Las neuronas del núcleo reticular proyectan, a su vez, sobre los otros núcleos talámicos a modo de control, inhibiéndolos.

29. La regulación hipotalámica debe verse como la suma del sistema neuroendocrino y las influencias ejercidas sobre el sistema nervioso autónomo o vegetativo para conseguir la homeostasis corporal. El hipotálamo controla la glándula hipófisis y esta, mediante la liberación de diversas hormonas al torrente sanguíneo, regula el funcionamiento de las glándulas. La vía principal del hipotálamo para el control autónomo es el fascículo longitudinal dorsal, que alcanza los núcleos autónomos del tronco del encéfalo y acaba inervando las neuronas medulares simpáticas y parasimpáticas. El conjunto de núcleos hipotalámicos es esencial para el control del equilibrio del medio interno, ya que regula, por ejemplo, la ingesta de sólidos y líquidos o la temperatura corporal. También participa en el comportamiento emocional al interactuar con el sistema límbico. Integra ambas respuestas endocrinas y autónomas con las motoras para generar patrones de conductas motivadas y orientadas a una meta, como por ejemplo la conducta de defensa o la sexual.

30. Es necesario tener presente que los genes están relacionados con la conducta de formas muy diversas. En primer lugar, la expresión genética puede inducir cambios en la función cerebral y viceversa. Segundo, las interacciones sociales son capaces de interactuar con la función cerebral para influir en una conducta individual. En tercer lugar, los genes pueden afectar a la conducta actuando sobre el curso del desarrollo. Por último, los genes pueden ser sometidos a selección como respuesta a cambios que se producen en el entorno tanto físico como relacionado con las interacciones sociales que tienen lugar. Esta compleja red de influencias hace que resulte harto complicado identificar los efectos de genes específicos sobre la conducta. Sin embargo, en los últimos años, cada vez son más los descubrimientos que muestran la importancia de algunos genes concretos, como el gen v1aR (del inglés, *vasopressin receptor 1a*), que se ha relacionado con la monogamia y las preferencias de apareamiento en los perros de las praderas; el gen egr-1 (del inglés, *early growth response-1*), implicado en el reconocimiento de los cantos de los pinzones cebra, en los estilos maternales en ratas o en las relaciones de dominancia que se establecen en peces cíclidos; o el gen per (del inglés,

period), relacionado con los patrones de comunicación en moscas de la fruta durante el cortejo, entre muchos otros.

31. Una cuestión de cardinal importancia es cómo se originó el sistema nervioso en los animales. Para ello, podemos estudiar fósiles se encuentran en buen estado de conservación y compararlos con animales que presentes en la actualidad. Por ejemplo, en el fósil de un artrópodo del periodo Cámbrico encontrado hace años en China (llamado *Alalcomenaeus*), puede observarse una impresión bien preservada de lo que fue su sistema nervioso. Podría compararse con el de otro artrópodo actual, como el escorpión. Existe un acuerdo generalizado para pensar que el sistema nervioso de los animales evolucionó a través de la cooptación de genes con otras funciones, como podría ser, por ejemplo, la comunicación de célula a célula en eucariotas unicelulares. De todas formas, en lo que hoy en día no existe acuerdo es en si los primeros animales multicelulares presentaban sistema nervioso o bien si este evolucionó en un clado animal más derivado. Las esponjas (*Porifera*) son organismos pluricelulares a los que diferentes estudios filogenéticos los han posicionado como el grupo hermano del resto de los animales. A pesar de que comparten algunas sinapomorfías de *Metazoa*, las esponjas carecen de sistema nervioso. Para algunos científicos, se debe a que se ramificaron antes de que se originara el sistema nervioso en un clado conocido como «eumetazoos». Si fuera así, deberíamos ser capaces de encontrar pistas cruciales del origen del sistema nervioso en las esponjas. Uno de los rasgos de estos invertebrados acuáticos es que la mayoría de las células que componen su cuerpo son totipotentes, es decir, células capaces de convertirse en diferentes tipos celulares en función de las necesidades de la esponja. Las esponjas carecen de sistema nervioso, pero cuentan con un tipo celular entre la endodermis y la epidermis capaz de responder a estímulos químicos y mecánicos, y generar contracciones, permitiendo, en última instancia, que los poros de este porífero se cierren y se abran. Recientemente se ha podido comprobar que en las larvas de las esponjas se expresan genes que también aparecen en las neuronas. Algunos científicos han sugerido que las células en las que se expresan podrían ser capaces de recibir información del entorno y responder (las dos funciones vertebrales de las neuronas). Posteriormente, en la evolución animal, estas dos tareas se dividirían entre neuronas especializadas: unas serían capaces de recoger la información sensorial mientras que otras se especializarían en la respuesta. Algunos autores rechazan esta hipótesis y sugieren que no son el grupo hermano del resto de los animales, sino que este quedaría

constituido por los ctenóforos, que sí que disponen de sistema nervioso. Esta discusión nos lleva a dos planteamientos: o bien el ancestro común de todos los animales habría tenido sistema nervioso y este se habría perdido en las esponjas o bien en los ctenóforos evolucionó un sistema independientemente al resto de los animales. Este segundo planteamiento se ve reforzado por diferentes estudios en los que se ha podido comprobar que, a diferencia del sistema nervioso de otros animales, el de este filo está conformado por un conjunto de células que se disponen en una red difusa en la que no han diferenciado su estructura desde un punto de vista funcional ni regional (no existe polaridad en los contactos sinápticos), de manera que los impulsos eléctricos se transmiten de forma constante en todas las trayectorias de la cadena neural. Asimismo, estas células no expresan muchas de las proteínas que sí lo hacen en el resto de los animales con sistema nervioso y utilizan diversas moléculas neurotransmisoras que no se han encontrado en otros seres vivos.

32. Las sendas divergentes en la evolución se refieren a la idea de que las especies relacionadas pueden evolucionar en distintas direcciones, adaptándose a diferentes ambientes, presiones selectivas y nichos ecológicos a lo largo del tiempo. Este fenómeno da como resultado la diversificación de las formas de vida y la aparición de nuevas especies a partir de ancestros comunes.

33. Un ecotipo es una población de una especie que ha desarrollado adaptaciones específicas para sobrevivir en un hábitat particular o en un conjunto específico de condiciones ambientales. Los ecotipos pueden surgir dentro de una especie como resultado de la selección natural y la adaptación a diversos factores ambientales, como la temperatura, la humedad, el suelo, la altitud, la disponibilidad de agua y los patrones de luz. Aunque los individuos de un ecotipo pertenecen a la misma especie y son capaces de reproducirse entre sí, muestran diferencias fenotípicas que les confieren ventajas adaptativas en su entorno. Estas pueden incluir características morfológicas, fisiológicas, comportamentales o genéticas que les permiten sobrevivir y reproducirse con éxito en su hábitat local. Los ecotipos son ejemplos de la diversidad intraespecífica que desempeñan un papel importante en la conservación y el manejo de la biodiversidad, ya que representan una fuente de variabilidad genética crucial para la adaptabilidad de las poblaciones frente a cambios ambientales y presiones selectivas.

34. Recordemos que utilizaré el término «cerebro» para referirme al «encéfalo».

2. El circo de las ilusiones

1. Los nervios craneales que transmiten esta información son el facial, el glosofaríngeo y el vago.

2. Se envía a una región de la ínsula y a la base de la corteza frontal.

3. La corteza orbitofrontal caudolateral.

4. El trabajo de la cóclea es harto complejo, dado que detecta la frecuencia del sonido mediante dos sistemas. Por un lado, identifica las frecuencias moderadas o altas en función de la parte de la membrana basilar que se comba, mientras que las más bajas son detectadas por neuronas que se activan en sincronía con los movimientos del extremo apical de la membrana basilar. Lo mismo ocurre con el volumen de los sonidos. El de alta frecuencia se representa mediante un aumento en la velocidad de los potenciales de acción de las células ciliadas auditivas, mientras que el volumen en las células de baja frecuencia se representa a través del número de axones que parten de las neuronas de detección de baja frecuencia en el extremo apical de la membrana basilar que se activan en un momento dado.

5. La organización de la corteza auditiva es muy jerárquica. La primaria está conformada por tres regiones, y cada una recibe un mapa tonotópico de información auditiva de la división ventral del núcleo geniculado medial del tálamo. Circundando la corteza auditiva primaria se encuentra el primer nivel de corteza de asociación auditiva, denominada «región del cinturón». Esta recibe información tanto de la corteza auditiva primaria como del tálamo. Las divisiones talámicas que envían datos a esta región son la dorsal y la medial del núcleo geniculado medial del tálamo. El mayor nivel de corteza asociativa auditiva queda conformado por la denominada «región del paracinturón», que recibe datos tanto de la región del cinturón como del tálamo. A partir de aquí, se generan dos corrientes de procesamiento de la información: una anterior, que se origina en la parte anterior del paracinturón y participa en el análisis de sonidos complejos, y una posterior, que se produce en la parte posterior del paracinturón e interviene en la percepción de la localización del sonido.

6. Por ejemplo, el hipotálamo, el núcleo accumbens, el área tegmental ventral y la amígdala.

7. Somos capaces de reconocer las caras debido al papel fundamental de un circuito que alcanza una región denominada «área facial fusiforme» (AFF), localizada en la circunvolución fusiforme que está en la base del lóbulo temporal.

8. En la fóvea, la relación entre fotorreceptores y axones es de uno a uno. Esto explica que nuestra visión en la fóvea sea muy aguda, mientras que en la periferia de la retina muchos fotorreceptores convergen en una única neurona, haciendo que la agudeza sea mucho menos precisa.

9. El núcleo geniculado lateral.

10. La corteza visual está dispuesta de forma jerárquica. Los módulos en la corteza estriada (corteza visual primaria) analizan las características de la información visual y pasan los resultados de este estudio de las subregiones de la corteza extraestriada, que realizan análisis adicionales y pasan la información a otras regiones, lo que culmina en los más altos niveles de corteza asociativa visual en los lóbulos parietal y temporal inferior. La corteza visual primaria (V1) envía la información a la V2 (una región de la corteza extraestriada adyacente a V1). A partir de este punto, la corteza visual de asociación se divide en dos corrientes o vías: la corriente dorsal (región V7, región temporal superior medial, región temporal medial, área intraparietal lateral, área intraparietal ventral, área intraparietal anterior, área intraparietal media y área intraparietal caudal) y la corriente ventral (región V3, región VP, región V3A, región V4dV4v, región V8, complejo occipital lateral, área facial fusiforme, área de lugar parahipocámpica y área corporal extraestriada).

11. La corteza parietal posterior es una región cortical de asociación que desempeña un papel importante en la atención, la cognición numérica, la aportación de las claves sensoriales y motivacionales para realizar un movimiento y la integración sensorial, entre otras funciones.

12. La corteza temporal inferior es una región cortical de asociación relevante para la atención, el lenguaje y la memoria, entre otras funciones.

13. Su destino es un grupo de neuronas situadas en el tronco del encéfalo. El nervio craneal que conduce esta información se denomina «trigémino».

14. Núcleos ventrales posteromedial y posterolateral.

15. Fundamentalmente, la pared medial del surco intraparietal.

16. La corteza cingulada anterior y la ínsula.

17. Áreas mediales de la corteza motora, en concreto las áreas motoras suplementaria y presuplementaria.

18. Publicado en español en 2024 bajo el título *Decidido: una ciencia de la vida sin libre albedrío*.

19. El área motora presuplementaria (pre-SMA).

20. El área motora suplementaria (SMA).

4. El caso de Gattaca

1. De ello se deriva que la historia evolutiva desempeñe un papel primordial para entender las variaciones en el comportamiento a lo largo de la filogenia, gracias a la relación evolutiva del ser humano con otras especies. Por lo tanto, podemos destacar que el patrimonio genético del hombre abarca los éxitos adaptativos de sus antecesores. Además de estos factores, debemos tener presente la gran importancia de todos los mecanismos que pueden modificar la acción de los genes.

2. De forma añadida, más del 50 por ciento del genoma humano es repetitivo, con múltiples copias de secuencias casi idénticas.

3. Dentro de los mecanismos implicados que están relacionados con modificar la acción de un determinado gen sin alterar su ADN, destaca la disparidad que se encuentra entre los genes del ser humano y la cantidad de proteínas que se producen en el organismo. Se estima que la producción proteica es bastante superior a los genes codificantes del genoma humano. ¿Cómo es posible que la cantidad total de proteínas distintas que produce el organismo supere el total de genes que contiene el genoma humano? Diferentes evidencias experimentales han sugerido algunos mecanismos que podrían justificarlo. Por un lado, están aquellos que explicarían la obtención de proteínas distintas en función de los trozos del gen que se utilicen. Un segundo mecanismo estaría relacionado con la combinación de genes, de manera que los aminoácidos que crean las proteínas podrían combinar-se de múltiples formas para producir otras diferentes. Por último, un tercer mecanismo que podría clarificar esta disparidad sería la modulación de la expresión de los genes.

4. El control epigenético permite que cada célula se diferencie a nivel fisiológico y morfológico a pesar de tener el mismo ADN que otras células cuya diferenciación será totalmente distinta. De forma añadida, los mecanismos implicados en el control epigenético permiten que las células que conforman un organismo asuman configuraciones específicas que supongan la génesis de las diferentes estructuras corporales y de los órganos internos. Además, estos mecanismos también permitirán que las diversas proteínas que necesita una célula en momentos temporales muy diferenciados se sinteticen en relación con estos requerimientos, no de forma libre, lo que lleva a una producción ingente o insuficiente de estas.

5. Otro aspecto que debe tenerse presente es la comparación genética

entre las diferentes especies. En este sentido, se ha podido comprobar que casi la mitad de los genes de la *Drosophila melanogaster* (mosca de la fruta) son similares (paralelos) a los del ser humano. Si nos comparamos con un chimpancé o un ratón, casi la totalidad de sus genomas se corresponden con el del ser humano. ¿Qué es, entonces, lo que nos diferencia? La respuesta la encontramos en los niveles de actividad o expresión genética. Así, un mismo gen presente en el ratón y en el ser humano puede tener niveles de actividad muy distintos.

5. La paciente que no conocía el miedo

1. Tanto en sentido filogenético como en sentido ontogenético.

2. Aumentaba la actividad en el sistema anterior (frontal) de las neuronas espejo.

3. Destacan las zonas orbitales, ventromediales, la ínsula y la corteza cingulada anterior, entre otras.

4. La amígdala es una estructura subcortical del prosencéfalo que se encuentra dentro de cada uno de los lóbulos temporales, concretamente en la región medial, delante de la formación hipocampal (importante para consolidar las memorias).

5. El problema de estos trabajos iniciales era que, además de lesionar la amígdala, también quedaban afectadas zonas próximas a esta, como la corteza entorrinal y el polo temporal, que hoy sabemos que participan en la regulación de las conductas sociales, entre otras funciones. Estudios recientes en primates no humanos que han realizado lesiones selectivas de la amígdala han demostrado que los animales con este tipo de lesión son menos precavidos a la hora de acercarse a predadores potenciales y muestran una menor evitación inicial hacia los seres humanos que no conocen (hechos muy inusuales en el caso de monos sin esta lesión). Estas conductas se presentan especialmente marcadas en circunstancias de novedad y falta de familiaridad, lo cual concuerda con un papel de la amígdala en el procesamiento de la información de ambigüedad e imprevisibilidad. En los estudios iniciales, las lesiones no selectivas de la amígdala generaban graves deterioros de la conducta social de los animales, dando como resultado la pérdida de su estatus social y llevando, en última instancia, al ostracismo del grupo, lo cual implicaba una muerte casi segura en la naturaleza. Hoy sabemos que las lesiones

selectivas de esta estructura provocan deterioros más sutiles y complejos que parecen depender de otros factores (el tipo de interacción, el momento de la lesión, el tamaño del grupo social...).

6. Recordemos que se trata de una técnica de neuroimagen que permite ver qué partes del cerebro se ponen en marcha cuando una persona hace determinada tarea o está en reposo.

7. Las áreas de asociación quedan conformadas por las neuronas ubicadas en el surco temporal superior y las de la circunvolución fusiforme. Los resultados de este estudio también manifestaron que el surco temporal superior del hemisferio derecho mostraba un aumento de actividad cuando los participantes tenían que evaluar la confianza de los rostros, sugiriendo que esta región también podría ser importante para realizar inferencias respecto a la intencionalidad de los demás.

6. El extraordinario caso del hombre que vivió con un agujero en la cabeza

1. Los cuerpos de las neuronas que se localizan en el área tegmental ventral del mesencéfalo (un componente del tronco del encéfalo) envían sus proyecciones en dos vías: una que se dirige al núcleo accumbens (vía o sistema mesolímbico) y otra que termina en la corteza prefrontal (vía o sistema mesocortical).

2. Por ejemplo, las regiones orbitales.

7. En el cerebro del asesino

1. La hipótesis del marcador somático postula que las emociones pueden informar de ciertos aspectos de una situación o de determinadas consecuencias de posibles acciones. Las emociones manifiestan esta señalización tanto de forma abierta como encubierta. En relación con el conocimiento que se utiliza en el razonamiento, este puede ser explícito o estar parcialmente encubierto (por ejemplo, cuando la persona intuye una solución). Para Damásio, las emociones participan en la intuición, de forma que, mediante un proceso cognitivo muy rápido, se puede llegar a una conclusión sin ser conscientes de todos los pasos lógicos intermedios. Para este autor, la calidad

de la intuición depende de los razonamientos anteriores y de la clasificación de los acontecimientos de la experiencia pasada en relación con las emociones que los precedieron y sucedieron, así como del tipo de reflexión ejercida sobre los éxitos y fracasos de las intuiciones anteriores. Es necesario tener presente que los sistemas cerebrales que se ocupan de las emociones y la toma de decisiones suelen participar en la gestión de la cognición y el comportamiento social.

2. La amígdala supervisa constantemente la información que recibimos del entorno y busca señales importantes para la persona. Cuando detecta una, activa diferentes núcleos del hipotálamo y el tronco del encéfalo para poner en marcha los tres componentes característicos de una respuesta emocional. El núcleo accumbens, por su parte, se activa en situaciones con valor adaptativo (consecución de algo que detectamos como importante, placentero o nuevo), lo que refuerza las secuencias motoras dirigidas a un fin que posibilitarán, en último término, conseguir el estímulo o la situación anhelada. La corteza prefrontal modula tanto la amígdala como el núcleo accumbens, para, entre otras cosas, velar por que estas respuestas se adecuen a las normas de la sociedad, teniendo en cuenta las posibles consecuencias para nosotros a largo plazo.

3. Anatómicamente, se ha comprobado que la corteza prefrontal recibe considerables proyecciones serotoninérgicas que la activan. Diferentes autores han sugerido el posible mecanismo de acción: un incremento de la actividad serotoninérgica aumentaría la de la corteza prefrontal, la cual, por su parte, inhibiría la de la amígdala para suprimir las conductas agresivas.

4. En concreto, la corteza orbitofrontal.

5. La versión más común de la teoría de la simulación está vinculada al acoplamiento percepción-acción, y el mecanismo neuronal candidato se basa en las neuronas espejo. Estas se describieron por primera vez en 1992 en macacos Rhesus, unos primates muy inteligentes. Los investigadores se dieron cuenta de que un grupo de neuronas frontales del cerebro de estos animales (el área F5 de la corteza premotora ventral) respondía tanto cuando los primates realizaban un movimiento específico como cuando lo observaban realizado por el experimentador. Las propiedades de respuesta de estas neuronas parecían no tener en cuenta la distinción entre el yo y el otro: respondían tanto a las acciones realizadas por el experimentador o por otro mono como a las que hacía él mismo. Debido a la limitada posibilidad de realizar registros unicelulares en humanos, hasta 2010 no se confirmó la existencia de neuronas espejo en los seres humanos. Las teorías de la simulación extienden

la noción de neurona espejo no solo a la acción, sino también a la sensación (como el tacto o el dolor) y la emoción.

6. La teoría de la mente nos permite crear una hipótesis sobre las emociones y el comportamiento de los demás y, por tanto, es esencial en las relaciones humanas. Es una capacidad heterometacognitiva, una palabra muy extraña que utilizamos los neurocientíficos cognitivos para hacer referencia a cómo un sistema cognitivo logra conocer los contenidos de otro diferente de aquel con el que se lleva a cabo ese conocimiento. La teoría de la mente constituye un constructo muy complejo, dado que engloba un gran número de habilidades cognitivas altamente complejas que pueden clasificarse en tres categorías generales: (1) percepción e interpretación de las expresiones emocionales ajenas; (2) capacidad para atribuir deseos, intenciones y creencias a los demás; y (3) capacidad para ponernos en el lugar del otro o empatía.

7. Por ejemplo, diferentes regiones de la corteza prefrontal, la ínsula o la amígdala, entre otras.

8. El hombre que vivía en un presente permanente

1. Una de las primeras descripciones anatómicas de esta región la llevó a cabo el anatomista veneciano Julius Caesar Aranzi en 1587. La comparó con un caballito de mar y utilizó el término *hippocampus* —del griego *hippos*, «caballo», y *campus*, «monstruo de mar»—. La formación hipocampal es una porción de corteza (alocórtex) con forma curvilínea localizada en el interior del lóbulo temporal medial. Las secciones coronales nos permiten distinguir tres zonas bien diferenciadas: la circunvolución dentada, el hipocampo —también conocido como «asta de Amón» o «*cornu ammonis*» (CA)— y el subículo. Para simplificar los términos anatómicos utilizados, me referiré a la formación hipocampal como hipocampo, pero cuando quiera hablar del hipocampo propiamente dicho y de sus diferentes zonas utilizaré la abreviatura CA. Las principales áreas que se analizarán serán CA1 y CA3.

2. La cirugía destruyó los dos tercios anteriores de la formación hipocampal, la circunvolución parahipocampal, la corteza anterior temporal, el uncus y la amígdala.

3. Hace más de cuarenta años que los científicos buscan los mecanismos neurales plásticos subyacentes a la memoria. A principios de los años setenta, Terje Lømo y Tim Bliss mostraron que la estimulación eléctrica de

alta frecuencia administrada de forma breve en circuitos del hipocampo producía un aumento en la fuerza de la comunicación entre las neuronas que se mantenía a largo plazo. Este hecho experimental se denominó «potenciación a largo plazo» (PLP). La PLP se constituyó como el fenómeno de plasticidad cerebral más estudiado en el sistema nervioso de los mamíferos. Hoy en día no queda la menor duda de que está íntimamente ligado a los mecanismos celulares y moleculares subyacentes a la formación de la memoria. De este modo, se ha podido comprobar que los efectos de la PLP suelen ser más potentes y significativos en estructuras neurales críticas para la consolidación de la memoria. De forma añadida, la PLP puede producirse con intensidades de estimulación que se dan durante la actividad nerviosa estándar. También se ha demostrado que diversas tareas de aprendizaje inducen cambios parecidos a los generados por la PLP en diferentes regiones del sistema nervioso. D. O. Hebb (1904-1985) se considera el padre de la psicobiología cognitiva. Este autor planteó, a finales de los años cuarenta, dos ideas cardinales que han influido de forma decisiva en el campo de las ciencias cognitivas: (1) una experiencia puede representarse neuralmente mediante un grupo definido de neuronas activas de forma simultánea y (2) la memoria se localiza en las conexiones sinápticas entre las células nerviosas. Los mecanismos de plasticidad sináptica son complejos, pero se pueden dividir en dos grupos diferenciados: por un lado, los que modifican la fuerza de las conexiones existentes y, por otro, aquellos que podrían permitir la formación o eliminación de sinapsis y remodelar la estructura de sinapsis y axones. Estos procesos parecen producir cambios a largo plazo en diferentes circuitos neuronales, lo cual lleva a la génesis de modificaciones en la conducta del individuo.

4. Este proceso se denomina «neurogénesis». La circunvolución dentada del hipocampo es una de las regiones del encéfalo adulto en la que las células madre se pueden dividir y dar lugar a nuevas neuronas. Estas forman nuevas conexiones sinápticas con las células de CA3, quizá participando en los procesos de aprendizaje y memoria.

5. Sabemos que puede expandirse regionalmente para dar cabida a la elaboración de la representación espacial en personas con una alta dependencia de las habilidades de navegación.

6. En concreto, el grupo de pacientes con lobectomía temporal derecha tenía afectada la navegación, el reconocimiento de la escena y el mapa en comparación con los sujetos control. También mostraron una peor ejecución al intentar reconocer objetos en una tarea de memoria episódica.

7. Se han encontrado evidencias de representación temporal en células hipocampales de diferentes especies de mamíferos, incluyendo ratas y primates no humanos y humanos. Las secuencias de activación de las células de tiempo que aparecen durante el aprendizaje pueden distinguir memorias específicas y predicen la ejecución subsiguiente en las pruebas de memoria.

8. La corteza entorrinal, la corteza perirrinal y la corteza parahipocampal.

9. En la enfermedad de Parkinson, la afectación clínica más evidente son los trastornos del sistema motor, que incluyen rigidez, moderación motora, temblor y trastornos de la marcha. Esta enfermedad se acompaña de demencia en casi el 40 por ciento de los casos. Las afectaciones cognitivas más evidentes en la demencia asociada a esta enfermedad son los déficits de aprendizaje procedimental, las alteraciones visuoespaciales, las disfunciones ejecutivas y el enlentecimiento cognitivo, aunque el perfil de déficit varía mucho entre pacientes y en un mismo individuo en diferentes momentos.

10. La enfermedad de Huntington es hereditaria, irreversible y de curso progresivo. Se caracteriza por la aparición de movimientos incontrolables, rápidos, irregulares y espasmódicos que afectan a la musculatura facial y de las extremidades. La edad de inicio está alrededor de los cuarenta años. En la mayoría de los casos, sin embargo, antes de que aparezcan los primeros síntomas motores se dan alteraciones del estado de ánimo, por lo general en forma de depresión, y de la capacidad intelectual.

11. De esta manera, las regiones parietales y frontales son importantes para el aprendizaje motor, y las regiones temporales lo son para el aprendizaje perceptual. Además, estudios que han utilizado técnicas de neuroimagen en sujetos control han revelado modificaciones de la actividad del cerebelo en relación con el aprendizaje de tareas que tienen claros componentes motores. Asimismo, pacientes con lesiones cerebelosas han mostrado un deterioro significativo en tareas de aprendizaje de hábitos motores y tareas de planificación de secuencias de acciones para resolver problemas, entre otras.

12. La región de la amígdala es la lateral. Se trata de un área de convergencia para la información que proviene de múltiples regiones cerebrales y permite la formación de asociaciones subyacentes al condicionamiento de la respuesta de miedo. De esta forma, recibe y envía datos de diferentes áreas de la corteza y de estructuras subcorticales. La amígdala lateral proyecta entonces al núcleo central de la amígdala. Esas proyecciones inician la respuesta emocional si se determina que un estímulo, tras ser analizado y ubicado en el contexto correcto, representa un peligro potencial para el sujeto. El

núcleo central, mediante sus conexiones con el hipotálamo y el tronco del encéfalo, pone en marcha los tres componentes de la respuesta emocional: conductual, autonómico y endocrino. Diferentes evidencias experimentales han puesto de manifiesto que las lesiones del núcleo central de la amígdala afectan a todas las respuestas del condicionamiento del miedo. Asimismo, su estimulación produce incrementos en la tasa cardiaca, la frecuencia respiratoria, la presión sanguínea, la liberación de hormonas del estrés, la inmovilización conductual y la hiperreflexia, entre otros. Asimismo, el núcleo central intercede como mediador en la activación inespecífica de la corteza cerebral por medio de sus proyecciones directas a esta (sobre todo a la circunvolución cingulada rostral y a la corteza orbitofrontal) y sus proyecciones indirectas (mediante del núcleo basal de Meynert).

13. Diferentes trabajos se han centrado en la transmisión glutamatérgica y los mecanismos de plasticidad asociados. No obstante, investigaciones muy recientes han demostrado la importancia de determinados circuitos locales inhibitorios en la amígdala para el control de la adquisición, expresión y extinción del condicionamiento de la respuesta de miedo en diferentes ámbitos.

14. De estos estudios en pacientes con lesiones de la amígdala y el hipocampo podemos concluir que la amígdala es crítica para la adquisición y expresión implícita del aprendizaje y la memoria emocional (por ejemplo, para la respuesta de miedo condicionada). El hipocampo, por su parte, es necesario para adquirir el conocimiento declarativo o explícito de las propiedades emocionales de un estímulo determinado.

15. Es decir, poniendo en marcha los mecanismos neuroendocrinos, autonómicos y conductuales por medio de las eferencias nerviosas del núcleo central de la amígdala. Hoy sabemos que la amígdala es esencial para la adquisición y expresión del aprendizaje emocional de tipo implícito. No obstante, esa estructura también puede intervenir en el aprendizaje emocional de tipo explícito. Las interacciones de la amígdala con el sistema de memoria explícita dependiente de la formación hipocampal pueden darse en relación con dos aspectos claramente diferenciados. Por un lado, puede aumentar la fuerza de las memorias explícitas de situaciones emocionales, ya que modula su almacenamiento. Esto explicaría por qué nos acordamos de qué estábamos haciendo el 11 de septiembre de 2001 cuando nos enteramos del atentado de las Torres Gemelas, y no recordamos qué estábamos haciendo el 11 de septiembre del año 2000. El segundo aspecto en el que la amígdala puede

interactuar con el sistema de memoria explícita está relacionado con el hecho de que la amígdala es necesaria para las respuestas emocionales indirectas a estímulos cuyas propiedades emocionales se aprenden de forma explícita.

16. En diversos estudios se ha observado que las lesiones del hipocampo eliminan selectivamente las respuestas de miedo provocadas por estímulos contextuales sin que afecten a las provocadas por estímulos sensoriales específicos.

17. ¿Cómo puede la amígdala mediar en la influencia del arousal emocional sobre la memoria, lo que afecta a diferentes sistemas? Además del aprendizaje emocional que, de forma intrínseca, tiene lugar en la amígdala (por ejemplo, el condicionamiento de la respuesta de miedo), desde la amígdala se establecen proyecciones bidireccionales directas e indirectas hacia diferentes estructuras cerebrales críticas para los diversos sistemas de memoria. De este modo, la amígdala presenta conexiones bidireccionales directas con el sistema de memoria del lóbulo temporal medial, implicado en la consolidación de memorias de tipo explícito y condicionamientos complejos, como el de la respuesta de miedo al contexto. También presenta conexiones bidireccionales directas e indirectas con la corteza prefrontal, implicadas en la memoria de trabajo y prospectiva, el uso de diferentes estrategias de memoria por parte del sujeto, la metamemoria, la memoria semántica, el aprendizaje de extinción, el *priming* conceptual, el recuerdo autobiográfico... De igual forma, la amígdala está conectada directa e indirectamente con el estriado, que se relaciona con el aprendizaje procedimental y el vinculado con el refuerzo. La amígdala se halla conectada de manera indirecta con el sistema de memoria en el que participa el cerebelo, importante para el aprendizaje motor y diferentes condicionamientos reflejos. Las conexiones bidireccionales directas de la amígdala con la corteza sensorial ayudarían a explicar su posible influencia sobre el almacenamiento de la memoria y el *priming* conceptual y perceptual. Por último, la activación de las hormonas características de la respuesta de estrés podría constituir uno de los efectos más duraderos de la amígdala sobre la consolidación de la memoria en curso en diferentes sistemas.

18. Algunos autores sugieren que la corteza prefrontal establece interacciones funcionales con el lóbulo temporal medial y estructuras diencefálicas críticas para el aprendizaje. De este modo, la corteza prefrontal podría controlar la información que llega a estas estructuras para su codificación y posterior consolidación. Se ha podido comprobar en diferentes estudios que

la corteza prefrontal contribuye de una manera clara al aprendizaje explícito. Asimismo, también contribuye al aprendizaje implícito en cuanto que este requiere una secuenciación, organización y monitorización deliberada de la información.

19. No parece haber consenso acerca de si el papel de la corteza prefrontal dorsolateral sobre la memoria de trabajo puede disociarse por dominios. En este sentido, una investigación llevada a cabo por Sandrini y colaboradores encontró que el papel de esta región parecía lateralizarse en una tarea de memoria de trabajo (*n-back*) para sus versiones espacial (hemisferio derecho) y verbal (hemisferio izquierdo). Un estudio llevado a cabo en 2014 por Fried y colaboradores mostró la disociación de la memoria de trabajo espacial y verbal después de la modulación de la actividad de la corteza prefrontal dorsolateral derecha, de forma que la inhibición de esta región cortical redujo la ejecución espacial y aumentó la verbal, lo que evidenciaba la contribución de la corteza prefrontal dorsolateral sobre la memoria de trabajo disociada por dominios. Por otro lado, se ha podido comprobar que el aumento de la excitabilidad en la corteza prefrontal dorsolateral del hemisferio derecho produce una reducción de la conectividad funcional de esa región cortical con el hipocampo izquierdo durante una tarea de memoria de trabajo, pero no en estado de reposo. El desacoplamiento que se produce entre estas dos estructuras podría sugerir un posible papel de la corteza prefrontal dorsolateral en la limitación de la interferencia sobre la memoria de trabajo que pudiera tener el procesamiento cognitivo que depende del hipocampo.

20. Basándonos en modelos estructurales de conectividad prefrontal, operaría a través de proyecciones de retroalimentación desde las regiones límbicas a las áreas prefrontales laterales.

9. La mujer que percibía su cuerpo como la prisión de su identidad

1. Hay una mutación genética que provoca el síndrome de insensibilidad a los andrógenos, en el que se previene la formación de receptores funcionales para los andrógenos en hombres genéticos (XY). De esta forma, la testosterona (un andrógeno) no puede estimular el sistema de Wolf, pero la hormona antimülleriana (que no es un andrógeno) inhibe el desarrollo del sistema de Müller, con lo cual el paciente carecerá de órganos sexuales externos. Más

tarde, los externos (que, como veremos a renglón seguido, dependen también de los andrógenos) serán de tipo femenino. En la pubertad, la persona desarrolla un cuerpo de mujer. Sin embargo, sin útero ni ovarios, no puede tener hijos. Otra alteración genética es el síndrome del conducto mülleriano persistente. En este caso, la mutación genética produce un déficit en la producción de la hormona antimülleriana o la ausencia de receptores para esta hormona. Cuando este síndrome se da en hombres genéticos, la testosterona activa el sistema de Wolf, pero no se puede inhibir el de Müller. La persona nace con ambos conjuntos de órganos sexuales internos, masculino y femenino. La presencia de los órganos sexuales femeninos adicionales suele interferir en el funcionamiento de los órganos sexuales masculinos.

2. Se trata de un andrógeno denominado «dihidrotestosterona» que proviene de la testosterona gracias a una enzima, la 5-α reductasa.

3. Es una mutación para el gen que codifica la enzima 5-α reductasa.

4. El estradiol y la testosterona detienen el crecimiento óseo. En concreto, esta última hormona estimula el crecimiento del tejido muscular y del pelo, la maduración de los genitales masculinos y el cambio tonal de la voz. La testosterona también provoca cambios en la línea capilar de la cabeza. El estradiol, por su parte, induce el crecimiento de la mucosa uterina, la maduración de los genitales femeninos, el crecimiento de los pechos y cambios en la disposición del tejido adiposo.

5. Concretamente, la subdivisión central de este núcleo.

6. Diversas investigaciones han intentado analizar las diferencias de conectividad global y regional dentro de las redes neuronales funcionales en mujeres y hombres transgénero de inicio temprano en la vida. Gracias a estos trabajos se ha formulado una hipótesis cortical del neurodesarrollo que propone la existencia de distintos fenotipos cerebrales que se basan en datos anatómicos y polimorfismos de genes de receptores de hormonas sexuales. Por su parte, otra hipótesis ha sugerido que existirían diferencias en las redes neurales implicadas en la percepción del cuerpo. Ambas hipótesis podrían ser complementarias para explicar las diferencias cerebrales entre las variantes de género.

7. Los axones de las neuronas de este núcleo llevan a cabo la primera sinapsis en el bulbo olfatorio accesorio. De allí se proyectan hacia los núcleos cortical y medial de la amígdala, y, desde ese punto, se lanzan hacia el núcleo del lecho de la estría terminal, el área preóptica, el hipotálamo anterior y el hipotálamo ventromedial.

8. Como la amígdala, el núcleo caudado, el putamen, etcétera. También se conecta la corteza orbitofrontal con la corteza cingulada anterior, que cumple su papel cuando nos enamoramos.

10. La máquina que podía producir más placer que el de un orgasmo

1. El refuerzo y la motivación son dos procesos de gran importancia biológica: fomentan el bienestar y procuran la supervivencia de los individuos. En algunos casos, la conducta motivada forma parte de los procesos de homeostasis, ya que actúa mediante sistemas de retroalimentación negativa para corregir desequilibrios internos (comer cuando los niveles de glucosa bajan, beber agua cuando las células se deshidratan…). En otros casos, la conducta motivada no está controlada por la satisfacción de unas necesidades específicas, sino que se dirige hacia estímulos externos que poseen propiedades intrínsecas incentivas. En esta dirección, el refuerzo se convierte en un objetivo implícito o explícito que puede incrementar la frecuencia de la conducta y provocar respuestas de acercamiento.

2. Ya sea a través de mecanismos innatos o del aprendizaje.

3. El cerebro puede utilizar la información reforzante para modular el aprendizaje y controlar conductas reguladas por el conocimiento de las relaciones de causa-efecto entre una acción determinada y la consecución de una meta. Los estímulos reforzantes pueden mantener conductas aprendidas y prevenir su desaparición. El grado del aprendizaje dependerá, entre otros aspectos, de la discrepancia entre la ocurrencia del refuerzo y su predicción. Los individuos deben ser capaces de extraer la información reforzante de una gran variedad de estímulos y situaciones: relativa a la presencia y el valor de los refuerzos para la persona, a su predictibilidad y accesibilidad, y a los costes asociados con su consecución (relación coste-beneficio). De esta forma, se podría hablar de la detección y percepción de diversos estímulos que presiden la llegada de un refuerzo (señales de refuerzo), de la expectación de los refuerzos que parecen ser inminentes, así como del uso de la información de los refuerzos sobre los que hemos realizado predicciones para controlar la conducta que pondremos en marcha. Las neuronas que detectan la aparición de un refuerzo procesan la información sobre su valor motivacional y su identidad. Esta información podría ayudar a crear representaciones neurales

que permitan a los individuos esperar refuerzos futuros acordes con la experiencia previa, y adaptar su conducta a los cambios en las contingencias del refuerzo.

4. Otras regiones de la corteza (la prefrontal dorsolateral y la cingulada anterior) también participan de forma activa en el procesamiento de la información reforzante. Como se ha visto en el capítulo 8, la corteza prefrontal dorsolateral es crucial cuando se necesitan mecanismos de memoria de trabajo para monitorizar respuestas conductuales basadas en incentivos. Por sus amplias conexiones con otras regiones corticales, la corteza cingulada anterior queda constituida como un enclave anatómico importante para la representación de diferentes funciones sensoriomotoras, cognitivas y motivacionales. Esta región cortical parece estar implicada en la monitorización de esas funciones en situaciones de conflicto potencial, lo cual puede ser de importancia cardinal cuando se comparan opciones de un valor similar. Diferentes estudios de neuroimagen han mostrado en contextos de compra e inversión que las opciones altamente valoradas por la persona promueven un aumento de la activación de la corteza prefrontal dorsolateral. Por otro lado, en ese mismo tipo de contextos, la consideración de opciones que entran en conflicto en diferentes dimensiones (como un producto de precio muy alto, pero valorado muy positivamente por la persona) aumenta la activación de la porción dorsal de la corteza cingulada anterior.

5. Se trata de las neuronas dopaminérgicas del área tegmental ventral, una región ubicada en el mesencéfalo, en el tronco del encéfalo.

6. Cuando el adicto a una sustancia deja de consumirla se puede producir lo que se denomina «abstinencia», es decir, la aparición de un conjunto de síntomas fisiológicos, cognitivos y emocionales. Pueden variar mucho según el tipo de droga, la frecuencia y la duración de su uso, así como la fisiología y la salud general del individuo.

7. Ya sean sensoriales, interoceptivos o contextuales.

11. El caso de Óscar y el del gladiador

1. Si el estrés se mantiene durante un tiempo, el sistema simpático sostiene una actividad elevada que puede desencadenar varios efectos metabólicos y fisiológicos: aumento de la frecuencia y fuerza del latido cardiaco, contracción del bazo, vasoconstricción esplénica, aumento del número de

eritrocitos circulantes, liberación hepática del azúcar almacenado hacia la musculatura, aumento de glucemia, redistribución de la sangre que circula por la piel y las vísceras, incremento de la capacidad respiratoria y dilatación bronquial, dilatación de la pupila, aumento de la coagulabilidad de la sangre y de los linfocitos circulantes, inhibición de la secreción de insulina y estimulación de la secreción de glucagón en el páncreas (recuerda que la insulina es la hormona que liberamos justo antes de comer para que las células utilicen la glucosa de los alimentos, mientras que el glucagón permite que, en una situación de ayuno o emergencia metabólica, la glucosa almacenada vaya a la sangre y se pueda utilizar fundamentalmente en el cerebro).

2. El esquema de activación de este eje endocrino es el siguiente: primero se producen dos hormonas (liberadora de corticotropina —CRH— y liberadora de arginina vasopresina —AVP—) en una zona del hipotálamo. Los axones de estas neuronas liberan las hormonas en un sistema sanguíneo local y estas sustancias llegan a una pequeña glándula (hipófisis) para que sus células endocrinas liberen una tercera hormona a la circulación general, la adrenocorticotrópica (para los amigos, corticotropina, ACTH). En concreto, la CRH y la AVP promueven la síntesis de proopiomelanocortina (POMC), la proteína precursora que da lugar a la ACTH y a otras moléculas como la β-endorfina y la hormona estimulante de los melanocitos α (α-MSH). Cuando la ACTH se libera en la sangre, llega hasta la corteza de la glándula adrenal (zona fasciculada), donde se une a unos receptores específicos (receptor de melanocortina de tipo 2) en las células de su corteza. Este proceso desencadena una serie de eventos intracelulares que conducen a la liberación de hormonas esteroides, principalmente cortisol, un glucocorticoide. Estas pueden entrar con facilidad en el cerebro para unirse a dos receptores de corticosteroides citosólicos: el de mineralcorticoides (MR) y el de glucocorticoides (GR).

3. Un control normativo adecuado del eje HPA es vital para la salud y la supervivencia, y se consigue mediante mecanismos de retroalimentación negativa que implican acciones rápidas y genómicas de los glucocorticoides en la hipófisis y otras zonas del cerebro. Varios de los mecanismos que median en los efectos del estrés sobre el cerebro y el comportamiento implican un papel destacado de los glucocorticoides. De esta forma, la reactividad del eje HPA al estrés queda determinada, en parte, por la capacidad de los glucocorticoides para regular la liberación de CRH y ACTH. Los bucles de retroalimentación que inactivan el eje y lo devuelven a un punto homeostá-

tico se controlan a varios niveles, que van desde la glándula adrenal hasta el hipotálamo y otras regiones cerebrales, como el hipocampo y la corteza prefrontal. Por el contrario, la amígdala activa el eje HPA para potenciar la respuesta endocrina al estrés.

4. En concreto, se pudo constatar un déficit en el control de retroalimentación negativa de la secreción de ACTH.

5. En una situación de estrés, los glucocorticoides, el glucagón (una hormona liberada por el páncreas) y la adrenalina estimulan la conversión de los triglicéridos en ácidos grasos libres, que proporcionan cantidades ingentes de energía. Asimismo, los glucocorticoides ayudan a convertir las proteínas de los músculos inactivados en aminoácidos. De este modo, tanto los aminoácidos como los ácidos grasos llegan al hígado, lugar donde serán transformados en glucosa (gluconeogénesis). La glucosa almacenada en el hígado en forma de glucógeno también se convierte en glucosa (glucogenólisis). Durante el estrés, la insulina (otra hormona pancreática) es inhibida, dado que estimula el almacenamiento de ácidos grasos como los triglicéridos y de aminoácidos como las proteínas. Es decir, sería la otra cara de la moneda en la que se encontraría el glucagón. No obstante, siempre puede quedar algo de insulina en circulación y, por ello, los glucocorticoides inhiben el transporte de los nutrientes a las células adiposas, lo que contrarresta su posible efecto. Todo este sistema metabólico de respuesta también bloquea la absorción de nutrientes por parte de los músculos.

6. El hipotálamo libera, por medio de la hipófisis anterior, dos hormonas que regulan la secreción de la hormona del crecimiento (GH): la liberadora de la GH (GHRH) y la somatostatina, también denominada «hormona inhibitoria de la GH». La fluctuación normal del nivel de GH depende de la integración de las señales cerebrales de estimulación por parte de la GHRH con las de inhibición por parte de la somatostatina.

7. La GH, las somatomedinas, la hormona paratiroidea y la vitamina D posibilitan que las partes viejas de los huesos se desintegren y se vayan renovando constantemente. Las hormonas del estrés alteran el tráfico de calcio e imposibilitan la renovación ósea. Los glucocorticoides inhiben el crecimiento de nuevos huesos, dado que interrumpen la división de las células precursoras del hueso en sus extremos.

8. Por ejemplo, el factor de crecimiento nervioso (NGF) o el factor neurotrófico derivado del cerebro (BDNF).

9. Spinelli *et al.* (2010) analizaron los cambios morfológicos en el cerebro

de monos Rhesus (*Macaca mulatta*) sometidos a estrés en épocas tempranas del desarrollo. Estos autores dividieron la muestra de monos en dos grupos: (1) los que se criaron con sus madres y otros individuos juveniles y adultos, y (2) los que se criaron sin sus madres, pero con otros monos de su edad. Los estudios volumétricos del cerebro de estos primates mostraron que los criados sin sus madres presentaron un mayor volumen en la corteza prefrontal medial y en la región dorsal de la corteza cingulada anterior, áreas cerebrales que ya sabemos que son sensibles al estrés. Según estos autores, estos cambios podrían aumentar el riesgo de sufrir trastornos neuropsiquiátricos relacionados con el estrés. Durante ese año, estos mismos investigadores publicaron otro trabajo en el que mostraban que el estrés sufrido por los monos en etapas tempranas del desarrollo, al ser separados de sus madres y criados entre iguales, reducía la densidad global de un receptor del neurotransmisor serotonina.

10. (1) El corazón se acelera, lo que incrementa la velocidad e intensidad de los latidos, (2) se produce la constricción de algunas de las arterias principales, (3) se estrechan las arterias del sistema mesentérico (que suministran sangre al tracto digestivo y los vasos sanguíneos de los riñones y la piel) y permiten un aumento de flujo sanguíneo hacia los músculos y el cerebro.

11. En 2003, Yan *et al.* analizaron en un estudio observacional prospectivo un conjunto de variables psicosociales como factores de riesgo para la hipertensión arterial. Estos autores siguieron a un grupo de 3.308 personas de entre dieciocho y treinta años. Los resultados mostraron que la impaciencia, el sentirse presionado por el tiempo y la hostilidad de los sujetos eran factores asociados al aumento del riesgo de sufrir hipertensión. Matthews *et al.* (2006) evaluaron si los cambios que tenían lugar durante el estrés psicológico podían ser un factor de riesgo para la aterosclerosis. Estos autores mostraron que la reactividad de la presión sanguínea a un estresor de tipo psicológico estaba relacionada con la calcificación de las arterias coronarias.

12. La amígdala está implicada en mediar formas de reactividad al estrés periférico que puede tener consecuencias adversas sobre el estado de salud de la persona. En este sentido, se ha podido comprobar que las diferencias en la reactividad que muestra la amígdala ante estímulos salientes a nivel emocional covarían con los parámetros fisiológicos asociados al riesgo de sufrir alteraciones cardiovasculares (cambios en la presión sanguínea inducidos por un agente estresante, niveles basales autonómicos de respuesta cardiaca y variaciones diurnas en la secreción de cortisol).

13. Este patrón de conectividad funcional (actividad correlacionada) entre la amígdala y la corteza cingulada anterior sugiere una potencial regulación a la baja de la amígdala por esta área de la corteza prefrontal durante el procesamiento de estímulos socialmente amenazantes.

14. Los glucocorticoides provocan una reducción de la glándula del timo (muy importante para el sistema de defensa), detienen la formación de nuevos linfocitos T e inhiben la secreción de interleucinas e interferones (moléculas de crítica importancia para el correcto funcionamiento del sistema inmunitario). Asimismo, reducen la sensibilidad de los linfocitos a la alarma de infección.

15. Hoy sabemos que las neuronas de una parte de la amígdala proyectan hacia las neuronas del núcleo paraventricular del hipotálamo que segregan CRH. Por eso es lógico pensar que la respuesta emocional negativa esté muy relacionada con la respuesta de estrés y la inmunosupresión. Varios estudios sugieren que la inmunosupresión que no se debe a la secreción de glucocorticoides podría estar bajo control neural directo, puesto que tanto la glándula del timo como la médula ósea y los nódulos linfáticos reciben *inputs* neurales.

16. En concreto, a los ganglios de las raíces dorsales de los nervios espinales.

12. El hombre que se enfrentaba a sus miedos durante el sueño

1. Actividad theta de baja amplitud entremezclada con pequeñas salvas de actividad beta.

2. Cuando la luz incide en la retina a través de una vía denominada «retinohipotalámica» llega a un núcleo del hipotálamo llamado «supraquiasmático» para marcar la vigilia.

3. El núcleo supraquiasmático del hipotálamo.

4. Estas neuronas se hallan en el hipotálamo lateral.

5. Estas neuronas se encuentran en la protuberancia dorsal, en el tronco del encéfalo, conocido como «núcleo sublateral dorsal».

6. Estas neuronas se localizan en la región del mesencéfalo dorsal, en el tronco del encéfalo, que se conoce como «sustancia gris periacueductal ventrolateral».

7. Son neuronas inhibitorias gabaérgicas.

8. Además, un reloj interno, posiblemente situado en la protuberancia, controla la alternancia ultradiana de unos noventa minutos entre los periodos de sueño no REM y REM.

9. Para contrastar esta hipótesis, Gilestro, Tononi y Cirelli (2009) mostraron que los niveles de diferentes proteínas propias de los contactos entre las neuronas aumentaban durante la vigilia y disminuían en el sueño. A renglón seguido, estos autores llevaron a cabo una privación de sueño en moscas de la fruta (*Drosophila melanogaster*) utilizando dos métodos diferentes. En uno, los autores agitaban los viales donde se estabulaban las moscas de forma periódica para evitar que entraran en un estado de inactividad. El segundo método consistió en forzar el vuelo en machos al cohabitar con otros machos de la misma cepa. Independientemente del método, indujo la aparición de niveles altos de diferentes proteínas sinápticas en el cerebro de las moscas. Los niveles de esas proteínas disminuyeron cuando los insectos tuvieron la oportunidad de dormir. Estos autores demostraron que los niveles de estas proteínas fluctuaban con el ciclo sueño-vigilia, no en función de la hora del día. El descenso de las proteínas sinápticas durante el sueño fue progresivo. Además, el equipo de Tononi y Cirelli pudo comprobar que el sueño había sido necesario para la disminución de las proteínas sinápticas, o que sugería que este podría estar implicado en el mantenimiento de la homeostasis sináptica, que queda alterada por las actividades celulares que tienen lugar durante la vigilia.

10. En 2009, Donlea, Ramanan y Shaw quisieron investigar cómo las experiencias que habían tenido lugar durante el día podían afectar al sueño de moscas que presentaban tres tipos de mutación genética relacionados con el reloj circadiano y el ciclo de sueño-vigila (mutaciones en los genes *rutabaga*, *period* y *blistered*). Estos autores ya habían descubierto que las moscas aumentaban el tiempo de sueño después de un proceso de enriquecimiento social. El resultado fue publicado en 2006 en la prestigiosa revista *Science*. Los investigadores descubrieron que era suficiente impedir la activación en uno de estos tres genes para evitar que las moscas durmieran más tiempo después de las actividades de enriquecimiento social realizadas durante el día. Asimismo, la restitución de cada uno de esos genes restablecía la cantidad de sueño que debería haber tenido lugar después del enriquecimiento social.

11. Aconsejo leer los estudios de Robert Stickgold, de la Universidad de Harvard.

12. Ji y Wilson se centraron en el estudio de si la reactivación que sucedía en el sueño de lo vivido en la vigilia era importante para consolidar la memoria en la corteza cerebral. Para ello, estos autores compararon los patrones de actividad neural en el hipocampo y la corteza visual de ratas mientras dormían antes de llevar a cabo una tarea de aprendizaje y después de que tuviera lugar. Al principio, Ji y Wilson mostraron que existía una correlación directa entre el patrón de actividad neuronal en la corteza visual y el hipocampo durante el sueño NREM, y que esa correlación era independiente de cuándo tenía lugar la sesión de sueño en los animales. Los patrones de actividad de la corteza siempre precedían a los de actividad neural del hipocampo. Los autores observaron que, durante la tarea de aprendizaje llevada a cabo en la vigilia, las células de la corteza visual presentaban patrones de actividad que podían localizarse a nivel espacial (algo parecido a lo que te expliqué en el capítulo 8 referente a lo que sucede con las células de lugar en el hipocampo, que se activan si el animal está en una localización concreta). Sobre este resultado, los investigadores compararon la secuencia de disparo de las neuronas de la corteza visual y del hipocampo tanto durante la ejecución de la tarea como en el sueño. Ji y Wilson mostraron que durante el sueño NREM, el patrón de disparo de las neuronas de la corteza visual y el hipocampo reflejaba los que se habían mostrado durante la vigilia. No obstante, a pesar de que la reactivación de la memoria se detectó en la corteza visual, en todas las sesiones de sueño la reactivación en el hipocampo fue más robusta en el sueño que tenía lugar justo después de la vigilia. Este resultado podría indicar que las trazas de memoria corticales tenderían a reflejar las memorias viejas, mientras que las hipocampales reflejarían las recientemente formadas. Estos autores sugieren que la repetición cortical e hipocampal durante el sueño NREM se da de una forma coordinada para ajustarse a la experiencia que ha tenido lugar en la vigilia.

13. Sobre todo, patrones de ondas lentas.

14. Todavía nos faltan contrastaciones empíricas para saber cómo el sueño NREM afecta a la fuerza sináptica a escala molecular. Tononi y Cirelli sugieren que la actividad de ondas lentas pone en marcha un debilitamiento sináptico, de tal forma que cuantas más ondas lentas, mayor es la reducción del número de sinapsis. Debemos tener presente que el sueño NREM tiene lugar en grandes cantidades al principio de la noche, y que después se reduce de forma progresiva. Asimismo, diferentes evidencias moleculares y electrofisiológicas indican que las sinapsis son más fuertes al principio de la

noche y más débiles al final (cuando ya han sucedido todos los momentos del sueño NREM). Según estos autores, la mejora hallada en la ejecución de los sujetos después de una noche de sueño podría explicarse por el debilitamiento sináptico acaecido durante el sueño. Asimismo, se ha podido comprobar que las tareas de aprendizaje que implican regiones cerebrales específicas inducen cambios locales en la intensidad del sueño. La actividad neural durante el sueño puede reactivar circuitos neurales involucrados en el aprendizaje. Ya en 1989, Constantine Pavlides y Jonathan Winson mostraron que el incremento de la actividad neuronal que sucedía mientras los animales (ratas) llevaban a cabo una tarea de aprendizaje también se daba durante el sueño NREM y REM.

15. Se produce una recuperación diferencial en función de los estadios del sueño: casi se recupera un 65 por ciento del SOL, un 50 por ciento del sueño REM y un 10 por ciento del sueño de los estadios I y II.

13. ¿Qué podemos hacer para tener una buena salud cerebral?

1. Bueno, David, *El cerebro del adolescente. Descubre cómo funciona para entenderlos y acompañarlos*, Barcelona, Grijalbo, 2022.

2. Estriado dorsal.

3. Estos autores encontraron cambios diferenciales en el flujo sanguíneo en regiones frontales, la corteza cingulada anterior y el hipocampo durante las dos prácticas de meditación. Asimismo, observaron fuertes correlaciones entre la profundidad del estado de meditación en el que estaban los participantes en el estudio y la actividad neural en regiones del hemisferio izquierdo (incluidas la ínsula, la corteza frontal inferior y el polo temporal). En la circunvolución precentral y en la ínsula anterior los cambios fueron persistentes, incluso permanecieron después de terminar la sesión de meditación.

4. La circunvolución frontal inferior.

5. Los cambios se encontraron fundamentalmente en la corteza prefrontal y parietal, el estriado dorsal, el tálamo y el mesencéfalo.

6. Lazar *et al.* (2005) encontraron un aumento del volumen del espesor de la corteza en la ínsula anterior izquierda y la corteza prefrontal de personas que habían estado meditando durante años, en comparación con los controles. Tang *et al.* (2010) mostraron que once horas de meditación aumentaban la sustancia blanca de la corteza cingulada anterior. Hölzel *et al.*

(2011) estudiaron los cambios cerebrales en participantes que habían participado durante ocho semanas en un programa de meditación. Los análisis *a priori* de las regiones de interés confirmaron un aumento en la sustancia gris del hipocampo izquierdo. Un análisis posterior de todo el cerebro identificó aumentos en la sustancia gris en la corteza cingulada posterior, la unión temporoparietal y el cerebelo.

7. Un conjunto de trabajos realizados por Michael Kaplan *et al.*, llevados a cabo con técnicas de microscopia electrónica, demostraron de forma más directa los postulados de Altman. De todas formas, el trabajo de Kaplan tuvo muy poco efecto en el ámbito científico de aquellos años, probablemente debido a que investigadores con gran influencia en el pensamiento científico del momento, como Eckenhoff y Rakic, encontraron resultados contrarios. A partir de finales de la década de los noventa del siglo pasado, autores como Gage, Goldman, Gould, Ericksson, Kornack y Rakic demostraron la formación de nuevas neuronas en el cerebro adulto de diferentes especies de mamíferos.

8. En el bulbo olfatorio, los precursores neurales se localizan en la zona subventricular anterior. Estos dan lugar a neuroblastos posmitóticos que migran al bulbo olfatorio a través de la vía denominada corriente migratoria rostral (RMS, por sus siglas en inglés). Los neuroblastos que migran al bulbo a través de la RMS se convierten en células granulares o periglomerulares del bulbo olfatorio. En el hipocampo, los precursores neurales se localizan en la región basal de la capa de células granulares de la circunvolución dentada. Esos precursores dan lugar a neuroblastos posmitóticos que se translocan de la región basal hacia posiciones más apicales, donde muchos de ellos elaboran dendritas y axones, y se convierten en interneuronas gabaérgicas en el giro dentado.

9. Las neuronas generadas en estas regiones parecen provenir de las células madre localizadas en la superficie de los ventrículos laterales, que se encuentra próxima al hipocampo y al bulbo olfatorio.

10. Regiones subventriculares.

11. En la circunvolución dentada del hipocampo.

12. Diferentes neuroadaptaciones en sistemas corticolímbicos.

13. El sistema glinfático se activa durante el sueño, sobre todo durante la fase SOL. No obstante, también se ha podido comprobar que se potencia con el ejercicio físico y se deteriora con el envejecimiento. En el caso del sueño, sabemos que, durante la vigilia, el espacio extracelular del cerebro se

contrae y, en la vigilia, se expande. Al expandirse el espacio extracelular, el drenaje glinfático resulta más eficaz, lo que aumenta la eliminación de desechos y toxinas del sistema nervioso.

14. Es importante tener presente que un periodo de entre sesenta y noventa minutos de sueño incluye tanto fases de sueño NREM como REM, con los beneficios diferenciales de ambas.

Agradecimientos

Escribir este libro ha sido un viaje increíble, lleno de desafíos y retos, y no podría haberlo logrado sin el apoyo de muchas personas extraordinarias que me han acompañado durante el proceso.

En especial quiero dar las gracias a mi editora por la oportunidad que me ha brindado y por el acompañamiento que me ha proporcionado.

También quiero agradecerte a ti, que tienes este libro en las manos, que hayas decidido sumergirte en sus páginas. Espero haber cumplido tus expectativas y que las diferentes historias que explico (algunas de ellas con pedacitos de mis vivencias personales) te hayan permitido adentrarte en el maravilloso mundo del cerebro humano.

Bibliografía